AF543682

Walter Göhring • Richard Coudenhove-Kalergi

WALTER GÖHRING

Richard Coudenhove-Kalergi

Ein Leben für Paneuropa

Bildnachweis
Fondation Charles de Gaulle: S. 194–195
Sammlung Lacy Milkovics: S. 51, 97, 175, 203, 204, 206, 212, 213, 215, 217, 234, 235, 241, 242, 256
Martin Hlavacek: Grafik S. 250
Stadtmuseum Mödling: S. 142
alle anderen: Privatarchiv des Autors

Bei einigen Bildern ist es uns leider nicht gelungen, die heutigen Rechteinhaber zu ermitteln. Wir bitten diese, sich mit dem Verlag in Verbindung zu setzen. Rechtmäßige Ansprüche werden nach Geltendmachung zu den üblichen Konditionen vom Verlag abgegolten.

Die Arbeit an diesem Buch wurde gefördert durch den Zukunftsfonds der Republik Österreich sowie durch das Österreichische Bundesministerium für Bildung und Frauen.

www.kremayr-scheriau.at

ISBN 978-3-218-01047-4
Copyright © 2016 by Verlag Kremayr & Scheriau GmbH & Co. KG, Wien
Alle Rechte vorbehalten
Schutzumschlaggestaltung: Sophie Gudenus, Wien, unter Verwendung einer Fotografie von Paul Almásy / AKG-images
Typografische Gestaltung und Satz: Michael Karner, Gloggnitz
Druck und Bindung: Druckerei Theiss GmbH, St. Stefan i. Lavanttal

Inhalt

»Diese Wunde zu schließen und das entzweigerissene Europa wieder zu vereinigen, ist die neue Mission Österreichs. Es handelt sich nicht mehr um die Einigung des in Nationalstaaten zersplitterten Europa, sondern um die Versöhnung des durch den Eisernen Vorhang zweigeteilten Europa.«

RICHARD COUDENHOVE-KALERGI 1964

»Es genügt nicht, Paneuropa zu wünschen, zu erhoffen oder zu ersehnen: Sie müssen es wollen. Sie müssen es nicht nur als Forderung der Geschichte betrachten, sondern als Forderung Ihres Gewissens; Sie müssen entschlossen sein, für dieses Ziel Opfer zu bringen, zu kämpfen und zu leiden – ohne Rücksicht darauf, ob Sie glauben, es erleben zu können oder nicht. Sie müssen sich als Armee fühlen im Kampf gegen überwältigende Übermacht, aber überlegen an Tatkraft, Mut und Opferfreudigkeit.«

RICHARD COUDENHOVE-KALERGI 1972

Vorwort

»Das Leben des Richard Coudenhove-Kalergi ist ein Abenteuer.« Dies sagte einer meiner Gesprächspartner im Rahmen der Recherchearbeiten im Spätherbst 2015. Denn Richard Coudenhove-Kalergi (im Folgenden abgekürzt als RCK) war ständig auf der Suche nach etwas Neuem für seinen Traum von einem geeinten Europa. Charakteristisch für ihn sind seine ständige Unrast dabei, Mitredner und Partner zu gewinnen, was auch zur Folge hat, dass es immer wieder zu Auseinandersetzungen kommt und auch Neuorientierungen durch Großereignisse auslöst.

Auch wenn er sich selbst als pragmatischen Pazifisten sieht, erkennt er bald, dass dies zu wenig ist und er nimmt sich selbst in die Pflicht, aktiv in die Politik Europas einzugreifen. Sein Motto dazu lautet: Wahrung der Unabhängigkeit, Führungsanspruch und Überparteilichkeit.

Dies hat zur Folge, dass sein Leben nach beschaulicher Kindheit und Jugend sich mit Ende des Ersten Weltkrieges sehr rasch verändert. Es ist eine Reihe oft schwerer Konflikte, die er durchstehen muss, um seine Idee von Paneuropa nicht nur in Worten, sondern auch in die Tat umsetzen zu können.

Mit diesem Wechselspiel gelingt es ihm, da er sich nicht zurücklehnt und beobachtet, sondern sich immer wieder öffentlich der Diskussionen stellt und sich Diffamierungen widersetzt, mit Persönlichkeiten des öffentlichen Lebens aus Politik, Wirtschaft und Wissenschaft ins Gespräch zu kommen und für seine Ideen nicht nur Gegner, sondern auch Förderer und Mitträger zu gewinnen. Dazu kommt noch – wie am Beispiel von Churchill, de Gaulle usw. offensichtlich wird –, dass er Personen findet, die sehr rasch seine Fähigkeit erkennen, seine Ideen aufgreifen und in gegebener Form politisch umsetzen oder fortentwickeln.

Auch geschieht es, dass einzelne Teile seines Gedankenguts in Vergessenheit geraten, später ohne auf ihn Bezug zu nehmen aufgegriffen und weiterentwickelt werden.

RCK ist aber auch selbst ein Lernender. Von elterlicher Seite erlebt er großen disziplinierten Freiraum und bekommt die bestmögliche Ausbildung an der Theresianischen Akademie mit der Zielvorgabe, später im höheren diplomatischen Dienst der Donaumonarchie zu landen. Diese bildet auch die Grundlage – etwa mit seiner Vielsprachigkeit – für seine Präsenz bei den unzähligen Kongressen auf verschiedensten Ebenen. Entgegen den Erwartungen der Eltern entscheidet er sich jedoch nach dem Studium dafür, Journalist zu werden.

Er greift zu einem Buch des österreichischen Friedensnobelpreisträgers Alfred Hermann Fried mit dem Titel »Pan-Amerika – Entwicklung, Umfang & Bedeutung der zwischenstaatlichen Organisation in Amerika (1810–1916)«. Eine Herausforderung hierbei ist die Insideraussage, die Fried seinem Buch als Basis voranstellt. »Europa legt vielleicht für all dies nicht genügend Aufmerksamkeit an den Tag! Europa möge nicht vergessen, dass es einer jungen unternehmenden Welt gegenübersteht, deren Entwicklung durch Riesenschritte ausgezeichnet, die nicht die aufgehäuften finanziellen Verpflichtungen unseres alten Staates besitzt und auf der nicht die wahrhaftig ausschweifende Last unserer militärischen Organisation liegt.«[1] Frieds Publikation ist für RCK ein Lehrbuch, von dem ausgehend er sein Modell Paneuropa entwickelt. Aus der unmittelbaren Aktualität des politischen Vakuums, ausgelöst durch den Zerfall sowohl der Donaumonarchie als auch der deutschen, russischen und türkischen Monarchien und den Erstarrungsprozess durch die Friedens- und Knebelungsverträge, setzt er sich, publizistisch angeregt durch seinen Freundeskreis, für den sich konstituierenden PEN-Club ein. Um Arthur Schnitzler, den ersten Präsidenten, schart sich eine Aufbruchs-Generation, der auch RCK und seine Frau Ida angehören. Sein Freiraumanspruch ist es, mit dem er sich selbst freispielt, mit seinem Paneuropa-Buch sein Umfeld überrascht und damit einen ganz neuen, zukunftsorientierten Weg geht, der typisch ist für die Zwischenkriegszeit. Und damit schafft er sich in der Folgezeit eine Bewegung, die durch Zusammenfügungen, innere Selbstauflagen und Perspektiven gekennzeichnet ist. So kommt es, dass er mit seinem Anspruch auf Überparteilichkeit und freigeistiges Selbstbewusstsein sowohl bei der jüngeren Generation als auch bei Spitzenpolitikern Anklang findet. Seine konkrete ablehnende Haltung gegenüber jeglicher Form von imperialistischer Kriegslust und Kriegspolitik sowie die gesellschaftlichen Veränderungen und die neue Transformation Russlands zur Sowjetunion sind Einzel- aber auch Eckpunkte, die für seine künftige Arbeit Bedeutung haben.

Das Anwachsen der Paneuropabewegung im Neuen Geist Europas führt dazu, dass von nationalsozialistischer Seite befürchtet wird, durch diese Bewegung könnte ein neuer Feind entstehen. Hitler verfolgt RCK 1928, dies sei hier angedeutet, und rund 10 Jahre später muss RCK mit seiner Frau unter Rettung dreier weiterer Personen in die Schweiz und später in die USA emigrieren.

Hier lernt er, dass vom Bürger sowohl im allgemein gesellschaftlichen Leben als auch im politischen Leben viel Selbstinitiative gefordert wird. Paneuropa ist in den USA kein Thema. Die Einbindung geht dann jedoch nicht unproblematisch von sich. Dieser Gegensatz zu Europa, das großräumige Leben und die breite Basis des Denk- und Aktionsprozesses sind es, was das Ehepaar Coudenhove-Kalergi schnell umzusetzen lernt, als die beiden 1946 ihren Wiedereinstieg in das zweigeteilte politische Feld Europas wagen.

RCK muss aus Gründen der aktuellen Situation heraus sein Paneuropa-Modell den äußeren Rahmenbedingungen anpassen und setzt auf neue Organisations- und Informationsformen.

In dieser Lebensphase verändert sich durch die hochaktive Mitarbeit seiner Frau Ida sein Stil. Und der Weg heißt: über den Einfluss auf politische Meinungsbildung die politische Entwicklung Europas – und Paneuropas – lenken.

Das erste Problem bei seiner Rückkehr aus dem Exil ist, dass sein Platz an der Spitze der Bewegung, die er aufgebaut hat, jetzt besetzt ist, und es dauert lange, bis das alles geklärt ist. Aber mit der Idee eines Europaparlaments und einer Union gelingt es ihm, eine Initiative zu schaffen, die auch über seine aktuellen Möglichkeiten hinauswächst. Für ihn persönlich wichtig ist aber, dass er unter anderem in Charles de Gaulle einen Ideenträger findet und er als einziger der sogenannten »Neueuropäer« zu de Gaulle steht. Sehr bald zeigt sich, dass die Gedankenwelt RCKs durch de Gaulle transformiert und hoch politisiert in Angriff genommen wird.

Eine tiefe Vertrautheit zwischen diesen beiden so unterschiedlichen Persönlichkeiten führt dazu, dass über die Initiative von de Gaulle ein entscheidender Schritt zur Aussöhnung zwischen Deutschland und Frankreich gesetzt wird. De Gaulle besteht darauf, dass RCK ob seiner Verdienste um das Zustandekommen dieses Akts der Aussöhnung als einziger Nichtpolitiker an der Unterzeichnung der Freundschaftsverträge teilnehmen kann.

Mit dem Tod de Gaulles und zwei Jahre später RCKs stellt sich unmittelbar die Frage, ob Paneuropa eingestellt werden soll. Die Paneuropa-Bewegung beginnt, sich unter den neuen Voraussetzungen zu wandeln und auch auszuweiten in der Zielorientierung, wie etwa mit der von RCK bereits schon angedachten Ausweitung zu »Großeuropa« sowie mit der Einbindung Russlands als gleichberechtigtem Partner in ein Europa vom Atlantik bis Wladiwostok. Zielrichtung dieses Projekts ist es, ein Staatengefüge zu schaffen, in dem Russland in einer Form der Konföderation mit Europa vereint ist; damit, und hier ist wieder die Fragestellung RCKs fest eingebunden, soll Europa zum gleichwertigen politischen und ökonomischen Partner für die USA und China werden.

Die Quellenlage für dieses Projekt ist durch große Unterschiede gekennzeichnet. Auf der einen Seite steht ausgesprochene Kernliteratur, im Anhang angezeigt, und auf der anderen Seite viel unveröffentlichtes Material.

Nüchtern betrachtet ist die Quellenlage sehr bunt und breit gestreut. So gibt es gut aufbereitete Materialien zu RCK in Moskau bis 1939. Mehrfach ist schon von öffentlicher und privater Seite versucht worden, diese Dokumente, sogenannte »Beuteakte«, die von den Nationalsozialisten nach Berlin gebracht, dann von den Russen beschlagnahmt und in die UdSSR verlegt wurden, öffentlich zugänglich zu machen, aber die Bemühungen waren bisher immer erfolglos. Sehr gut aufbereitete Bestände liegen ebenfalls in der Schweiz, vor allem in Lausanne im RCK-Archiv und im Monnet-Archiv. Weitere Bestände ruhen im französischen Nationalarchiv in Paris (Archives nationales de France). Dazu kommen noch die Bundesarchive in Wien, Bratislava und Berlin und die vielen kleinen Privatarchive in Frankreich, Österreich und der Schweiz.

Die Recherche, die oft bedeutsame Ergebnisse erbrachte, konnte in Zeitzeugengesprächen ergänzt und korrigiert werden. Dabei muss gesagt werden, dass bis auf eine einzige Ausnahme alle ihr Wissen oder ihre Korrekturhilfe zur Verfügung gestellt haben. Gerade die Phase ab 1946 ist nach dem Tod RCKs noch wenig bearbeitet – trotz hohem Wert. Dazu gibt es sehr viele Tondokumente und Filmmaterial in Österreich und anderen Ländern.

Mit dieser Arbeit, die nicht nur als politisch-organisatorisch anzusehen ist, sondern auch das Umfeld RCKs, seine Lebensweise und seinen Umgang mit Krisensituationen analysiert, wird gleichzeitig ein Leben bis in die Gegenwart exemplarisch aufbereitet. Damit verbunden sind auch das exemplarische Aufgreifen von Vorurteilshaltungen und Einseitigkeiten. Damit wird versucht, einzelne Fragen aufzuklären.

Das Gesamtbild zeigt, dass das Forschungsfeld – insbesondere die Zeit von RCKs Aufenthalt in den USA und die Phase nach 1946 – noch viele Möglichkeiten zur Vertiefung bietet.

Die Darstellungen dieser Publikation erfassen die Bedeutung und Verdienste RCKs, aber auch seine Enttäuschungen, seine Beziehungen zu den unterschiedlichsten Persönlichkeiten und auf verschiedenen Ebenen, sein Bemühen um die Gewinnung von Persönlichkeiten, deren Grundeinstellungen zunächst weit neben seinen eigenen liegen. Weiters wird der Entwicklungsprozess RCKs aufgezeigt, der mit extremer Konsequenz und Vehemenz fortschreitend bemüht war, das sich globalisierende Europa mit Zukunftsorientierung weiterzuentwickeln. Gleichzeitig wollte er aber die Vielfalt eines neuen Europa im Auge behalten.

Seine Ideen, seine Arbeitsergebnisse finden sich in der nachfolgenden Generation deutlich wieder.

Kindheit und Jugendjahre

RCKs Vater Heinrich Coudenhove-Kalergi (1859–1906) war in seinem Ausbildungsgang geprägt durch die Schule des Jesuitenkollegiums Kalksburg bei Wien. Der sprachbegabte Heinrich mit seinen 16 Sprachen war für die damalige Zeit eine ungewöhnliche Erscheinung und durchlief eine Diplomatenausbildung. Er erhielt wichtige Posten, wo es um Neuorientierungen oder Neuerschließungen für das Habsburgerreich ging. Dazu zählten Athen, Rio de Janeiro, Istanbul, Buenos Aires und Tokio. Überall erlernte er in kürzester Zeit die Landessprache. Besonders starken Eindruck machte auf ihn das Leben in Tokio. Gerade die japanische Kultur und Lebensweise, die Höflichkeit, der Respekt anderen Persönlichkeiten gegenüber prägten das Lebensbild des bereits sehr erfahrenen Diplomaten.

Besonderes Aufsehen erregte er im Außenministerium in Wien mit seinem Bericht über den russisch-japanischen Krieg, in dem er den Sieg Japans über Russland voraussah. Von Tokio sandte er laufend Berichte über dieses neue Feld diplomatischer Fragestellungen, die in Wien mit höchstem Interesse aufgenommen wurden.

In Tokio trifft er als 32-Jähriger die 17-jährige Japanerin Mitsuko Aoyama (1874–1941). Aus einer ganz anderen Kulturwelt kommend, lernt er in vielen Gesprächen ihre Kultur kennen. Es entwickelt sich zwischen den beiden eine tiefe Beziehung und Liebe. Und er vervollkommnet sein Brockenwissen in Japanisch.[2]

Mitsuko ist die Tochter einer Ölhändler- und Kunsthändlerfamilie. Sie ist im Sinne ihres Vaters klassisch-japanisch erzogen. Heinrich, der oft Gast in der Familie ist, entwickelt sich zu einem leidenschaftlichen Antiquitätensammler. Bei den regelmäßigen Treffen lernt er Mitsuko kennen, die ihm den Tee serviert.

Schließlich gelingt es Heinrich, den Vater der jungen Frau zu überreden, dass diese in der Gesandtschaft angestellt werden kann. Nach einiger Zeit spricht Heinrich bei dem Vater der jungen Frau vor und hält um die Hand von Mitsuko an. Dieser lehnt jedoch empört ab. Daraufhin heiraten die beiden gegen den Willen des Vaters, der für die Zukunft alle Kontakte zu seiner Tochter abbricht und ihr Hausverbot erteilt. Später bekommen die beiden, was für Japan nicht ganz ungewöhnlich ist, zwei Kinder. Nach Jahren soll dann die Aussöhnung Heinrichs und Mitsukos mit dem Vater erfolgt sein.

Entscheidend für diesen Schritt war, ob die weitere Lebensplanung mit oder ohne Mitsuko erfolgen würde. Der Druck auf die beiden war relativ hoch, und Heinrich kämpfte um den Erhalt seiner Familie und seiner Karriere. Nach mühsamer Klein- und Überzeugungsarbeit geben sowohl der Mikado als auch die Kirche ihre Zustimmung zur Verehelichung (1892). Am Freitag, dem 16. November 1894 wurde Richard in Tokio geboren. Sein japanischer Name lautete Eijiro. Sein englischer Name, gleichsam Spitzname, der ihn sein Leben lang begleitete, lautete Dicky.

Kindheit Richards im Spannungsfeld Eltern und Betreuung

Die ersten zwei Lebensjahre verbrachte Richard in Tokio. Dann übersiedelte die Familie mit den beiden Söhnen nach Ronsperg (heute Poběžovice, Tschechische Republik). Richards älterer Bruder Johannes wurde noch in Tokio geboren. Im Schloss Ronsperg, das ursprünglich eine Burg war und im 16. Jahrhundert erweitert wurde, liegt die Heimstätte der Kinder. Der Ort liegt in der böhmischen Waldzone, nahe der Grenze zu Bayern an der Pivoňka im Vorland des oberpfälzischen Walds. Das Schloss war bis 1945 im Familienbesitz der Familie Coudenhove-Kalergi. Die Bevölkerung umfasste damals 1800 – überwiegend deutschsprachige – Einwohner. Das Jagdschloss »Dianahof« war für die Kinder eine Oase des Friedens und sollte später, als Richard schon im Theresianum war, zu einer Zufluchtsstätte der kleinen Freiheit und Erholung werden.[3]

Für Richard und den älteren Bruder Hansi bietet der Innenhof mit dem großen Garten, der von einer Mauer umgeben ist, ein breites Feld für Entdeckungen und Abenteuer. Allerdings sind sie dort von der Außenwelt vollkommen abgeschnitten. Es gibt keinerlei Kontakt zur Bevölkerung des Städtchens. Dort entwickeln sich die beiden »Japaner« ganz anders als die »vier anderen« Brüder, die sie einfach als die »Böhmen« bezeichnen. Sie schließen ihre jüngeren Geschwister völlig aus ihren Spielen aus. Der Bewegungsraum für Richard und Hansi ist sehr weit. Daher haben die beiden immer die Möglichkeit, nach dem Unterricht in der Bibliothek herumzustöbern. Sie stoßen dabei auf Spuren der Interessen ihres Vaters. Ergänzung und Anregung dazu bilden die Büsten bedeutender Persönlichkeiten, die überall im Schloss und im Garten aufgestellt sind. Und sie haben jetzt Möglichkeit, sich in der Bibliothek Unterlagen über diese Kulturdenkmäler herauszusuchen. Dazu gehören Sokrates, Plato, Homer, Marc Aurel, Aristoteles, Michelangelo, Kant,

Goethe, Schiller, Schopenhauer, Napoleon u. a.m. Dieses Wissen, das sich Richard dabei emotional und spielerisch erwirbt, wird dann für seinen späteren schulischen Weg und seine Berufsausbildung eine wichtige Rolle spielen. Warum? Er beginnt, zum Vielleser zu werden und lernt in den Stunden, die er in der Bibliothek verbringt, ohne sein Umfeld wahrzunehmen, sich auf eine Sache zu konzentrieren.

Der Vater selbst kümmert sich nur selten um die Kinder. Die Möglichkeiten, mit dem Vater ins Gespräch zu kommen, sind sehr gering. Bei Tisch gilt für die Kinder absolutes Sprechverbot, sodass sie gezwungen sind, den Gesprächen des Vaters mit den häufig wechselnden Gästen beizuwohnen.

Einen wichtigen Ansatzpunkt für die seltenen Gespräche bildete der große Tischglobus im Arbeitszimmer des Vaters. Hier lernt Richard mithilfe seines Vaters oder eines seiner Hauslehrer, zum Teil auch allein, die Welt als Kugel kennen. Der Vater hat Tokio auf dem Globus mit einem kleinen roten Punkt gekennzeichnet, und Richard zieht mit einem feinen roten Faden eine »Linie« über den Globus nach Tokio und zu anderen Städten, in denen sein Vater gearbeitet hat. Er leitet daraus Fragen über die Arbeitswelt seines Vaters ab. Gerade dies wird von den Eltern aktiv unterstützt. Er erhält – genau wie seine Brüder – zu Hause Privatunterricht, dabei ist der Tagesablauf exakt festgelegt. Der Rhythmus lautet: Lernzeit – Freizeit – Lernzeit, und täglich eine zweistündige Wanderung, auch bei Schlechtwetter und Kälte.

Der Vater legt größten Wert auf religiöse Erziehung. In der Folge werden die Lernzeiten in zwei große Felder geteilt. Das geistliche Feld wird zunächst von einer Klosterschwester unterrichtet, die aus dem von den Coudenhove-Kalergis getragenen Ronsperger Borromäerinnen-Kloster stammt, und später durch den Stadtpfarrer koordiniert. Der weltliche Unterrichtsbereich wird von einem österreichischen Hofmeister koordiniert und verantwortlich geführt. Zunächst stehen im Mittelpunkt die Grundfertigkeiten Lesen, Schreiben, Rechnen, aber auch alle anderen Bereiche, die in den öffentlichen Schulen unterrichtet werden. Zur Kontrolle hierzu kommen jedes Jahr zwei Ronsperger Volksschullehrer in das Schloss und prüfen, ob die Kinder das gesamte Wissen der jeweiligen Altersstufe beherrschen. Dann gibt es die obligatorischen Zeugnisse.

Bereits in dieser Zeit wird, vom spielerischen Lernen weiterführend, aufbauend begonnen, Richards Fremdsprachenkenntnisse zu erweitern und zu vertiefen. Die Mutter spricht Englisch, der Vater Deutsch und Französisch mit ihm. Dann lernt er Ungarisch, das gleichzeitig Amtssprache in der

Donaumonarchie ist, Russisch, Türkisch, und von einem muslimischen Albaner lernt er noch Arabisch.

Die Vielfalt der Sprachen, gleichzeitig damit auch das Kennenlernen unterschiedlicher Geschichtsbilder, unterschiedlicher Ansichten und einzelner Nationen über kontinentales Heranwachsen, beginnen sich in eine Richtung zu entwickeln, die sich vom kleinnationalen Denken deutlich unterscheidet.

Der Schritt aus dem häuslichen Lernen hinaus wird durch den Besuch des deutschen Gymnasiums in Pilsen gesetzt. Jetzt, in ein festes Terminregelsystem eingebunden, dazu die Tatsache, dass der Vater mehr Zeit für die beiden Gymnasiasten hat, sowie die regelmäßigen gemeinsamen Essen mit dem Vater, eröffnen für Richard eine neue Phase des Entdeckens der weiten Welt des Vaters, seines Wirkens und seiner Lebensfreude. Das Zuhören bei Gesprächen seines gastfreundlichen Vaters und der Mutter mit Gelehrten, Diplomaten, Geistlichen und privaten Gästen in Bezug zur Weltoffenheit prägen sowohl Richard als auch seine Geschwister sehr stark. Charakteristisch ist dann, dass die Kinder, die Nachkommen einer Asiatin und eines Europäers sind, nicht in nationale Begriffe verstrickt aufwachsen. Ihr Weltbild ist geprägt in Kontinenten wie Europa und Asien, trotzdem fühlen sie sich »ihrer Abstammung nach als echte Europäer, erzogen frei von nationalen Vorurteilen«[4].

Wichtig ist, dass Heinrich Coudenhove-Kalergi nach einem Konflikt über alle kleinkarierten Aussagen hinweg klarstellt, dass Hansi Ronsperg erben wird, die Brüder Rolfi und Richard zu gleichen Teilen die ungarische Besitzung Zamutu erhalten sollen. Damit sie mit 18 Jahren die ungarische Staatsbürgerschaft bekommen, ist es für die beiden notwendig, auch noch Ungarisch zu lernen.

Der Vater, wohl wissend um die Bedeutung der Völker- und Sprachenvielfalt, hat trotz seines diplomatischen Dienstes noch Zeit genug zum Publizieren und veröffentlicht unter anderem auch die »Politische Studie über Österreich-Ungarn«. Darin setzt er sich mit einer Reichsreform auseinander und schlägt ein föderalistisches System vor, in dem die Slawen Österreichs volle Gleichberechtigung erhalten. Daraus, folgert er weiter, werde durch diese Dreiheit in der Donaumonarchie ein friedliches Modell entstehen. Und als nächsten Schritt folgert er weiter, dass Österreich-Ungarn in den großen imperialistischen Auseinandersetzungen um neue Kolonien einen Ruhepol bilden sollte, und dass damit zwischen Slawen und Deutschtum, Deutschland und Russland, Österreich mit Wien eine Brücke bilden sollte.

Am 14. Mai 1906, Richard ist gerade elfeinhalb Jahre alt, stirbt – für alle ganz überraschend – sein Vater. Gerade zu jenem Zeitpunkt, als der junge Richard die Leistung und Bedeutung des Vaters als Persönlichkeit erkennen und schätzen lernt, und sich auch mit ihm zu identifizieren beginnt. Die Bildung und Energie sowie Lebenseinstellung des Vaters beginnen auf ihn zu wirken. Trotzdem bricht für Richard und die ganze Familie eine Welt zusammen.[5]

Nach dem Tod Heinrichs wird Mitsuko, seine Witwe, zu seiner Universalerbin und zum Vormund für die sieben Kinder bestimmt. Ihr, die bislang freiwillig vom Berufsleben vollkommen abgekoppelt lebte und sich nur kulturell betätigte, fällt nun die Aufgabe zu, den Kampf um das Erbe aufzunehmen. Mithilfe hervorragender Anwälte und öffentlicher Persönlichkeiten sowie durch ihr starkes Auftreten gelingt es ihr, trotz Neidern und Beleidigungen, vom Vormundschaftsrichter das Vertrauen ausgesprochen zu bekommen.

Daraufhin kann sie ohne Wenn und Aber die Vormundschaft und alle damit verbundenen Bereiche übernehmen. Dabei geht sie so vor, dass auch die anderen Coudenhoves nicht das Gefühl haben, überrollt zu werden.

Der ständige Kampf um richtige Vormundschaft, die ökonomische Frage und die Verpflichtung zur Ausbildung der Kinder haben zur Konsequenz, dass Mitsuko eine seelisch-psychische Metamorphose durchmacht. Aus der bislang ruhigen, ausgeglichenen Frau wird eine unruhige, gelegentlich zänkische Frau, der es vor allem um die Sicherheit der Zukunft für die Kinder geht. Rund zwanzig Jahre später, als das jüngste Kind volljährig wird, zieht sie sich aus allem zurück und lebt fortan in ihrer Villa in Mödling.

Das Theresianum

Der Leitgedanke für das Theresianum als eine Vorgabe Maria Theresias lautete: »In diesem Haus gibt es nur zwei Arten von Protektion: Charakter und Leistung sowie Pflichterfüllung aus innerer Überzeugung.« Dieser hat bis in die Gegenwart seine Gültigkeit.

Mitsuko erkennt nach dem Tod ihres Mannes sehr bald, dass für die heranwachsenden Brüder Hansi, Dicky und Rolfi ihre moralische Erziehung nicht ausreichend ist und der Weg zu neuen Ausbildungsformen notwendig wird. Zunächst öffnet sie die bisher für die Kinder geschlossene Hausbibliothek. Das erscheint ihr bald zu wenig. Daraufhin wird das Dreierteam zunächst auf ein Jahr nach Brixen in das öffentliche Augustinergymnasium geschickt.

Von links nach rechts: Gerolf, Richard und Johann; die drei Theresianisten mit der Mutter Mitsuko 1907 in Brixen.

Da Mutter Mitsuko schon nach kurzer Zeit erkennt, dass für die Zukunft der drei Jugendlichen das gemütliche Brixen nicht die ideale Stätte ist, trifft sie die Entscheidung, diese in Österreichs führende Erziehungsanstalt, das Theresianum, zu senden.

In den Jahren ab 1906 bis 1914 ist das Theresianum die Bildungsanstalt mit stärkster, inhaltlich breit angelegter, staatspolitischer Wirkung. Die durchschnittliche Schülerzahl in dieser Zeit liegt bei 300. Die Zöglinge kommen aus allen Teilen des habsburgischen Vielvölkerstaats. Das Völkergemisch umfasste: Deutsche, Ungarn, Polen, Tschechen, Italiener, Kroaten und Slowenen. Von außerhalb der Monarchie kommen russische, ukrainische, türkische, indische, ägyptische, persische Schüler. Die heranwachsenden »Jungtheresianer« sprechen zum Großteil unterschiedliche Sprachen und haben unterschiedliche sozio-kulturelle und ökonomische Hintergründe. Das gemeinsame, über nationale Grenzen hinweg gesteckte Ziel ist, die Söhne des Adels und der Diplomatie zu hohen Staatsbeamten, Offizieren, Diplomaten zu erziehen. Rund zwei Drittel erhalten einen Platz durch die theresianische Stiftung und damit Erleichterungen. Wesentlich also ist, dass jeder Lehrer, gleichgültig aus welchem Winkel der Donaumonarchie stammend, die Möglichkeit hat, begabte und fleißige Kinder, auch aus niedrigsten und ärmsten Gesellschaftsschichten kommend, über regionale Stellen für die Aufnahme ans Theresianum, mit Freiplatz, vorzuschlagen. Dem wird nach einem bestimmten Verfahren Rechnung getragen. Diese Methode, möglichst vielen die Chance zu geben, eine qualifizierte Ausbildung zu erhalten, hat bis in die Gegenwart ihre Gültigkeit. Mit Schulanfang im September 1908 beginnen die drei Coudenhoves, jeweils ihrem Alter entsprechend, im Theresianum. Der Jüngste, mit dem Vornahmen Gerolf, tritt in die vierte, Richard in die fünfte, der Älteste, Johannes, in die sechste Klasse ein. Die Jahrgangsgröße beträgt rund 45 Zöglinge.

Richard ist daran gewöhnt, frei zu leben, zu lernen, sich seine Freizeit selbst einzuteilen, und in welcher Form auch immer, selbst zu entscheiden; so hat er von Anfang an mit der straffen theresianischen Ordnung Probleme. Ihm fällt es schwer, sich auf den für ihn engen Raum des Zusammenlebens mit Altersgenossen zu beschränken. Sprachliche Probleme gibt es für ihn keine, aber es erscheint ihm die Internierung und die vorgefertigte feste Tagesordnung als eine Festungshaft, als eine Schule für Selbstbeherrschung und Erlangung der Disziplin für ein freies Leben danach. Also für die Möglichkeit, wenn einmal die Matura geschafft ist, ein freies Leben zu haben.

Natürliche Spannungsmomente ergeben sich aus den unterschiedlichen gesellschaftlichen Hierarchien. Auf der einen Seite Adelssöhne, auf der anderen Seite zum Teil verachtete, kleinbürgerliche Präfekte, die sich um die Ordnung der Zöglinge kümmern müssen.

Die wahre Erziehung in dieser Bildungsanstalt wurde manchmal, über indirekte Anregung, durch die Zöglinge selbst besorgt. Sie wurden zusammengefasst in einer Kamerate-Arbeitsgemeinschaft in einer Jahrgangsklasse. Dort herrschte ein sehr strenger Ehrenkodex, das heißt, gegenseitige Hilfsbereitschaft, geprägt durch Ehrlichkeit und Anständigkeit der Gesinnung. Diese Erziehung mit indirekter Führung, und damit verbunden, hoher Selbstverantwortung jedes Einzelnen für die Gruppe, verlangte großes gegenseitiges Vertrauen und Akzeptanz unterschiedlichen Führungsverhaltens der Kameraden untereinander. In dieser Eliteschule lernt Richard, auf das Zusammenleben unterschiedlicher Persönlichkeiten und Charaktere zu achten, sowie Menschenkenntnis und auch härteste Kritik zu ertragen. Er lernt aber auch, strategisch zu denken, zu handeln und sein Ziel zu verfolgen.

Auch wenn er sich hinter den Mauern des Theresianums, ebenso wie in der Wiener Gesellschaft, nicht wohlfühlt, erkennt er die Notwendigkeit des Lernens und nimmt sich in vielen Fällen zurück, zumal er den Vorstellungen einer Lebensweise von Standesdünkel und nationalem Denken ablehnend gegenübersteht. Widersprechen will er nicht, und zustimmen kann er nicht. Eine Situation, die manchen seiner Kommilitonen Probleme bereitete.[6]

Die Themenbereiche der Lernfelder umfassten Latein und Griechisch als einen Block. Dieses Feld hatte Richard, wie es später dargestellt wird, sehr gerne und er beschäftigte sich weit über die schulischen Anforderungen hinaus mit diesen Sprachen. Weiters wird Ungarisch obligatorisch für jene Zöglinge aus der ungarischen Reichshälfte eingebracht, dann folgen fakultative Auswahlmöglichkeiten für Französisch, Italienisch, Englisch, Böhmisch, Slowenisch, Serbokroatisch und Rumänisch.

Er war es gewohnt, von Erwachsenen umgeben zu sein, mit ihnen zu lernen, ihnen zuzuhören, zu argumentieren, zu diskutieren und das zu lesen, was ihn wirklich interessierte.

Richards Interessen lagen durchwegs im philosophischen Bereich und im Unterrichtsfach der Philosophie, »Philosophische Propädeutik«, ab der 7. Klasse. Er beginnt bereits im zweiten Jahr an der Theresianischen Akademie, philosophische Bücher zu lesen. Auswahl dafür hatte er in der großen Bibliothek. Er sammelt auf Zettelchen seine Notizen, belegt auch das Zusatzfach Stenografie Ende der 6. Klasse. Spätestens in der 7. Klasse ist er von der Philosophie so beeindruckt, dass er Überlegungen anstellt, eine Publikation herauszugeben, und er beginnt tatsächlich daran zu arbeiten. Er setzt sich mit Heraklit, Nietzsche, Platon usw. auseinander. Seine verpflichtenden Lernfelder sind durch Wahlpflichtfächer und zusätzliche Freifächer zu besetzen. Dabei interessieren ihn Sportarten wie Schwimmen und Fechten überhaupt nicht. Jedoch haben für ihn gesellschaftliche Fragen und Aktivitäten sowie der Besuch des Burgtheaters einen hohen Stellenwert. Diese Freigänge erschließen für ihn jedes Mal eine neue Welt des Theaters, daraus schöpft er Kraft für sein internes Privatissimum im Theresianum. Jetzt beginnt er wieder, was er als Kind begonnen und dann unterbrochen hat, nämlich Geige zu spielen, und er spielt sehr oft.

Seine Latein- und Griechischkenntnisse reichen auf die vorschulische Zeit zurück. Dies ist für ihn nun ein Vorteil, denn jetzt kann er darauf aufbauen, sodass er seine erste Redeübung – einen Kurzvortrag zu einem selbst gewählten Thema – vor der Klasse halten kann und Frage und Antwort, Stellungnahme sowie Kritik souverän beherrscht. Er spricht über Marc Aurel, den Philosophen auf dem Kaiserthron, auch Friedenskaiser genannt, dessen Hauptwerk in griechischer Sprache »Wege zu sich selbst«, und die Errichtung einer Ehrensäule – der Markussäule –, die als Kennzeichen für die

Zukunft auf ihn wirkt. In dieser Redeübung zeigt sich schon ein Interessenschwerpunkt für die Zukunft. Kurz darauf beginnt er die Schriften Senecas in lateinischer Sprache zu lesen, die Unterlagen findet er in der gut besetzten Bibliothek des Theresianums. Gerade das breit angelegte Werk Senecas pendelt zwischen philosophischen Essays, moralischen Aussagen, Hinzufügungen des sittlichen Lebens zur allgemeinen Menschenwürde, bis hin zu den Sklaven. Hieraus liest er die ersten Anzeichen für eine neue Zeit, die später zusammengefasst in seiner Publikation Niederschlag finden.

In dieses Bild fällt auch seine Begeisterung für das Schachspiel, mit dem strategisches Denken trainiert werden kann. Damit konfrontiert er das im Theresianum herrschende, internationale Geistes- und Bildungsprofil mit Außeneinflüssen der multikulturellen und multinationalen Entwicklung in Wien. In kleinen Schritten setzt er sich kontinuierlich mit Fragen der Zukunft der Tschechen, Trotzkis Überlegungen zur Beendigung des Zarenreiches oder Theodor Herzls zionistischer Bewegung auseinander.

Ebenso stark, oder sogar stärker, beginnt sich die allgemeine politische Situation in der Donaumonarchie durch das Anwachsen und größer werdende Spektrum der politischen Parteien, wie der Christlich-Sozialen, Großdeutschen und Sozialdemokratischen Bewegung, auf das Gesamtgefüge und die Entwicklung des Habsburgerreichs bemerkbar zu machen. Kennzeichen sind das Herauskristallisieren von nationalen Strömungen, die Herausforderung, dass die slawischen Mitbürger ihre Sprache ebenfalls als Amtssprache bekommen und das missglückte Experiment mit den Balkankriegen. Letztlich treten etwa durch Houston Stewart Chamberlain und Friedrich Wichtl nazistische Rassentheorien auf, die dann unmittelbar nach Ende des Ersten Weltkriegs eine Basis für die Hitler-Bewegung bieten.

Richard erfährt von den verschiedenen Strömungen jetzt noch wenig. Er findet unter den Zöglingen keine Gesprächspartner. Auch geht ihm durch den Verkauf von Ronsperg diese so vertraute Sommerurlaubsstätte verloren und der Rückzug auf das neue, kleine Schlösschen in Stockau (heute Pivoň, Tschechische Republik) eröffnet ihm zwar eine Region mit Wald, Teichen und vielen Wanderwegen, trotzdem kann er sich emotional von Ronsperg nicht lösen. Als 15- bis 16-Jähriger beginnt er noch in der Schule, in der 7. Klasse, ohne auf die anderen Fächer Rücksicht zu nehmen, zu schreiben und konzentriert sich ganz darauf.

Das dabei entstandene Büchlein erscheint unter dem Titel »Objektivität als Grundprinzip der Moral«. Mit dieser Broschüre setzt er noch jenen Emanzipationsschritt in Bezug auf Politik und Philosophie, der für seinen

Vater Gültigkeit hat. Sein Verständnis hat zu lauten: von der Philosophie zur Politik; von der Erkenntnis zur Entscheidung. Damit reiht sich der junge Mann in die Reihe um Alfred Hermann Fried und dessen Nachfolger als eine Persönlichkeit ein, die dann in Zukunft unter dem Titel Paneuropa den Aufbau eines friedlichen Europa anstrebt, in dem anstelle von Krieg und Misstrauen, Neid und Verträgen der Weg zur Gemeinsamkeit steht.

Die Konzentration, mit der er sein erstes Werk vollendet, kostet Richard ein Schuljahr, sodass er die 7. Klasse nachholen muss und erst gemeinsam mit seinem jüngeren Bruder am 7. Juli 1913 die Theresianische Akademie mit der Matura abschließt. Und er hat schon sehr genaue Überlegungen für die Zukunft.

Alle hatten erwartet, dass Richard, dessen Ausbildung auf den späteren höheren Dienst im diplomatischen Bereich ausgerichtet gewesen war, direkt in die Fußstapfen seines Vaters treten würde. Richard aber erklärt kurz und bündig, dass er Journalist werde. Damit ist der Konflikt mit der Mutter vorprogrammiert.

Studium und Lebensentscheidung

Sein verstorbener Vater und seine Mutter hatten fest daran geglaubt, dass Richard ein Studium ergreifen werde, nach dessen Ende er eine diplomatische Laufbahn einschlagen würde. Er jedoch will Philosophie studieren. Und bereits drei Monate nach Schulabschluss beginnt er als 18-Jähriger mit dem Studium der Philosophie und Geschichte der modernen Zeit.

Das Studium bereitet ihm Freude und Erholung, obwohl er daneben viel Zeit für das Lesen der Weltgeschichte und Dramen aufwendet. Außerdem ist er ein begeisterter Theaterbesucher.

Er schließt in kürzest möglicher Zeit sein Studium ab. Davon hält ihn auch das Kennenlernen der Schauspielerin Ida Roland nicht ab. Das Bindeglied ist seine Mutter. Auch lässt er sich nicht – wie andere Studenten – in Auseinandersetzungen über Kriegs- und Kriegsschuldfragen während des Weltkriegs ein. Er wird wegen seiner Krankheit, die man ihm nicht ansieht, vom Kriegsdienst befreit und legt keinen Wert darauf, darüber zu sprechen.

Das Volkstheater – Ausgangspunkt für eine private Lebensentscheidung

Noch während RCKs erstem Studiensemester kommt es im Herbst 1913 zu einem Zusammentreffen im Salon seines Bruders Hans mit der erst seit Kurzem in Wien befindlichen, aber sofort zu einer Spitzenschauspielerin avancierten Ida Roland[7]: Nach der Theateraufführung, in der sie als Natascha in einer Dramatisierung nach Dostojewskis Roman »Der Idiot« zu sehen ist – sie erreicht durch ihren Beitrag riesige Betroffenheit im Publikum, und erhält nach der Vorstellung stürmischen Applaus –, lernen sie einander kennen. Denn RCK ist, da sein Bruder verhindert ist, Tischnachbar von Ida Roland. Und der sonst schweigsame RCK ist hier sehr gesprächig. Seine Mutter und die junge Diva laden ihn ein, mit zur Volkstheater-Redoute, dem Höhepunkt des Wiener Faschings, zu kommen. Von da an folgen tägliche Treffen, und sie beschließen, trotz aller Widerstände zu heiraten.

Ohne das Umfeld im Geringsten zu informieren, heiraten die beiden, er ist 19 Jahre, noch nicht großjährig, und sie 33 Jahre alt. Die Trauung 1914 wird zunächst nur kirchlich in München vollzogen, die standesamtliche erfolgt erst nach Kriegsende.

Die Ehe führt zunächst zu einem vorübergehenden Bruch RCKs mit seiner Familie. Und der Wiener Tratsch mit seinem »Bussi-Bussi-Publikum« hat wieder einmal einen Skandal. Mit fragwürdigen Prognosen und Spott beladen, werden die beiden ausgerichtet. Auch sein späterer Freund, der Journalist Ernst Lothar von der »Neuen Freien Presse«, den er als Freimaurer erkennen wird, ist zunächst sehr skeptisch.[8]

Später wird die Ehe dann als vorbildlich und als ein Aufeinandertreffen, als ein »faszinierender Beweis Genialer, die wechselweise die Flamme der Liebe und das Feuer des Erschaffens schützt« bezeichnet.[9]

Und beide treten den Beweis ihrer Zusammengehörigkeit an. Ida ist ganz nach Wien übersiedelt.

Allen Unkenrufen zum Trotz entwickelt sich die Ehe sehr gut, auch wenn gelegentlich kurze berufliche Trennungen notwendig sind, entsteht eine Partnerschaft auf Lebenszeit. Für RCK, der in kürzester Zeit sein Studium abgeschlossen hat, eröffnet sich durch die Ehe mit Ida eine völlig neue Welt. Er trifft auf Künstler, Dichter, Schauspieler, Wissenschaftler und Personen unterschiedlicher Weltanschauungen. Erst nach Kriegsende werden Ida und RCK mit Hilfe des Erzbischofs von Salzburg und der Unterstützung entsprechender Regierungsstellen getraut.

Auch wenn die Interessenfelder weit auseinanderklaffen, hat RCK in seinem Ringen um die Paneuropabewegung in Ida eine stets bereite, aktive Helferin und Mitstreiterin. Wichtig für RCK ist, dass sie in Zukunft seine wichtigste Stütze werden wird.

Auch die Ereignisse um die Folgen des Ersten Weltkriegs und das Auseinanderbrechen der europäischen Länder können den Zusammenhalt der beiden nicht ändern.

Längst ist die übernationale und viele Völker umfassende österreichisch-ungarische Monarchie ein Gegensatz in sich, andere Kennzeichen sind die schon weit überholten Normen, das überholte Wirtschaftssystem Ungarn gegenüber, aber auch gegenüber anderen Nationen. Das brennende Problem ist überall das Eisenbahnwesen. Dazu kommt noch, dass sich seit dem Ausgleich Österreichs mit Ungarn der stark protestantisch geprägte ungarische Adel in vielen Punkten durchsetzte, sodass Kaiser Franz Josef der ungarischen Reichshälfte das Recht auf freie, allgemeine Wahlen für Männer gewähren musste, noch vor den Männern in Österreich. Dazu kommt noch, dass den Slawen eine formale Gleichstellung zugesichert wurde, aber in der Realität immer noch Unterdrückung herrschte. Diese politische Ungleichheit eröffnete ein weites Feld des Widerstands gegen habsburgische Würdenträger und öffnete damit der russischen Zielpolitik die Türen.

Mit dem Ausbruch des Ersten Weltkriegs standen der Adel und die Kirche ohnehin fest hinter dem Kaiser. Aber große Teile der Bevölkerung verhielten sich passiv. Über alle damals möglichen Medien, von der Presse bis zur Volksbildung, wurde der Krieg als ein Abenteuer hingestellt, ein Krieg, in dem man von Freunden, von Vater und Mutter mit Freuden verabschiedet wird und dann reich an lustigen Geschichten, zum Erzählen nach wenigen Tagen zurück nach Hause kommt. Für die Einen war der Erste Weltkrieg ein Spiel, aus dem Lehnsessel beobachtend, für die Anderen ging es ums nackte Überleben. Und während sich RCK am 31. August 1914 Stockau befindet und den Krieg, trotz des schrecklichen Mordens, als etwas Vorübergehendes beschreibt und eine Tendenz des aggressiven Nationalbewusstseins beobachtet, wird in Wien der erste Rücktransport von Schwerverletzten öffentlich präsentiert.

Statt den Vorschlägen einer Gruppe am 28. August, dem Jahrestag des Haager Friedensappells, an den internationalen Schiedsgerichtshof zu folgen, drängen sich am 5. September Schaulustige bei dem demonstrativen Spektakel der Transporte Schwerstverwundeter auf der Ringstraße, drängt die

Menge ganz dicht an die Verwundeten heran, um ein Foto zu machen oder berichten zu können, was sie alles gesehen und gehört haben.

Der Friedensnobelpreisträger Alfred Hermann Fried und zwei seiner Freunde sind, ob des demonstrativen Spektakels für die Zuschauer bzw. über Frauen, die aus den Kaffeehausgärten Kusshändchen schicken und den Schwerverwundeten winken, dabei bequem bei einer Wiener Jause mit Kaffee und Kuchen sitzen und sich zum Leid dieser Menschen spöttisch lustig geben, schockiert.[10]

Und hier gibt es so etwas wie einen Gleichklang der Geschichte: Der eine, RCK, ist noch in Stockau und der andere, Fried, bereits in der Schweiz. Erst Ende 1918 soll der Punkt kommen, wo sie einander kennenlernen. RCK, seit 1916 Doktor der Philosophie, beginnt sich jetzt für den Krieg und die Folgen zu interessieren, beginnt Vorträge zu halten und setzt sich mit dem Friedensprogramm des US-Präsidenten Wilson auseinander. Fried hat sich schon seit längerer Zeit mit Wilsons Programm beschäftigt und ist enttäuscht, dass dieser Mann, dem 1920 den Friedensnobelpreis zugesprochen werden wird, ihn nicht persönlich übernehmen kann. Fried schreibt an den Präsidenten und gratuliert ihm dann 1921 zu dieser Auszeichnung. Sein Ziel ist es, Wilson persönlich kennenzulernen, doch Fried stirbt, bevor es zu einem Treffen kommt.

RCK hat sich zu dieser Zeit seine eigenen Vorstellungen von Wilson herausgearbeitet und leitet für sich ab: »Endlich schien mir der Krieg sinnvoll, als ein Kampf zwischen Vergangenheit und Zukunft, zwischen den europäischen Idealen des Nationalismus und dem amerikanischen Ideal der Völkerversöhnung. Denn Wilsons 14 Punkte versprachen einen wahren und gerechten Frieden: ohne Annexionen und Kriegsentschädigungen, ohne Geheimdiplomatie, ohne nationale Unterdrückung, ohne koloniale Ausbeutung. Ein Frieden der Abrüstung, des Freihandels, der Freiheit und der Versöhnung.«[11]

Die Sichtweise Frieds ist eine ähnliche und groß ist auch seine Enttäuschung, als Wilson, in den europäischen, traditionellen Ränkespielen unerfahren, schließlich resigniert. Fried geht sogar so weit, dass er öffentlich gegen den Versailler Frieden wettert und massiv gegen die Politik Clemenceaus auftritt.[12]

1919 lädt dann der Freimaurer Fried den Freimaurer Wladimir Misar und einen jungen Mann ein, mit ihm zum 9. Deutschen Pazifisten-Kongress am Freitag, dem 1. Oktober 1920, nach Braunschweig zu fahren. Frieds Ziel ist es, auf diesem Kongress die Aufgabe der Friedensbewegung nach dem Krieg in die Richtung zu führen, dass diese geschlossen gegen nationalistische, zerstörerische Kräfte an einem neuen Aufbau Europas effektvoll arbeiten kann. Fried kommt bereits im Vorfeld der Veranstaltung mit nationalistischen jungen Demonstranten in schwere Bedrängnis, sodass er seinen Vortrag auf dem Kongress nicht halten kann. Die Sozialdemokraten organisieren spontan eine Veranstaltung in einer Art Gemeindehalle und es kommen über 1000 Personen zu dieser Veranstaltung.

Fried fällt positiv auf, dass der junge Mann in seiner Begleitung schnell Kontakte gefunden hat und während des ganzen Aufenthalts Gespräche führt. Dabei kommt diesem jungen Mann namens Richard Coudenhove-Kalergi seine Mehrsprachigkeit zu Hilfe.

Fried muss auch zur Kenntnis nehmen, dass der junge Mann, der mit nach Braunschweig gekommen ist, auf bestem Wege ist, einen neuen Ansatz zum Frieden in Europa im Sinne einer künftigen Friedenszone der »Vereinigten Staaten von Europa« zu entwickeln. Dieser junge Mann gehört einer ganz anderen Generation an, gekennzeichnet durch eine gute Ausbildung, mehrsprachig, gewandt, konsequent. Sein Wunsch ist es, diesen jungen Mann für die Mitgliedschaft bei den Freimaurern zu gewinnen. Dieses Ziel kann er wegen seines frühen Todes nicht erreichen. Aber andere Brüder haben Stellvertreterfunktion übernommen.

RCK, der als junger Mann in die Arbeitswelt einsteigt, hat nicht den ganzen Ballast, die Schwere der Donaumonarchie mit all den inneren und äußeren Spannungen erlebt. Aber er hat in einer neuen Welt, die jetzt weitgehend demokratisch, republikanisch, sozialistisch und pazifistisch orientiert ist, ganz andere Probleme und Wünsche für ein gesellschaftspolitisches Neuland vor sich. Für diese Welt will er arbeiten.[13] Vor ihm liegt ein durch die Friedensverträge stark aufgesplittertes Europa, der Balkan zersplittert, der Aufbruch des Nationalismus und mit der Gründung der Sowjetunion ein politisches Gefüge, das bislang aus europäischer Sicht unvorstellbar war.

Fried, der als Mitarbeiter der »Neuen Zürcher Zeitung« bereits Ende 1916 aufgrund seiner Beobachtungen des Kriegsverlaufs die politischen Spielchen einzelner Staaten erkannt hat, lässt seine Überlegungen in Ruhe ausreifen und kommt zu dem Ergebnis: Der Erste Weltkrieg ist nur das Vorspiel eines Zweiten Weltkriegs, als dessen Folge alle Staaten erschöpft sein werden, und erst dann kann die Knospe des Friedens aufbrechen und nur mit Hilfe der USA ein neues Europa als Friedenszone der »Vereinigten Staaten von Europa« entstehen. Und RCK sagt: Europas Weltherrschaft ist für immer verloren, nationale Eifersüchteleien und Nationalsozialisten bedrohen Europa und die Weltordnung. Die wichtigste Aufgabe der Jugend ist es, dieser Gefahr entgegenzutreten und für die »Vereinigten Staaten von Europa« zu kämpfen. Nur wenige Jahre nach Kriegsende ersetzt er den Begriff durch einen ähnlichen, nämlich »Paneuropa«, das ein wirtschaftlicher Partner in einer neuen Gemeinschaft der Vielfalt werden soll. Damit hat RCK bereits als rund 24-Jähriger sein Lebensziel festgelegt – und für dieses hat er ständig, trotz aller Widerstände, gekämpft.

Aus der Sicht von RCK entstand der Erste Weltkrieg durch den Zusammenprall des europäischen Nationalismus mit der übernationalen Habsburger-Monarchie.[14] Jetzt geht es ihm darum, den Rückstau aus dem Ersten Weltkrieg zu überwinden und gleichzeitig auf den »Neuen Geist Europas« hinzuarbeiten.

Vieles, was in der Folge für RCKs Ausbildung, für seinen Weg zu einem Europäer mitbestimmend geworden ist, hat ihm sein Vater weitergegeben, der darauf geachtet hat, dass das Hochhalten jener Werte, die dem Vater wichtig waren, konsequent auf den jungen RCK Einfluss nimmt. Dieser wiederum hat diesen Wertekatalog den neuen Verhältnissen angepasst, und für sich als eine seiner Richtlinien wie lebenslange Bildungsbereitschaft, Verlässlichkeit, konsequentes und zielbewusstes Auftreten zum Vorsatz gemacht.

Alfred Hermann Fried und Richard Coudenhove-Kalergi

Bereits während des 1. Weltkriegs setzt sich RCK immer wieder mit den Kriegsfolgen auseinander, und er hat bereits das Kriegstagebuch des Friedensnobelpreisträgers Alfred Hermann Fried gelesen. Fried, 29 Jahre älter als RCK, ist auf den jungen Mann aufmerksam geworden. Ein wichtiges Verbindungsglied besteht in der Denkungsart und in den Überlegungen im Sinne des Gleichklangs der Geschichte. Eine oder mehrere Personen setzen sich mit einer Frage auseinander, ohne sich zu kennen – und kommen zum gleichen Ergebnis. So auch hier. Fried nimmt Ende 1918 mit RCK Kontakt auf, der zunächst nur zögerlich verläuft. Beide jedoch beginnen, sich mit dem 14-Punkte-Programm des amerikanischen Präsidenten Wilson und mit dessen Friedensappell zu beschäftigen.

Sie greifen unabhängig voneinander Wilsons Ideen auf. Das 14-Punkte-Programm von Woodrow Wilson ist für den 24-jährigen RCK der Angelpunkt der politischen Aktivierung und der Grundstock seiner künftigen Interessenlage, von der er auch später nicht abrückt. Für Fried sind die 14 Punkte ein echter Schritt in die Zukunft Europas, denn er sieht Wilsons Plan über die territoriale Nachkriegsordnung Europas auf Basis der Selbstbestimmungsrechte der Völker als einen Schritt zur Abrüstung und zum Stopp der Aufrüstungsspirale, außerdem zum Aufbau des Freihandels, der Völkerversöhnung sowie der Neugestaltung von Europa auf der Grundlage der Aussöhnung zwischen Frankreich und Deutschland. Damit will er für eine künftige Staatenentwicklung als »Vereinigte Staaten von Europa« die Grundzüge gestalten.

Die Friedenskonferenz in Frankreich – auch als Friedensdiktat bezeichnet – folgt nicht zur Gänze dem Vorschlag Wilsons, sondern dem Willen Frankreichs und Großbritanniens, und ist in der Folge durch Revanche gekennzeichnet.

Versailles für Deutschland und St. Germain für Österreich ist für Fried, der später anlässlich der Verleihung des Friedensnobelpreises 1921 an Wilson schreibt, eine Katastrophe, was er schon 1917 auf Basis seiner Studien vorhergesehen hatte. Für ihn wird eine neue Zeit junger Staaten als demokratische Republiken beginnen, aber aufgrund des Auseinanderklaffens in Nationen und »Natiönchen« wird es noch zu einem zweiten Krieg, einem

Friedensnobelpreisträger 1911 Alfred Hermann Fried, Ideenträger für Richard Coudenhove-Kalergi.

Weltkrieg kommen, an dessen Ende alle Staaten voll erschöpft sind. Erst jetzt zeigt sich, dass aus der Not heraus ein Entwicklungsprozess entsteht, der politisch in Richtung »Vereinigte Staaten von Europa« führen wird. Dessen Umsetzung wird allerdings nur mit Hilfe vorausdenkender Persönlichkeiten möglich sein.

Im Folgenden die Position RCKs, kurz und prägnant nach Ziegerhofer-Prettenthaler herausgearbeitet und zusammengefasst.[15] Sie schreibt hierzu: »Coudenhove sah im Versailler Vertrag keinen Anschluss an die europäische Entwicklung, sondern vielmehr die Grundlage für eine weitere ›paneuropäische‹ Entwicklung. Die darin erfolgte Grenzziehung empfand er als ›ungerecht‹, da ihre Festlegung nach dem Motto ›wo Recht versagt, setzt sich die Macht durch‹ durchgesetzt worden war. Allerdings vertrat er die Meinung, der territoriale Status der Friedensverträge sei aufrechtzuerhalten, weil ein Rütteln an den Friedensverträgen, und somit an den neuen Grenzen Europas, einen weiteren Krieg zur Folge hätte: ›Wer an die Grenzen rührt – rührt an den Frieden Europas.‹«[16]

Die Unversöhnlichkeit, die aus dem Versailler Vertrag herausfließt, ist für ihn jenes Grundübel, das Europa in eine Katastrophe führen wird. Trotzdem sucht er nach einem Weg, der vielleicht aus diesem Dilemma herausführen kann. Eine Chance hierzu erkennt er im wirtschaftlichen Bereich, durch den Abbau der europäischen Zollgrenzen, und daraus folgend den Aufbau eines europäischen Wirtschaftsraumes. Dieser soll, und damit liegt er auf einer Linie mit A. H. Fried, zur Aussöhnung zwischen Frankreich und Deutschland führen und damit soll die Basis für die »Vereinigten Staaten von Europa« geschaffen werden.

Allerdings legt er sich gedanklich darauf fest, dass seit der Russischen Revolution 1917 eine neue Gefahr, das Heranwachsen der »Roten Gefahr« besteht und es zum Aufbruch einer neuen gesellschaftlichen Kraft durch den Bolschewismus und Kommunismus kommen wird. Denn er folgert, dass sich, von der Sowjetunion ausgehend, in Europa von Ost nach West kommunistische Parteien bilden werden. Infolgedessen, so RCK, hochpolitisch ausgedrückt, wird der Schatten eines Zweiten Weltkriegs sichtbar, dem es gilt, durch die junge Generation Europas entgegenzutreten.[17] Jahre später wird er dann auf eine zweite, von ihm lange unterschätzte Gefahr mit fürchterlichen Folgen stoßen, den Nationalsozialismus.

Nun, in der unmittelbaren Nachkriegszeit, findet er in A. H. Fried einen Partner. Beide gehen, obwohl zwischen ihnen ein Generationensprung liegt, in der Ausgangslage ganz und unerschütterlich ein kurzes Stück gemeinsamen Weges.

Für Fried bedeutet dieser junge Mann eine Friedenshoffnung mit Weitblick und genügend Ausdauer und Durchsetzungskraft, das große Friedensprojekt Europa mit dem Zeitgeist und den starken gesellschaftlichen Veränderungen fortzusetzen. Für RCK ist Fried, trotz seiner Verdienste in Österreich 1919, obwohl er österreichischer Staatsbürger ist, ein unwillkommener Heimkehrer, der nur als Helfer und Mitgestalter der großen amerikanischen Hilfsaktion für Österreich in Österreich toleriert ist.

Alfred Hermann Fried ist aktiver Freimaurer, Vortragender bei allen internationalen und nationalen Friedenskongressen, und er erregt auf Friedenskongressen durch seine Aussage: »Europa ist schon längst keine Angelegenheit eines einzelnen Staates mehr« Aufsehen und heftige Kritik. Von den Freimaurern und den internationalen Freimaurerlogen wird er stark beachtet, und in der österreichischen »Bruderkette« werden Friedensfragen, die Aussöhnung zwischen Frankreich und Deutschland, die Friedenszone Europa, die »Vereinigten Staaten von Europa«, seit 1909 von ihm aufgebracht. Diese Themen werden vielfach übernommen und bilden immer wieder wichtige Schwerpunkte (bis 1938 und dann zwischen 1945 und 1952) der freimaurerischen Bildungsarbeit.

Der Freimaurer Richard Coudenhove-Kalergi

Kurz vor Jahresende 1919 lädt Fried den Großsekretär Misar und einen für diesen unbekannten Mann ein, mit ihm einen Friedenskongress in Deutschland zu besuchen. Er hat diesen selbstbewussten Mann, der sehr auf seinen Freiraum achtet und selbstständig agiert, schätzen gelernt. Auch hat Fried schon längst die Absicht, RCK für die Freimaurer als wichtigen Träger der Zukunft, der Europafrage und des Friedens zu gewinnen. Auch ist Fried bewusst, dass dieser junge Mann einen sehr großen Freiheitsraum und eine hohe Entscheidungsebene für sich beanspruchen wird. Schon während Frieds Emigration hat sich abgezeichnet, dass er an einer schweren Krankheit leidet, die immer wieder ausbricht, so auch 1919 und verstärkt 1920. Mutmaßlich, allerdings unbestätigt – mündlich überliefert –, will er als Bürge den noch sehr jungen RCK an die Freimaurer heranführen.

Fried lernt, wie erwähnt, RCK in Zusammenhang des 14-Punkte-Programms für den Frieden von US-Präsident Wilson kennen.

Wesentlich hierbei ist, dass Fried seit langem Mitarbeiter und Vertrauter von Heinrich Glücksmann, Herausgeber des »Zirkel«, dem Organ der in Österreich bis zum Ersten Weltkrieg verbotenen Freimaurer-Zeitschrift, und nachher Herausgeber der »Wiener Freimaurerzeitung«, ist. Glücksmann hat seit 1908 in immer größerem Umfang Arbeiten an Fried übertragen. Der Grund ist einfach der, dass Glücksmann als Regisseur, Dichter und Bühnengestalter am »Deutschen Volkstheater« in Wien wirkt. Hier ist RCKs Frau Ida Roland als Schauspielerin engagiert. Später wird sie auch eine führende Rolle im Ensemble des Burgtheaters spielen. Die Coudenhoves haben Glücksmann schon kurz nach dem Ersten Weltkrieg kennengelernt.

A. H. Fried hat sowohl über den masonischen als auch im privaten Bereich engen Kontakt mit Heinrich Glücksmann. Letzterer ist es dann, der für das Gewinnen RCKs für die Bruderkette entscheidend wird. Dazu kommt noch, dass Fried als Vielleser auch die Zeitschrift »Die Weltbühne« kennt. Er verfolgt Ida Rolands Arbeit sehr genau.

In Österreich sind zu dieser Zeit die Freimaurer verboten, in Ungarn erlaubt. Daher wird von den österreichischen Freimaurern ein System entwickelt, in dem sie in Wien ab 1868 nicht als Freimaurerlogen auftreten, sondern als nichtpolitische, selbstständige Vereine wirken, die in über 80 Gruppierungen sozial tätig sind.[18] Die älteste Loge heißt »Humanitas«. Sie arbeitet zunächst in der ungarischen Hälfte in Lajtaszentmiklós (heute Neudörfl) bei Wiener Neustadt. Später zieht sie, wie die anderen Logen, nach Bratislava. Seinen Sitz hat der nicht-politische Verein »Humanitas« in der Wiener Dorotheergasse.

Dies ist nur ein Beispiel für die ambivalente Politik der Habsburgermonarchie: Einerseits sind die Freimaurer unerwünscht, gleichzeitig werden sie ob ihrer breit angelegten Sozialarbeit benötigt.

Jetzt geht es Fried darum, RCK einzuladen, ein Bruder der österreichischen Bruderkette zu werden. Der Stuhlmeister, sowie der Großmeister namens Dr. Richard Schlesinger, sind zu informieren, dass Bruder Alfred Hermann Fried im Mai 1921 verstorben und ein Bürge für den jungen Kandidaten zu finden ist. Erst jetzt kann der richtige Schritt der sogenannten Suche begonnen werden. Der Prozess der Auffindung, die Bereitschaft, einen Mann mit gutem Ruf anzusprechen und gleichzeitig die Voraussetzungen zu überprüfen, wie dessen Ansuchen weiterlaufen soll. Diese Phase dauert im Schnitt 8-12 Monate.

Das Aufnahmeverfahren lässt sich bis auf einen Punkt sehr genau rekonstruieren. Wichtige Kennzeichen der Ausgangssituation sind: Fried und RCK haben sich seit Anfang 1918 gut gekannt. Weiters können jene Brüder, die nun die Aufgabe des gesamten Aufnahmeverfahrens durchzuführen haben, auch auf der Tatsache aufbauen, dass Fried sowohl RCK und seine Frau als auch Heinrich Glücksmann vom Volkstheater kennt. Es gibt immer wieder private und berufliche Verbindungen, zumal RCK ja auch ein eifriger Theaterbesucher ist. Ebenso ist er mit Bruder Misar und dessen Frau bekannt. RCK hat eine weitgehend philanthropische, weltoffene Ausbildung genossen und passt genau in das Profil der ältesten Loge der österreichischen Freimaurer hinein.

Einleitung und Aufnahme Richard Coudenhove-Calergis bei den Freimaurern

Die Loge »Humanitas«, 1869 als nicht-politischer Verein in Wien gegründet, ist zu dieser Zeit eine bürgerliche Loge, in der es keine Brüder gibt, die Arbeiter, Bauern, Studenten oder Kleingewerbliche sind. Ihr Rückgrat bilden Großkaufleute, Angestellte wie Generaldirektoren bis zu Prokuristen, gehobene Angestellte, Fabrikanten, Künstler, Ärzte, Rechtsanwälte, Freiberufler und Privatiers. Die Loge umfasst rund 130 Brüder, von denen rund 100 aktive Brüder sind. Meister vom Stuhl ist von 1921 bis 1923 Wilhelm Reinitz, ein Hof- und Gerichtsadvokat. Ihm folgt 1923 Adolf Bettelheim, ein Fabrikant, nach. Hier wird RCK seine Einbindung in die Freimaurerei 1922 finden.

RCK passt also nicht nur durch seine innere Einstellung in diese Loge, in der sich jetzt, nach dessen Rückkehr aus dem Schweizer Exil und der Vertreibung aus Deutschland 1920, Alfred Hermann Fried befindet, der von der Loge »Sokrates« zur Loge »Humanitas« gewechselt ist. Wesentlich ist jedoch, dass für RCK die äußeren Rahmenbedingungen für die Aufnahme in die »Humanitas« stimmen. Er ist finanziell relativ unabhängig und ohne Weiteres in der Lage, die sogenannte »Einstiegsgebühr« in der Höhe eines Monatslohns eines Unselbstständigen zu bezahlen. Auch ist er religiös, sodass sein Weltbild grundsätzlich gut in die »Humanitas« eingebettet werden kann. Und er steht nach Ende des Ersten Weltkriegs als junger, hoch engagierter, volljähriger Staatsbürger (Volljährigkeit erst mit vollendetem 24. Lebensjahr) in einer neuen Welt der ersten Nachkriegsgeneration.

Die großen Monarchien Österreich-Ungarn, das Deutsche, das Russische und das Osmanische Reich, sind endgültig zusammengebrochen. Das politische Gefüge Europas ist durcheinandergewürfelt und neue Bewegungen entstehen. Unbelastet von altem Traditionsdenken erkennt RCK die Veränderungen, orientiert sich sehr rasch in dieser neuen Welt und wird aus eigener Initiative zu einer aktiven Persönlichkeit mit neuen Zielen.

Diese Welt ist für ihn demokratisch, republikanisch, sozialistisch und zukunftsorientiert pazifistisch. Und in diese Richtung drängt er. Er stellt eine aktive politische (diplomatische) Karriere zugunsten einer freien, unabhängigen schriftstellerischen Tätigkeit zurück. Nur kurze Zeit hat ihn dieses Thema und der Weg in die Diplomatie beschäftigt, zumal es ihm relativ schnell gelingt, mit kleinen Artikeln beginnend, als Autor Fuß zu fassen. Ein Vorteil dabei ist, dass er aufgrund seiner Ausbildung, und von seinen Eltern vorgeprägt, nicht nur Deutsch, Englisch, Französisch, Türkisch und Russisch, sondern auch Ungarisch und perfekt Latein spricht. Diese Sprachkenntnisse helfen ihm bei seinem zukunftsorientierten Denken und Handeln. Er hat auch Frieds Werk »Pan-Amerika« gelesen. Von diesem und anderen Werken Frieds nimmt er Anleihen für seine weiteren Arbeiten. Fried bemerkte anlässlich einer an ihn gerichteten Frage: »Die Friedensbewegung und die Entwicklung der Vereinigten Staaten von Europa ist nicht die Angelegenheit einer einzelnen Person und Generation, sondern ein Prozess einer Kette, die langfristig diese Friedenszone schaffen soll, und sie muss immer wieder von Neuem entdeckt, verkündet und weiterentwickelt werden.« Für Fried ist der kaum 25-jährige, unerschrockene RCK jene Persönlichkeit, die die Kraft und Ausdauer hat, in einem sich herauskristallisierenden Europa die Fahne aufzugreifen und bei allen Schwierigkeiten jenen Weg weiter zu beschreiten, der schließlich zu einem neuen Geist von Europa im Sinne der »Vereinigten Staaten von Europa« führen wird. Fried verwendet in seiner Publikation »Pan-Amerika« sowie in kleineren Publikationen den Begriff »Paneuropa«, wobei er gleichzeitig betont, dass nicht der Name, sondern die Aktion das Entscheidende ist. Wichtig ist – und das spricht wiederum für die Offenheit RCKs –, dass auch er sich zu gegebener Zeit mit dem Begriff »Vereinigte Staaten von Europa« ins Gespräch bringt.

RCK beginnt einen Weg enger Verbindung seiner Ausbildung als Philosoph, freier Schriftsteller und Autor. Hier liegt der Ansatzpunkt der Verknüpfung von Politik und Philosophie, die sein künftiges Lebenswerk gestalten wird.

Nachdem nun ein von drei Brüdern getragenes Vorprüfungskomitee positiv entschieden hat, wird RCK als sogenannter Suchender von seinem Bürgen aufgefordert, sein Aufnahmegesuch abzugeben. Er entschließt sich, dieser Aufforderung Folge zu leisten und übermittelt am Samstag, dem 3. September 1921 seinen Antrag mit folgender Begründung um die Aufnahme:

»Seit meiner Kindheit ist es mein Wunsch und Ziel, der Menschheit, soweit es in meinen Kräften steht, zu dienen, um die Menschen glücklicher und vollkommener zu machen. Dieses Streben war ausschlaggebend für meine Berufswahl. Allen, die nach dem gleichen Ziele streben, fühle ich mich verbunden. Ich würde mich freuen, in einen Bund einzutreten, in dem viele Menschen gemeinsam nach den gleichen Idealen streben, die mich bewegen. Infolge meiner Abstammung (mein Vater war Europäer aus flämischem, griechischem, russischem, polnischem, deutschem und norwegischem Adelsblute, meine Mutter eine bürgerliche Japanerin) fehlt mir jede ausschließliche Zugehörigkeit zu irgendeinem Volke, zu irgendeiner Rasse, zu irgendeiner Kaste. Ich bekenne mich zur europäischen, und im engeren Sinne, zur deutschen Kulturgemeinschaft: aber nicht im Sinne irgendeines Nationalismus (...). Aus all diesen Gründen kann ich mich nur als Kosmopolit empfinden, mit der weitestgehenden Toleranz für Fremde und Fremdes, ohne die geringsten nationalen oder sozialen Vorurteile. Mein Bekanntenkreis erstreckt sich auf alle sozialen Sphären und Berufe. – Ich würde gerne einem Bunde beitreten, der so international und kosmopolitisch ist wie ich selbst und in dessen Tendenz die Ideen der Völkerversöhnung und Völkerverbrüderung liegen.

Wie ich in manchen meiner Artikel (*Platons Staat und die Gegenwart. Die Zukunftsmöglichkeit des Neo-Aristokratischen Prinzips, Adel* etc.) gezeigt habe, bin ich entschiedener Anhänger des Glaubens, dass die Menschheit geistige und sittliche Führer braucht, um vorwärts zu schreiten und sich höher zu entwickeln. Eine Gemeinschaft dieser Führer und Lehrer, die selbstlos das Beste der Menschheit wollen, schien mir immer erstrebenswert. Auch aus diesem Grunde würde ich es begrüßen, dem Freimaurerbunde beitreten zu dürfen.

Schließlich bin ich eine ausgesprochen religiöse Natur, ohne die Glaubenslehren einer Religionsgemeinschaft anzuerkennen. Immer waren es religiöse Probleme und Ideen, die mich (wie vor mir meinen Vater) am meisten beschäftigt und am stärksten bewegt haben. Meine religiöse Überzeugung wurzelt in den Idealen der Größe und der Kraft, der Freiheit und der Harmonie. Ich will, dass die Menschheit schöner wird an Körper, Charakter und Geist. Unter Schönheit des Charakters verstehe ich vor allem größte Liebesfähigkeit verbunden mit höchster Tapferkeit. Mein religiöses Bedürfnis könnte vielleicht teilweise befriedigt werden in einer Gemeinschaft von Idealisten, die wie ich, nach einer Religiosität streben, die von Aberglauben und Intoleranz frei ist.«[19]

Das Schreiben RCKs ist eines der wichtigsten und bedeutendsten Zeugnisse einer Persönlichkeit, die fest davon überzeugt ist, in der Lage zu sein, sich in die Freimaurerei einzuordnen und aktiv mitzugestalten. Er sieht auch in seiner Mehrsprachigkeit und seiner Lebenshaltung keine Probleme mit »Rassen« und Hierarchien. Gleichzeitig ist er eine Persönlichkeit, die Freiraum braucht und leicht auf andersdenkende Personen oder Gruppierungen zugehen kann, wenn sie will. Hier liegen wichtige Grundlagen für den Aufstieg der aufkeimenden Paneuropa-Bewegung. Das zeigt sich auch daran, dass er exakt seine Interessen an der Mitgestaltung im Rahmen der Großloge von Wien anstrebt, da er sich im Einklang mit deren wichtigsten Grundpositionen sieht. Ein weiteres Merkmal für seine Bewerbung ist sein philosophisch abgeleiteter Hintergrund, Menschen glücklich zu machen und die Gemeinschaft von Menschen, die das gleiche Ziel haben, zusammenbringen zu können. Dazu kommt das Bekenntnis zur europäischen Kulturgemeinschaft, ohne Bezug auf irgendeinen Nationalismus, aber getragen von Toleranz und den Idealen der Bruderschaft, internationalistisch, kosmopolitisch eine

Heimstätte zu finden. Mit der Offenlegung persönlicher Motive, nämlich der Selbstdarstellung als Europäer mit dem Ziel, ein neues Europa zu schaffen, dokumentiert er die Priorität, als Kosmopolit im Sinne Europas und auf erweiterter Ebene agieren zu wollen.

Weiters bekennt er sich jetzt und für die Zukunft zum »Neo-Aristokratischen Prinzip« auf der Basis der Teilhabe (Partizipation), das Beste für die Menschheit zu wollen, und in einer Gemeinschaft zwischen Gebenden und Nehmenden zu agieren. Dazu klingt schon die Suche nach verantwortungsvoller Brüderlichkeit durch. Und gerade hier erwartet er sich, im Bunde der Freimaurerei international im Sinne von Völkerversöhnung und Völkerverbrüderung etwas leisten zu können. Gerade die Brüderlichkeit wird in den späteren Jahren für seinen weiteren Lebensweg und insbesondere im Alter eine zentrale Frage sein.

Als dritten Punkt seines Ansuchens legt er klar und deutlich seine religiöse Natur offen, ohne sich in eine Glaubensgemeinschaft hineinpressen zu lassen. Dazu kommen noch ein Lebenslauf und ein Foto.

Dieses Ansuchen, an die Großloge von Wien gerichtet, entspricht den inneren Ordnungsprinzipien der Loge »Humanitas«, und so ist es verständlich, dass er dann, nach seiner Aufnahme, sehr rasch als Bruder Anerkennung, Hilfe und Unterstützung erhält.

Der nächste Schritt ist, dass der Stuhlmeister drei Brüder als Informanten auswählt, deren Aufgabe es ist, ohne voneinander etwas zu wissen, mit dem Suchenden Kontakt aufzunehmen und sich ein Bild von seiner Persönlichkeit zu machen. Auch der Bürge für den Suchenden kennt keinen der Informanten. Diese sind gegenüber jedermann, also auch den Brüdern der Loge, durch Schweigeverpflichtung gebunden, ebenso auch die Bürgen.

Selbst für den Stuhlmeister ist überraschend, dass bereits nach zwei Tagen, also am 5. September 1921, ein anonymes Schreiben zu seinen Handen in der Dorotheergasse einlangt. In diesem Schreiben bekennt sich der anonyme Absender voll zu seiner Bürgschaft für RCK und nennt Heinrich Glücksmann als eine Vertrauensperson zu allen Fragen, die A. H. Fried betreffen. Glücksmann übernimmt den Vorsitz der Friedensbewegung nach Frieds Tod am 4. Mai 1921. Und er hält dann auch am 22. Mai 1921 bei der Generalversammlung der Großloge von Wien den Nekrolog zu Fried.

Zu dem Kreis des anonymen Schreibers gehören, als vorgeschlagene Informanten, Dr. Paul Kammerer, ein weltbekannter Biologe aus der Loge »Sokrates«, Heinrich Glücksmann, Kurt Heller, Fabrikant und Kaufmann aus der Loge »Freundschaft«, ebenso Josef Popper-Lynkeus.[20] Popper-Lynkeus ist ein sehr engagierter und bekannter Sozialphilosoph auf den Grundsätzen stehend, dass die »Nährpflicht« die Basis für die Lösung der Sozialfrage ist, wobei Gerechtigkeit, Menschenwürde und Organisation sowie die Verurteilung von Krieg und Wehrpflicht im Vordergrund stehen. Der Wiener Philosoph ist sehr bekannt und ein guter Freund und Berater vieler Freimaurer.[21] Schließlich präsentiert der Unbekannte RCK als einen anständigen Menschen.

Der Anonymus weist auf die besondere Bonität und gesellschaftliche Persönlichkeit hin, was schon bei RCKs Vater ein Kennzeichen war, und dass all dies sich auf den Sohn übertragen hat. Für den Unbekannten repräsentiert RCK einen hochanständigen Menschen, mit außergewöhnlicher Güte und allgemeiner Menschenliebe; der aber auch durch außerordentliches Engagement und Selbstbeherrschung, »welche wohl eine Folge des asiatischen Blutes ist, hervorsticht und dabei größte Bescheidenheit im Wesen und Auftreten hat. (...) Seine kinderlose Ehe ist eine selten glückliche und harmonische. Er ist ein treuer und hingebender Freund seiner Freunde. Er vereinigt mit diesen hervorragenden Eigenschaften des Charakters und Gemütes außerordentliche intellektuelle Fähigkeiten. Seine Vermögensverhältnisse sind sehr bescheiden, jedoch geordnet«, so der Absender des Elaborats.[22]

Weiters erwähnt das Schreiben eines der Informanten, in dem dieser sein Ergebnis des Informantengesprächs für den Großmeister und den Stuhlmeister festhält, dass RCK ein Mensch außerordentlicher Begabung ist, dessen Verknüpfung von Wissen und Denken mit dem Idealismus der Jugend gepaart wichtig, aber auch gleichzeitig eine Gefahr für ihn selbst sein kann, denn er werde bei seiner allfälligen Aufnahme auf eine Reihe von Männern treffen, die ebenfalls hochbegabt sind.[23]

Damit will dieser Informant darauf hinweisen, dass RCK damit rechnen muss, dass seine Vorstellungen nicht sofort als einzig gültige dastehen werden können und er, trotz positiv freudig-brüderlicher Aufnahme, auch auf Kritik stoßen wird und Toleranz und Offenheit zeigen muss. Auch weist er RCK darauf hin, dass er sich noch zu diesem Zeitpunkt, ohne irgendwelche Konsequenzen fürchten zu müssen, zurückziehen kann. RCK nimmt diese offenen Hinweise zur Kenntnis und bleibt bei seinem Ansuchen, denn »die meisten Ideen, die ich aus freimaurerischer Literatur kennenlernte, decken sich mit meinen Überlegungen und ich hoffe, daraus neue Anregungen zu finden«[24].

Dazu kommt noch, dass RCK nie aus seiner Familie heraus abgeleitete Vorteile und Rechte in Anspruch nimmt und selbstverständlich, entsprechend der gegenwärtigen Rechtsordnung Österreichs hinsichtlich des Verbots einen Adelstitel zu führen, auf den Titel »Graf« verzichtet.

Alle vier Informanten, unabhängig voneinander, begrüßen die Aufnahme von RCK als einen Gewinn für die Loge »Humanitas«. Ohne jeglichen Einwand wird anschließend, auf streng demokratisch geheimem Weg, eine Abstimmung, mutmaßlich spätestens Anfang November, durchgeführt. Sowohl die erste Runde mit der Ja-Abstimmung erfolgt von den Anwesenden an diesem Entscheidungsabend mit 100 Prozent und im Gegensatz dazu, eine Nein-Abstimmung, zeigt ein Nullergebnis. Damit gilt RCK als aufgenommen, und er wird für den 14. Dezember 1921 zu einem Prüfungs- und Aufnahmeritual eingeladen, wobei seinen festgelegten Bürgen die Aufgabe zufällt, den Kandidaten zu informieren, sodass dieser sich noch bis direkt vor dieser Ritualphase, wenn er will, ohne Konsequenzen zurückziehen könne.

Im unmittelbaren Anschluss an das Prüfungsritual und die Aufnahme findet noch spätabends ein gemeinsames Abendessen statt, bei dem alle anwesenden Brüder der »Humanitas« und Gäste die Möglichkeit haben, zum ersten Mal den Bruder Richard Coudenhove-Kalergi näher kennenzulernen.

Und wie schnell sich der »Neophyt« – Lehrling –in die Loge integriert und raschen Kontakt zu anderen findet, zeigt sich auch daran, dass er sowohl als Vortragender innerhalb der Freimaurerloge als auch im Außenfeld agiert. Dies dokumentiert er auch in seinem Buch »Ethik und Hyperethik« wenige Monate nach seiner Aufnahme, noch als Lehrling, in der ersten Präsentation als Freimaurer in der »Wiener Freimaurerzeitung« vom März 1922. Dieses Werk RCKs, im »Neuen Geist Verlag« Leipzig erschienen, umfasst die Grundidee seiner Lebensplanung und Lebensphilosophie und ist tief von freimaurerischen Gedanken getragen. Dabei sind zwei Grundgedanken als Leitmotiv zu erkennen.

Dieses Werk, so beschreibt Peter Reinhold in seiner Rezension, ist gleichsam als eine »Philosophie des unbewussten Freimaurertums anzusehen, als ein edles Ideengebäude, getragen von den Säulen der Weisheit, der Stärke und der Schönheit«[25], die zum Gipfel eines Sozialismus der Liebe und einer Revolution der Brüderlichkeit führt.

RCKs Leitgedanken zur Philosophie des Freimaurertums:

»Kritische Betrachtung der Ethik« (Abschnitt 1)

- Ihre Stellung zum Leben der Menschen, der Dinge, der Zwecke und der Taten
- Die Grundprinzipien einer gangbaren Philosophie
- Entwicklungstendenzen und die daraus resultierende Bewertung im Streben und Verhalten
- Perspektivische Lebenserwartung in Wechselwirkung von harmonischem Leben und lebendiger Harmonie
- Schönheit als Prinzip menschlichen Handelns

»Hyperethik« (Abschnitt 2)

- Ist ästhetische Ethik, das Endziel lautet: Lebensentfaltung, Persönlichkeitsentfaltung
- Dreifache Harmonie durch: Gefühle – Charakter – Geisteshaltung
- Endgültige Kernpunkte: Sozialismus der Liebe und Revolution der Brüderlichkeit
- Der praktische Wert der Hyperethik ist: Alle menschlichen Werte auf einem gemeinsamen Generalnenner zu bringen

Gemeinsame Komponenten sind:

- Die Philosophie des unbewussten Freimaurertums
- Ein edles Ideengebäude, getragen von den Säulen der Weisheit und Schönheit

Eine der ureigensten Bedingungen der Freimaurerei ist die Brüderlichkeit. Und das ist es auch, was RCK später nach seiner Deckung (Ausscheiden) aus der Bruderkette mitnehmen wird. Selbst in späteren Jahren erfährt er wiederum die Brüderlichkeit als einen Kernfaktor zur internationalen Konfliktlösung, zumal Brüder wie Schlesinger, Misar oder Béla Frank von der Loge »Zukunft« auch in der Ständestaatzeit seine Idee als eine wegweisende Richtung für ein neues Europa weitergeben. Damit soll in Zukunft der Ausgleich zwischen den USA und der UdSSR ermöglicht werden.

Der Einstieg in die Bruderkette erfolgt sowohl über den deutlichen Hinweis auf seine Publikationen »Ethik und Hyperethik« und dann »Adel« sowie »Apologie der Technik«. Alle drei Bücher erscheinen im »Neuen Geist Verlag«, in dem auch Publikationen von Fried erschienen sind. Für den

Rezensenten Peter Reinhold sind die Werke RCKs von besonderer Qualität. Er weist in der »Wiener Freimaurerzeitung« 1922 auf das letzte dieser drei Werke hin, dessen Grundtendenz lautet: »Ethik ist die Seele unserer Kultur, die Technik ihr Leid«. Letzteres Buch ist das dritte Erziehungsbuch, das nach Reinhold auf »Ethik und Hyperethik« aufbaut und zum Schluss kommt, dass nicht die rohe Unterjochung und Eroberung der Maschine, sondern die Ethisierung der Technik ein erlösender Baustein des Zukunftstempels sein soll. Durch den Gleichmarsch von ethischem und technischem Fortschritt soll gleichsam als ein Ei des Kolumbus eine neue, soziale Moral, geprägt durch ein geläutertes Freimaurertum, eingeleitet werden.[26]

Eine offene Tür für den jungen Bruder

Die Großloge von Wien schlägt als Jahresmotto für 1922 vor, die Friedensthematik in den Mittelpunkt zu stellen. Dies findet bei den Brüdern starken Widerhall. In diesem Sinn wird eine Reihe von Veranstaltungen durchgeführt. Unter diesem Motto steht auch die Gedächtnisveranstaltung zu Frieds erstem Todestag. Der Bericht über den 22. Internationalen Friedenskongress in London, an dem für die österreichische Friedensgesellschaft der Bruder Karl Beran und der große Förderer RCKs, Bruder Friedrich Hertz, teilgenommen haben, erwähnt, dass bei dieser Tagung verschiedene Vorträge RCKs, auch das Kernbaustück »Die Nation als Kirche« stattgefunden haben. Dieser Erfolg in der Loge ist so groß, dass auch aus der Großkette heraus Informationen nach außen dringen. Der Großmeister, dem öffentlichen Interesse folgend, initiiert daraufhin eine Veranstaltung im überfüllten großen Saal des Wiener Konzerthauses. Nach den einführenden Worten von Dr. Schlesinger bringt RCK sein Referat über »die Nation als Kirche«.

Dieses nimmt er als Ausgangspunkt, um seine Ideen für die Zukunft und Europa in den Mittelpunkt zu stellen. Zu diesem Zeitpunkt ist bereits – mit Unterstützung der Bruderkette – sein erstes Buch »Paneuropa« in Wien im Paneuropa-Verlag erschienen. RCK hat mit der Gründung des Paneuropa-Verlags darauf reagiert, dass er für seine Publikationen im »Neuen Geist Verlag« aufgrund der galoppierenden Inflation kein Bargeld, sondern nur einige Freiexemplare erhalten hat. Jetzt eben legt er mit »Paneuropa« die Basis für seine ganze Laufbahn durch die Ende Oktober 1923 gegründete Paneuropa-Bewegung, die seinen Aussagen zufolge die Zukunft Europas als einen Staatenbund und nicht als Bundesstaat zum Lebensziel hat.

Bereits vier Monate nach seiner Aufnahme als Lehrling in der Loge »Humanitas« erhält er vom Großmeister im Einvernehmen mit den Logen »Humanitas« und »Sokrates« den Auftrag, am 6. Mai 1922, zu Frieds erstem Todestag eine Gedenkrede zu halten. Dieser Samstagabend steht ganz im Gedenken Alfred Hermann Frieds, wobei die Brüder unmittelbar nach dem Verlassen des Tempels zu der blumengeschmückten Nische ziehen, in der die Urne Frieds aufbewahrt wird. RCK und der Stuhlmeister der »Humanitas« halten die Reden.[27]

Zusammengefasst geht es in »Erinnerung an den Friedensapostel« um einen Aufruf dazu, dass alle Angehörigen der Bundes-Freimaurer den Blick mit Eifer auf die Außenarbeit lenken und immerdar im Sinne des früh Hingeschiedenen, dessen Lebenswerk ein Ruhmesblatt für die wahrhafte Weltfreimaurerei ist, tätig zu sein. Mutmaßlich hebt RCK die Bedeutung und den Mut hervor, mit dem Fried sich gegen bestimmte Haltungen des seinerzeitigen Herrscherhauses gewandt hat und dass er die Hälfte seines Nobelpreisgeldes für die Sozialarbeit der Freimaurer gespendet hat.

Den Abschluss der Gedenkveranstaltung bildet schließt Bruder Otto Böhm[28] mit folgendem Kettenspruch:

»Die Kette ohne ihresgleichen
Schließt, Brüder, diesen Kreis.
Und jedes Glied in uns'rem heil'gen Zeichen
Ist dess' Beweis.
Die Kette schmückt kein gülden Gleißen.
Nur inn'rer Glanz.
Sie bleibt, denn nimmer kann sie reißen.
Für ewig ganz.
Lasst froh uns in die Zukunft sehen.
Getreu uns immerdar.
Wohl mir, nie werd ich ganz vergehen:
Non omnis moriart!«

Diese Veranstaltung und noch weitere müssen auf RCK großen Eindruck gemacht haben, zumal damit durch die Diskussion und die Friedensfrage sowie die Frage der künftigen großen Friedenszone »Vereinigte Staaten von Europa« weitertransportiert wurde. Schließlich laufen später noch brüderliche Kontakte mutmaßlich über Fried und seine Aktivitäten bis zu Aristide Briand. Gerade Letzterer ist es, der für RCK zu einer wichtigen Anlaufstelle auf dem Weg des Ausbaus der paneuropäischen Bewegung wird.

Brüderlichkeit: Geistes- und Lebensfrage für Richard Coudenhove-Kalergi

Am 23. Mai 1923, mutmaßlich von Bruder Trebitsch organisiert, findet im Haus der Industrie die ordentliche Generalversammlung der Großloge von Wien unter Führung von Großmeister Schlesinger statt. Anwesend sind 23 stimmberechtigte Delegierte von 15 Logen und rund 200 Gäste. Auch dieses Treffen ist durch eine politische hohe Brisanz gekennzeichnet, denn die Großloge von Wien ist bislang die einzige Großloge, die gegen die Ruhrbesetzung Einspruch erhoben hat. Was die Antworten der ausländischen Großbehörden auf die Rundschreiben der Großloge von Wien anbelangt, so hat am meisten diejenige der Großloge von Frankreich befriedigt. Denn dort, so die Großloge von Wien, »hegt man den ehrlichen Wunsch, den pazifistischen Gedanken weitertragen zu verhelfen«.[29] Die Art und Weise, wie die Formulierung hier dargelegt ist, entspricht sehr stark einer Federführung durch RCK, sodass der Schluss möglich ist, dass er mit dem Großmeister, in dem er einen Förderer hatte, dies alles durchdiskutiert hat.

Schon vorher ist ein Rundschreiben an die Großorden und andere Oriente ergangen. Bis zu diesem Zeitpunkt – Mitte 1923 – kommen jedoch nur entsprechende Rückmeldungen aus Frankreich und Venezuela, wobei Letzteres betont, dass es entsprechend der beklagenswerten Situation, in der sich das deutsche Volk befindet, freimaurerische Pflicht sei, helfend einzugreifen und die entsprechenden Beschlüsse, die die Freimaurer zu fassen hätten, also die Gedanken der Universalität und Solidarität beinhalten müssten. Außerdem schlägt die Großloge von Venezuela vor, und das ist belegt, dass die Großloge von Wien alle freimaurerischen Großbehörden der Welt zu einer großen Konferenz nach Wien einberufen und dort ihnen ihre von altruistischen Motiven diktierten Vorschläge unterbreiten solle. Diese Aussage muss auch RCK gehört und beim zweiten Bericht neuer Richtlinien für alle Logen miterlebt haben. Dieser befindet sich in der »Wiener Freimaurer-Zeitung« (WFZ) von 1923 in der Privatsammlung eines der engsten Mitarbeiter RCKs, wo es heißt, dass die einzelnen Bauhütten ihre geistige Betätigung in Richtung Völkerversöhnung lenken sollen.

Die Frage nach der Brüderlichkeit stellt sich RCK immer wieder und spielt für seine Einstellung zur Freimaurerei auch nach seiner Deckung eine große Rolle. So etwa bei der Hilfestellung für seine Publikationen, der Hilfestellung für den Ersten Paneuropa-Kongress, aber auch bei Schnittstellen und Kontakten mit Brüdern oder Sympathisanten. Es ist gleichsam eine

Kette von Brüdern, wie Aristide Briand als Ehrenvorsitzender der Paneuropa-Bewegung, Gustav Stresemann, Carl von Ossietzky, Frank B. Kellogg, Churchill, der Großmeister Schlesinger, die Logen »Humanitas« und »Sokrates«, dann auch die Loge »Zukunft«, die sowohl finanziell als auch beratend helfen. Und nach dem Zweiten Weltkrieg ist es eine Kette von zum Teil noch heute lebenden Brüdern, die ihn als Mitglieder und Ehrenfunktionäre für den Friedensnobelpreis vorschlagen.

Aus seiner Sicht, und da setzt er schon bei der Konstitution an, ist »Humanitas« das Evangelium der Brüderlichkeit, dass alle Menschen Brüder und Schwestern sind, ohne Unterschiede von »Rassen«, Nationen, Religionen, Überzeugungen oder Wohlstand, weiters, dass die Menschen harmonisch wie eine große Familie zusammenleben sollen. Unter dieser Sichtweise erkennt RCK die Brüderlichkeit als drittes und wichtigstes Ideal, das das entscheidende Bindeglied ist, die im ständigen Gegensatz stehenden Ideale von Freiheit und Gleichheit auf einer Ebene der Harmonie zu verknüpfen. Dies erscheint RCK umso wichtiger, als Freiheit ohne Brüderlichkeit zur Anarchie führt, Gleichheit ohne Brüderlichkeit zur Tyrannei. Im Gegensatz zu den beiden anderen Idealen verlangt Brüderlichkeit nicht, dass »Geschwister« untereinander das Einkommen teilen, aber dass ein reicher Bruder einem armen, oder ein Gesunder einem Kranken oder einem in Not geratenen hilft. Dort geht es für ihn darum, dass seine Idee von Paneuropa jener große Schritt ist, der über Gleichheit und Freiheit weit hinausgeht.

Dieser Geist brüderlicher Liebe ist das Kernelement einer moralischen Revolution. Als Beispiel dazu dient, dass nach dem Ersten Weltkrieg mit der Paneuropa-Bewegung ein Anfang gemacht worden ist, dem Völkerhass durch gegenseitige Sympathie und Achtung entgegenzutreten. Dies wird sich für ihn klar im Ersten Paneuropa-Kongress 1926 symbolisieren.

Die europäische Bewegung für Frieden und Brüderlichkeit setzt sich nach dem Zweiten Weltkrieg als Wegbereiter der Brüderlichkeit zwischen allen großen und kleinen Nationen fort und hat damit für ihn den Beweis erbracht, dass sich mit Frankreich und Deutschland zwei nationale Erbfeinde in Freunde verwandeln können.[30]

Aufklärung und Menschenrechte

Brüderlichkeit war einerseits (als »fraternité«) eine der Kampfparolen der bürgerlichen Revolution (vergleiche hierzu den ungeschminkten Volksmund: »Und willst du nicht mein Bruder sein, so schlag' ich dir den Schädel ein!«), während die Arbeiterbewegung überwiegend den Begriff der *Solidarität* verwendete. Andere sehen in der Brüderlichkeit eher eine ethische Tugend, die zu Friedfertigkeit, zu Toleranz, zur Versöhnung mit dem Feind und zu Hilfsbereitschaft führt. In diesem Sinne ist sie verwandt mit dem Begriff der Verbundenheit. Jedes Jahr im März feiern in diesem Sinne viele Millionen Menschen die »Woche der Brüderlichkeit« mit Projekten und Veranstaltungen. Auch in die Erklärung der Menschenrechte der Vereinten Nationen floss der Gedanke der Brüderlichkeit ein. Er wird im ersten Artikel erwähnt, wo es heißt: »*Alle Menschen sind frei und gleich an Würde und Rechten geboren. Sie sind mit Vernunft und Gewissen begabt und sollen einander im Geiste der Brüderlichkeit begegnen.*«

In Bezug auf den Begriff der Brüderlichkeit im Marxismus findet eine Unterscheidung zweier ethischer Zonen statt. Die Menschheit ist hier in einen historischen Gegensatz von Bourgeoisie und Proletariat zerfallen: Im Klassenkampf schließt die Bruderschaft der einen die Feindschaft gegen die anderen ein. Erst die Überwindung der Klassengesellschaft, die kämpferische Aufhebung von (materieller) Ungleichheit und Unterdrückung in der »Klassenlosen Gesellschaft«, wird die »wahre« Einheit der Menschheit herstellen.

Brüderlichkeit im freimaurerischen Sinne wird verwirklicht durch Sicherheit, Vertrauen, Fürsorge, Mitverantwortung und die Verständigung mit- und untereinander. Das Einüben des Zusammenlebens aller Brüder in der Loge erfordert das Aufeinander-Zugehen in allen Lebenssituationen, Verständnis der Charaktereigenschaften des anderen und Hilfsbereitschaft in Not. Freimaurerische Toleranz bedeutet nicht das desinteressierte Gelten-Lassen anderer Auffassungen, sondern die Bereitschaft, die Überzeugung des Partners – oder sogar Gegners – in ehrlicher Auseinandersetzung zu respektieren. All dem stehen oft egoistische Verhaltensweisen und andere menschliche Unzulänglichkeiten im Wege. Deren Überwindung durch Gespräch, Anleitung und Vorbild ist fortdauernder Gegenstand freimaurerischer Arbeit.

Internationalismus und Pazifismus

Pazifismus und Freimaurerei als eine eigene Achse des Informationsaustauschs und der selbstständigen Forschung ist ab der Nachkriegszeit ein wichtiger Faktor der österreichischen Freimaurerei in der Auseinandersetzung mit den Fragen der Freimaurerei und Faschismus sowie Freimaurerei und Nationalsozialismus. Kennzeichnend für die österreichische Freimaurerei ist auch, dass die Diskussion innerhalb der Freimaurer über die Friedensbewegung seit Bertha von Suttner, über Alfred Hermann Fried und durch RCK zumindest während dessen Mitgliedschaft bei den Freimaurern, unabhängig davon aber auch danach, weiter stattgefunden hat. Nicht zu vergessen ist dabei der Dialog über die sozialen Fragen und den Sozialismus. Das gemeinsame Kennzeichen nach außen ist in diesem Sinne der starke Internationalismus der Freimaurer.

Noch im Sommer 1922 präsentiert RCK den Brüdern in der Wiener Freimaurer-Zeitung seine Publikation »Adel«. Aufgrund seiner wissenschaftlichen Forschungsergebnisse ist diese Arbeit, auf tiefem, philosophischem Wissen aufbauend, gleichzeitig eine Abrechnung und daraus herauswachsend, die Prophezeiung einer neuen Geistesherrschaft statt Gewaltherrschaft. Für ihn ist jetzt eine Phase der »Adelsdämmerung« gekommen, und daraus folgert er: »Der Adel der Vergangenheit war aufgebaut auf Quantität der Feudale, auf die Zahl der Ahnen, die Plutokratie auf die Zahl der Millionen. Der Adel der Zukunft wird auf Qualität beruhen: auf persönlichem Wert, persönlicher Vollkommenheit; auf Vollendung des Leibes, der Seele, des Geistes.« Trotz mancher Kritik bekennt sich RCK zum neuen Adel als geistiger Elite.

Brüder helfen Brüdern – Not der geistigen Arbeiter Österreichs

Die Großloge widerspiegelt auch das Bild der Bevölkerung. Frieds Friedensgedanken eines neuen Europa und der in der Bruderkette aufkeimende Europagedanke eines »Paneuropa« sind zwei wichtige Anhaltspunkte der Diskussion und das Erkennen des Aufbruchs, dass die »alte Formel, Politik und Religion ganz aus der Loge herauszuhalten, deren Tod bedeuten kann«[31], zumal auch katholische, habsburgische und antisemitische Problemfelder nicht an den Logen vorbeigehen.

Wie in der WFZ festgehalten, werden alle derartigen Strömungen im In- und Ausland aufs Genaueste registriert. Dies hat zur Folge, dass die Wiener Großloge in wenigen Jahren von 40 ausländischen Großlogen anerkannt wird und RCK sich als junger Bruder (Geselle) mit all diesen Fragen auseinandersetzen muss.

Die Wertschätzung RCKs ob seiner Bemühungen in Europa und Österreich durch die Bruderkette und die Großloge von Wien findet auch dadurch statt, dass ein Hilferuf der »Österreichischen Künstlerhilfe«, öffentlich präsentiert und diskutiert, in der Bruderkette ihren Niederschlag findet. Dieses Zeichen ist ein deutlicher Hinweis, dass RCK auch hochpolitische Alltagsthemen anspricht und für seine Aktivitäten hierzu durch die Großloge von Wien für Österreich finanzielle Unterstützung erhält.

Die Brüder RCK und Dr. Friedrich Hertz sowie Ida Roland-Coudenhove geben als Ausschussmitglieder der »Österreichischen Künstlerhilfe« einen an die Bruderkette und die Brüder gerichteten Aufruf heraus – der im März 1923 auch über die WFZ geht. Die »Österreichische Künstlerhilfe«, weitgehend von Freimaurern getragen und ursprünglich als Hilfsaktion zugunsten der von der Hungerkatastrophe in Russland Betroffenen geschaffen worden, beschließt, bezogen auf die triste Situation der Künstler in Österreich, ab 1923 ihre Tätigkeit vor allem der Linderung der immer stärker wachsenden Not der geistigen Arbeiter Österreichs – insbesondere der Künstler – zuzuwenden.

Auslösendes Element ist, dass mit Ausbruch des Ersten Weltkriegs das private Mäzenatentum total zusammenbricht und öffentliche Kulturförderung praktisch auf dem Nullpunkt steht. Dazu kommen der Geldverfall und die Einführung des Notgeldes, dessen Gültigkeit praktisch auf eine Gemeinde beschränkt ist.

»Dieser Beschluss der Hinwendung zu Österreich wird noch durch die Ungewissheit verstärkt, in welche Richtung sich Russland in Zukunft entwickeln wird. Die Künstler, die abseits von alten politischen Streitigkeiten der jetzigen Epoche stehen, haben furchtbar unter den Kriegsfolgen und revolutionären Tendenzen zu leiden. Im Vordergrund steht durchwegs die individuelle Raffkultur, und brutale Instinkte der Menschheit herrschen überall. Alles, was sich gegen diese Macht wendet, wie Kunst und Wissenschaft, ist entwertet und verarmt. Für Völker- und Bürgerkriege werden Goldschätze verwendet. Der Hass wird mit Gold geschmiedet. Für Schulen und Lehrer, für Künstler und Gelehrte aber ist nicht einmal das Existenzminimum gegeben. Die geistigen Werte Österreichs, die der Menschheit in Kunst und Wissenschaft unermessliche Dienste geleistet haben, werden dem Untergang preisgegeben. In der weltberühmten Kunststadt Wien hungern und frieren viele Künstler mit ihren Familien. Das geht so weit, dass sie verarmte Mangelkleidung tragen, die sie aus Kohlensäcken herstellen. Weitere Utensilien fehlen, wie z. B. Farben, auch ist durch die mangelnde Kaufkraft klares Arbeitspapier Mangelware. Ein Symbol dafür sind die kurzen Kulturteile in den Tageszeitungen. Manche Blätter werden als Wanderzeitungen weitergereicht, wo eine Nummer bis zu acht verschiedene Leser hat. Das Organi-

Österreichisches Notgeld in der Gründungsphase der Ersten Republik, gültig jeweils nur in einer Gemeinde.

sationsteam geht daher mit seiner Aufforderung an die Öffentlichkeit, dass größter Bedarf besteht, durch die aufrichtige Beteiligung jedes einzelnen Bürgers an dieser Aktion, diesen Notleidenden zu helfen und den unschätzbaren geistigen Reichtum Österreichs zu würdigen und weiter tragen zu helfen. Darum beehren wir, das Organisationsteam, uns, an Euer Wohlgeboren mit der Bitte heranzutreten, unsere Hilfsaktion gütigst zu unterstützen, um Not und Elend im eigenen Lande zu mildern. Spenden werden dankbar entgegen genommen in der ›Österreichischen Künstlerhilfe‹. Die Großloge von Wien hat diesem Zwecke eine Million Kronen zugewendet.«[32]

Vollintegration in die Bruderkette und gegenseitige hohe Erwartungen

Einen weiteren Schwerpunkt dieses Jahres bilden die Paneuropa-Frage, ihre Entwicklung und ihr Niederschlag in der Bruderkette sowie die Stellung der Großloge zum geplanten Ersten Paneuropa-Kongress. Kennzeichnend dabei ist, dass schon bei den ersten Vorbereitungsfragen darüber eine positive Stimmung zu dem Kongress herrscht. Auch wird von einigen der Freimaurer auf die Außenwirkung hingewiesen. RCKs Engagement hat Folgen, auch innerhalb der Freimaurer. Dies zeigt sich daran, dass er nicht nur innerhalb der Bruderkette, sondern auch jetzt schon überwiegend Einladungen erhält, im Ausland zu sprechen.

Durch das Zusammentreffen vieler Aktivitäten innerhalb und außerhalb der Logen »Humanitas«, »Sokrates« und der Großloge von Wien beginnt sich eine Bündelung von Aktivitäten zu verknüpfen. Dazu zählen das Heranziehen von RCKs Publikation »Paneuropa« sowie die große Festveranstaltung der Großloge vom Mai als eine Art der Einbindung der Großloge von Wien für Österreich innerhalb der Weltenkette zur Locarno-Frage, ein Themenfeld, das direkt im Interesse RCKs liegt.

Frieds Friedensüberlegungen, seine Europavisionen, sind noch immer in der österreichischen und der internationalen Freimaurerei stark verhaftet. Was zwischen 1923 und 1924 begonnen hat, setzt sich nach 1925 fort. Auch wenn Frieds Gedankengut über Frieden und Europa in der Großloge starke Spuren hinterlassen hat, beginnt mit der Publikation von RCKs »Paneuropa« ein neuer Zeitgeist in einem freien, demokratischen System Europas zu agieren.

Die junge Paneuropabewegung, von Jungen getragen, findet auch in der Freimaurerschaft festen Rückhalt, der sich bis zum »Anschluss« Österreichs 1938 nachweisen lässt. Noch im Jahr 1925 ergibt sich in der Regierungszeit von Bürgermeister Karl Seitz die Möglichkeit, für Fried ein Ehrenurnengrab auf dem Wiener Zentralfriedhof zu schaffen. Die begleitenden Aktivitäten werden vom in der damaligen Zeit sehr berühmten Schauspieler des Volkstheaters und Freimaurers Kutschera, dem Ballett des Volkstheaters und mit einer szenischen Darstellung, präsentiert von Freimaurer Glücksmann aus dem Volkstheater, gegeben. Diese zwei Teile der Verabschiedung Frieds im Volkstheater und anschließend am Zentralfriedhof sind für lange Zeit der letzte große Akt für Fried. Mutmaßlich ist auch RCK von seinem starken Förderer Schlesinger sowie Misar und Béla Frank dazu eingeladen worden, an diesen Veranstaltungen zu Ehren des »Stolzes des Pazifismus« teilzunehmen, der sich die Menschheitseinigung auf die Fahnen geschrieben hatte, der für die EU als Vordenker, Vorkämpfer, Apostel und Erzieher im Sinne eines neuen Geistes von Europa gedient hat.

RCK hat mit seinen Artikeln in der Freimaurerzeitung und seinem großen Erstlingswerk »Paneuropa« innerhalb der Bruderkette starken Rück-

Oktober 1926 — Wiener Freimaurer-Zeitung — VIII. Jahrgang — Nr. 10

Herausgegeben von der Großloge von Wien

Die Großloge von Wien ist ausschließlich für ihre amtlichen Mitteilungen verantwortlich

Schriftleitung: Wien II. Böcklinstraße 53.

Verwaltung: Wien I. Dorotheergasse 12 Telephon 72-3-44.

Bezug jährlich:
Für Deutschösterreich S 6.— Ungarn . . u. K. 70.000.—
Deutschland . . . Mk. 5.— Alle übrigen Staaten Europas Schw. Fr. 6.—
Schweiz . . . Schw. Fr. 6.— Amerika . . . . Doll. 1.50
Tsch.-Slow. . . č. K. 35.—
Einzelnummer S —.50

Erscheint bis auf weiteres monatlich, ausgenommen die Ferienmonate

Versendung und Inseraten-Verwaltung: WIEN, I. DOROTHEERGASSE Nr. 12 Telephon 72-3-44

Kommissions-Debit für den Buchhandel: J. EISENSTEIN & Co., Wien, IX./, Währingerstraße 2/4 HERMANN GOLDSCHMIEDT, Ges. m. b. H. Buchhandlung u. Zeitungsbureau, Wien, I. Wollzeile 11

INHALT. Zum ersten Paneuropa-Kongreß in Wien. — Die Sendung der Freimaurerei. — Eine freimaurerische Friedensmanifestation in Belgrad. — 57. Jahresversammlung des Vereins Deutscher Freimaurer zu Homburg v. d. H. — Als Deutscher in Belgrad. — Die Pariser Konvente. — Internationalismus. — Ebbe und Flut. — Freimaurerische Forschung. — Feuilleton: Freimaurergeleitbriefe. — Allgemeine freimaurerische Rundschau. — Inserate.

Zum ersten Paneuropa-Kongreß in Wien.

Die Großloge von Wien hat im Geist all die Männer und Frauen begrüßt, die sich zu Beginn dieses Monats in unserer Stadt zur Förderung der paneuropäischen Bewegung versammelt haben. Sie hat sie begrüßt ohne Unterschied, ob sie der Bruderkette angehören oder nicht, mit dem Wunsch des vollen Erfolges ihrer freimaurerischen Arbeit. Denn wer immer sein Streben und seine Tätigkeit der Aufgabe widmet, zwischen Menschen bestehende Schranken hinwegzuräumen, leistet freimaurerische Arbeit im besten Sinne.

Auf dem Wege zu unserem fernen Ideale der Menschheitsverbrüderung, auf dem wir über Familie, Stammesgemeinschaft, Religionsgemeinschaft, Nation und Staat nur langsam und schrittweise vorwärtskommen können, würde ein Paneuropa eine wichtige und wertvolle Etappe bedeuten. Darum ist der paneuropäische Gedanke, wer immer in dessen Dienste steht, Geist von unserem Geiste.

Die Brüder der Wiener Kette haben sich mit mir in dem Wunsch vereinigt, daß dieser großen und schönen Bewegung unsere drei Lichter leuchten mögen, daß Weisheit ihren Führern den richtigen Weg zur Ueberwindung der heute noch so großen Schwierigkeiten zeige und daß die Vereinigung aller Gutgesinnten in der Bewegung ihr die erforderliche Stärke verleihe, damit dereinst die Schönheit harmonischer Völkerbeglückung das vollendete Werk kröne.

Möge zu dieser Harmonie der erste paneuropäische Kongreß in Wien ein würdiger Auftakt gewesen sein.

Wien, im Oktober 1926.

Dr. Richard Schlesinger
Großmeister.

Wiener Freimaurer-Zeitung vom Oktober 1926; Titelblatt.

halt erhalten und stößt auf die Bereitschaft, auch in anderen Medien zu publizieren. Dazu kommt noch die präsentierte Initiative über die Großloge für Paneuropa im Frühherbst 1925. Dabei geht es um den Appell an alle Großbehörden, sich für Paneuropa einzubringen. Das Ganze wird noch unterlegt durch RCKs Artikel zu Paneuropa und Pazifismus in der WFZ. Reaktionen von außen und der Aufruf, den Paneuropa-Kongress 1926 in Wien zu besuchen, führen zu einer Kette von Vorbestellungen für die Teilnahme an dieser Tagung. Gleichzeitig wird die Paneuropafrage zum Mittelpunkt informeller Kontaktgespräche.

Seit den ersten Tagen seiner Mitgliedschaft bei der Freimaurerei erhält er volle Unterstützung von der Großloge und von Brüdern der Bruderkette, sowie von Misar, dem Stuhlmeister der Loge »Zukunft«. RCK ist Vortragender und Autor. Aber durch seine Arbeiten im Sinne der Paneuropa-Bewegung gerät er zunehmend unter Druck von außen, sodass er vor der Entscheidung steht, Freimaurer zu bleiben oder mit Hilfe öffentlicher Förderung seine Bemühungen um die Paneuropa-Idee in der profanen Welt zu festigen und auszubauen.

Noch agiert er unbeirrt als Freimaurer, was auch aufseiten der Großloge seinen Niederschlag findet, und sich in allen Großbehörden der Freimaurer der Welt dokumentiert. Entscheidend jedoch ist der Aufruf der Großloge von Wien an alle Großbehörden.

Die Großloge von Wien für Paneuropa

Dem Wunsch der Brüder entsprechend wird die Großloge aktiv und setzt eine Initiative, die alle Großlogen und Logen in Europa erreichen soll. Als Instrument dazu wird die Wiener Freimaurer-Zeitung, Jahrgang VII eingesetzt.[33]

»Aufruf an alle Großbehörden
Die Großloge von Wien hat in Durchführung des vom Großmeister Dr. Schlesinger verkündeten Programmes folgenden Aufruf an alle befreundeten Großbehörden ergehen lassen:
Ort: Wien, im August.
Die Großloge von Wien hat sich zur Zeit ihrer Gründung im Jahre 1918, in der Stunde der tiefsten Erniedrigung des österreichischen Volkes, das Ziel gesetzt, immer der Herold und Anwalt des inneren und äußeren Friedens in der von Hass und Unduldsamkeit zerrissenen Völkergemeinschaft zu sein. Eingedenk dieser Aufgabe macht sie sich hiermit bei Ihrer ehrwürdigsten Großbehörde, gleichwie bei allen Großbehörden des Erdenrundes, zum Dolmetsch einer Idee, die aus der lautersten Sehnsucht nach den Gottesrieden für die verzagende Menschheit entsprungen ist. Es ist die Idee der »Paneuropäischen Union«, die Dr. Richard N. Coudenhove-Kalergi mit der Begeisterung eines Apostels verficht und die von all denen, die sie erfasst haben und guten Willens sind, als Erfüllung der Friedenssehnsucht betrachtet wird.
Ausgestattet mit dem in die Tiefen des Weltgeschehens dringenden Blick eines philosophisch denkenden Weltpolitikers, und vom Drange beseelt, durch die Segnungen eines gesicherten Friedens dem von der Freimaurerei angestrebten Grundgedanken Geltung zu verschaffen, zieht Coudenhove-Kalergi in seinen Schriften und persönlichen Kundgebungen mit überzeugender Logik Schlüsse aus dem gegenwärtigen Verhalten der europäischen Völker zueinander, die die düstersten Befürchtungen wachrufen. Er zeigt aber auch mit der gleichen bezwingenden Überzeugungskraft, dass und wie Europa diesen Gefahren entrückt werden könnte.

Im unerschütterlichen Vertrauen in den Glauben, dass der Wunsch nach Frieden auf Erden im Herzen eines jeden Freimaurers des bewohnten Globus ein lautes Echo finden muss – gleichgültig, welcher historischen Entwicklung er seine Angehörigkeit zum Bunde verdankt –, wendet sich hiemit die Großloge von Wien mit dem vollen Einsatz ihrer eigenen Begeisterung für eine das Glück der Menschheit erstrebende Bewegung an Ihre ehrwürdige Großbehörde mit der brüderlichen Bitte, dieser Bewegung Ihre wertvolle Unterstützung angedeihen lassen zu wollen. Wir fügen hier die von Dr. Coudenhove-Kalergi in gedrängter Zusammenfassung niedergelegten zielfördernden Leitsätze für die Bewegung bei und bitten Sie, in der Überzeugung, dass auch Sie sich mit dieser Idee identifizieren, um Ihre brüderlichen Ratschläge, wie sich die freimaurerische Weltorganisation am besten in den Dienst dieser Sache stellen könnte.«

Praktisch im Gleichklang dokumentieren sich mit der Veröffentlichung »Paneuropa und Pazifismus« RCKs in der WFZ seine Vorstellungen für ein künftiges paneuropäisches Europa, mit dem Ziel, eine friedliche Organisation über die ganze Erde zu erreichen, also der Schritt von Paneuropa zu einer weltumspannenden Bewegung. Dieser Grundsatz des ersten Schritts von Paneuropa als einem Ordnungsmodell, und dann als zweiter Schritt eine friedliche Zweitorganisation für die ganze Erde, geht aus seiner Sicht über das hinaus, was zu dieser Zeit der Völkerbund darstellt. Gleichzeitig legt er noch als Freimaurer seine Grundideen einer künftigen »paneuropäischen Union« fest, die den Weg für alle Europäer offen aufzeigen. Gleichsam als Ergänzung und bedingungslose Richtlinie untermauert RCK das Rundschreiben der Großloge mit dem Artikel zu »Paneuropa und Pazifismus«. Dieser Artikel, auch in anderen Zeitschriften publiziert, ist gleichzeitig Warnung und Herausforderung an jeden, sich zu entscheiden, ob er Europäer oder Nichteuropäer sein will. Durch diese Polarisierung eröffnet er nicht nur in der Bruderkette, sondern auch in der profanen Welt eine breite Diskussion.

RCK unterlegt – wohl wissend um den hohen Stellenwert des Pazifismus bei den Freimaurern – diesen Aufruf mit seinem Appell:

»Paneuropa und Pazifismus
Von Dr. Richard N. Coudenhove-Kalergi

Europa ist heute politisch zum Balkan der Welt geworden. Nirgends ist der Weltfriede so ernstlich und dauernd bedroht wie hier. Die Aufrechterhaltung des Friedens ist bei Fortdauer der europäischen Staatenanarchie unmöglich.

Europa hat die Wahl: Entweder sich aus eigener Kraft zu einem demokratischen und pazifistischen Staatenbund zu organisieren – oder in seinem Chaos zu verharren, bis es, nach schweren Krisen und Kriegen, bankrott und verfault, der amerikanischen Konkurrenz und schließlich der Eroberung durch ein auferstandenes Russland zum Opfer fällt. Das Ende der griechischen Freiheit als Folge der griechischen Uneinigkeit müsste für Europa eine Warnung sein.
Der Völkerbund hindert die Staaten Europas nicht, sich neuerdings in rivalisierende Mächtegruppen zu spalten, jederzeit bereit, ihren diplomatischen Kampf von heute in einen militärischen von morgen zu verwandeln. Dieses System muss mit einer politischen, wirtschaftlichen und kulturellen Katastrophe enden, an der gemessen der Weltkrieg zu einem bloßen Vorspiel wird. Denn europäische Nachbarn haben bei der heutigen Interessenverquickung keine Möglichkeit mehr, einander gleichgültig gegenüberzustehen. Sie haben nur die Wahl zwischen Feindschaft oder Bündnis, Betonung der Interessengemeinschaft oder des Interessengegensatzes.
Darum gibt es heute keine Neutralität gegenüber der europäischen Frage: Jeder muss sich entscheiden für die Organisation – oder für das Chaos; für Frieden – oder für Krieg: für oder gegen Paneuropa!
Die paneuropäische Bewegung rollt die europäische Frage vor der öffentlichen Meinung der Welt auf und will alle Europäer zwingen, sich reinlich zu scheiden in Pan-Europäer und ›Antieuropäer‹.
Der Gedanke der Vereinigten Staaten von Europa ist 300 Jahre alt; Männer der verschiedensten Richtungen bekannten sich zu ihm: Sully und Komensky, Kant und Napoleon, Mazzini und Nietzsche. Dennoch blieb er bis heute Traum: weil nur eine geistige Aristokratie ihn hochhielt, ohne ihn in die Massen zu tragen: weil viel darüber geredet und geschrieben – aber wenig nach dieser Richtung hin getan wurde.
Die Stunde ist gekommen, diesen alten Menschheitstraum zu verwirklichen.
Europa hat keine Zeit mehr, mit seiner eigentlichen Schicksalsfrage weiterzuspielen.
Der Weltkrieg hat es gewarnt: Der Zukunftskrieg würde es vernichten.
Darum muss das Bekenntnis zu Paneuropa für jeden europäischen Pazifisten eine Selbstverständlichkeit sein. Unser aller Ziel ist die friedliche Organisation des Erdballes; diese ist aber nur möglich, wenn in Europa dauernde Zusammenarbeit an die Stelle der heutigen Rivalität tritt.
Wenn die Mehrheit der Europäer mit der Politik des nationalen Chauvinismus bricht und klar und entschieden die Vereinigten Staaten von Europa fordert – werden sie entstehen, und ein neues, besseres Kapitel der Menschheitsgeschichte eröffnen.«[34]

Dass RCK aber auch ein strategisch-organisatorischer Akteur ist, dokumentiert sich darin, dass er sofort etwas veröffentlicht, damit bislang noch fernstehenden Ländern und Leuten in verständlicher Form vermittelt wird, dass die »Paneuropäische Union« als ein für jeden mitzutragendes Ziel zur Rettung Europas ist. Eine Folge ist, dass er aus seinem unmittelbaren Umfeld der Freimaurer Freunde findet, die ihm lebenslang zugetan sein und ihn auch als Nachkriegsgeneration nach dem Zweiten Weltkrieg beim Neuaufbau der Paneuropa-Bewegung unterstützen werden. RCK versucht, seinen Brüdern die gesetzte Erklärung noch einmal zu verstärken und setzt fort:

»Paneuropäische Union!
Die paneuropäische Union ist das Organ der Paneuropa-Bewegung. Ziel der Paneuropa-Bewegung ist der Zusammenschluss der europäischen Staaten zu einem politisch-wirtschaftlichen Zweckverband. Die Etappen zu diesem Ziele sind:

- *Gruppierung der demokratischen Staaten des europäischen Kontinents innerhalb des Völkerbundes zu einer internationalen Gruppe nach dem Muster der britischen Staatengruppe und Verkündung der europäischen Monroedoktrin.*
- *Obligatorisches Schiedsgericht zwischen allen Staaten Europas mit Einschluss Englands.*
- *Solidarische Garantie der europäischen Grenzen und paneuropäisches Defensivbündnis zum Schutze der gemeinsamen Ostgrenze.*
- *Nationales Toleranzedikt in Europa.*
- *Systematischer Abbau der europäischen Zwischenzölle.«*[35]

Das paneuropäische Programm ist für RCK praktischer Pazifismus, Pazifismus innerhalb der Grenzen der politischen Möglichkeiten. Hier lehnt er sich an Fried an. Sein Ziel ist die rasche und unbedingte Sicherung des europäischen Friedens – als Etappe des Weltfriedens. Die Mittel zur Sicherung des Friedens richten sich nach den jeweiligen weltpolitischen Voraussetzungen. Das paneuropäische Friedensprogramm in Bezug auf England und die USA soll sich auf Schiedsverträge und Rüstungsbeschränkungen stützen.

Der Friede mit Russland – mittlerweile Sowjetunion – kann für RCK nur durch ein paneuropäisches Defensivbündnis gesichert bleiben, wenn es gelingt, einen allfälligen russischen Angriff auf Europa aussichtslos erscheinen zu lassen. Die Sowjetunion, die sich in dieser Phase noch in einer Revolution befindet, deren Entwicklung noch nicht endgültig absehbar erscheint, muss sich zuerst als ein Staat stabilisieren. Verträge allein erscheinen RCK als Schutz zu wenig. Wesentlich wichtiger wäre es, ein System der gemeinsamen Abrüstung, der wirtschaftlichen Ergänzungen und freundschaftliches Verhalten sowie Respekt und Akzeptanz der jeweiligen inneren Entwicklung zu betreiben.

Da spielt die Englandfrage für RCK eine große Rolle, denn zwischen Russland und dem Bündnissystem Englands im großen Ausdehnungsbereich (samt Kolonien) bestehen seiner Meinung nach ständig neue Konfliktfelder, die Paneuropa und dessen Programm strikter Neutralität widersprechen.

Gesetzt den Fall, es träten tatsächlich Konflikte im asiatischen Raum auf, so müssten durch entsprechende Schiedsverträge Lösungen gefunden werden. RCK schreibt weiter:

»Paneuropa schützt unseren Erdteil nicht nur vor Krieg – sondern auch vor wirtschaftlichem Verfall. Ein durch Zwischenzölle zerklüftetes Europa kann nicht konkurrenzfähig bleiben gegenüber dem geschlossenen Wirtschaftsimperium Nordamerikas. Die unausbleibliche Folge einer dauernden Wirtschaftszerklüftung Europas wäre dessen Versklavung durch Amerika, dessen Kapitalisten sich, im Gegensatze zu ihren europäischen Kollegen, jeder Kontrolle durch die Arbeitnehmer entziehen könnten. So würde Europa wirtschaftlich zur Kolonie Amerikas.
Der Beitritt zur paneuropäischen Union steht allen Europäern unentgeltlich offen, ohne Unterschied von Geschlecht, Nation und Partei; auch Organisationen und Vereinen. (...)
Die Pflichten der Paneuropäer sind: Propaganda für das Programm; Werbung neuer Paneuropäer; Aufrollung der europäischen Frage in Wort und Schrift; Weigerung, bei politischen Wahlen für Parteien oder Kandidaten zu stimmen, deren Außenprogramm antieuropäisch ist.
Das Zeichen Paneuropas ist das Sonnenkreuz: das rote Kreuz internationaler Humanität auf der goldenen Sonne geistiger Aufklärung.
Die Paneuropa-Bewegung soll durch ihre Einigkeit siegen über die Zersplitterung der nationalen Chauvinismen. Zur Erhaltung dieser Einigkeit darf sie sich an kein innerpolitisches Programm binden, sondern muss trotz aller inneren Gegensätze alle Europäer zusammenfassen, die ihren Erdteil vor Krieg und Elend retten wollen.«[36]

Wichtig ist, dass er versucht, die Brüder in ihrer Demokratieverantwortlichkeit betroffen zu machen und als Mitstreiter für die Paneuropa-Bewegung zu gewinnen. Tatsächlich bleibt diese Linie der positiven Einstellung zur paneuropäischen Bewegung seit 1921 über seinen Tod hinaus bis in die Gegenwart aufrechterhalten. Weiters erkennt er bewusst oder unbewusst, welcher

Freiraum im Sinne der »didaktischen Machbarkeit« gegeben ist, und wo auch die Grenzen des Demokratiebogens liegen. Er greift auf diese beiden Elemente zurück, orientiert und präsentiert sich gleichsam als Übergangsvertreter des Reformpazifismus im Gegensatz zum revolutionären Pazifismus von Fried. Dann versucht er, seine Strategie des bewussten Handelns mit Elementen des Reformpazifismus und des revolutionären Pazifismus seinem Ziel eines streng pragmatisch-strategischen Pazifismus anzupassen.

Die Basler Manifestation der Internationalen Freimaurerlogen steht unter dem Motto »Freundschaft und Beständigkeit«. Unter der Leitung von Eugen Lennhoff, einem Bruder aus Österreich, nehmen an dieser Veranstaltung fünf Brüder aus Österreich teil. Die Hauptfrage, die sich die rund 300 Teilnehmer stellen: Wie können Hass und andere Widrigkeiten überwunden werden und der Weg für eine Aussöhnung zwischen Deutschland und Frankreich freigemacht werden? Das Ergebnis lautet, wiederholt und präzis: Der Weg zu den »Vereinigten Staaten von Europa« kann nur über eine Freundschaft zwischen Deutschland und Frankreich aufbereitet und dann aufgebaut werden. Es geht darum, Brüderlichkeit und Einheit in der Wahrheit für ein neues Europa zu finden. Diese Aussage bedeutet auch für RCK eine Hoffnung, einen Einklang mit seinem für sich selbst vorgezeichneten Weg, für ein neues Europa weiter vermitteln zu können. Gleichsam als Dokumentation und für alle Brüder der Welt wird dieser Kongress mit einem Friedensritual abgeschlossen.

Damit dokumentiert die Großloge von Wien und die in Basel, vertreten durch die fünf gut aufeinander abgestimmten Brüder der Loge »Zukunft«, dass diese Fragen besonders aktuell sind. Weiters nehmen an dieser Basler Veranstaltung 1925 Brüder der Logen »Freundschaft«, »Sokrates«, »Eintracht« sowie einige unbekannte Brüder teil. Bruder Lennhoff lehrt in diesem Zusammenhang, dass es für alle Arbeiten der Loge künftig nur ein Ziel geben kann, und das heißt: Verhindern des Krieges durch die Aussöhnung zwischen Deutschland und Frankreich als Kernproblem für ein neues Europa. Dort liegt für Lennhoff die Zukunft, die Hauptaufgabe einer internationalen Freimaurerloge. Demzufolge geht es darum, über Verirrungen und Interessenskonflikte, über alle diplomatischen Hindernisse hinweg zugunsten einer friedlichen Entwicklung, eines gegenseitigen Verstehens, in der Liebe zu ihrem Volk und in Treue zu den Grundsätzen der Alten Pflichten zu wirken.

Dazu dienen auch, so der Großmeister der Großloge von Wien, im Auftrag aller österreichischen Brüder sowie im Einverständnis mit Bruder RCK, des-

Alfred Hermann Frieds »Pan-Amerika« bildet die Grundlage für Richard Coudenhove-Kalergis »Pan-Europa«.

sen Leitsätze, die im Sinne der internationalen Brüderlichkeit ihren Niederschlag finden sollen. RCK unterstreicht diese Linie in der WFZ.[37]

Das Jahr 1925 ist für die österreichischen Freimaurer ohne Zweifel eine wichtige Weichenstellung für die Zukunft. Es geht vor allem darum, eine klare Positionierung innerhalb Österreichs, der Positionierung zur grenzüberschreitenden Bruderschaft, das Verhältnis zu anderen Proponenten, auch in der Friedensfrage klar herauszustellen.

Von der Großloge von Wien wird an die Brüder unter folgendem Gesichtspunkt die Aufforderung gerichtet, »ob wir unser gemeinsames Werk im vergangenen Jahr mit all unseren Kräften, unter Aufwand aller in unserer Kette vereinigten Fähigkeiten wirklich gefördert haben, das zu beurteilen, gebührt nicht uns. Der ernste Wille dazu war aber vorhanden und das große Ziel, dem wir unablässig zustreben, haben wir nicht aus den Augen verloren. Dieses Ziel, das Ziel der Freimaurerei selbst, wie wir meinen, ist die Förderung wahrer Kultur und Humanität.«[38]

Bis 1925 liegen die Prioritäten der Logenarbeit bei den Jahresthemen um inneren und äußeren Frieden, die Locarno-Frage sowie ein Projekt in Form einer Kundgebung an die gesamte Weltfreimaurerei für den Erhalt des Friedens. Dazu kommen noch Fragen der Vorkriegs- und Kriegszeit, vorher stark im »Zirkel« publiziert. Weitere Themenfelder sind soziale Fragen um Ferdinand Hanusch und seine soziale Reform sowie Themen zur ethischen Kultur, Monistenbund, freie Schule, freie Volksbildung und Probleme aus der alten Monarchie, die Nachfolgestaaten und die österreichischen freimaurerischen vergeblichen Kämpfe ums Überleben ungarischer Brüder sowie um Neugründungen von Logen in Österreich. Für das Jahr 1926 schlägt Großmeister Schlesinger, einer Anregung Goldscheids folgend, allen Logen das Generalthema »Menschenökonomie« vor.

In dieser kurzen Zeit trifft RCK auf eine geordnete Situation der Großloge von Wien. Für ihn ist es ein neues Umfeld, das auch dadurch gekennzeichnet ist, dass unter den Gründern der jungen Großloge der Trend zu einer international organisierten Freimaurerei im Sinne einer Welt-Bruderkette verläuft. RCK ist innerhalb der Brüdergemeinschaft hoch angesehen und gilt als ein engagiertes Mitglied, sodass er entgegen der allgemeinen Regel sehr schnell vom Lehrling zum Gesellen und dann zum Meister befördert wird. Es kommt dann sogar soweit, dass er Mitglied der sogenannten Hochgrade wird. RCK erkennt sehr rasch diese Strömung und sucht dort, seinen Vorstellungen entsprechend, in Richtung Paneuropa eine Brücke für seine Aktivitäten. Dabei vergisst er, dass die Freimaurerei, als eine Organisation von Männern guten Rufs, seinen Überlegungen nicht ganz entspricht. Trotzdem wird RCK auch in späterer Zeit, als er die Freimaurerei bereits verlassen hat, immer wieder von der Großloge, einzelnen Logen und einzelnen Brüdern unterstützt.

Um die Jahreswende 1925/1926 legt der Deputierte Großmeister Adolf Kapralik seine Studie zur Entwicklung der Großloge vor. Dessen statistische Angaben werden von Béla Frank aus der Loge »Zukunft«, schon zu dieser Zeit ein Paneuropäer, für eine gründliche Aufarbeitung der Freimaurerei seit Kriegsende als jene Phase bezeichnet, in der »die österreichische Freimaurerei mit einem Federstrich die Möglichkeit in die gesetzliche Existenz einzutreten«[39] schafft.

Es ist für Frank der Beginn einer neuen Zeit der Freimaurerbewegung, die er auch als »neue Epoche der Freimaurer Österreichs« bezeichnet.

Ein Bruder geht seinen eigenen Weg – Richard Coudenhove-Kalergi verlässt die Freimaurerei

Der Ausstieg RCKs aus der Großloge von Wien und damit auch aus der »Humanitas« ist keine Spontanentscheidung. Es gibt spätestens seit der ersten Hälfte des Jahres 1925 erste kleine Hinweise in diese Richtung, die sich durch seine Zurückhaltung gegenüber dem Ausland ausdrückt, dass keine neuen Publikationen von ihm in der Bruderkette erscheinen. Gleichzeitig jedoch läuft nach wie vor der Verkauf seines Werks »Paneuropa« durch die Brüder voll weiter. Auch zeigt sich seine Zurückhaltung beim internationalen Logenabend in Wien. An diesem Abend haben fünf hervorragende ausländische Brüder – andere Oriente genannt – die Gelegenheit, ihr Bekenntnis zur internationalen Freimaurerei darzulegen.

Die Einladung zu dieser orientübergreifenden Arbeit im III. Grad erfolgt durch die Loge »Freundschaft« und die Loge »Eintracht«. Im überfüllten Tempel berichtet ein Bruder Dop aus Utrecht, der Großkommandeur des Suprême Conseil in den Niederlanden, Bruder Wallhof aus Paris, der frühere Großmeister der Großloge von Frankreich, Bruder Uhlmann aus Basel, Führer der internationalen Freimaurerloge, Bruder Posner aus Karlsbad und ein sehr bekannter Bruder aus Ungarn, dessen Name aus Sicherheitsgründen nicht bekannt gegeben werden kann, da schon in dieser Zeit eine heftige Hetze gegen die ungarischen Freimaurer in ihrem Heimatland läuft.

Gemeinsamkeiten aller Redner zeigen, dass sie RCKs Werk tatsächlich genau gelesen haben und sie Kernelemente seiner Botschaft, transformiert und aufgearbeitet, jetzt in kurzgefasster Interpretation darlegen.[40] Daher stehen im Mittelpunkt die Themen der Bruderliebe; es kann nur eine Freimaurerei, die Internationale Brüderlichkeit, das heißt, eine universelle Freimaurerei geben. Im Mittelpunkt als Zentralaussage steht diese Formulierungskette, die auch den Vorstellungen RCKs seit 1923 für den masonischen und nichtmasonischen Bereich entspricht, »dass es unsere Aufgabe ist, eine Brücke zu spannen zu jenen Elementen von Frankreich zu deutschen Freimaurerkreisen, die sowohl in Frankreich und in Deutschland demokratisch, republikanisch, freimaurerisch denken.«

Da die Veranstaltung dem fünfzigjährigen Bestand der Loge »Sokrates«, gleichzeitig aber auch dem Gedenken Frieds gewidmet ist und unter den Frieden verheißenden Worten RCKs zur Gründung seines eigenen Weges steht, ist eine Brückenfunktion zwischen diesen beiden Friedenspersönlichkeiten entstanden. Dies findet auch seinen Niederschlag, da sich viele der Anwesenden als Paneuropäer bekennen.[41]

Inzwischen hat RCK von seinem großen Erstlingswerk »Paneuropa« bereits 60.000 Exemplare verkauft. Er ist nach wie vor in die Großloge von Wien gut eingebunden. Die Freimaurer kaufen einen Großteil der Erstauflage und unterstützen somit die noch spätere Neuauflagen. Dabei wird zunehmend in der Großloge erkennbar, dass aufgrund des starken Interesses am Projekt RCKs zum ersten Paneuropakongress für die Zukunft der europäischen Einheitsbewegung ein wichtiger Zentralpunkt für die Mitglieder der Großloge von Wien besteht. Inzwischen weitet sich das freimaurerische Arbeits- und Interessenfeld noch weiter aus. Er ist seit Oktober 1925 Mitglied eines freimaurerischen Hochgrades – ASSR. Weiters wird er Mitarbeiter und Mitglied der »Bereitschaft«. Der Verein »Bereitschaft« hat die Aufgabe, Hilfe und Sozialleistung im Sinne der Humanität, wo Bedarf und Notwendigkeit besteht, zu leisten. Um ihre Aktivitäten effizient gestalten zu können, wendet sich die »Bereitschaft« mit ihrem Organ auch an andere pazifistische oder ähnliche Organisationen zur Unterstützung, um eine Verbesserung der Effizienz aus Aktualitätsgründen zu koordinieren.

RCK war der Meinung, dass er über die Wiener Großloge die Freimaurerei als eine große, geschlossene Gruppe für seine Paneuropa-Bewegung gewinnen könne. Er wusste jedoch sehr wohl, dass die Freimaurerei als freier Bund grenzübergreifend weltweit existiert und eine Gesinnungsgemeinschaft ist, deren Eigenart sich auch dadurch kennzeichnet, dass sie zum Grundprinzip die verpflichtende Autonomie hat. Er übersieht dabei, dass die »Freimaurerei« kein Geheimbund und frei von dogmatischer Enge und Freigeisterei ist. Er erkennt zwar ihre weltweite Ausdehnung, durchschaut jedoch nicht die Auspizien, unter denen die Freimaurerei durch ihre Ausweitung über die ganze Welt gefächert ist, eine »große Anhängerschaft hat«, dass die Freimaurerei sich nämlich in verschiedene Systeme aufsplittert und durchwegs national gliedert. Ihr Schwergewicht liegt nicht auf einer organisierten Weltmaurerei, vielmehr war und ist der Verband der nationalen Großlogen oder Großlogenbünde immer nur locker und auf Gepflogenheiten beschränkt, die dem diplomatischen Verkehr zwischen selbstständigen Staaten nachgebildet sind.

Ob RCK, dessen Arbeit sich zunächst wegen der rasch wachsenden jungen Bewegung vor allem an die Jugend als die Basis gewandt hat, sich durch Kritiken der Freimaurergegner beeinflussen lässt, die die Freimaurerei als eine »antimodernistische Diffamierungschiffre«[42] für nahezu alle unerwünschten Entwicklungen verwenden und Begriffe wie Judentum, Liberalismus, Vermassung, Weltverschwörung, Kapitalismus und Pazifismus negativ besetzen, ist unklar. Auf jeden Fall will RCK seine überlegenswerte Umschreibung von den Brüdern bis zur bisherigen Diskussion zu den »Vereinigten Staaten von Europa« ohne jegliche Erklärungsunterlassung auf »Paneuropa« für seine künftige Deklaration freihalten. Er begründet seinen Abschied von den Freimaurern erst wesentlich später damit, als er in seinen Memoiren »Ein Leben für Europa« schreibt: »Eine Zeit lang dachte ich daran, den Freimaurerorden für die Paneuropa-Bewegung zu gewinnen. Durch ihn hätte ich mit einem Schlag eine mächtige und reiche inhaltliche Organisation für unsere Ideen mobilisieren können. Bald aber musste ich, nach Besprechungen mit früheren Freimaurern in Europa und Amerika, einsehen, dass die Freimaurerei der Paneuropa-Idee zwar viel Sympathie entgegenbrachte, sie jedoch, genauso wie alle führenden und verantwortlichen Persönlichkeiten, für eine Utopie hielten. Dies bestimmte mich, in aller Freundschaft meine Beziehungen zum Freimaurerorden 1926 abzubrechen, da das bloß platonische Interesse für Paneuropa die Bewegung mehr belastet als gefördert hätte.« Dann folgt am 6. Mai 1926 die schriftliche Mitteilung »aus Gründen der Politik [habe ich] bei meiner Loge um Deckung angesucht, die mir auch bewilligt wurde.«[43]

RCK tritt aus, weil seine Zugehörigkeit zur Freimaurerei und die publizistische Unterstützung durch sie, wie positive Besprechungen seiner Bücher oder Artikel in der Freimaurerzeitung, hinderlich für die Breitenwirkung seiner Werke sind. Hier schließe ich mich dem Urteil Anita Ziegerhofer-Prettenthalers an, zumal im Leben RCKs immer wieder Bezüge und Wortbilder auftauchen, die seine innere Haltung zu den Freimaurern offen zum Ausdruck bringen. Seitens der Freimaurer gibt es zumindest bis 1938 konkrete Bezugspunkte; Hinweise auf RCK von Seiten seiner vormaligen Brüder tauchen in verschiedenen Artikeln auf. Dazu kommt noch als ein jetzt schon hervorgehobenes Beispiel, dass mit Aristide Briand ein Freimaurer zu einem Freund und Denkpartner wird. Auch erscheint noch 1936 in der Zeitschrift »Paneuropa« die Werbung für ein freimaurerisches Buch.

Eine Brückenfunktion zwischen RCKs profaner und nichtprofaner Welt, letztere bestimmt den Mittelpunkt seines Lebens, ist gegeben durch den Großsekretär der Großloge von Wien, Wladimir Misar, und insbesondere durch Dr. Friedrich Hertz aus der Loge »Zukunft«.

Paneuropa wird auf eigene Beine gestellt

Sehr bald wird um den deutschen Reichstagspräsidenten Paul Löbe die »deutsche Paneuropagruppe« gegründet, und später bemerkt der Außenpolitiker Gustav Stresemann nach einem Treffen mit Löbe in seinem Tagebuch: »Herr Coudenhove, wie man auch über ihn denken mag, er ist ebenfalls ein Mann außerordentlichen Wissens und großer Tatkraft, ich bin überzeugt, dass er noch eine große Rolle spielen wird.«

Unbeirrt von Kritiken beginnt sich RCK in der Übergangsphase von der Freimaurerei zu seinem großen Lebenswerk von den Freimaurern zurückzuziehen, um sich ganz der Arbeit für Paneuropa zu widmen. Was er mitnimmt, ist eine Aussage des Großmeisters von 1925, in der er als »Apostel für Paneuropa« in der Friedensbewegung definiert und bezeichnet wird, und ihm ein »in die Tiefe des Weltgeschehens dringender Blick« eines philosophisch denkenden Weltpolitikers bescheinigt wird.[44]

Mit der Aussendung der Wiener Freimaurer-Zeitung im Oktober 1926 wird ganz deutlich darauf hingewiesen, welche Bedeutung dieser Kongress für die Großloge von Wien, aber auch für Brüder anderer Oriente hat. Für den Kongress selbst ist zu bemerken, dass eine sehr große Zahl von Brüdern daran teilnehmen und Ideen aufgreifen, um aus ihrer Sicht dann für Paneuropa als aktive Mitträger in der 1. und 2. Republik, zum Teil mit hohen Führungsaufgaben, betraut zu werden.

Dieses Übereinkommen führt zu einer Annäherung zwischen Deutschland und Frankreich. Die Schiedsverträge mit Frankreich, Polen und der Tschechoslowakei führen nicht nur in der Presse, sondern auch im Alltag stellenweise zu euphorischer Stimmung. Dazu kommt noch, dass im September 1926 Deutschland dem Völkerbund beitritt und mit Italien und Großbritannien zwei Wächter zur Einhaltung der Verträge auftreten. Ein weiteres Ergebnis dieser Phase ist, dass in dieser politisch relativ ruhigen Zeit wirtschaftlicher Aufschwung, kombiniert mit dem Ausbau des mitteleuropäischen Verkehrsnetzes, auftritt und damit ein Schub zum partizipierenden, wachsenden Wohlstand beginnt.

Ein Merkmal dafür ist die Gründung, Neuerweckung und Umgestaltung von grenzübergreifenden, auch pro-europäischen Organisationen, die von der Volksbildung bis hin zu fachgewerkschaftlichen Gruppierungen stattfinden. Beispiele hierfür sind die Wiederbelebung von Friedensgesellschaften, die Freidenker, die völlige Neuorientierung der Freimaurer, das Nebeneinander des friedschen Friedenskonzepts von den Vereinigten Staaten von Europa hin zur Pazidemokratie sowie in kürzester Zeit das Umsichgreifen der von RCK ins Leben gerufenen Paneuropa-Bewegung mit ersten Umsetzungsversuchen in der Realität. RCKs paneuropäische Idee steht nicht Fried entgegen, sondern ist ein anderer Ansatz – aus RCKs Sicht der einzige Weg –, Europa aus dem Kriegstrauma herauszuführen und damit ein neues, stabiles, europäisches Friedenswerk zu schaffen. Die in der Vorkriegszeit begonnenen und während des Kriegs verlorenen gegangenen Europa betreffenden Gemeinsamkeiten haben, in Deutschland vielfältig entwickelt, ihren Ausdruck in europäischen Verständigungsvereinen. Dazu zählt auch der »Europäische Kulturbund«, der stark unter dem Einfluss des Österreichers Karl Anton Prinz Rohan (1898–1975) steht.

Der österreichische Adel hat während des Krieges und danach durch die demokratische Neuordnung einen schweren Niedergang erlitten und im politischen Gefüge der jungen Republik Österreich stark an Bedeutung verloren. Andererseits gibt es eine junge Generation, die aus diesem Gesellschaftsbereich kommt, hochaktiv einen eigenen Weg geht, so wie Rohan und RCK. Sie sind es, die sich theoretisch und anwendungsorientiert mit der Frage des Zusammenwachsens Europas auseinandersetzen.

In dieser Zeit lernt RCK im Spätherbst 1925 in den USA den norwegischen Friedensnobelpreisträger von 1921, Christian Lous Lange, Generalsekretär der Interparlamentarischen Union und Proponenten der internationalen Friedensbewegung, kennen. Lange engagiert sich unter anderem für die Abrüstung. Die Begegnung RCKs mit ihm ist insofern wichtig, als diesem der Ruf vorauseilt, dass er in Gegnerschaft zu Paneuropa steht. Das klärende Gespräch zwischen den beiden ergibt, dass Langes Gegnerschaft zu Paneuropa nicht grundsätzlich ist, sondern auf taktisch-strategischen Überlegungen beruht. Der Grund ist schlicht und einfach folgender: Er hält es für einen Fehler, dass sich die Friedensfreunde in 2 Gruppierungen, nämlich in Anhänger des Völkerbundes und Freunde Paneuropas teilen, anstatt sich gemeinsam auf die Stärkung des Völkerbundes zu konzentrieren. Trotz mancher Unterschiedlichkeiten werden RCK und Lange Freunde, die sich in späterer Zeit stützen, zumal die österreichische Friedensbewegung starke Einbußen an Mitgliedern hat und mit dem Tod Frieds auch Einfluss und Aussagekraft verliert. Andererseits unterliegt die deutsche Friedensbewegung starken politischen Strömungen und hat dadurch keinen gemeinsamen Nenner.

In den USA muss RCK immer wieder erleben, dass überall dort, wo er seine Vorträge hält, das Gespräch im nachherigen Dialog immer beim Thema Völkerbund landet. Dabei zeigt sich, dass das Profil deutlich in Befürworter und Gegner des Völkerbundes geht und dass oft mit äußerster Härte diskutiert wird. Gleichzeitig bemerkt er, dass hier durch Paneuropa eine Chance für die Verknüpfung der USA mit dem Völkerbund gegeben sein könnte. Ein wesentlicher Punkt für RCK ist, dass er auf dieser Reise den Präsidenten der Columbia-Universität, Nicholas Murray Butler (1862–1947) kennenlernt, der zugleich Präsident der Carnegie-Stiftung für internationalen Frieden ist. Butler ist nicht nur der Autor des Vorworts zur amerikanischen Ausgabe von »Paneuropa«, sondern wird für RCK zum Förderer und finanziellen Unterstützer bei dessen Paneuropa-Projekten.

Während seiner Rückreise mit dem Schiff im Jänner 1926 hat er genügend Zeit, seine Gedanken zu ordnen und entwickelt für den Herbst 1926 einen Plan, den ersten paneuropäischen Kongress in Wien zu veranstalten.

Wahrscheinlich im Jänner oder Februar 1926 trifft RCK zum ersten Mal mit Aristide Briand, dem späteren Friedensnobelpreisträger, zusammen.[45] Bei diesem Treffen mit Briand erklärt sich dieser öffentlich als Kriegshasser und betrachtet sich – mit Fried inhaltlich übereinstimmend – als Missionar für den Frieden. Briands Erfahrung auf Basis der Konfliktlösung im Sinne des revolutionären Pazifismus, umgesetzt in Locarno in Richtung »Vereinigte Staaten von Europa«, sieht RCK auch als Teilelement in sein Paneuropa eingebunden. Dort liegt auch jener gemeinsame Nenner, der in späterer Zeit zur Einbindung Briands in die Paneuropa-Bewegung führt.

Der Erste Paneuropa-Kongress in Wien 1926

Für RCK steht seit 1925 fest, dass ein weiteres Zerflattern der wachsenden Paneuropa-Komitees ohne entsprechende Querverbindungen und ohne Zentrale keine Zukunft hat. Er strebt danach, einen Weg des gemeinsamen Vorgehens zu finden und in Verknüpfung, entsprechend der Propaganda, als eine tragende Säule zu errichten.

Schon im Vorfeld des Kongresses legt er in seinem Programm der Paneuropa-Bewegung diese als eine »überparteiliche Massenbewegung« fest, die mit friedlichen Mitteln ihr Ziel Paneuropa erreichen will. Es ergeht sein Aufruf an all jene, die er zur konstituierenden Versammlung der Paneuropa-Union in Österreich eingeladen hat und die teilnehmen, um ihn zu unterstützen und so einen Grundstock für fortführende Aktivitäten zu erhalten. Denn jetzt geht es darum, »da es in der Natur der demokratischen Regierungsform gelegen ist, dass die Verwirklichung eines politischen Gedankens nicht von den führenden Staatsmännern bewerkstelligt werden kann, da die Staatsmänner von der öffentlichen Meinung ihres Landes und ihrer Wähler abhängen«[46], zumal bei dieser konstituierenden Sitzung der Paneuropäischen Union am 16. 3. 1926 »der größte Teil der Staatsmänner unter vier Augen zu Paneuropa sich bekannt hatten, bedürfe es nun der Resonanz der Volksmasse«. Auf der gleichen Sitzung diktiert RCK, dass Paneuropa eine Sache des Glaubens und des Willens sei, da Beweise nicht zugrunde gelegt werden können.[47]

Gleichzeitig muss er erkennen, dass innerhalb der Großloge eine Diskussion um die Frage der Einbindung in den Völkerbund begonnen hat und eine eigene Sektion dazu kaum Aussicht hat, zu bestehen. Das Merkwürdige dabei ist, dass jetzt um 1925/1926 diese Diskussion auftritt. Basis dieser Diskussion bildete Frieds Buch »Mein Kampf gegen Versailles«. Auch bemerkt er, dass bei verschiedenen anderen Stellen diese Zwiespältigkeit feststellbar ist. Folglich erscheint es ihm eher unwahrscheinlich, die Bildung einer europäisch-paneuropäischen Sektion im Rahmen des Völkerbundes durchzusetzen. Ebenso unterschätzt er die Bindung vieler Brüder an Fried und dessen Modell der »Vereinigten Staaten von Europa« sowie die Nachwirkungen von Frieds Spende von 50 Prozent seines Nobelpreisgeldes für die Sozialarbeit der Freimaurer, etwa die Unterstützung eines Heimes für Alleinerzieherin-

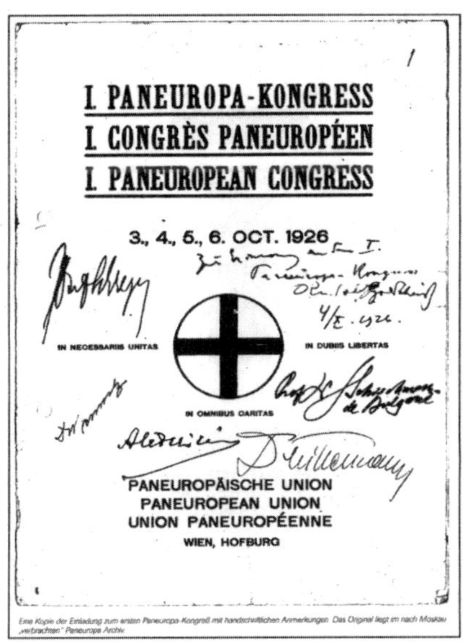

Ankündigung für den Ersten Paneuropa-Kongress 1926 in Wien in mehreren Sprachen.

nen, eines Waisenhauses, des St.-Anna-Kinderspitals, des Invalidenhauses, der Volksbildung sowie schulisch-berufliche Ausbildungshilfen, wie die Bedeutung der Schweizer Hilfe für Wien und Niederösterreich. Alle diese Aktivitäten zeigen nachhaltige Wirkung.

Eine der Stärken RCKs ist es, in schwierigen Situationen neue Wege zu finden. Seine Fähigkeit, strategisches Denken und Handeln zu verknüpfen, ermöglicht es ihm schon jetzt, »die Bildung großer Interessengemeinschaften und vertraglicher Bindungen in wirtschaftlicher und politischer Beziehung nach dem Beispiel des Locarno-Vertrags, der wirtschaftlichen Verständigung zwischen Deutschland und Frankreich und der Verständigung der baltischen Staaten«[48] zu durchschauen und daraus ableitend einen neuen, realistischen Schritt zum Ausbau von Paneuropa zu finden. Volksbildung, Sozialarbeit und dergleichen sind für ihn zwar konkrete, berechtigte, wenngleich untergeordnete Forderungen und damit auch ein Bestandteil, aber kein Thema zur Zielerreichung von Paneuropa, sondern ein Nachfolgethema.

Unter diesen Gesichtspunkten hat der Wiener Paneuropa-Kongress ein ganzes Aufgabenpaket für die Zukunft zu bewältigen. Um dieses Ziel zu erreichen, sind zwei Prioritäten vorausbedingt zu beachten. Es geht ihm einerseits darum, die sogenannten vielfältigen Europabewegungen abzubauen und in eine Zentralorganisation zu überführen. Unter Umständen sollte es gelingen, auch gegnerische Gruppen einzubinden. Andererseits ist für ihn der Kreis der Einzuladenden sehr wichtig. Er soll breit angelegt sein und Persönlichkeiten des öffentlichen Lebens nicht nur als passive Sympathisanten, sondern als aktive Mitgestalter für die Zukunft gewinnen. Und er geht einen für die damalige Zeit ungewöhnlichen Weg der Kontaktnahme und der Gesinnung. Jetzt findet er bei ehemaligen Brüdern aus den verschiedensten Bereichen der Wirtschaft, bei Organisatoren und Journalisten Hilfestellung und Beratung. Entscheidend für die junge Paneuropabewegung ist aber die Unterstützung durch Max Warburg, der von RCKs großem Erstlingswerk »Paneuropa« so begeistert gewesen ist, dass er RCK 60.000 Mark zur Verfügung stellt. Dieses Geld wird durch ihn zu gleichen Teilen zwischen der österreichischen und der deutschen Paneuropa-Bewegung aufgeteilt. Diese Zuwendung bestärkt RCK, ein Rundschreiben persönlicher Art an die Prominenz Europas zu richten. Darin eingebunden ist die Bitte, zwei Fragen zu beantworten:

- »Halten Sie die Schaffung der Vereinigten Staaten von Europa für notwendig?«
- »Halten Sie das Zustandekommen der Vereinigten Staaten von Europa für möglich?«

Die meisten beantworten diese Fragen mit Ja. Er sendet jetzt an erster Stelle eine Einladung zum Kongress an diese Gruppe. Dazu kommt ein weiterer Brief an alle Mitglieder der Paneuropäischen Union und deren nationale Komitees, an Einzelpersonen, auch an die Großloge von Wien für Österreich, die Logen »Humanitas«, »Freundschaft« und andere. Unter den Eingeladenen befindet sich auch Karl Kraus, Kritiker und Herausgeber der Zeitschrift »Die Fackel«.

Das Ehrenpräsidium der Tagung umfasst sechs aktive oder ehemalige Staatsmänner: Edvard Beneš aus der Tschechoslowakei, Joseph Caillaux aus Frankreich, Paul Löbe aus Deutschland, Francesco Nitti aus Italien, Nikolaos Politis aus Griechenland sowie den österreichischen Bundeskanzler Ignaz Seipel. Über 2000 Vertreter aus 24 Nationen besuchen diesen Kongress.

Die Plenarsitzungen finden im großen Marmorsaal des Wiener Konzerthauses, geschmückt mit den Flaggen aller europäischen Nationen, statt. Auf dem Podium nehmen die Delegationsführer Platz, der Hintergrund ist geschmückt mit Bildern europäischer Persönlichkeiten: Karl der Große, Sully, Komensky, der Abbé de Saint-Pierre, Kant, Napoleon, Victor Hugo, Mazzini und Nietzsche. Zu feierlichem Orgelklang wird die Flagge der »Vereinigten Staaten von Europa« enthüllt.

Nach der Eröffnungszeremonie begrüßt der Österreichische Bundeskanzler Seipel die Delegierten und Gäste. Daraufhin beginnt der Rednerreigen der Delegationsführer in ihrer Nationalsprache. Erster Redner ist der Delegiertenvertreter Frankreichs, der Unterstaatssekretär Yvon Delbos, dann spricht für Deutschland Paul Löbe, ihm zur Seite steht der ehemalige Reichskanzler Wirth, polnischer Delegationsleiter ist Aleksander Lednicki, ehemaliger Gesandter in Moskau, Repräsentant Jugoslawiens ist der spätere Ministerpräsident Anton Korošec. Weiters Nikolaos Politis, der vormalige Außenminister und ständige Völkerbunddelegierte Griechenlands sowie die Spitzen aus Ungarn, der Tschechoslowakei, Bulgarien, Estland und Finnland. Die USA ist vertreten durch den Paneuropa-Schatzmeister Frederick H. Allen, die Briten durch A. Watts, Mitglied des Royal Institute for International Affairs, Russland durch den ehemaligen Ministerpräsidenten Alexander Kerenski.

Aristide Briand ist ebenfalls eingeladen, ist aber unabkömmlich und entsendet eigens seinen Gesandten Maurice Beaumarchais, der die persönlichen Grüße Briands übermittelt und die Wünsche hierzu vom Podium verliest.

Dem allgemeinen Wunsch der Delegierten entsprechend wird der von RCK vorgeschlagene Aristide Briand zum Ehrenpräsidenten ernannt.

Das gemeinsame Arbeitsprogramm um die Bewegung wird einstimmig angenommen; es umfasst vier Kernpunkte:

- Programm der Bewegung
- Statut der Paneuropa-Union
- Erstellung eines Zentralrates als oberste Instanz, bestehend aus dem Präsidenten der internationalen Führungsebene
- Einstimmige Wahl RCKs durch Akklamation zum Präsidenten der Union.

Als Rahmenprogramm erfolgen die Einladung der österreichischen Regierung ins vormalige kaiserliche Schloss Schönbrunn zu einer Soiree; weiters eine Einladung in das Wiener Rathaus durch den Wiener Bürgermeister Karl Seitz, eine Persönlichkeit, die der Friedensbewegung schon lange vor dem ersten Weltkrieg und dann auch in der I. Republik sehr nahesteht.

Und schließlich werden die Teilnehmer in die Oper oder in das Burgtheater eingeladen. Hier wird Rostands »L'Aiglon« mit RCKs Frau Ida Roland in der Titelrolle des »Herzogs von Reichstadt« gegeben. Es ist das erste Mal, dass eine Frau eine Männerrolle in Männerkleidung spielt. Praktisch wird täglich über jede Minute des Kongresses in der Wiener »Neuen Freien Presse« berichtet, teilweise auch freundlich-kritisch in der sozialdemokratischen »Wiener Arbeiterzeitung«.

Unmittelbar vor Tagungsende werden Richtlinien über die Zeitschrift »Paneuropa« veröffentlicht und alle Landesorganisationen durch die Zentrale mit dem Sitz in Wien eingebunden.

Das 7-Punkte-Programm der Paneuropäischen Union 1926

1. Die paneuropäische Bewegung ist die überparteiliche Massenbewegung zur Einigung Europas. Die Paneuropäische Union ist die Trägerin der Paneuropabewegung.
2. Die Paneuropäische Union bezweckt die Schaffung einer Schwesternorganisation zur panamerikanischen Union.
3. Das Ziel der Paneuropabewegung ist der Zusammenschluss aller europäischen Staaten, die es wollen und können, zu einem politisch-wirtschaftlichen Staatenbunde, gegründet auf Gleichberechtigung und Frieden.
4. Das weltpolitische Programm der Paneuropabewegung ist freundschaftliche Zusammenarbeit mit dem Völkerbund sowie mit den übrigen Kontinenten.
5. Die Paneuropäische Union ist nach Staaten gegliedert, jeder Staat hat sein selbstständiges Komitee, das sich autonom finanziert. Das Zentralbüro der Paneuropäischen Union, das den Zusammenhang aller einzelstaatlichen Unionen aufrecht erhält, befindet sich in Wien.
6. Die Union enthält sich jeder Einmischung in innerpolitische Fragen.
7. Das Zeichen der Paneuropäischen Union ist ein rotes Kreuz auf goldener Sonne.

Der klaren Hinweisung im 7-Punkte-Programm der Paneuropäischen Union 1926 kommt mehrfache Bedeutung zu. Zunächst einmal hat es eine deutliche Symbolwirkung, dass ein friedensorientierter Kongress in gerade einem kriegsverlierenden und neu gegründeten Staat stattfindet. Daraus resultiert auch die große Anziehungskraft, dass sowohl Vertreter aus ehemals verfeindeten Staaten als auch solche aus den USA und Russland kommen.

Dieser Kongress steckt sich als erstes Ziel, die paneuropäische Bewegung als überparteiliche Massenbewegung zur Einigung der verschiedenen Friedensbewegungen Europas zusammenzuführen; die Paneuropäische Union soll nicht nur als koordinierende Spitze funktionieren, sondern gleichzeitig eine Art Patronanz übernehmen. Mit der Klarstellung der Überparteilichkeit soll zum Ausdruck gebracht werden, dass es nicht um eine bestimmte

Orientierung, sondern um eine demokratische Ausrichtung geht. Schon allein diese Tatsache ist nicht nur ein reaktiver Hinweis auf die starken Aufsplitterungstendenzen und auch auf die Nationalisierungsentwicklungen in den Friedensorganisationen und Vereinen sowie der beginnenden Verschärfung der politischen Gegensätzlichkeiten im sozialdemokratischen Bereich. Ebenso stark wird damit die Sorge zum Ausdruck gebracht, dass sich durch die Bolschewisierung in der Sowjetunion eine neue Bedrohung für Europa anzuzeigen begonnen hat. Diese Positionierung hat zur Folge, dass es immer wieder zu Kritiken an dem 7-Punkte-Programm kommt. Auch werden durch negative Äußerungen zur Paneuropäischen Union Konsequenzen notwendig. RCK sieht sich gezwungen, gegen diese negativen Initiativen und Pressemeldungen entsprechende Klarstellungen zu schaffen.

»Die Fackel« brennt: Zwölf Jahre Konflikt zwischen Richard Coudenhove-Kalergi und Karl Kraus

Der Herausgeber der »Fackel«, einer kritisch-kulturpolitischen Zeitschrift, ist auch Besucher des Ersten Wiener Paneuropa-Kongresses. Auch er wird wie viele andere von RCK kurz und eher förmlich begrüßt und dann einfach weitergebeten. Dabei rückt er auf der Bühne immer weiter nach links, sodass ihm der Blick sowohl ins Publikum als auch auf die Bühne versperrt ist. Er sieht sich aufs Abstellgleis gestellt. Es ist der allerletzte Platz. Daraufhin verlässt er sofort seinen Platz und verschwindet als Anonymus in der Menge. Unerkannt verfolgt es alles sehr genau und ist ein scharfer Beobachter.

Auch muss er nach Kongressende sehr schnell gearbeitet haben, denn noch in der Dezembernummer seines Blattes erscheint sein Telegramm-Bericht quasi als Sammlung von Informations- und Aussagesplittern: »Die feenhafte Scenerie, die die Kunst den Besuchern des Kongresses bei der zu seinen [RCKs] Ehren für den gleichen Zeitpunkt anberaumten Aufführung des ›L'Aiglon‹ bereits beschert hatte, bot sich gestern im Original dar.«[49] Unmittelbar danach greift er in derselben Nummer die bürgerlichen Zeitungen wegen der Unterschlagung eines Zwischenfalls an. Eben diese Unterlassung bemängelt er auch in RCKs Gesamtbericht. Es geht ihm darum aufzuzeigen, dass die »Jubelpresse« diesen Kongress als Symbol der Einigkeit darstellt und nicht die Diskussionen und auch die Reaktionen offen so beschreibt, wie sie verlaufen sind. Dieser Konflikt zwischen Karl Kraus und RCK bricht in diesem Jahr mit vehementer Heftigkeit aus.

Gründung und Führung der Paneuropa-Jugend Österreich

Paneuropa-Jugend – Chance und Opfer

Gerade beim Ersten Paneuropa-Kongress und in der Zeit unmittelbar danach wird offensichtlich, dass RCK sich auch an die Jugend wendet, dann aber keine Zeit dafür aufwendet, sich um die Gewinnung Jugendlicher einzubringen, obwohl zu diesem Zeitpunkt eine Reihe von Jugendlichen, unter anderem auch der junge Bruno Kreisky, als Besucher des Ersten Kongresses den Weg zu Paneuropa sucht. Es ist den Jugendlichen praktisch selbst überlassen, sich als Gruppe zu entwickeln und Erwachsene als Vortragende, Kursleiter, Gesprächspartner zu finden. Dazu kommen auch Selbstfindungsgruppen und Gemeinschaftsveranstaltungen mit Jugendlichen aus anderen Organisationen. Letztere haben zum Teil ein Organisationsmodell, das ähnlich der Paneuropa-Jugend organisiert wird. Die Grundelemente lauten: gemeinsame Veranstaltungen, praktische Arbeit, Kultur und Sport. Für die Paneuropa-Jugendbewegung ist das Wandern ein charakteristisches Bindeglied. Dies entspricht dem damaligen Zeitgeist der Jugend: Verabschiedung aus der Monarchie und Suche nach dem »neuen Menschen«.

Noch vor der Jahreswende 1926/27 stößt zu dieser Gruppe die damals 18-jährige Herta Staub. Eine junge Intellektuelle, die zu einer wichtigen Persönlichkeit der Jugendbewegung wird. Sie kommt aus dem Arbeiterbildungsverein und der Volkshochschulbewegung. Sie entwickelt sich sehr rasch zu einer Führungsfigur. Ihre Wissenserweiterung erhält sie aus Arbeiten von Oskar Kokoschka, dem jungen begeisterten Volksbildner Karl Mark, von Rudolf Herz, einem Volkswissenschaftler, Heinrich Glücksmann, Ida Roland sowie Viktor Matejka. Ein Teil der Vortragenden hat immer eine offene Tür für die Jugendlichen. Viktor Matejka ist es, der die Jugendlichen mit der Ideenwelt über den »neuen Menschen« vertraut macht.

1926 ist Herta Staub die einzige junge Frau unter den Jugendlichen, die sich gleichzeitig aktiv einbringt. Der 15-jährige Bruno Kreisky ist so beeindruckt von dem Wiener Paneuropa-Kongress, dass er später der Jugendgruppe beitritt und auch mitgestaltender Funktionär wird. Die Kontakte oder gemeinsamen Veranstaltungen gehen über die Katholische Jugend, die progressive Evangelische Jungschar, die Sozialistische Jugend, Jugendliche aus Gewerkschaften und Klassenfreundschaften sowie studentische Organisationen. Typisch für diese Organisationen ist, und das gilt auch für die Paneuropa-Jugend, dass es praktisch einen Grundstock gibt und fluktuierende Wechsel zwischen den Organisationen stattfinden. Die Folge ist, dass auch in der Paneuropa-Jugend ein gewisser Mix vertreten ist. Einer der Vortragenden ist Karl Mark, der sich auf Wunsch mit den Jugendlichen zusammen mit dem Thema »Marx – Das Kapital« auseinandersetzt. Weitere Vortragende sind zum Beispiel Peter Smolka und Kurt Reichel, die Gründer der Volkshochschule und des Volksheims. Letzterer war auch schon einer der Mitgründer und Förderer des Wiener Volkstheaters. Somit ist er auch gleichzeitig ein Vertrauter von Ida Roland.

Die Paneuropa-Jugend ist in den fünfzig Jahren nach Ende des Ersten Weltkriegs dadurch gekennzeichnet, dass sie sich sehr stark mit Literatur und aktivem Selbstschreiben beschäftigt. Sie schreiben und dichten selbst sehr gerne und lesen ihre Ergebnisse in der Gruppe vor. Sie sind dann verpflichtet, in der Gruppe über ihr Ergebnis zu sprechen. Für sie ist dies ein Spiel, aber auch Ernst, wenn Viktor Matejka bei den Clubabenden der Jugendlichen auftaucht und ihnen sagt, sie sollen aus der Gruppe hervortreten, sich auf ein Podium setzen und von dort aus Rede und Antwort stehen. Danach sollen sie darüber berichten, wie sie sich vorher und nachher gefühlt haben. Wie schon erwähnt, geschieht ein großer Teil des näheren Kennenlernens auf den langen Wanderungen durch den Wienerwald. In diesen gemeinsamen Gruppen entwickelt sich die sogenannte Hochschulsektion. Dort finden Diskussionen zu wirtschaftlichen Fragen, Wirtschaftskrisen, Kampf gegen Krieg und die Arbeitswelt statt. Weitere Themen umfassen auch Gesundheit und Sexualität. Diese beiden Themen sind Fragen, die nahezu in allen politischen Jugendorganisationen auftauchen. Gelegentlich nehmen auch Jugendliche aus anderen Organisationen teil. Es ist gleichsam eine Revolution gegen das Tabu der Monarchie und der Kirche, aus dem Elternhaus herauswachsend Emanzipation zu entwickeln. Herta Staub bietet wöchentlich eine Stunde psychologische Beratung für die neugierigen jungen Menschen an und muss entsprechend ihr Wissen erweitern, um es den Studenten zur Verfügung zu stellen. Sie wird Jahre später Journalistin und Aktivistin. Für sie ist eben Viktor Matejka auch der Erzähler und Publizist Edwin Rollet ein Vorbild.[50]

Als im Sommer 1930 die Studentengruppe wieder einmal in der Lobau ist, wird dort, wie es für die Studenten selbstverständlich ist, nackt gebadet. Mutmaßlich sind auch deutsche Paneuropäische Jugendliche dabei. Kurz darauf wird Herta Staub von RCK vorgeladen. Ein anderer Jugendvertreter will sie begleiten. Sie erwartet, dass sie aufgrund ihres Fleißes als österreichische Jugendvertreterin zu einer Tagung nach Berlin eingeladen wird. Doch es gibt eine kalte Dusche, denn dem »Präsi« ist aus Berlin eine Beschwerde übersendet worden, in der der Paneuropa-Jugendsektion vorgeworfen wird, sich unsittlich verhalten zu haben. Dazu kommt noch, dass sie durch »kommunistische Umtriebe« wie das Singen von Arbeiterliedern die allgemeine Gesinnung angeblich schädige und damit das Ansehen von Paneuropa Österreich herabwürdige.

Dass es aber gerade die Paneuropäische Jugendsektion ist, die sich stark gegen die nationalsozialistischen Umtriebe einsetzt und den Nationalsozialismus kritisch hinterfragt, bleibt unausgesprochen. Das Vertrauensverhältnis zwischen dem Präsidenten RCK und dem Vorstand der Jugendorganisation ist zerstört. Dem Vorstand, zusammengesetzt aus Kurt Ratzenhofer, Kurt Reichel, Peter Smolka und Herta Staub, bleibt nichts anderes übrig als zurückzutreten. Herta Staub sagt: »Der Druck Berlins auf die auf Grundlagen des Kampfes gegen Krieg, Wirtschaftsruin und Bolschewismus aufgebaute Bewegung lässt keinen Platz mehr für die progressiven Gedanken der Jugendsektion.«[51]

Durch die Borniertheit eines Berliner Vorwurfes wird die Jugendorganisation in Wien geschwächt, und das gerade in jenem Moment, wo die Auseinandersetzung mit dem Nationalsozialismus in der Jugend eindringt und dort ein wunder Punkt liegt, den die Paneuropa-Bewegung zwar gesehen hat, der aber noch nicht registriert wurde. Der Nationalsozialismus ist in dieser Frühphase für RCK noch kein Problem. Durch die fehlende innere, ruhige Auseinandersetzung mit der fortschrittlichen jungen Paneuropa-Jugendorganisation Österreich entsteht ein Bruch. Die paneuropäische Jugendorganisation Österreichs stagniert und entwickelt sich erst später weiter.

Ein neues Programm für die Paneuropa-Union

Nach dem Ersten Paneuropa-Kongress findet vom 25. April bis 2. Mai 1927 in Paris eine Sitzung des Zentralrates der Paneuropäischen Union statt. Im Mittelpunkt dieser Sitzung steht die Frage, in welcher Richtung sich die Paneuropa-Bewegung verstärkt einbringen soll. Einen wichtigen Komplex in dieser Veranstaltung bildet die Frage der Errichtung einer politischen und wirtschaftlichen Kommission, d. h., die Paneuropa-Bewegung beginnt sich intensiver mit europäischen Wirtschaftsfragen auseinanderzusetzen. Der zentrale Punkt dieser Sitzung ist jedoch das Bekenntnis von Aristide Briand, dem Friedensnobelpreisträger des Jahres 1926, beim Abschlussempfang, wo er sich öffentlich zuversichtlich zu den »Vereinigten Staaten von Europa« äußert. Damit signalisiert er die Friedensmission der Paneuropa-Union in Richtung Frieden und Völkerverständigung für Europa. Auch ist er nicht nur Ehrenpräsident, sondern ein Wächter für die Schritte zur Vereinigung Europas, an den hohe Erwartungen gestellt werden.

Knapp acht Monate später muss aufgrund gravierender Veränderungen in Europa das 7-Punkte-Programm verändert werden. Diese vierte Zentralratssitzung findet am 9. und 10. Jänner 1928 in Paris statt und steht unter Patronanz der Carnegie-Stiftung, die sowohl die Paneuropa-Bewegung als auch RCK unterstützt. Auf dieser Sitzung werden unter dem Druck von Kartellbildungen – vorwiegend in Deutschland – Reaktionen von der Paneuropa-Union erwartet, und es wird zur Unterstützung ihrer Bemühungen um Europa beschlossen, sich in den Völkerbund-Ligen für Zusammenarbeit einzubringen. Dazu wird es notwendig, eine Änderung des ersten Programms neu zu formulieren und dieses Ergebnis öffentlich zu präsentieren.

Aus dem vorhergehenden Programm werden, den Anforderungen der Situation entsprechend, Teile und Teilelemente gestrichen und es wird mit Neuformulierungen ein konkretes 4-Punkte-Programm erstellt.

Für RCK ist nach einigen Überlegungen dieses Programm nicht ausreichend und er entschließt sich, eigene persönliche – nicht als Präsident der Paneuropa-Union – programmatische Äußerungen als »Entwurf für einen neuen paneuropäischen Pakt« zu veröffentlichen. Dieser Entwurf orientiert sich stark am Memorandum von Aristide Briand und beruft sich auch auf Aussagen von Alfred Hermann Fried.

Neu formuliertes Programm der Paneuropäischen Union vom Jänner 1928

1. Die Paneuropäische Union ist die Trägerin der Paneuropabewegung.
2. Ziel ist der Zusammenschluss aller westlich der Sowjetunion gelegenen Staaten des europäischen Kontinents zur Sicherung des Friedens und der Gleichberechtigung und die Schaffung einer Zollunion.
3. Das weltpolitische Programm der Paneuropabewegung ist die freundschaftliche Zusammenarbeit mit den übrigen Kontinenten im Rahmen des Völkerbundes.
4. Die paneuropäische Union ist nach Staaten gegliedert, jeder Staat hat sein selbstständiges Komitee, das sich autonom finanziert. Das Zentralbüro der paneuropäischen Union, das den Zusammenhalt aller einzelstaatlichen Unionen aufrechterhält, befindet sich in Wien.

Internationale Anerkennung der Paneuropabewegung – Bundeskanzler Seipel greift ein

Die Intensität, mit der RCK den Aufbau der Paneuropabewegung in Angriff nimmt, ist gekennzeichnet durch ein rastloses, ständig in Aktivität befindliches Ringen um Fortschritt. Dabei greifen die verschiedensten Arbeitsfelder ineinander, und allen Unkenrufen zum Trotz steckt bei näherer Betrachtung hinter dieser Entwicklung ein wohldurchdachtes, strategisches Konzept. Das zeigt sich auch daran, dass es RCK gelingt, trotz der innenpolitischen Situation Österreichs in den Nachkriegsjahren, die geprägt ist von scharfen Auseinandersetzungen und zunehmender Nichtbereitschaft, den demokratisch zur Verfügung stehenden Rahmen zu benützen, seine paneuropäischen Ziele weiter zu verfolgen. Unmittelbar nebeneinander stehen der Aufbau einer Organisation, hohe publizistische Aktivität in Verbindung mit der Herausgabe der Zeitschrift »Paneuropa« und die Gewinnung führender Persönlichkeiten Österreichs, aber auch der außerösterreichischen Staaten für Paneuropa.

Auch wenn es zum Teil zur Kritik am Wiener Paneuropa-Kongress kommt, kann dieser als gelungene Präsentation europäischer Solidarität betrachtet werden, der schließlich in der Forderung des Memorandums vom 17. Mai 1930 zum Paneuropa-Tag seinen Niederschlag findet.

Das Paneuropamodell von Richard Coudenhove-Kalergi

RCK geht von der Überlegung aus, dass es zur Durchsetzung seiner Ideen notwendig erscheint, in Österreich, wo er Wien als Zentrum betrachtet, die Spitzenvertreter als Exponenten für Paneuropa zu gewinnen. Im Vordergrund steht Ignaz Seipel, der in der Auflösungsphase der Donaumonarchie unter Kaiser Karl und der Übergangsphase neun Tage als eine Art Sozialminister in der Führungsebene steht. Seipel folgt Ferdinand Hanusch, ein Freimaurer-Bruder von RCK, der in diesen ersten Jahren der jungen Republik als Sozialminister der wichtigste und populärste sozialdemokratische Politiker ist. Seipel selbst ist zwischen 1922 und 1929 zwei Mal Bundeskanzler. Bereits das erste Gespräch, das RCK mit Seipel führt, stellt klar, dass RCKs Paneuropa mit dem von Karl Anton Prinz Rohan 1922 gegründeten »Abendländischen Kulturbund« in Konkurrenz steht, der sich durchwegs aus Intellektuellen, Künstlern und Journalisten zusammensetzt. Seipel ist für RCK ein zunächst etwas vorsichtiger Gesprächspartner, der aber dann von der Notwendigkeit eines europäischen Patriotismus und eines europäischen Zusammenschlusses sowohl auf politischer als auch wirtschaftlicher Ebene überzeugt ist, wie es RCK im Juli 1932 in seiner Zeitschrift dokumentarisch festhält. Entscheidend dürfte dabei sein, dass Seipel die Gefahr aufkeimender nationalistischer Strömungen im »Fleckerlteppich« der Kleinstaatlichkeit erkennt und bereits jetzt eine Bedrohung Europas und des Katholizismus durch den russischen Kommunismus als große neue Gefahr befürchtet.

Dabei ist für Seipel ein wesentlicher Punkt, dass er stets bemüht ist, eine Politik nach allen Seiten zu betreiben und die Beziehungen zu Deutschland in seinen außenpolitischen Überlegungen eine wichtige Rolle spielen. So gesehen ist auch verständlich, wie später dargelegt wird, dass er einen Mitarbeiter namens Friedrich Hertz aus dem Kabinett Karl Renners mit in sein Kabinett bringt. Seipel selbst ist jedenfalls 1923 bereit, die Präsidentschaft der österreichischen Paneuropa-Union zu übernehmen und diese Aufgabe bis zum seinem Tode zu erfüllen.[52] Interessant in diesem Zusammenhang ist, dass Seipel »gesamtmitteleuropäische Politik« im Sinne einer Art wiedererstandener Monarchie, eines »mitteleuropäischen Kaiserreichs« und eines »Großösterreich/Großdeutschland« sieht.[53]

Seipel, der mit der Führung der paneuropäischen Union die Möglichkeit sieht, eine weitere Option bei seinen Europaüberlegungen zu haben, empfiehlt RCK, sein Prinzip der Überparteilichkeit konkret aufrechtzuerhalten, um nicht durch seine Verbindungen mit Politikern in eine Richtung abgedrängt zu werden. In der Folge rät er ihm, auch aktiv Mitglieder aus dem sozialdemokratischen Lager zu gewinnen. Diesem Gedankengang Seipels folgend, nimmt RCK Kontakt mit Karl Seitz auf, der als Wiener Bürgermeister in seinen Entscheidungen für alle in Österreich und Wien wirkenden Institutionen sehr offen ist. Seitz, der auch Erster Präsident der Konstituierenden Nationalversammlung 1919 war, antwortet RCK, dass er dessen Paneuropa-Union für gut und idealistisch, aber sehr schwierig in die Praxis zu übertragen halte. Weiters denkt RCK auch an Otto Bauer. Dieser setzt sich zu diesem Zeitpunkt intensiv mit den Entwicklungen in London und der massiven Macht der russischen Marxisten in Moskau auseinander. Renner, zu diesem Zeitpunkt Nationalratspräsident, ist zugleich auch Vorsitzender der nationalen Abordnung der Interparlamentarischen Union. Auf ihn wirkt entgegen den Erwartungen, die RCK hat, dessen Anfrage sehr positiv, zumal er RCKs Werk »Paneuropa« genau gelesen hat. Für ihn zeigen die Inhalte große Anziehungskraft und viel Überlegenswertes, auch wenn er eine Reihe von Punkten nicht goutiert. Renner ist zu diesem Zeitpunkt interessiert, aber vorsichtig, wie er es seinem Naturell entsprechend mit Ferdinand Hanusch und Alfred Hermann Fried war. Ebenso verhält er sich in Bezug auf die Anschlussfrage vorsichtig, zumal RCK Sicherheitsgarantien für den Freihandel und Massenproduktion, die Errichtung eines möglichst globalen Systems kollektiver Sicherheit, internationale Solidarität, und die Schaffung einer politisch handlungsfähigen europäischen Union in eine gleichgewichtig in Großräume gegliederte Weltorganisation, also über den Völkerbund hinweg, als notwendig ansieht. In diesem Europa sollen Grenzen aufgehoben werden und die »Vereinigten Staaten von Europa« eine besondere Rolle spielen.[54]

Ein wichtiger Mitarbeiter bei Renner ist Friedrich Hertz, der, hocherfahren und mehrsprachig, in der Regierung arbeitet. Seine Qualifikation ist so hoch, dass Seipel den sozialdemokratisch orientierten Freimaurer als wichtige Person in sein Team (Ministerialrat) einbindet. Wohl wissend, dass Hertz ein Freimaurer ist, hält er es für unwichtig, da diese ihm nicht mehr als andere Vereine sind. Auf jeden Fall werden von Seipel Räume für die Tätigkeit der Paneuropa-Organisation als Zentralbüro für RCK in der Hofburg zur Verfügung gestellt. Seipel übernimmt die Eröffnung des Ersten Paneuropa-Kongresses 1926. Renner nimmt nicht teil, sondern schickt einen Brief an die Kongressleitung, in dem er seine Hochachtung für die Paneuropa-Bewegung ausdrückt. »Von den vielen Anzeichen, dass Europa selbst anders werden will,[55] dass es selbst einen Pakt der Zusammenarbeit (...) schließen will, ist die Paneuropäische Union wohl das bedeutendste. Sie werden gewiss dazu (...) beitragen, den Völkern dieses Erdteiles das Tor in eine bessere Zukunft zu brechen.«[56]

Kurz danach wird Renner Mitglied des Ehrenkomitees der Paneuropäischen Union. Hervorzuheben ist jedoch, dass im Gegensatz zum politischen Programm der deutschen Sozialdemokratie 1925 die österreichische Sozialdemokratie niemals Mitglied der paneuropäischen Union wurde. 1929 tritt RCK mit der Bitte an Renner heran, für die Zeitschrift »Paneuropa« einen Artikel zu verfassen. Er rührt damit die Werbetrommel für die Paneuropa-Idee. »Zwingende (...) Tatsachen der Ökonomie und der Politik haben zuerst die Idee erweckt, und nun soll die (...) Tat werden. Die Zahl der verantwortlichen Staatsmänner wächst, die für Paneuropa (...) sind, (...) zweifellos zu seiner Zeit der europäische Tatwille hervorgeht«.[57]

Weiters versucht RCK den Großdeutschen Franz Dinghofer als stellvertretenden Präsidenten zu gewinnen. Dies bleibt erfolglos. Mit Seipel und Renner hat RCK zwei Persönlichkeiten, die in Europa bekannt sind und für ihn auch gleichzeitig als Türöffner fungieren. Renner muss erkennen, dass er seine Hoffnung auf Paneuropa nicht den realpolitischen Verhältnissen entsprechend entwickeln kann und bedauert, dass man bereits rund zwölf Jahre auf eine Neuordnung Europas gewartet und sich realpolitisch nicht weiterentwickelt hat. Er schreibt darüber in der »Sozialdemokratischen Revue«: »Paneuropa, ein hundertjähriges Ideal, fand begeisterte Apostel. Es wäre einer der dankbaren Auswege und uns willkommen. Der große, erleuchtete Staatsmann Aristide Briand wurde sein machtvoller Fürsprecher, ein ständiges Forum wurde zu seiner Förderung geschaffen. Sein Ergebnis ist nichts als Worte – wir können nicht warten; unsere Männer sind ohne Arbeit, unsere Kinder hungern und sterben.«[58]

Wien als Welthauptstadt

Im Zuge von RCKs Überlegungen[59], wo in seinem Organisationsmodell das Zentrum für die Paneuropaunion sein soll, schwebt ihm Wien als Welthauptstadt vor, wobei vier Punkte die besten Voraussetzungen schaffen:

1. »Die geografischen Verhältnisse an der Peripherie des deutschen Sprachgebiets nahe der Dreiländergrenze von Österreich, Ungarn und Tschechoslowakei. Ebenso wichtig ist, dass Wien im geografischen Zentrum von Europa liegt.

2. Wien war zuvor nie Hauptstadt eines Nationalstaats, sondern stets die Hauptstadt eines Vielvölkerstaats sowie die Residenz einer internationalen Dynastie gewesen.
3. Die regionalen Verhältnisse: Wiens Stadtbevölkerung besteht aus Deutschen, Tschechen und Juden; die Deutschen Wiens sind nicht Germanen, sondern eine germanisch-keltisch-slawische Mischrasse mit magyarischem und jüdischem Einschlag. Wien ist eine zweisprachige Stadt mit deutscher Mehrheit und tschechischer Minderheit; Wiens Kultur ist eine deutsch-jüdisch-slawische Mischkultur und liegt kulturell zwischen dem nordischen und mittelländischen, dem östlichen und dem westlichen Europa. Auch kulturell ist Wien die Stadt der Mitte, denn obwohl die Mehrheit der Einwohner deutsch spricht, ist es keine reine deutsche Stadt, aber das übrige Österreich ist kerndeutsches Land.
4. Die demografischen Verhältnisse Wiens sind gekennzeichnet dadurch, dass es ein Drittel der Bevölkerung, das sind zwei, das übrige Österreich vier Millionen Einwohner hat. Wien ist die drittgrößte Stadt des eurasisch-afrikanischen Festlandes; Österreich einer der kleinsten und wahrscheinlich der ärmste aller Staaten. Innerhalb der österreichischen Staatsgrenzen ist ein gerechter Ausgleich so unproportionierter und einander fremder Elemente wie Wien und Österreich unerreichbar. Entweder wird die österreichische Provinz zum erweiterten Stadtgebiet Wiens degradiert und rechtlos – oder der Weltstadt Wien werden vom Bauernvolk Österreichs die Lebensformen vorgeschrieben; Wien will die Provinz – die Provinz will Wien beherrschen. Wien ist erbittert gegen die Provinz, die Provinz gegen Wien. Wien ist wegen seiner exzentrischen Lagen, wegen seiner kosmopolitischen Vergangenheit, der Verschiedenheit seiner Kultur und Volksart und schließlich wegen seiner unproportionierten Größe zur Hauptstadt des deutschen Österreich ungeeignet.

Vorschläge für Wien als Welthauptstadt:

1. Politische Trennung Wiens von Deutsch-Österreich und Gründung einer eigenen Wiener Stadt-Republik (...)
2. Verlegung der Dreiländer-Grenze nach Wien (...)
3. Wiederherstellung der alten Handelsbeziehungen zwischen Wien und den Nationalstaaten durch Aufhebung der Wirtschafts-Schranken (...)
4. Neutralisierung von Wien (...)
5. Internationalisierung von Wien (...)
6. Verlegung des Völkerbundsitzes nach Wien (...)

7. Wien hätte aber auf diese Sonderstellung nur Aussicht, wenn es auf seine Stellung als Hauptstadt Österreichs verzichtet; denn nie wird der Völkerbund seinen Sitz in das Land verlegen, dessen Hauptschuld am Weltkrieg erwiesen ist; nie kann Wien Hauptstadt eines deutschen Staates und zugleich der Welt sein. Die Entente kann nicht riskieren, dass, sollte der Anschluss doch einmal Ereignis werden, der Völkerbund seinen Sitz in Deutschland hat. Diese Bedenken blieben auch dann bestehen, wenn Wien zwar politisch von Österreich getrennt, geografisch von ihm eingeschlossen bliebe.

Ergebnisse:

- Wien als Metropole Europas; zu dieser Stellung prädestiniert es seine geografische Lage im Zentrum Europas, am Kreuzungspunkt der wichtigsten Verkehrs- und Handelsstraßen dieses Erdteiles, am Berührungspunkt dreier Kleinstaaten;
- Seine Vergangenheit als Hauptstadt eines Internationalstaates;
- Seine Neutralität und Internationalität;
- Das fremdenfreundliche, nicht chauvinistische Wesen seiner Einwohner;
- Endlich die Fülle seiner Staats- und Prunkgebäude (Parlament, Hofburg, Ministerien, Schönbrunn, Belvedere usw.).
- Als Sitz aller internationalen Anstalten und Kongresse könnte Wien einen hohen kulturellen und wirtschaftlichen Aufschwung nehmen;
- Als wirtschaftliches Hinterland gewänne es das erweiterte Gebiet der früheren Donaumonarchie, als kulturelles die Welt;
- Handel, Industrie, Fremdenverkehr würden blühen und Wien aus der Hauptstadt eines verarmten Kleinstaates wieder in seine Stellung als Weltstadt heben.
- Österreich wäre erlöst von der unharmonischen Verbindung mit seiner viel zu großen Hauptstadt; es hätte freie Bahn in eine ihm taugliche Staatsform; und der Aufschwung Wiens würde auch ihm mittelbar nützen.
- Die Tschechoslowakische Republik erhielte durch die Grenzberichtigung eine wertvolle Arrondierung an ihrer schmalsten Stelle; außerdem die volle Gewähr für die Gleichstellung der Tschechen mit den deutschen Bürgern Wiens.
- Ungarn erwürbe das ganze rechte Donauufer zwischen Wien und Budapest.
- Dem Deutschtum würde Wien der Punkt natürlichen Nahverkehres mit der Weltkultur.

Europa gewänne ein neutrales Kulturzentrum; und die Wunde in seinem Herzen könnte vernarben.«[60]

Mit diesem Modellvorschlag will RCK ein deutliches Signal dafür setzen, dass Wien Sitz seines künftigen Paneuropa sein soll. Auch wenn dieses Modell als utopisches Ziel von ihm ausgewählt worden ist und sich realistisch gesehen nicht durchsetzen lässt, tauchen immer wieder Diskussionspunkte auf, die das Thema von einem Paneuropa-Zentrum oder auch einer künftigen Zentralstelle für die »Vereinigten Staaten von Europa« einbringen. Alfred Hermann Fried hat in seinem Modell mehrmals auf Brüssel als zentralen Ort, als mehrsprachiges Landesgebiet und als Kleinstaat verwiesen. In späterer Zeit wird sich auch RCK dieser Ansicht anschließen.

Knebelung der Demokratie in Österreich 1933–1934

In den Jahren 1933 und 1934 tritt eine entscheidende Veränderung des politischen Klimas in Europa gleichsam schlagartig ein. Mit der Machtergreifung der Nationalsozialisten 1933 in Deutschland ist Österreich von einem deutsch-ungarisch-italienischen faschistischen Block umgeben. Auch breitet sich praktisch der erste große Schritt zur »Raumerweiterung« Deutschlands vor.

Die österreichische Demokratie hat sich im März 1933 praktisch selbst ausgeschaltet und der Bundeskanzler Dollfuß erfasst diese Situation sofort und installiert innerhalb kürzester Zeit ein autoritäres Ordnungsmodell und Klima.[61] Mit der Verstaatlichung der Kammern für Arbeit und Angestellte haben die bisherigen frei gewählten Vertreter ausgedient.[62] Diese Säuberung, das Verbot der Arbeiterpresse, der sozialistischen Jugendorganisationen und der Waffensuche führt zum »Roten Feber 34«[63] und damit zum Verbot der Sozialdemokratie, sodass rund 50 % der Bevölkerung von jeglicher freien politischen Bewegung und Mitgestaltung ausgeschaltet sind.

Noch 1933 gelingt es RCK, mit Dollfuß in Kontakt zu treten. Dieses erste Treffen macht klar, dass der rastlose Mann für die Anliegen RCKs offen ist. Dollfuß kennt schon seit seiner Jugend, ganz im Sinne Seipels, Paneuropa. Ein Ergebnis dieses Treffens ist, dass Dollfuß das Ehrenpräsidium für das österreichische Paneuropa-Komitee übernimmt und die Amtswohnung des Bundeskanzlers in der Hofburg als Büro für Paneuropa zur Verfügung stellt und mit Hilfe eines Aktionsplans die Paneuropa-Bewegung unterstützt. Letzteres bedeutet die Erstellung eines Aufgabenkatalogs möglicher Maßnahmen zur Unabhängigkeit Österreichs.

Der Aktionsplan Dollfuß-Coudenhove-Kalergi 1933

- Auf jede Weise Unterstützung von »Paneuropa« durch die Regierung
- Aufwendungen für die Bemühungen um eine Europäische Einheitsfront zur Garantie der Unabhängigkeit
- Wirtschaftliche Zusammenarbeit der Donaustaaten, Ausbau und Vertiefung der wirtschaftlichen Zusammenarbeit der »Kleinen Entente« zu einem großen Wirtschaftsgebiet

- RCK übernimmt die Aufgabe, die »Prager« für dieses Projekt zu gewinnen
- Rasche Technikentwicklung zum Vorteil nationaler Autarkiebestrebungen
- Einbindung der Bauernschaft Mittel- und Osteuropas als aktives Element in die Paneuropa-Bewegung
- Ausbau einer paneuropäischen Agrarbewegung
- Einsetzen einer »Paneuropäischen Propagandazentrale« mit der Aufgabe, statistische und inhaltliche Vorarbeiten für eine Europäische Zollunion zu leisten
- Dezember 1933: Eröffnung der Paneuropa-Wirtschaftszentrale
- Einführung des Verhältniswahlrechts, Ansatz zur Entwicklung von Splittergruppen, Behinderung von klaren parlamentarischen Mehrheiten, Rechtsradikalisierung, Suche nach einem starken Mann als »Führer«[64]

Der Plan ist an sich gut, doch der politische Schwerpunkt liegt nicht in Österreich, sondern liegt bereits bei der Frankreichfrage. Dabei wird es offensichtlich, dass sich die Krise der Demokratie bereits durch ganz Europa zieht. Der Grund hierfür ist, dass die durchwegs jungen Demokratien aus dem Weltkrieg nicht gelernt haben, dass Kooperation, Zusammenarbeit und gegenseitige Verklammerung entscheidende Vorteile sind. Im Gegenteil setzen sie immer mehr auf »Staatenegoismus«, aufgebaut auf starker Exekutivgewalt zur Stützung der Staatsaufgabe, sowie auf Krieg zur Interessensdurchsetzung. Dazu tritt die Vorstellung, durch eine autoritäre Regierung schnelle Entscheidungen ohne die Debatte der Parlamente durchzuführen.[65]

Im Vordergrund steht dabei auch für RCK der Gegensatz von Deutschland und Diktatur, das Erscheinungsbild der bolschewistischen Revolution und deren Ergebnis, die Sowjetunion, sowie eine Unterschätzung des immer stärker aufkeimenden Nationalsozialismus bis zur Machtübernahme 1933 in Deutschland. Noch liegt sein Blickpunkt zunächst abseits dieses Trends, obwohl bereits europaweit offenliegende Krisenherde auftreten und sich durch den Nationalsozialismus ein inneres und äußeres Netzwerk zu bilden beginnt. Auch wenn es sich in verschiedenen Stärkefeldern deklariert.

RCK, der anfangs der frühen nationalsozialistischen Bewegung um Hitler nicht einmal ablehnend gegenübersteht, erlebt ein böses politisches Erwachen. Noch unter dem Eindruck des Dritten Paneuropa-Kongresses vom Oktober 1933 stehend, versucht er sich mit diesem neuen Problem auseinanderzusetzen. Gleichzeitig ist das Hauptthema auf der Tagung in Basel die Gründung einer »Europäischen Partei«. Doch das Stimmungsbild auf dieser Tagung ist eher formlos und gleichgültig anzusehen. Und das, obwohl RCK erkennt, dass eine Gefahr im Anzug ist und er betont: »Stalin bedeutet Bürgerkrieg, Hitler den Völkerkrieg.«

Rückblickend bezeichnet RCK Hitler als eine Art Charlie Chaplin, als einen lächerlichen Dümmling mit hochtrabender Feigheit. Instinktiv erkennt er im Nationalsozialismus eine neue gefährliche Bewegung, die starken Rückhalt in den Kreisen der sozial Schwachen und des unbefriedigten Bürger- und Kleinunternehmertums hat. Doch er durchschaut noch nicht die echte Gefahr dieser neuen Bewegung und die wachsende Zuwendung der Industrie zu Hitler sowie dessen zielorientierte Kontaktaufnahme mit den verschiedenen Gruppen, darüber hinaus unterschätzt er den Einfluss der Propaganda. Um die Wende der 20er zu den 30er Jahren betreten mit Stalins Machtergreifung in Russland und Mussolini in Italien mit einer Art Donnerschlag zwei neue große Mächte die Weltgeschichte. »Und die Paneuropa-Bewegung folgt auf tauben Füßen ohne Unterstützung auch nur des kleinsten Staates.«[66] In dieser Phase hat er schon Hitlers »Mein Kampf« gelesen und gewinnt aus den Inhalten die Erkenntnis (mit der Schlussfolgerung), dass Hitler sich zur Machtdurchsetzung konsequent den Populismus und auch vieles aus dem Pazifismus zu eigen gemacht hat.

RCK sieht Hitler als Verführer und in Verknüpfung mit der Arbeitsmethode von Verführung und Ordnung. Dieser spricht ein Wunschbild der immer größeren Massen der Unzufriedenen an. Dabei verbindet er diese Methode mit einem Netzwerk von Maßnahmen für die Masse wie Tageszeitungen, Broschüren und dem Radio. So öffnet er die Türen Schritt für Schritt auch für die Durchdringung des Schul- und Bildungswesens. Schon Anfang der 30er Jahre durchschaut RCK die Schritte weg von der Demokratie hin zur Diktatur. Und als die Wahlergebnisse 1930 mit dem Erfolg der NSDAP gegenüber dem Jahr 1928 von 2,6 % auf 18,3 % vorliegen, schrillen bei ihm die Alarmglocken. Jetzt es ist es für RCK höchste Zeit, unaufschiebbare, bindende Entscheidungen zu treffen und seine Parole dazu lautet: »Paneuropa oder Krieg«[67].

RCK muss jetzt zur Kenntnis nehmen, dass viele seiner Ideen und Schritte zu einem gemeinsamen Europa, eben der »Kampf um Europa«, seit der Zeit der ersten Phase der Paneuropa-Bewegung 1926 mit dem Wiener Kongress und dem Paneuropäischen Manifest[68] durch die NSDAP jetzt zu »einem drohenden Krieg« zu werden droht.

Die Kennzeichen hierzu vermehren sich für ihn zunehmend. Dazu zählt auch die Schwäche des Völkerbundes, aus dem der kurzfristig stellvertretende Generalsekretär Jean Monnet schon lange ausgeschieden ist, sodass auch auf dieser Ebene keine Hilfe zu erwarten ist.

Der braune Montag: 30. Jänner 1933

Jetzt wird es offensichtlich, dass die Politik in Europa die echte, intensive Aktivpolitik Deutschlands bisher nicht durchschaut, sondern entweder teilnahmslos oder unterschätzt zur Kenntnis genommen hat. Auch wenn sich RCK in seinen Publikationen bis in die beginnenden 1930er Jahre zum Nationalsozialismus zeitweise kritisch geäußert hat, ist es ein Schock für ihn, dass es an diesem Tag beinahe zu einem unvorbereiteten Zusammenstoß mit Hitler gekommen wäre. Trefflich verdeutlicht dies die folgende Textpassage:

»Ein einziges Mal tagten Paneuropäer und Nationalsozialisten unter einem Dache. Es war am 30. Jänner 1933 im Hotel Kaiserhof in Berlin. Coudenhove-Kalergi war eingeladen worden, im SSS-Klub einen Vortrag zum Thema ›Deutschlands europäische Sendung‹ zu halten. Der SSS-Klub war nach seinen Gründern so genannt, General von Seeckt, dem Schöpfer der Reichswehr, dem Reichsgerichtspräsidenten, Dr. Walter Simons, und dem Staatssekretär, Dr. Wilhelm Solf, einst ein prominenter deutscher Botschafter in Japan und auch dadurch dem Halb-Japaner Coudenhove-Kalergi verbunden. Als Coudenhove-Kalergi im Hotel Kaiserhof ankam, hörte er vom Hoteldirektor, dass sein angekündigter Vortrag wohl stattfinde, die Paneuropäer aber den Nebeneingang benützen müssten, denn der Haupteingang sei für die neue Reichsregierung reserviert. Hitler wohnte im Kaiserhof. Es war der ›Tag der Machtergreifung‹. Coudenhove-Kalergis Rede vor dem angesehenen Klub war der vorläufige Schwanengesang Paneuropas. Er packte seine Sachen und verließ Deutschland. Die Paneuropa-Bewegung wurde im 3. Großreich sofort auf die Liste der unerwünschten Organisationen gesetzt. Hermann Göring erklärte, er sei zwar für Paneuropa. Aber nicht für das Coudenhove-Kalergis, wie konnte er auch.«[69]

1934 erfolgt am 25. Juli der Putschversuch der Nationalsozialisten in Österreich. Diese Aktion scheitert, aber Bundeskanzler Dollfuß wird getötet. Durch seinen Nachfolger Kurt Schuschnigg wird nun auch die Nationalsozialistische Partei in Österreich verboten. Sie existiert mit deutscher finanzieller Hilfe jedoch weiter. Eine der Folgen des Verbots ist die von Deutschland verhängte sogenannte Tausend-Mark-Sperre, das heißt, jeder deutsche Staatsbürger muss beim Grenzübertritt nach Österreich 1.000 Reichsmark bezahlen. Dies wiederum führt praktisch zum Zusammenbruch des österreichischen Tourismus. Erst 1936 wird im Rahmen des »Juliabkommens« die Sperre aufgehoben.[70]

Finanzierung von Paneuropa

Die Aufwendungen für seine praktisch europaweite Arbeitswelt und den häufigen Wechsel des Wohnungsorts sowie die durch viele Empfänge und Gesprächsrunden notwendigen Reisen sind sehr hoch. Sie betragen, um eine Vorstellung zu geben, Ende der 60er Jahre mit einem Monatsextrem – das heißt einmalig – weit über 70.000 Schilling.

Während der Geburtsphase der Paneuropa-Bewegung setzt sich die Finanzierung aus zwei Teilen zusammen. Zunächst wird ein Großteil aus den Gagen seiner Frau bestritten. Dann ist es sein Buch »Paneuropa«, das mit 60.000 Exemplaren in knapp zwei Jahren verkauft werden kann. Doch in der Praxis bleibt die Finanzierung zur Weiterführung der Arbeit für Paneuropa ein Problem. Weitere Einnahmen kommen durch Inserate, Vorträge, Artikel oder andere kleine Publikationen zustande, die aber bei Weitem nicht ausreichen.

Während seiner Mitgliedschaft bei den Freimaurern erhält er für bestimmte Tätigkeiten von dort Unterstützung. Ebenso für die Ausrichtung des Ersten Paneuropa-Kongresses 1926 in Wien. Dies aber auch später, in der Zeit, als er nicht mehr Mitglied der Freimaurer ist. Diese Unterstützung erfolgt weiterhin zumindest bis 1934. Sie läuft über die Großloge von Wien, über einzelne Logen und einzelne Brüder, zu denen er noch nach 1925 Verbindung hält. Eine weitere Finanzierungslinie bilden die theresianischen ehemaligen Klassenkameraden. Dies gilt vor allem erst nach dem Zweiten Weltkrieg.[71] Die »theresianische« Linie ist praktisch von Bedeutung, weil Paneuropa als ein wichtiger Faktor für die ökonomische Entwicklung eines europäischen Gesamtraumes agiert. Die Grundüberlegung dabei ist durchwegs das Unterstützen und Anstreben der »Vereinigten Staaten von Europa« als ein geschlossenes, freidemokratisches System.

Eine große Erleichterung für RCK ist jedoch, dass er praktisch bis 1938 eine Arbeitsstätte hat, die ihn nichts kostet. Mit diesem Arbeitsplatz in der Hofburg fallen keine Betriebskosten an.

Insbesondere der Erste Paneuropa-Kongress ist – trotz seiner hohen Kosten – finanziell ein großer Erfolg. Denn für die Kongressräumlichkeiten muss er nicht bezahlen. Auch bringt der Verkauf von Büchern und Werbematerial während und im Umfeld des Kongresses sehr viel Geld ein. Aber wesentlich sind in diesem Zusammenhang zwei Einnahmequellen. Zum einen Spenden im in der Höhe von 55.000 Schilling, wobei der Hauptanteil von 20.000 Reichsmark durch die deutsche Paneuropa-Union zur Verfügung gestellt wird. Weitere Beträge in der Höhe folgen von Österreich und der Tschechoslowakei. Entscheidend ist jedoch, dass der Hamburger Bankier Max Warburg die aufwendigen Reise- und andere Kosten für die Arbeiten des Zustandekommens dieses Kongresses fördert.[72]

Gesichter der Ida Roland I – Die »Hausfrau« Paneuropas

Gerade jetzt, Ende der 20er und während der 30er Jahre, zeigt sich, welche Bedeutung die gegenseitige Wertschätzung, die Willenskraft und Stärke Ida Rolands für RCK hat. Wie sie persönliche Angriffe pariert, sie gleichsam negiert, reagiert und nicht zurücksteckt. Die Gemeinsamkeit mit RCK wird ganz bewusst nach außen präsentiert. Seit ihrer Heirat demonstrieren die beiden trotz vieler Unkenrufe und unterschiedlicher Klassifizierungsversuche von außen eine Kraft, die beiden die Stärke bringt, ihre Lebensziele zu verwirklichen.

Ida Roland ist eine Wienerin, geborene Klausner. Die 1881 in Wien geborene Tochter eines jüdischen Kaufmanns studiert von 1896 bis 1898 Schauspiel in Wien. Ida erhält – wie ihre sechs Geschwister – eine gediegene und mehrsprachige Ausbildung. 1898 beginnt sie als Schauspielerin am Stadttheater in Innsbruck, geht anschließend von 1899 bis 1900 nach Ulm – hier nimmt sie mit Engagementbeginn den Künstlernamen Ida Roland an –, dann von 1900 bis 1903 nach Düsseldorf. Von 1905 bis 1908 spielt sie unter Max Reinhardt am Deutschen Theater in Berlin. Dort wechselt sie 1908 ans Hebbel-Theater. Von dort übersiedelt sie 1911 an die Kammerspiele in München unter Eugen Robert (eigentlich Eugen Robert Weiß), mit dem sie auch kurze Zeit verheiratet ist, und lernt den Dramaturgen dieses Theaters, Heinrich Glücksmann, kennen, der sie später ans Wiener Volkstheater holt. Mit ihrem dortigen Auftritt als »Zarin« in einem Stück der ungarischen Schriftsteller Melchior Lengyel und Lajos Biró erobert sie die Herzen der Wiener im Sturm.

Ihr Stil – nicht als Stehpuppe, sondern als aktive Gestalterin auf der Bühne zu wirken –, ihre geschliffene Sprechkunst in Verbindung mit Mimik und Bewegung sowie die aktive Mitentscheidung bei den Kostümen, sind bis dahin ungewohnte und charakteristische Kennzeichen der Schauspielerin. Ihre Erscheinung, so Paul Blaha, ist stark und ihre Form der Präsentation zeigt die fühlende Kraft der kleinen Schauspieler dadurch, dass sie bestimmte Methoden einbringt, die direkt auf das Publikum hinwirken. Bis 1923 spielt sie dann abwechselnd im Volkstheater, im Theater in der Josefstadt in Wien, auch in Berlin, München, Budapest und Prag.[73]

Mit dem Stück »Die Zarin«, das von einer Palastrevolution und dem Intrigenspiel gegen Katharina die Große handelt, stellt sie sich direkt dem Publikum gegenüber, um so, wie Paul Blaha es bezeichnet, »das Publikum aus den Socken zu reißen«[74]. Am 31. Jänner 1912 ist RCK voll Begeisterung über die Darstellung der Zarin durch Ida Roland. Seiner Mutter gegenüber vergleicht er die Schauspielerin mit einer »Tanagra-Figur« (antike stehende oder sitzende, aus Terrakotta geformte, alles mit ihrer Schönheit und Strahlkraft überragende Frauenfiguren, die auch als Glücksbringer gelten).

1913 lernt der eifrige Philosophiestudent RCK die erfolgreiche Schauspielerin kennen. Kurz zuvor hat er Ida Roland als Natascha in einer Dramatisierung von Heinrich Glücksmann zu Dostojewskis Roman »Der Idiot« gesehen. Ihre Rolle ist diesmal eine ganz neue: »Sie spielt diesmal eine junge, moderne Frau, eine leidenschaftlich zerrissene Seele, die allein imstande ist, das wahre Wesen des fürstlichen Sonderlings zu erkennen, der den anderen als Idiot erscheint – weil sie ihn liebt. Die Menschlichkeit ihrer Rolle war hinreißend. Tief ergriffen fühlte ich im Innersten, dass sich hinter dieser großen Schauspielerin ein großer Mensch verbarg.«[75]

Ob es Zufall oder eine andere Fügung war, bleibt ungeklärt, aber RCK wird im Salon seines Bruders Tischnachbar von Ida Roland. Das Gespräch der beiden dreht sich um Dostojewski die Schauspielkunst. Auch zeigt sich, dass der eher introvertierte Philosophiestudent sich nicht wie üblich zurücknimmt, er spricht im Gegenteil sehr freudig und aktiv.

Es ist Anfang Februar 1913. Schon fünf Tage nach dem ersten Gespräch mit Ida Roland findet in Wien die sehr stark nachgefragte Volkstheater-Redoute statt. Diese Veranstaltung dient als Brücke zwischen den Innenbezirken und den Außenbezirken und bleibt dies bis 1934 bzw. 1938 – sie bildet den Höhepunkt des Wiener Faschings. Eine traditionell gewachsene Auflage ist, dass die Männer einen Frack zu tragen haben, aber keine Deckung haben dürfen. Die Frauen hingegen haben eine Maske, besser noch einen Fächer, als Deckung zu tragen.

Kaum hat RCK erfahren, dass dort auch Ida Roland anwesend sein wird, stimmt er ohne zu überlegen zu, seine Mutter auf diesen Ball zu begleiten. Dieser Ball ist der Beginn einer Liebe und intimen Vertrauens, denn es ist das erste Mal, dass sich der junge Student eine fantasieerfüllte Lebensplanung für seine Zukunft überlegt. Ihm geht es nicht nur um Macht, Einfluss, Führung, sondern, ganz aus seinem Philosophiestudium abgeleitet, um Gewinnung von Menschen und Vertrauen. In dieser Phase schlagen Punktationen aus seiner philosophischen Arbeit an, die in ihren Ansätzen rückwirkend bis in die Zeit des Theresianums zurückzuverfolgen ist und später in seiner Dissertation ihren Niederschlag findet.

Nach diesem ersten Treffen folgen eine Unzahl von Zusammenkünften der beiden zuerst in Wien, dann folgen Ausflüge in die Umgebung mit dem sagenumwobenen Strandbad Kritzendorf, dann weiters am Traunsee im Salzkammergut und am Starnberger See in Deutschland.

Entscheidend dafür ist, dass der Altersunterschied von fast vierzehn Jahren für die beiden kein Hindernis ist, ihren Weg zu gehen. Schließlich finden Ida und RCK im Hofkurator von Schloss Nymphenburg in München, dem Grafen Walderdorff, einen fortschrittlichen Priester, der sich trotz aller konservativen Einwendungen entgegen RCK und Ida bereiterklärt, die beiden ohne vorherige Zivilheirat zu trauen. Am 22. April 1914 wird kirchlich geheiratet.[76] RCK lernt in diesem Zusammenhang die Kunstmäzenin Jenny Mautner und deren Mann, den Großindustriellen Isidor Mautner kennen. Jenny ermutigt Ida, die bisher stets groß gefeiert wurde, in dem Stück »L'Aiglon« von Edmond Rostand den Herzog von Reichstadt zu spielen (eine Rolle, die zuvor erst einmal von einer Frau gespielt worden ist: von Sarah Bernhardt), während der Burgdirektor Herterich andere Dispositionen hat und mit Ida Roland nur Scheinverhandlungen führt, um in der Öffentlichkeit den Eindruck zu erwecken, dass der Vertrag mit Ida wegen der Unverträglichkeit mit dieser Dame abgesprochen wäre. Das ist vermutlich das erste Mal, dass RCK überlegt, einen Brief an die Presse zu verbreiten und somit über einen Skandal des Bundesburgtheaters einen Weg zur Lösung zu finden.

Schließlich entscheidet er sich am 1926, einen Brief an Bundeskanzler Ramek, den Zwischenkanzler zwischen Seipel III und Seipel IV (1924 bis 1926), zu schreiben. Darin ersucht RCK diesen um einen Gesprächstermin bei dem für das Bundesburgtheater zuständigen Unterrichtsminister. Ein weiteres Schreiben geht an den Generaldirektor der Staatsoper Schneiderhahn. Diesen ersucht er in diesem Schreiben um eine Intervention bei Herterich.[77]

Ein Grund dieser Differenz zwischen der Schauspielerin und dem Direktor ist, dass Ida darauf besteht, die oben angeführte Rolle zu spielen. Verstärkend für die Unruhe tritt noch hinzu, dass das Stück noch 1926 zu heftigen Protesten der österreichischen Monarchisten führt. Zumal im Stück den Habsburgern die Schuld am tragischen Schicksal des Sohns von Napoleon I. gegeben wird.[78] Die Realität zeigt aber, dass das Schauspiel zu einem großen Erfolg wird, und eigens für die Besucher des Ersten Paneuropa-Kongresses in Wien 1926 eine ausverkaufte Veranstaltung in Wien im Burgtheater eingeschoben wird. Immer wieder gibt es neue Konflikte, da sich die von unglaublicher Stärke und Präsentationsdrang beseelte Ida Roland nicht nur bei der Suche nach Schauspielpartnern und -partnerinnen einbringt, sondern auch bei der Kostümauswahl und bei den Dekorationen ihre Wünsche durchsetzen möchte.

Zu diesem Zeitpunkt ist Ida Roland, ihren Interessen folgend und in vollem Einvernehmen, vertrauliche Mitarbeiterin der frühen Paneuropa-Bewegung geworden und bringt sich auch – wo es ihr immer wieder wesentlich erscheint – entsprechend ein, ohne ihre künstlerische Arbeit zu vernachlässigen.

Ihre Lebenswelt ist das Theater mit den sich ständig verändernden Herausforderungen durch den Rollen- und Präsentationswechsel sowie den Zugang zum Publikum – und das stellt sich an jedem Ort anders dar. Das heißt also, sie ist Perfektionistin, die gleichzeitig unterschiedliche Positionen schnell erfasst und fähig ist, darauf zu reagieren.

RCK und Ida sind vollkommen verschiedene Persönlichkeiten. Sie, die Künstlerin, ist lebhaft, begeisternd und dann wieder von tiefster Empfindlichkeit getragen. Sprühende Heiterkeit und die Fähigkeit, medial voll präsent zu sein, sind weitere Eigenschaften der Schauspielerin. Dies dokumentiert sie zum Beispiel während des Ersten Wiener Paneuropa-Kongresses 1926 und dann später, im Jahre 1932, beim Basler Kongress. Ihre Lesungen erreichen immer wieder tiefste Ergriffenheit und kurz darauf stürmische Freude und das drückt sich dann im Applaus aus.

Als Künstlerin ist sie gewissermaßen unpolitisch und verhält sich zurückhaltend, obwohl sie immer wieder bewusst und unbewusst politisch handelt. Auch zeigt sie kaum Interesse an philosophischen Fragen. Im Gegensatz dazu ist für RCK das Theater eine wichtige Nebensache, die ihn wenig interessiert, aber doch ist er bei Idas Proben immer wieder anwesend. Seine Lebenswelt ist die Politik und das Vorfeld der Politik. Er ist ständig auf der Suche, den richtigen Weg für die Weiterentwicklung zu finden. So nimmt er gleichzeitig innenpolitische und weltpolitische Fragen für sich als Thema der Umsetzung in seine Arbeit für Paneuropa auf. Er bezieht Stellung dazu und publiziert darüber, wie die Beispiele Bolschewismus und Nationalsozialismus zeigen.

Wenn sich Ida auf eine neue Rolle vorbereitet, wird gemeinsam Fachliteratur herausgesucht, werden Dokumente der Zeit herangezogen, Bilddokumente recherchiert, ältere Kritiken aufgestöbert, sowie das Umfeld des Stücks selbst studiert. Und auch die Zusammenstellung unterschiedlicher Rollenbilder, die Ida entwickelt und variabel versucht darzustellen, sind von großer Bedeutung für ihre Arbeit. Aus dieser intensiven Vor- und Nacharbeit, auch nach Beendigung der Aufführung, schafft Ida Roland die Kraft für ihre Präzision.

Paneuropa wäre für RCK ohne Ida nicht zustande gekommen. Der Kontakt zur Kunstszene und neue nächtliche Kulturaktivitäten zeigen ihm eine Vielfalt von Leben und Eindrücken und offene Bereitschaft seinerseits, auch zuzuhören und mitzutragen. Er lernt die Not und die Sorgen der Menschen kennen. Und er lernt auch Schriftsteller, Maler, Bildhauer kennen, die zum Teil in seinen Freundeskreis eingebunden sind. Damit wird er mit verschiedenen Weltanschauungen und Parteien konfrontiert. Ohne sein Zutun wächst er mit dem neuen, selbst gewählten Auftrag eines neuen Europa auf und lernt praktische Fragestellungen der Politik, der Parteien und zwischen den Parteien kennen.

P. E. N. und Paneuropa

Im Vorfeld der Gründung einer Autoren-Interessenvertretung geht es zunächst darum, einen Erfahrungsaustausch herzustellen, in Richtung einer Dokumentation zu gehen, den raschen Informationsaustausch oder eine Informationsvermittlung einzurichten und zum Schutz der Journalisten möglichst vieles aufzuarbeiten. Das sehr gut ausgereifte Projekt wird allerdings ein Opfer des Ersten Weltkrieges. Für viele Autoren und Literaten bringen der Krieg und die Nachkriegszeit eine starke Veränderung mit sich, denn sie haben in vielen Fällen keinen echten Autorenschutz. Damit verbunden ist, dass sich die Tantiemenfrage in der Gründungsphase der ersten Republik zuspitzt.

In dieser Zeit beginnt sich auch in Österreich ein Neuaufbruch bei Autoren und Literaten bemerkbar zu machen. Frei von den Schwierigkeiten seitens der bisherigen habsburgischen Kulturpolitik treten nun neue Strömungen, neue Literaten oder auch einzelne Verlegerpersönlichkeiten auf. Gemeinsam ist, dass alle ein geordnetes System herstellen wollen, das die Garantie und die Rechtssicherheit der jungen Generation gegeben sind, die soziale Herkunft eine geringere Rolle spielt als bisher.

Bereits 1921 ist es in London zur Gründung eines britischen P. E. N.-Zentrums gekommen. Dann folgt Belgien nach und kurz darauf entsteht das Amerikanische und das Schweizerische Zentrum. 1923 steht auch in Österreich die Frage zur Errichtung eines Zentrums an. Gleichzeitig gründet allerdings RCK seine Paneuropa-Bewegung. Es beginnt eine Debatte, ob diese beiden Strömungen gemeinsam geführt werden oder P. E. N. in Paneuropa bzw. umgekehrt eingebunden werden soll. Schließlich bleibt es dabei, dass zwei eigenständige Organisationen bestehen. In dieser Situation bringt sich Ida Roland in die Frage ein. Sie führt praktisch ein »Doppelleben«. Auf der einen Seite ist für sie das Theater- und Kulturleben wichtig, auf der anderen Seite ist sie stets an der Mitarbeit an Paneuropa interessiert und wird auch aktiv. Es zeigt sich, dass sie in vielen Fällen RCK als Autor in schwierigen Situationen hilft bzw. bei Schwierigkeiten versucht, ihn zu unterstützen.

1923 wird Raoul Auernheimer erster Präsident des österreichischen P. E. N.-Clubs, Arthur Schnitzler wird Ehrenpräsident. Zu den Mitgliedern in der Gründungsphase von P. E. N. Österreich gehören unter anderem

Hugo von Hoffmannsthal, Franz Werfel und Stefan Zweig. Zu den Mitgliedern gehören auch Nationalsozialisten wie Mirko Jelusich. Auch RCK wird 1923 Mitglied im P. E. N. und ist ab 1924 Vorstandsmitglied.

RCK gründet noch in diesem Jahr seinen eigenen Verlag, den sogenannten »Paneuropa-Verlag«. Fortan kann er nicht mehr von unseriösen Verlegern ausgeplündert werden. Er ist nur sich selbst verantwortlich. Aus diesem Schritt erwächst für Ida neben ihrer Theatertätigkeit die Aufgabe der Betreuung der Publikationen und des Verkaufs bzw. die Finanzführung.

1927 legt Auernheimer seine Präsidentschaft zurück. Und wenige Jahre später, 1933, als es zur Bücherverbrennung durch die Nationalsozialisten kommt und eine »Säuberungswelle« stattfindet, sind auch Werke österreichischer Autoren betroffen. »Schädlich« und »unerwünscht« sind unter anderem RCK, Bertha von Suttner und Alfred Hermann Fried. In dieser Situation wird für Mai 1933 eine Tagung des internationalen P. E. N. in Ragusa (heute Dubrovnik) angesetzt. Innerhalb der österreichischen Delegation kommt es zu schweren Differenzen: Als es darum geht, dem Beschluss des Protests gegen die Bücherverbrennungen zuzustimmen, weigern sich zwei österreichische Delegationsmitglieder und zwar die Generalsekretärin Grete von Urbanitzky und der Nachfolger von Auernheimer, Felix Salten, ein Journalist, der mit Hilfe des Zsolnay-Verlags erfolgreicher Autor geworden ist. Sie lehnen jegliche Zustimmungsbereitschaft ab. Die Folge dieser Streitereien der Österreicher in Ragusa ist, dass die Separatisten mit den Nationalsozialisten, darunter Bruno Brehm, Robert Hohlbaum, Mirko Jelusich aus dem österreichischen P. E. N.-Club austreten. Eine weitere Konsequenz dieser Spaltung ist, dass die ersten Literaten aus Österreich versuchen, ins Exil zu gehen. Auch wird das bei Paneuropa eine starke Rolle spielen. Eine Folge für Paneuropa ist, dass 1938 in den Märztagen, da Österreich seine Fahne und seine Identität verloren hat und fortan nun eingebräunt als Nebenregierung der sogenannten Ostmark gehandelt wird, das noch vorhandene Vermögen von Paneuropa samt Archiv beschlagnahmt und nach Berlin überstellt wird. Von dort geht das Vermögen (und das Archiv) nach Ende des Zweiten Weltkriegs dann in die Sowjetunion.

Ida und RCK sind mit Paul Zsolnay eng befreundet. Sie verkehren seit 1919 in seinem Salon auf Schloss Oberufer in der Nähe von Pressburg (Bratislava). Nach Abschluss seines Studiums auf der Bodenkultur in Wien übernimmt Paul Zsolnay als Kunstgärtner die Aufgabe, den Familienbesitz zu gestalten. Er ist so erfolgreich, dass er beginnt, von einem Nebenerwerbsbetrieb ausgehend ein Gartenunternehmen aufzubauen, mit dem seine Produkte in der ganzen Tschechoslowakei vertrieben werden. Um ihn herum entwickelt sich ein Freundeskreis, dem vor allem Künstler und Autoren wie Richard Strauss, Hugo von Hofmannsthal, Arthur Schnitzler und Bruno Walter angehören.

Auch wenn sich RCK mit seiner Verlagsgründung vom P. E. N.-Club freispielt und 1926 den Paneuropa-Gründungskongress einberuft, zeigt sich, dass die beiden Richtungen P. E. N. und Paneuropa eine gemeinsame Vision haben, nämlich die Aussöhnung Frankreichs und Deutschlands als Voraussetzung für ein friedliches Europa. Dies kommt bereits auf der ersten großen P. E. N.-Tagung in London zum Ausdruck.

Für RCK ist es aber wichtig, dass am Ersten Paneuropa-Kongress auch maßgebliche Vertreter von P. E. N. Österreich teilnehmen, darunter sind das Präsidium mit Raoul Auernheimer, Grete von Urbanitzky und Arthur Schnitzler, weiters Ernst Benedikt, Franz Herterich, Rudolf Holzer, Emil Ludwig, Hans Müller, Lothar Wallerstein, Berta Zuckerkandl sowie deren Schwester Sophie, die mit Georges Clemenceau verheiratet ist.[79]

Hilde Spiel, eines der prominentesten Mitglieder des Paneuropa-Präsidiums nach 1945, ist genau zu dieser Zeit in Wien und besucht, damals schon stark politisch interessiert, als 15-jährige Teilnehmerin den Ersten Paneuropa-Kongress. Roman Roček zitiert Hilde Spiel: »Wir Kinder saßen auf den Rängen des Konzerthauses und glaubten den Politikern jedes Wort.«[80] Und folgert: »Man wird also nicht fehlgehen, ein durch die Jahre sich erstreckendes Klima des Gesprächs und eines regen Gedankenaustausches zwischen den beiden Bewegungen P. E. N. und Paneuropa anzunehmen. Vor allem, wenn man bedenkt, wie nah nicht nur deren Grundkonzepte einander sind, sondern auch, wie intensiv die Mitglieder beider Gruppen von Anfang an miteinander kommunizieren.«[81]

Hilde Spiel hebt dies als besonderes Ereignis aus ihrer Sicht im Zusammenhang mit dem Paneuropa-Kongress hervor. Es scheint ihr ein wichtiger Punkt zu sein, dass als Folge der Klimaveränderungen seit den Versailler Verträgen unter der damals besonderen Härte von Seiten Clemenceaus dieser nun versucht, über seine Frau ein neues Stimmungsbild auszuloten und mit seinen Interessen in neuer Form in Einklang zu bringen.

Ein weiterer Grund mag sein, dass mit der Bereitschaft Aristide Briands, den Ehrenschutz über den Kongress zu übernehmen, in Frankreich nicht ohne Staatsinteressen Gespräche gelaufen sind und hier mit dem Wiener Paneuropa-Kongress ein Ventil der Gesprächsbereitschaft für einen neuen Weg der Diplomatie gefunden werden könnte. Denn so könnte nach dem

Freunde und Förderer Richard Coudenhove-Kalergis; von links nach rechts: Arturo Toscanini, Bruno Walter und Stefan Zweig, während einer Tagung in der Schweiz 1939.

Modell des Vertrags von Locarno ein neuer Schritt der gewissen Beruhigung gesetzt werden.

RCK und Ida Roland leben mit Unterstützung von Paul Zsolnay ab 1922 auf dessen Schloss. Sie besprechen mit ihm unter anderem die Frage nach dem Risiko, einen Verlag zu gründen.

Anlässlich einer Gesprächsrunde bei Zsolnay, bei der auch Alma Mahler-Werfel und Franz Werfel zugegen sind, bringt Ida mit ihrer angelegenen, offenen Art einen Vorschlag ein: »Es erscheint mir unwürdig, wenn wir wie illoyale Dienstboten über ihre Herrschaft herziehen. Wäre es nicht besser, einen Verlag zu gründen? Wäre dies nicht an Paul Zsolnay? Er ist ein guter Organisator und versteht etwas von Literatur.«[82] Paul Zsolnay wird von den Anwesenden befragt und argumentiert, dass er vom Verlagswesen nichts verstehe und bleibt zunächst skeptisch. Und wieder einmal sind es Ida, vor allem aber auch RCK, die in dieser Situation darauf hinweisen, dass irgendetwas geschehen sollte. Erstere ist sich bewusst und drückt es auch aus, dass ein Verlag nichts für Träumer oder Romantiker ist, sondern ein Einstieg in eine sichere und benötigte gegenwärtige Situation, gleichzeitig aber auch eine Chance. In dieser Situation wird von RCK gerade sein Paneuropa-Verlag gegründet. Alma Mahler-Werfel vermittelt schließlich zwischen Zsolnay und Franz Werfel, sodass dessen Verdi-Roman in einen neuen Verlag eingebracht werden kann. Dieses ist schließlich das erste bei Zsolnay veröffentlichte Buch, wird am 1. April 1924 zu einem Renner und der Erlös des Verkaufs der rund 60.000 Exemplare wird die Basis für den Paul Zsolnay Verlag. Weiters folgen Publikationen von Heinrich Mann. Damit ist auch eine Festigung des Verlags gegeben. Dann folgt 1933 unter anderem auch die Publikation von Hilde Spiel. Schließlich erscheinen zwischen 1924 und 1933 271 Titel sowohl in deutschen als auch in internationalen Auflagen. Mit Genugtuung für RCKs Ziel, Heinrich Mann und den Jungverleger zusammenzubringen, kann dieser ihm mitteilen: »Sie und ihre Gattin wird es vielleicht interessieren, dass ich mit Paul Zsolnay einen Vertrag abgeschlossen habe. Ihnen beiden danke ich, dass sie mich auf diesen Verlag aufmerksam gemacht haben.«

Die Verbindung zwischen Paul Zsolnay und Ida Roland sowie RCK bleibt stets aufrecht, und als im Frühjahr 1929 eine Filmversion von »Fräulein Else« – eines der bevorzugten Stücke von Ida Roland – gedreht wird, erreicht die Entwicklung des Verlags einen Höhepunkt. Zsolnay gibt eine »Filmauflage« heraus sowie zwei Auflagen der Publikation von je 20.000 Stück. Hier zeigt sich, dass diese Frau an der Seite RCKs trotz intensiver künstlerischer Tätigkeit nach wie vor Zeit und Freude aufbringt, die Organisation für ihren Mann zu übernehmen, sich daneben aber auch um filmische Angelegenheiten kümmern kann. 1938 trifft Paul Zsolnay nach dem »Anschluss« eine wichtige Entscheidung. Er geht aus Sicherheitsgründen in die Emigration.

Bemühungen und Ringen Richard Coudenhove-Kalergis um den Friedensnobelpreis

Seit Beginn der 30er Jahre erstrebt und erwartet RCK für sein Ringen um Paneuropa, seine grenzüberschreitende unermüdliche Arbeit, Organisation von Paneuropa-Kongressen und Teilnahme an verschiedenen Friedenskongressen sowie seine Suche nach einer neuen Einigkeit eine Anerkennung. Spätestens 1930 wird die Fragestellung aktuell für ihn und er sucht einen Weg, für den Friedensnobelpreis vorgeschlagen zu werden. Gleichzeitig hat er als Zeuge der Zeit erlebt, wie Aristide Briand, mit dem er eng zusammenarbeitet, sowie Stresemann und auch Ludwig Quidde 1926 bzw. 1927 den Friedensnobelpreis erhalten haben. Es wird bis 1950 dauern, bis RCK für seine Friedensarbeit gewürdigt wird: Er erhält als erste Person fünf Jahre nach dem Zweiten Weltkrieg den Karlspreis (benannt nach Karl dem Großen, jährlich in Aachen überreicht) für »Ein gemeinsames Europa« verliehen.

Bei einer genauen Betrachtung der Vorgangsweise in RCKs Ringen um den Friedensnobelpreis zeigen sich deutliche Unterschiede zwischen der Form und dem Vorgang im Vergleich zu Bertha von Suttner und Alfred Hermann Fried.

Bertha von Suttner erhält den Friedensnobelpreis für ihre unermüdliche Arbeit für den Aufbau der europäischen Friedensbewegung, aber vor allem für den weltweiten Erfolg ihres Buchs »Die Waffen nieder«. Das Werk, als Roman angelegt, wird in 57 Sprachen übersetzt und ist für alle Schichten und Gruppierungen der Welt eine gute Grundlage, um über den Frieden nachzudenken.

Alfred Hermann Fried erhält den Friedensnobelpreis für die Herausgabe der »Friedenswarte« als wichtige Friedensrevue, die bis heute erscheint. Sein Projekt der »Friedenszone Europa« im Sinne der »Vereinigten Staaten von Europa«, seine Beziehungen zur Arbeit von Paneuropa, seine Arbeiten zu den Friedenskonferenzen Haag I und Haag II, sein Konzept für den Aufbau einer Weltfriedensorganisation, ausgestattet mit einer Exekutive, und der vom Präsidenten des Nobelkomitees besonders hervorgehobene Hinweis auf seinen Beitrag zur Lösung der Marokkokrise bringen ihm den Friedensnobelpreis. Er wird von über 40 weltweit verstreuten Wissenschaftlern, Vertretern von Friedensorganisationen und anderen Persönlichkeiten für den Friedensnobelpreis vorgeschlagen.

Die Ausgangsposition von RCK ist ganz anders. Er agitiert in einer offenen Zeit zwischen 1920 und 1938 gesellschaftlich, ist ein hochpolitischer Mensch und agiert auch politisch, wobei die Grundlinie immer Paneuropa ist und er immer bewusst handelt. In seinen Publikationen tauchen gelegentlich, ohne dass der Zusammenhang klar erkennbar wird, große thematische Sprünge auf; RCK stößt also mit seiner Literatur und seinen Aussagen auf Kritik. Er agiert auch immer wieder ambivalent, indem er strategisch wirkend, wissentlich die gesellschaftliche Umwelt, in der er agiert, nicht berücksichtigt. Bücher und Schriftreihen dienen ihm als Transportmittel, als Träger des wissenschaftlichen, klärenden Katalogs, die in ihrer Form immer wieder Kritik an seinem Stil und an seiner mangelnden Berücksichtigung bestimmter Informationen und Hinweise hervorruft.

Dazu kommt, dass die Form, in der die Bewerbungen für den Nobelpreis durchgeführt werden, offensichtlich macht, dass vieles nicht in entsprechender Form, mit Engagement und Gründlichkeit von den Vorschlagenden für den Friedensnobelpreis aufbereitet und durchgeführt worden ist. Dies steht ganz im Gegensatz zu der Art und Weise, wie dies bei Bertha von Suttner und Alfred Hermann Fried abgelaufen ist.

Paneuropa ist für viele ein Projekt, das seinen Sitz und Boden nicht in einem neutralen Land hat, wie es zum Beispiel der Völkerbund in Schweden ist. Für einen Großteil der Wissenschaft und Politik ist Paneuropa eher unbedeutend. Paneuropa ist aus der Sicht vieler ein deutsch-österreichisches Projekt. Norwegen, das sich stark am Völkerbund orientiert, liegt hier in seiner Interpretation etwas anders. Dort stößt die Bewerbung RCKs auf Aufmerksamkeit. Und so ist Paneuropa auch in Norwegen präsent. Es existieren sowohl in Norwegen als auch in Finnland Paneuropa-Komitees. So ist zum Beispiel in Norwegen Fridtjof Nansen Ehrenpräsident der Norwegischen Paneuropa-Union und der norwegische Ministerpräsident der Jahre 1924–1926, Johan Ludwig Mowinckel, deren Präsident.[83]

Denn es dauert bis 1936, bis es endlich soweit ist, dass Schritte gesetzt werden. Im Laufe des Jahres 1936 ist endlich ein Antragskomitee und ein Vorschlagskomitee für »Richard Coudenhove-Kalergi für den Friedensnobelpreis« zusammengetreten. Dieses Komitee besteht aus ehemaligen Ministern wie Eduard Heinl, Heinrich Mataja und Arthur Spitzmüller, flankiert durch die beiden Universitätsprofessoren Carl Brockhausen und Alfred F. Pribram, bei denen RCK seine Rigorosen gemacht hat.[84]

Alle diese haben sich eingehend mit der Friedenslage und dem Thema der »Vereinigten Staaten von Europa« auseinandergesetzt. Es ist verwunderlich, dass dieses Komitee keine Versuche unternommen hat, über professionelle internationale Kontakte Fürsprecher und Mitträger für den Antrag an die Nobelkommission zu finden.

Dazu kommt noch, dass zur Zeit der Einreichung 1936 die Paneuropa-Bewegung, wie RCK selbst angemerkt hat, nur noch sehr eingeschränkt agieren kann. Außerdem scheint auch die Position RCKs in seiner Staatenzugehörigkeit nicht entsprechend klargestellt zu sein. War er zu diesem Zeitpunkt Österreicher, Tschechoslowake, Schweizer oder Bürger eines anderen Staates? Diese Frage musste er für die Einreichung klarstellen, um dort dann als Bewerber die Auskunft geben zu können.

Und um den Spitzenkandidaten herauszufiltern, wird vom Nobelkomitee ein mehrschichtiges System des Verfahrens schrittweise aufgearbeitet, wie die Aktivitäten des Kandidaten sind, wie die bestimmten Gutachten sind usw. Und schließlich werden die Letztgereihten, noch im Rennen Liegenden, im Rahmen eines besonderen Aktes dem norwegischen Parlament vorgelegt, das sich nicht einschüchtern lässt. Das deutlichste Beispiel dafür ist, dass im Jahr 1938, nachdem bereits Österreich durch den sogenannten »Anschluss« in das Deutsche Reich eingegliedert worden war, Adolf Hitler für den Friedensnobelpreis eingereicht worden ist, und das Komitee alle Kraft aufbringen musste, um diesen Antrag zurückzuweisen. Dies dokumentiert, mit welcher Genauigkeit und Beharrlichkeit die Kommission vorgeht. Ein Argument, das vielleicht eine Rolle gespielt haben kann, mag auch die Überlegung sein, dass zum Zeitpunkt von RCKs Einreichung 1936 Österreich eine Staatsordnung hat, die keiner offenen, demokratischen Staatsordnung entspricht, da rund 50 % der Bevölkerung aufgrund ihres politischen Profils von echter Mitgestaltung ausgeschlossen sind, sodass die offiziellen Vertreter dieses Staates nicht einer vollen demokratischen Verpflichtung und Verantwortung entsprechend handeln.

RCK wird trotz all dieser Rückschläge nach dem Ende des Zweiten Weltkriegs noch einmal um den Friedensnobelpreis ansuchen. Dieses Ansuchen stammt aus dem Jahr 1945, gestellt aus seinem Exil in den USA. Es wird vom Friedensnobelpreisträger und Präsidenten der Carnegie-Stiftung, Nicholas Murray Butler unterstützt.[85] Auch dieser Antrag bleibt letztlich ohne Erfolg. Das Wissen um RCKs Ringen um ein geeintes Europa im Sinne seiner Paneuropa-Union und findet dann als die erste Auszeichnung im Zusammenhang der Verleihung des Karls-Preises 1950 seinen Niederschlag.

Die Überparteilichkeit Paneuropas

Ab der zweiten Hälfte 1934 konzentriert RCK dann dadurch bedingt, dass Parteien praktisch nicht mehr existieren, seine Bemühungen auf die Christlichsozialen.

In der Folge des Ersten Wiener Paneuropa-Kongresses erfolgt in der »Internationale«, einem der Organe der Kommunistischen Partei Deutschlands, eine massive Kritik am »reaktionären« RCK: »›Paneuropa‹ wäre *eine* kapitalistische Hölle statt *vieler* kapitalistischer Höllen.«[86]

Seit 1926 zeigt sich zusehends, dass die Hauptgefahr für RCKs Ideen und Überlegungen in Bezug auf Europa aus dem Osten kommt. Und zunehmend beginnt dies im Zentralbereich Europas Fuß zu fassen.

Grundlegend für RCK ist, dass die Sowjetunion mit ihrer revolutionären Arbeiterbewegung im Gegensatz zur Sozialdemokratie eine Verschärfung der Klassengegensätze befürchtet und einen Keil in das politische Gefüge zu treiben versucht, denn eine Bewegung wie Paneuropa wäre statt eines Schritts zur Einigkeit eine »Auffächerung des Sozialismus«[87].

So machen die Nachfolger Frieds in der »Friedenswarte«, diese Punkte aufgreifend, den Vorschlag nach der Tagung der Dritten Internationale in Moskau, dass seitens des Generalstabs auf Vorschlag von Leo Tolstoi eine neue Parole ausgegeben wird, mit der Festlegung der Schaffung der »Vereinigten Sozialistischen Staaten« von Europa. Damit wird die bisherige Strategie kommunistisch. Jetzt besteht die Gefahr, dass die verschiedenen Strömungsbereiche durch die neue Parole einen Ausweg suchen, dem wiederum gegenübergestellt wird, die Schaffung einer harmonischen Strategie der Gemeinsamkeit zu erreichen.[88]

Daraus leitet sich der Moment ab, dass der »Locarno-Geist« (der unter anderem auch als Werk der Freimaurer bezeichnet wird) zur Durchsetzung eigener Ziele einbezogen werden soll, gerade in der deutschen Diskussion eine größere Rolle spielt, während in Österreich der »Locarno-Geist« in der KPÖ nur eine sehr geringe Diskussion hervorruft. Zumal in Österreich in der Sozialdemokratie die Breite der Entscheidungsträger von relativ weit rechts bis weit links (links bis Mitte-rechts) relativ groß ist und sie manches, was von Seiten der KPÖ beansprucht wird, radikal umformulieren, aufgreifen und in ihren Bereich mit einbeziehen.

In Deutschland wird die neue Moskauer Linie sehr rasch aufgegriffen und dem Reichstag präsentiert die KPD als Fraktion mit Walter Stoecker als Mitglied des Auswärtigen Ausschusses pflichtgemäß den neuen Standpunkt: »Eine wirkliche Freiheit wird das deutsche Volk erst dann erreichen in einem proletarischen Europa, wenn die europäische Arbeiterklasse nach Niederwerfung der kapitalistischen Klassenherrschaft jeden Imperialismus überwunden und die Vereinigten Sozialistischen Staaten entwickelt hat.«[89] Damit eröffnet die KPD eine scharfe Auseinandersetzung im Sinne eines Paneuropa der Klassenharmonie und Klassengemeinschaft, für das sie sich verschärft durch den Klassenkampf einsetzt. Am besten lässt sich durch die Offenlegung der Positionen von Sozialdemokraten in den Paneuropa-Komitees vor allem in Deutschland, aber auch in Österreich deren Gesinnung feststellen.

Für die Kommunisten ist die Paneuropa-Bewegung der Steigbügelhalter der Sozialdemokratie. In der Haltung der Sozialdemokratie kommt zum Ausdruck, dass sie die »kapitalistischen« Paneuropa-Vertreter und deren idealistische Haltung der Bemühung um ein Paneuropa als Aufbau eines neuen vereinten Europas dazu benützen wollen, ihre eigene Herrschaft auszubauen und zu festigen. Das bedeutet für die KPD, dass die SPD nach wie vor die Paneuropäer dazu benützt, den »Karren des internationalen Goldenen Kalbes« des Wirtschafts- und Geldwesens zu ziehen.[90]

Vereinnahmungen von links und rechts

»Weiters wird fortgesetzt der Kampf für ein rotes Paneuropa – er ist selbstverständliche Pflicht jedes weiterdenkenden Sozialisten – [...] ein kapitalistisches Paneuropa zunächst einmal zu fordern, heißt etwas Unmögliches und den Imperialismus Spornendes fordern; ein rotes Paneuropa heute schon fordern, heißt für den engeren Kreis unseres Kontinents revolutionär-pazifistische Außenpolitik zu betreiben.«[91]

Die verschiedenen Strömungen von Kommunisten, Sozialdemokraten und Linksradikalen, hier nur kurz angedeutet, zeigen ein gemeinsames Profil. Es wird damit versucht, RCK zu einer öffentlichen Stellungnahme zu drängen. Die Diskussion um die Frage der »Vereinigten Staaten von Europa« bleibt jedoch nicht nur auf der linken Seite, sondern taucht durch die Kritik auch auf der rechten Seite auf. Insbesondere ist es Adolf Grabowsky, der schon ein Jahr nach dem Ersten Wiener Paneuropa-Kongress in seiner »Zeitschrift für

Politik« die Paneuropa-Bewegung als »demokratische Gleichmacherei« bezeichnet und Paneuropa als typisches Erzeugnis des »Kommerzimperialismus-Stadiums« diffamiert.[92]

In dieser Situation der Auseinandersetzung stellen sich die Sozialdemokraten von Neuem die Frage nach Paneuropa. Auf der einen Seite steht die Abgrenzung gegenüber der KPD, auf der anderen Seite ergibt das Paneuropa-Programm für die jeweiligen Funktionäre Sinn. Rund 1.800 aktive Persönlichkeiten folgen diesem Ruf.

Kritikpunkte und Auseinandersetzungen zur Paneuropa-Idee in Deutschland:

KPD	SPD	NSDAP
Paneuropa-Propaganda Paneuropa ist ein Propagandamittel und ein gefährlicher politischer Faktor für das Proletariat Umwandlung der paneuropäischen Klassenharmonie zu verschärftem Klassenkampf Orientierung an der Sowjetunion	Aufnehmen der Paneuropa-Parolen und Umwandlung im Sinne des Sozialismus Paneuropa weg vom Schreibtisch – hin zum Internationalismus Internationalismus – Paneuropa als Steigbügelhalter für den Sozialismus	Bekämpfen, was den Weg zu Großdeutschland verhindert Über Paneuropa zum Anschluss RCK ist ein »Allerwelts-Pazifist« und ist vom Kontinent fernzuhalten
Gemeinsame Ansatzpunkte: KPD, SPD		

Die Meldungen der internationalen Presse widerspiegeln vom ersten Kongress bis in die 30er Jahre hinein umfassende Kritik und Erwartungen an RCK. Dies geht sogar so weit, dass einige Botschaften diese Fragestellungen aufgreifen, um ihren Regierungen zu berichten. Dabei spielt die Faszination um RCK immer wieder eine große Rolle. Ihn stört es weniger, dass es Berichte gibt, die negativ für ihn ausfallen, viel mehr geht es ihm darum, dass die Diskussion auch auf der diplomatischen Ebene geführt wird. RCK reagiert auf die unzähligen Angriffe, negativen Schlagworte und Parolen über ihn, die von Beschimpfungen über Kehrtwendungen bis zu persönlichen Diffamierungen als Opportunist reichen, in keiner Weise. Er bezieht keine Stellung dazu. Er schweigt darüber. Gerade seine vollendete strategisch-dialektische Rhetorik ist es, die seine Meinung so eloquent darlegt, dass er nicht leichtfertig abgedrängt werden kann. Ab 1934 sind zahlreiche Tondokumente erhalten. Ein Beispiel dazu ist sein Beitrag im Zusammenhang mit der

Ermordung des österreichischen Bundeskanzlers Engelbert Dollfuß im Juli 1934 durch die Nationalsozialisten. In Gedenken an die Person und die Politik Dollfuß' spricht er:

»*Wir durchleben einen der gefährlichsten Augenblicke europäischer Geschichte. Jeder Tag kann entscheiden über Krieg und Frieden, über Untergang oder Aufstieg Europas. Diese tragische Zeit fordert heroische Gesinnung. Sie fordert Entscheidungen, sie fordert Taten. Jede Passivität leistet dem Verhängnis Vorschub. Nur durch Tatkraft kann Europa die Gefahren meistern. Nur durch Tapferkeit kann es sein Schicksal wenden.*
Die nächsten Monate werden entscheiden, ob Europa endgültig den Weg der Auflösung und des Unterganges wählt oder den Weg der Einigung und des Aufstiegs. Aus den Stürmen dieser Jahre des Übergangs kann ein neues Europa geboren werden, wenn alle, die es können, mitarbeiten an seinem Aufbau. Dieser Entscheidungskampf um Europa, in dessen Zeichen wir hier versammelt sind, ist ein Kampf zwischen Gut und Böse, zwischen Aufbau und Zerstörung, zwischen Ordnung und Chaos. An dieser Zeitwende gedenken wir mit Ehrfurcht und mit Dank aller Helden, die ihr Leben geopfert haben im Kampf um den Aufbau und den Frieden Europas. [...]
Unter all diesen Männern, die gefallen sind, weil sie verhindern wollten, dass die Jugend Europas sich von Neuem auf Schlachtfeldern verblutet, die verhindern wollten, dass Europa dem Chaos verfällt, ist der heutige Tag dem Andenken des österreichischen Helden geweiht, der im Kampf um die Freiheit seines Landes fiel und um den Frieden Europas – Engelbert Dollfuß.«[93]

Mit diesem Beitrag legt RCK seine Position offen, gibt eine Klarstellung, dass Paneuropa ein Kernwort der Zukunft ist, das nicht wegzudenken ist und trotz Nationalsozialismus die Idee für die Zukunft sein wird. Dieses Dokument postuliert nochmals seine Überparteilichkeit in der Frage Europas.

Paneuropa und die Frage der Geopolitik

RCK bezieht sich rückblickend auf die Auseinandersetzung mit den verschiedenen geopolitischen Strömungen seit dem Ersten Paneuropa-Kongress, die sich langsam als eine neue Wissenschaft herausbildet. Der Inhalt dieser Lehre umfasst die Herausarbeitung des Einflusses des geografischen Raums auf den Staat und seine politischen Vorgänge. Heute ist die Geopolitik als politisches Handeln zur politisch-territorialen Einteilung der Welt als diskursives Phänomen in ihren Grundlagen genau definiert.[94] Die durch den nationalsozialistischen Geografen Karl Haushofer in Deutschland bekannt gewordene Hilfswissenschaft setzt sich immer wieder mit dem Bezugssystem Weltpolitik und Weltwirtschaft und mit den diversen Debatten in diesem Zusammenhang auseinander. Das heißt, dass diese Grenzwissenschaft zwischen Geografie, Staatenkunde, Geschichte, Gesellschaftskunde und Soziologie die Auswirkung des geografischen Raumes auf die internationale Politik untersucht. Sie wird sehr bald von den Nationalsozialisten als ein Instrument ihrer aggressiven Expansionspolitik erkannt. Das Werk von Karl Haushofers Sohn Albrecht im nationalsozialistischen Verlag Volk und Reich stellt – etwa mit seinem Artikel »Europäischer Zusammenschluß«[95] – einen neuen Schritt in Richtung einer Aneignung dar.

Von hier ausgehend erweitert sich die Diskussion, »Europa« differenziert sich und wird durch die Diskussion um Begriffe wie Vordereuropa, Hintereuropa, Zwischeneuropa, Innereuropa, Ostraum, Mitteleuropa und andere Abgrenzungen – insbesondere gegen Osten – unübersichtlich. Dabei steht immer die nationale Frage und nicht wie bei RCK die »übernationale Frage« im Vordergrund. Es dauert nicht lange, bis die Nationalsozialisten aus den Ideen Haushofers jene Ideenelemente herausfiltern, die im Sinne ihrer Expansionsideologie interpretierbar sind. Obwohl mit Heß befreundet und mit Hitler bekannt, fällt Karl Haushofer später bei den Nationalsozialisten in Ungnade, ist 1945 sogar kurzzeitig im Konzentrationslager Dachau interniert.

Diese bisher angeführte Fragestellung spielt auch in der »Anschlussfrage« Österreichs an Deutschland nach Ende des Ersten Weltkriegs eine Rolle. Alle Bemühungen dazu hat der Völkerbund entschieden zurückgewiesen. Die Diskussionen und Auseinandersetzungen kann er jedoch nicht unterbinden. Sie sind zunächst gekennzeichnet dadurch, dass der Versuch über Parolen läuft; über Paneuropa wird die Frage des »Anschlusses« auch aufgegriffen und RCK ist gezwungen, gegen diese Ansätze Einspruch zu erheben.[96] Insbesondere Carl von Ossietzky, der sich schon in der Vorkriegszeit mit der Forderung des Friedensnobelpreisträgers Frieds auseinandergesetzt hat, bemüht sich jetzt, die immer schwächer werdenden demokratischen Äußerungen zu stärken und das Abgleiten der Diskussion ins nationale Lager zu verhindern. Seine Warnungen erscheinen ab 1926 konstant in der »Weltbühne«.[97] Er ist fest mit dem Europagedanken und mit den nationalen Interessen verbunden – den Missbrauch bekämpfend.

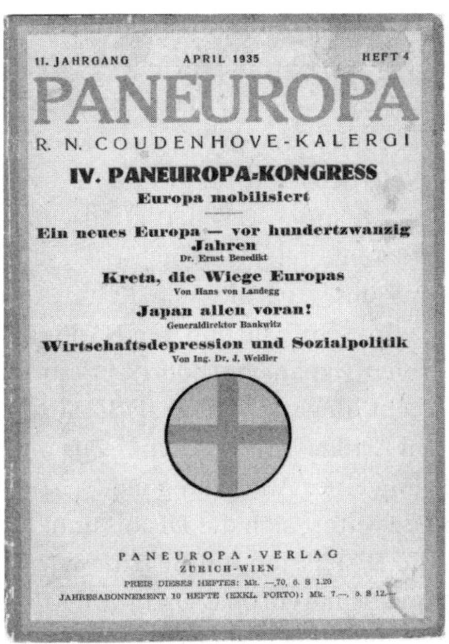

11. JAHRGANG APRIL 1935 HEFT 4

PANEUROPA

R. N. COUDENHOVE-KALERGI

IV. PANEUROPA-KONGRESS

Europa mobilisiert

Ein neues Europa — vor hundertzwanzig Jahren

Dr. Ernst Benedikt

Kreta, die Wiege Europas

Von Hans von Landegg

Japan allen voran!

Generaldirektor Bankwitz

Wirtschaftsdepression und Sozialpolitik

Von Ing. Dr. J. Weldler

PANEUROPA-VERLAG

ZÜRICH-WIEN

PREIS DIESES HEFTES: Mk. —,70, ö. S 1.20

JAHRESABONNEMENT 10 HEFTE (EXKL. PORTO): Mk. 7.—, ö. S 12.—

Titel der »Paneuropa«-Ausgabe zum Vierten Paneuropa-Kongress 1935. Paneuropa ist in Deutschland bereits verboten, trotzdem kommen rund 350 Delegierte aus 11 Staaten.

Wie immer die Diskussion auch läuft, RCK lehnt jegliche Form der Veränderung ab. Für ihn sind die nach dem Ersten Weltkrieg gefassten Beschlüsse bindend und auch für Paneuropa unantastbar. Damit signalisiert er, dass Paneuropa über allen anderen europäischen Ideen steht und lehnt jede nur angedachte Form als eine Form des wankelmütigen Trittbrettfahrens ab. Er erhebt für sich den Anspruch der Führungsrolle in seinem Paneuropa-Konzept und dessen Entwicklungsrichtung, und gesteht niemandem das Recht zu, ihn auch nur einen einzigen Schritt davon abzubringen. Dies wiederum bringt ihm eine Unzahl von Schmähungen und Diffamierungen ein. Wortspiele, die ihn als Volksdiktator, Prophet, Naivling in Problemlösungsfragen bezeichnen, prallen an ihm ab. Dafür fordert er natürlich Kritik heraus, er muss sich dieser zeitweise auch stellen oder ignoriert sie einfach.

An RCK und seine Paneuropa-Idee gerichtete Vorwürfe:

- RCK besitze kein Nationalgefühl;
- RCKs Familiengeschichte erlaube es ihm, sich der nationalen Gefühle zu entsagen;
- Er gehöre keiner Nation an;

Frontispiz des Buches »Held oder Heiliger« mit Widmung an den Wiener Bürgermeister Richard Schmitz zum Europatag 1934.

- Er vernachlässige die nationale Frage;
- Er leugne die »Blutgemeinschaft«;
- Er leugne die Nation;
- Er agiere liberal, demokratisch, abgewirtschaftet;
- Die »Rassenmischung« ist ein Hauptangriffspunkt der Rechten;
- Die Beschimpfung als Allerwelts-Pazifist, Internationalist, Bastard und »Rassenmäßiger Zwitter« sind Angriffspunkte von Seiten der Rechten;
- RCK sei ein »asiatisch-europäischer Halbmongole, verheiratet mit einer Jüdin«;
- RCK fehlten nur noch Blutmischungen von »Rothäuten« und »Negern«;
- Seine Idee sei »rein sozialistisch«;
- Sein Endziel der Entwicklung sei der freie Handel und das Weltbürgertum mit Bezug zum marxistischen Sozialismus;
- Er wolle ein gesamteuropäisches, staatenloses Gebilde aufbauen;
- RCK sei nicht religiös bzw. gegen das Christentum der katholischen Kirche;

- RCK erscheine die Religion als überwunden und in Agonie befindlich;
- RCK sei ein internationaler »G'schaftlhuber«;
- Das, was er schreibe, könne auch ein Freimaurer schreiben;
- Seine Werke seien oft widersprüchlich und glichen einer dialektischen Uminterpretation, seien durch neue Wortschöpfungen gekennzeichnet.

Diese Zusammenstellung beleuchtet deutlich die Härte der Auseinandersetzung, sowohl die offene als auch die versteckte Aggression gegenüber RCK. Nur Denker und aktive Persönlichkeiten, die ob dieser oft wüsten Angriffe auf RCK aufgerüttelt sind, haben die Stärke und den Mut, sich zu RCKs Ringen um ein neues Europa positiv zu äußern. Vertreter etwa sind Arthur Schnitzler, Otto Neurath, Erich Karl von Wasa, Karl Löwe, Robert Bosch, Gerhart Hauptmann, Selma Lagerlöf, sowie der Friedensnobelpreisträger und aktive Förderer RCKs, Nicolas Murray Butler.[98]

RCKs breit angelegte Organisation erregt aber auch bei seinen Freunden und Anhängern Kritik. Zumal aus jeder Ländergruppe unterschiedliche Sichtweisen über den Aufbau, die Mitgestaltung, die »innere und äußere Lebensweise« der Paneuropafragen und andere Diskussionspunkte kommen. Die Folge ist, dass RCK gezwungen ist, unermüdlich immer neue, groß angelegte Schritte zu setzen und dazu ständig auf der Suche nach neuen Gruppen für Paneuropa ist.

Ein Kritikpunkt, der immer wieder auftaucht, ist die Jugendfrage. RCK hat in der Paneuropa-Bewegung nie eine Massenbewegung gesehen und angestrebt, in den Landesgruppen tendiert er aber zunehmend dazu, Jugendbewegungen aufzubauen. So zählt in Österreich in der Zwischenkriegszeit der junge Bruno Kreisky dazu, der später eine der führenden Persönlichkeiten im Goldenen Zeitalter werden wird. Auch ist er es, der nach 1966 und vor allem in den 70er Jahren doch in eine Reihe von Paneuropa-Aktivitäten eingebunden wird. In Deutschland ist es zum Beispiel etwa Konrad Adenauer und zur dortigen Paneuropa-Jugend gehört auch der spätere deutsche Bundeskanzler Helmut Kohl.

Hitlers Angst vor Paneuropa

Antieuropäische Strömungen, nationale Polemiken

Bereits mit dem ersten Wiener Paneuropakongress 1926 setzt eine mehrsprachige, oft heftig geführte Diskussion über Stellenwert und Bedeutung, Strahlkraft, Aussagen und Organisation der Paneuropa-Bewegung in mehreren Ländern durch die Presse ein. An dieser Diskussion beteiligt sich auch in sehr polemischer Weise der aufkommende Nationalsozialismus.

Träger und Vertreter der »Abendlands-Idee« – auch als »christliches Abendland« bezeichnet – bauen auf die historisch gewachsene Tradition des römisch-karolingischen Heiligen Römischen Reichs deutscher Nation auf. Sie stehen dem westlichen Reformativen ablehnend gegenüber. Das heißt, gerade die konservativ-nationale Ausrichtung bildet eine Art Gegenpol zur RCKs international-republikanischer Haltung, zu einer europäischen Kulturgemeinschaft.

In der Zeit nach dem Ersten Weltkrieg spielt die Zeitschrift »Abendland – Deutsche Monatshefte für europäische Kultur, Politik und Wirtschaft« für eine Neuorientierung im Sinne des jung-katholischen Geistes auf der Grundlage der katholischen Weltanschauung und Geschichte in diesem Zusammenhang eine wichtige Rolle.[99] Obwohl Österreichs Bundeskanzler Ignaz Seipel gleichzeitig Ehrenpräsident des österreichischen Paneuropa-Komitees ist, beginnt bereits ab Oktober 1925 eine starke Kritik an der Paneuropa-Bewegung. Trotz all dem ist es offensichtlich, dass die Paneuropa-Bewegung als ein Faktor einberechnet werden muss, und die Angriffe auf RCK sowie seine paneuropäisch-strategische Aufbauarbeit gehen zwar weiter, hindern ihn aber nicht an der Fortsetzung seiner Arbeit. Das »Abendland« ist RCK zufolge keine umfassende oder zukunftsorientierte Idee, zumal eine fundierte historisch-kulturelle Auseinandersetzung, die den Weg zu einer Gemeinschaft der Völker geht, in dieser Denkweise nicht stattfindet.

Mit der Herausgabe der »Europäischen Revue« ab 1925 bringt sich Karl Anton Prinz Rohan in die Diskussion um Europa bzw. Paneuropa ein. Hier beginnt ein Prozess der massiven Auseinandersetzung zwischen den sich feindlich gegenüberstehenden Persönlichkeiten Rohan und RCK. Rohan entwickelt mit seiner Revue praktisch eine Parallelpublikation. Er stammt aus dem Adelsgeschlecht der Rohans in Albrechtsberg bei Loosdorf in Niederösterreich. Er gründet auch den »Wiener Kulturbund«, der sich 1925 auf Europa auszudehnen beginnt und in »Europäischer Kulturbund« umbenannt wird.

»Abendland«-Ideologie – Karl Anton Prinz Rohan	**»Paneuropa« – RCK**
Hochhaltung der »Idee Europas«	Gegen das »Anschwärzen« von Programmen
»Kulturbund« ist eine unpolitische Organisation	»Paneuropa« ist politisch-programmatisch tätig
Abendland steht qualitativ über Paneuropa	Paneuropa steht vor der Abendlandidee
Endziel »Großeuropa«	»Kleineuropäisches« Programm
Konservative Sehnsucht nach einer Elite der Geister	RCK gegen »Rettung des Abendlands«
Ablehnung von föderativen Vorstellungen	Europa als Föderation
Fortschritt ohne Technik	Technikentwicklung und Fortschrittsstrategie sind verknüpft
Verständigung ohne Politik und Rationalismus	Vermarktung der Verständigungsinitiativen
Aktionismus ohne Zielrichtung	Politiker als Mitträger der Paneuropa-Bewegung
Gemeinsamkeiten: Zielbegriff »Europa«, gegen Bolschewismus[100]	

Rohan stellt sein konservativ-elitäres Konzept dem Modell RCKs als klare Abgrenzung mit Alleinanspruch entgegen. Kurz zusammengefasst will er mit diesem Modell des Christentums, das im Nationalen verwirklicht sein soll, sein Ideenfeld umsetzen. Gleichzeitig sieht er für die Zukunft die Schaffung eines Kommunikationszentrums Europa, geführt von der »kulturellen Elite« Europas. Politisch und persönlich brisant wird die Fehde, als manche Autoren sowohl in »Paneuropa« als auch in der »Europäischen Revue« veröffentlichen: als etwa Bundeskanzler Seipel, immerhin Ehrenpräsident der Paneuropa-Union, sich auch für die Abendlandideologie Rohans einbringt.

Mit seinem aufgebauten Netzwerk aus konservativen und intellektuellen Publizisten, Wissenschaftlern und Kulturträgern gewinnt Rohan zunehmend Einfluss auf die Europafrage und wird fortan der erbittertste Gegner RCKs.

Mit der Etablierung sowohl der Paneuropa-Bewegung als auch des »Kulturbunds« versucht die österreichische Regierung Wien als transnationales

Zentrum der europäischen Verständigungsbemühungen zu etablieren und eine Balance zwischen linken und rechten Proponenten herzustellen.

Ein zweiter wichtiger Punkt der Auseinandersetzung und Polemik kristallisiert sich in der Frage des Nationalsozialismus heraus. RCK unterschätzt lange Zeit die ständig gegen ihn vorgebrachten Angriffe seitens der Nationalsozialisten. Dazu kommt der bereits erwähnte anti-freimaurerische und antisemitische Kreis um den Professor Friedrich Wichtl, der kurz nach Gründung der Republik Österreich eine kleine, sehr aktive Gruppe von »Früh-Nationalsozialisten« um sich schart. Sie treten bereits während der ersten Wahlen in Erscheinung. Dazu kommt noch, dass sie Kontakte zur Deutschnationalen Partei – die drittstärkste Fraktion um den ehemaligen Linzer Bürgermeister Franz Dinghofer – pflegten und versuchten, deren Politik zu beeinflussen.

Der nationalsozialistische Druck auf Paneuropa wächst

Wesentlich härter verläuft die Auseinandersetzung – sowohl offen als auch verdeckt – mit den Nationalsozialisten. Ihre Aufwärtsentwicklung und negative Haltung wird von RCK (wie erwähnt) zunächst unterschätzt. Im Gegensatz dazu verschärft sich seine Ablehnung gegenüber Sowjetrussland. Hierbei konzentriert sich seine Haltung darauf, dass Russland für Europa eine Gefahr darstellt.

1926 wird in Österreich eine »Führerkonferenz« der NSDAP abgehalten, in der verschiedene Strömungen zusammengefasst und der deutschen Führung als eigener Gau (»Ostmark«) unterstellt werden. Am 4. Mai 1926 wird Richard Suchenwirth Parteichef der österreichischen NSDAP, die sich auch »Hitlerbewegung« nennt.

Auch geht aus einem Dokument hervor, dass in der zweiten Hälfte der 1920er Jahre die Taktik des Totschweigens der Paneuropa-Bewegung nicht so recht greift und Hitler 1928 ein Schreiben verfasst, von dem RCK allerdings erst während des Zweiten Weltkriegs in den USA erfährt. Trotzdem soll es hier erwähnt werden, da es als Zeugnis der Zeit bereits Hitlers Angst vor Paneuropa dokumentiert.[101] Aus dieser Publikation geht eindeutig hervor, dass Hitler die Paneuropa-Idee als gefährliche Konkurrenz für den Nationalsozialismus gesehen hat.

Kernpunkte von Hitlers Aussage zu Paneuropa 1928

Mutmaßlich trägt sich Hitler zwischen 1924 und 1926 mit der Absicht, ein zweites Buch gleichsam als Ergänzung zu »Mein Kampf« zu verfassen, das sich vor allem mit der deutschen Außenpolitik beschäftigen soll. Das Buch selbst entsteht 1928.[102] Letztlich fällt die Entscheidung, dass dieses Manuskript, das heute im Original in den USA liegt, zunächst unveröffentlicht bleibt. Aus zwei Gründen ist es erst nach Ende des Zweiten Weltkriegs entdeckt und erkannt worden und schließlich, von Gerhard L. Weinberg aufbereitet, als wichtige Quelle zu Hitlers Ansichten über »außenpolitische Fragen« 1961 veröffentlicht worden.

Der erste und entscheidende Grund für die Nichtveröffentlichung dieses Manuskripts ist, dass sich der NSDAP-Parteiverlag 1928 in finanzieller Bedrängnis befindet, zumal der Verkauf von »Mein Kampf« rückläufig ist. Außerdem fürchtet man, dass mit einem zweiten Hitler Buch eine innere Konkurrenz entsteht, was gerade bei einer schnell wachsenden Partei als nicht günstig erscheint. Später fehlt Hitler dann die Zeit, sich weiter mit dieser Publikation zu beschäftigen. So liegt ein Dokument vor, das abgelegt erscheint und dessen Schwerpunkt in der Außenpolitik liegt. In Hitlers von Weinberg mit »Dokument« betiteltem Text tauchen interessanterweise die Paneuropa-Frage und RCK direkt als Ansatzpunkte auf, und zwar dort, wo es um die Vergleiche von Schwäche und Stärke, um den »Volkscharakter« und die »Judenfrage« geht.

So äußert sich Hitler zu Paneuropa wie folgt: »Die Paneuropäische Bewegung scheint wirklich für diese [die Verhinderung der amerikanischen »Welthegemonie«, Anm.] wenigstens im ersten Augenblick manches Bestechende für sich zu haben. Ja, wenn man die Weltgeschichte nach wirtschaftlichen Gesichtspunkten beurteilen könnte, möchte das vielleicht sogar zutreffen. Für den Geschichtsmechaniker und damit mechanischen Politiker sind zwei immer mehr als eins. Im Völkerleben erscheinen aber nicht die Zahlen, sondern die Werte. Im Gegensatz zu den USA fehlen die Werte, die einen gesamten Wert wie in den USA gebildet haben. Im Gegensatz hierzu besteht von Seiten Russlands kaum Gefahr für einen Weltkrieg.«[103]

Die Aussage Hitlers zur Paneuropa-Bewegung fällt genau in eine Zeit, in der die deutsche Paneuropa-Sektion zum größten Förderer und Unterstützer für Paneuropa mit ihrem Freund Gustav Stresemann, dem Friedensnobelpreisträger, wird. Damit ist klar, dass die immer wieder gemachten Aussagen von RCKs Gegnern, Paneuropa sei nur ein propagandistisches Unternehmen, nicht der Wahrheit entsprechen. 1928 also weiß RCK nichts von diesem Dokument. So sind auch seine Aussagen in Bezug auf die NSDAP zunächst zurückhaltend. Denn wenn RCK von Hitlers Aussage zu Paneuropa bereits 1928 erfahren hätte, wäre sie ihm ein deutlicher Hinweis gewesen, was auf ihn und Europa in naher Zukunft zukommen würde.

In dieser kritischen Situation beginnt RCK mit der Realisierung des Aktionsplans einer Zusammenarbeit mit Bundeskanzler Dollfuß. Dabei stützt er sich auf das Dreigestirn Engelbert Dollfuß – Louis Barthou – König Alexander I. von Jugoslawien. Mit der Hilfe und dem Einfluss dreier Staatsmänner schafft es RCK, dass die Paneuropa-Bewegung trotz des Wegfalls der deutschen Förderer nach der Machtergreifung der Nationalsozialisten 1933 weiterwirken kann. Und so stehen Dollfuß und er plötzlich vor der Situation, aus eigener Kraft Stärke demonstrieren zu müssen. Dazu steht noch nach den Ereignissen in Wien im Februar 1934 und der damit verbundenen Ausschaltung demokratischer Ordnungssysteme für RCK eine entsprechend institutionalisierte, weitergeführte Tätigkeit fest. Um einen entsprechenden Schritt zu setzen zur Festigung, organisiert er für den 17. Mai 1934 eine Tagung im großen Sitzungssaal des Parlaments. Den Einstieg zu dieser Veranstaltung bildet Ida Rolands Lesung der Rede Victor Hugos zur Eröffnung des Pazifisten-Kongresses. Diese Rede ist historisch gesehen eine der bedeutendsten Reden des Pazifismus.

Victor Hugos Eröffnungsrede zum Pariser Friedenskongress 1849 (Auszug)

»Der Tag wird kommen, an dem die Waffen auch von Euren Händen fallen werden! Der Tag wird kommen, an dem der Krieg zwischen Paris und London, zwischen Petersburg und Berlin, zwischen Wien und Turin so absurd scheinen und unmöglich sein wird, wie er heute zwischen Rouen und Amiens, zwischen Boston und Philadelphia unmöglich sein und absurd scheinen würde.
Der Tag wird kommen, an dem Ihr Frankreich, Ihr Russland, Ihr Italien, Ihr England, Ihr Deutschland, Ihr alle Nationen des Kontinents – ohne Eure unterschiedlichen Eigenschaften und Eure glorreiche Eigenheit zu verlieren –, Ihr Euch in einer höheren Einheit eng verschmelzen werdet und dabei die europäische Brüderlichkeit bilden, genauso wie die Normandie, die Bretagne, der Burgund, Lothringen, das Elsass, alle unsere Landesteile sich in Frankreich verschmolzen haben.

Der Tag wird kommen, an dem es keine weiteren Schlachtfelder mehr geben wird als den sich dem Handel öffnenden Markt und den sich den Ideen öffnenden Verstand. Der Tag wird kommen, an dem Kanonenkugeln und Bomben durch Abstimmungen, durch das allgemeine Wahlrecht, durch die ehrwürdige Schiedsgerichtsbarkeit eines großen souveränen Senats ersetzt werden, der für Europa das sein wird, was das Parlament für England, was der Bundestag für Deutschland und das legislative Parlament für Frankreich ist!
Der Tag wird kommen, an dem man die Kanonen in den Museen zeigen wird, wie man dort heute ein Folterinstrument zeigt, sich wundernd, dass es so etwas jemals gegeben haben mag. (...)
Und auf diesen Tag wird man nicht vierhundert Jahre warten müssen, denn wir leben in einer schnellen Zeit, wir leben im reißendsten Strom von Ereignissen und Ideen, der je Völker mitgerissen hat, und heute bewirkt ein Jahr manchmal so viel wie ein ganzes Jahrhundert.
Und wir, Franzosen, Engländer, Belgier, Deutsche, Russen, Slawen, Europäer, Amerikaner, was müssen wir tun, um so schnell wie möglich an diesen Tag zu gelangen? Uns lieben.«

Bereits um die Jahreswende 1929/30 zeigt die Ausweitung der Paneuropa-Bewegung zum ersten Mal eine Stagnation, die sich dann ab 1933/34 in Österreich fortsetzt. Auch außerhalb Österreichs gibt es zunehmend Einbrüche bei den Anhängern der Paneuropa-Bewegung.

RCK setzt in der Folgezeit verstärkt auf eine Neuorientierung. Mit dem Wegfall von Deutschland erfolgt ein Umdenken, da damit die im Mittelpunkt stehende Verbindungslinie Deutschland/Frankreich einhergeht. Er richtet sich in der Folge auf die Verbindungslinie Frankreich/England aus.

Sein politisch-strategisches Konzept beginnt mit der Übersetzung seiner Bücher und seiner Zeitschrift ins Englische und Französische. Dann folgt aufgrund der »Wacht am Brenner«, und um seine Sorge Österreichs gegenüber Deutschlands zu demonstrieren sowie mit RCKs wachsender Nähe zu Mussolini eine neue kurze Phase. Sein Ausdruck dazu lautet: »Paneuropa kann auf dem längeren Weg zum Frieden kommen oder auf dem kürzeren Weg des Krieges.« Dies ist bis heute ein geflügeltes Wort, auch wenn es gelegentlich abgeändert wird.

Drei Eckpunkte sind es, die die Erwartungshaltung RCKs kennzeichnen: Erstens will er Mussolini, der gut informiert ist über die Paneuropa-Bewegung, als Schutzschild und Bollwerk gegenüber Deutschland fest an Paneuropa binden. Zweitens aus der eigenen Sorge um Paneuropa, wobei er erkennt, dass es unbedingt notwendig ist, sich von außen gegen die braune Gefahr abzusichern. Und drittens, dass er sich auf Mussolini verlassen kann, den er immer wieder aufsucht und dessen »Wacht am Brenner« gegenüber den Nationalsozialisten er dokumentiert. Für kurze Zeit ist für RCK Mussolini eine Art Gesinnungspatron. Er glaubt zunächst, in dieser Situation Sicherheit zu haben. Letztlich ist aber eine Art Sinnes- und Aktionswandel von Mussolini entscheidend. Mussolini entscheidet sich dafür, sich den politischen Gegebenheiten anzupassen, um seine Politik offen halten zu können. Und er sieht den Weg, mit den Nationalsozialisten zu sympathisieren und auch zu kollaborieren als die Zukunft. Der offensichtliche Grund ist, dass Mussolini sich in einer unglücklichen außenpolitischen Situation befindet und – um sich abzusichern – einen zweiten Schwachpunkt in Europa ausschalten muss. Dadurch fällt Mussolini für RCK aus.

Überdies sind die Ermordung von Dollfuß während des Juli-Putsches am 25. Juli in Wien und von Louis Barthou und König Alexander am 9. Oktober 1934 in Marseille dramatische Rückschläge für RCK und Paneuropa.

Weil sich nun der Bewegungsraum für die Paneuropa-Bewegung stark verengt und er nur sehr wenige finanzielle Mittel hat, verschiebt er seine Aktivitäten auf Kongresse und versucht, auf diese Weise wieder Fuß zu fassen. Es geht ihm zunächst um das Aufgreifen der ökonomischen Fragestellungen, weiters um Bildungsfragen und um den Ausgleich zwischen verschiedenen Interessengruppen.

Sein Ziel dabei ist es, die Konferenzteilnehmer bei diesen Treffen als künftige Multiplikatoren zu gewinnen. Sie sollen nach der Rückkehr in ihre Heimatländer dort gleichsam als Stellvertreter für die Paneuropa-Bewegung dienen und als Organisatoren wirksam werden. Weiter will er damit untermauern, dass Paneuropa, wenn auch eingeschränkt, immer noch existiert und nicht einfach sanft entschlummert ist.

Paneuropäisches Wirtschaftsmanifest und Wirtschaftsfragen

Die Dritte Paneuropa-Wirtschaftstagung vom 22.–24. November 1934 in Wien steht noch ganz unter dem Eindruck um die Ermordung von Dollfuß, König Alexander von Jugoslawien und Louis Barthou. RCK sieht als unmittelbare Aufgabe der Paneuropa-Bewegung, einen »Anschluss« Österreichs an Deutschland – wenn irgend möglich – zu verhindern. Bei der Konferenz sind Personen aus zahlreichen europäischen Staaten vertreten. Trotz wirtschaftlicher Schwierigkeiten können auch Teilnehmer aus Deutschland anwesend sein. Ein zentraler Diskussionspunkt ist die Schwäche der allgemeinen Wirtschaft und die Entwicklung neuer Wirtschaftsformen für eine künftige Kriegsvorbereitung. Alle Zeichen deuten auf eine Verschiebung der allgemeinen Industrieentwicklung in Richtung einer Verstärkung der Rüstungsindustrie. Da das Teilnehmerfeld dieser Konferenz aus grundverschiedenen und mit unterschiedlichsten Motiven angereisten Personen besteht, die ihre Vorstellungen einbringen, wird versucht, diese Unterlagen in ein gemeinsames Paket einzubinden und diese Ergebnisse dann als eine Großbeilage zu »Paneuropa« im November/Dezember 1934 zu veröffentlichen. Diese Kurzfassung der Ergebnisse mit dem Titel »Am Kriege vorbei« ist ein wichtiges Manifest, das mehrsprachig ausgesendet wird. Mit dieser Methode wird von RCK gleichzeitig der Versuch unternommen, zu dokumentieren, dass derartige Tagungsbeschlüsse trotz der Verbote auch nach Deutschland eingeschleust werden können.

Paneuropäisches Wirtschaftsmanifest

(Beschlossen von der Paneuropa-Wirtschaftstagung am 24. November 1934)

»Zwanzig Jahre gegenseitiger Vernichtung haben die Wirtschaft Europas zerrüttet: Massenelend ist die Folge und Arbeitslosigkeit; Völkerhass und Klassenhass, Kriegsgefahr und Revolutionsgefahr, Krise der Landwirtschaft und der Industrie; Zunahme der Selbstmorde und der Verbrechen.
Das europäische Schiff sinkt: in dieser allgemeinen Panik zertreten die Nachbarstaaten einander, statt gemeinsam ganz Europa vor dem Schiffbruch zu retten, so steigen die Zölle, fallen die Währungen: und von Monat zu Monat sinken neue Millionen europäischer Frauen, Männer und Kinder in die Verzweiflung.
Es ist höchste Zeit, dieser europäischen Schande geschlossen entgegenzutreten, alle Kräfte zu mobilisieren, um diesem Verhängnis zu begegnen; das Währungschaos zu bannen, die Handelsschranken abzubauen; einen europäischen Markt auszubauen; den Arbeitslosen Arbeit zu schaffen, den Hungernden Brot, allen Europäern eine gesicherte Existenz.
Alle bisherigen Versuche, die europäische Krise zu überwinden, sind gescheitert. Der Weltfreihandel ist zusammengebrochen, der Autarkiegedanke hat die Krise verschärft. So bleibt als einzige Lösung die europäische: die Schaffung eines wirtschaftlichen Großraumes Europa mit 320 Millionen Konsumenten zum Schutz der

europäischen Bauern und Arbeiter vor den billigeren Produkten außereuropäischer Landwirtschaft und Industrie.
Nur durch diesen entscheidenden Schritt kann Europa seine wirtschaftliche Zukunft sichern und seine Ebenbürtigkeit gegenüber den vier anderen Großräumen der Welt: dem amerikanischen und dem ostasiatischen, dem britischen und dem russischen.
Darum fordern wir eine wirtschaftliche Monroe-Doktrin für Europa:
Ein Europa der europäischen Arbeit!«

Für RCK wird es trotz der Tagungskultur zunehmend enger, zumal Hitlers Strategie eine straff organisierte Massenbewegung zum Ziel hat und sich ausgerichtet hat. Und mit seiner starken Präsenz bei der Jugend ist er mit den Gegnern der Versailler Verträge verkoppelt. Ein Nebenziel dieser Tagung ist es, politische Positionen herauszuarbeiten und zu versuchen, offene Stellen zumindest in der Diskussion zu besetzen, insbesondere in Bezug auf die Inkongruenz der nationalsozialistischen Ideologie mit der Wirtschaft. RCK stellt in diesem Zusammenhang eine bipolare Position fest. Und zwar eine Position Hitler-Stalin gegenüber den gänzlich unterschiedlichen Bedingungen, die RCK in seiner Publikation »Totaler Mensch – Totaler Staat«[104] herausarbeitet. Er will aber auch weiterhin die Bereitschaft zum Widerstand gegen die Ungleichheit wecken, die durch diese neue Linie Hitler-Mussolini entstanden ist, und so einen Gegenpol schaffen.

Für RCK steht Europa vor der drohenden Gefahr eines Zweiten Weltkriegs. Er glaubt jedoch, dass trotz aller Zwiste und Differenzen eine Lösung für die Probleme zwischen Deutschland und Frankreich und der Weg zu einer friedlichen Zusammenarbeit gefunden werden kann. Auch wenn er bereits auf dem Basler Kongress 1932 und dann unmittelbar nach der Machtübernahme Hitlers 1933 dessen außenpolitische Strategie nicht richtig erkennt, zeigt er sich gar nicht überrascht, dass Hitler 1935 die allgemeine Wehrpflicht einführt. Immer noch spricht er davon, dass sich im Falle, dass der Krieg von Deutschland angedacht ist, ein antinationalistischer europäischer Block herausbilden wird, und dass Hitler letztlich den Gewaltschritt Krieg nicht wagen wird.

Konzentration auf die ökonomische Fragestellung und die Bildung

Obwohl der Bewegungsraum für ihn immer enger wird und er teilweise schon in Isolation steht, gelingt es ihm, in der Zeit vom 16. bis 19. Mai 1935 im »Bundesgesetzgebungshaus« – vormals Parlament – den Vierten Paneuropa-Kongress plangemäß durchzuführen. Der Kongress steht ganz im Zeichen der Aufbereitung der kurz zuvor gegründeten Paneuropäischen Wirtschaftszentrale. Das Ziel ist es, die engere Zusammenarbeit sowie die wechselseitige Anpassung der industriellen Erzeugnisse der europäischen Länder zu erreichen. Elf Kommissionen werden schrittweise Ergebnisse für die Zukunft vorlegen. Die Bandbreite der Vorschläge erstreckt sich von der möglichen Zusammenarbeit und gegenseitiger Stützung bis zur Frage der »europäischen Arbeitslosigkeit« und deren Bekämpfung. Dieser deutliche Hinweis auf die Arbeitslosenfrage als politisches Thema wird von RCK aufgegriffen, sie ist für ihn praktisch paneuropäisches Neuland. Ein weiterer wichtiger Punkt der Tagung ist die Frage der Kolonial- und Bevölkerungsgruppierungen sowie die Siedlungspolitik. Abgeschlossen wird der Kongress durch eine Großkundgebung mit dem Titel »Der europäische Geist« durch eine Festrede des österreichischen Bundeskanzlers Schuschnigg.[105]

Anders als in dieser Konferenz geht es in der Enquete – der ersten »Paneuropa-Schulkonferenz« in Wien im November 1937 – offiziell um Fragen der Geografie und der Geschichte für den Schulunterricht. Im Vorfeld der Konferenz wurde ein Fragebogen ausgesendet, der von 216 Persönlichkeiten ausgeführte Teil wird namentlich gekennzeichnet und bildet durch Zusammenfassung der Ergebnisse dann die Stellungnahmen. Das Besondere an dieser Tagung ist, dass trotz der großen politischen Krise in Europa Vertreter aus Belgien, Dänemark, Schweden, Estland, Litauen, Bulgarien, Italien, Ungarn, Frankreich, Finnland, Polen, Luxemburg, der Tschechoslowakei, Österreich und der Schweiz, Niederlande, Serbien, Liechtenstein, aber auch aus Deutschland kommen. Das Tagungsergebnis bleibt weitgehend bei Lippenbekenntnissen stehen und das Thema weiterführender Aktivitäten wird praktisch fallengelassen.

Der starke Andrang und die Beteiligung höchster Regierungsvertreter vor allem aus Österreich können nicht darüber hinwegtäuschen, dass die Konferenz aufgrund der Zersplitterung der Einzelinteressen nicht das bewirken kann, was RCK gern als eine Art Konkretisierung und strategisch weiterführende Aktivitäten im Sinne der Stützung von Paneuropa realisiert hätte.

»Ergebnisse der Konferenz

A. Empfehlungen an die Regierungen:
Die erste Paneuropa-Konferenz für europäischen Geographie- und Geschichtsunterricht, welche vom 25. Bis 27. November 1937 in Wien tagte, stellt fest:

- *daß Europa im Sinne der physischen Geographie zwar einen gemeinsamen Kontinent mit Asien bildet, durch seine Kultur und Zivilisation jedoch einen besonderen Erdteil darstellt, dessen Grenzen, die im Laufe der Geschichte geschwankt haben, im Osten durch die Grenzen der europäischen Kultur bestimmt werden;*
- *daß auf jeden Fall sowohl im geopolitischen wie auch im wirtschaftlichen und kulturellen Sinne die Sowjetunion heute eine Einheit darstellt und daß darum der Ural im Unterricht nicht mehr als Grenze des Erdteils Europa angesehen werden kann;*
- *daß die Einheit Europas nicht bloß auf kulturellen, sondern auch auf historischen und geographischen Tatsachen beruht.*

In diesem Sinne unterbreitet die Konferenz den europäischen Regierungen folgende Anregungen: (...)
In Anbetracht der Auswirkungen wirtschaftlicher Verhältnisse auf das Zusammenleben der Völker und der Bedeutung kultureller Beziehungen für ein besseres gegenseitiges Verständnis empfiehlt es sich, den Unterricht der europäischen Wirtschafts- und Kulturgeographie auszubauen.
Es empfiehlt sich, in den verschiedenen europäischen Staaten neben der nationalen Geschichte auch die Geschichte der gemeinsamen politischen, geistigen und sozialen Bewegungen zu lehren, welche die Entwicklungsphasen der europäischen Zivilisation bezeichnen und denen sie ihren einzigartigen Charakter verdankt. Jenseits von allen Gegensätzen soll sich dieses Studium mit den gemeinsamen Taten und Tatsachen befassen, die in der europäischen Solidarität wurzeln. (...)
Das Studium der europäischen Kultur darf nicht isoliert behandelt werden, sondern muß sich auch mit den Einflüssen auseinandersetzen, denen sie seitens anderer Kulturen ausgesetzt war, sowie mit den Wirkungen, die sie selbst auf andere Kulturen ausgeübt hat und die ihr eine Rolle ersten Ranges in der Kulturgeschichte der Menschheit sichern.
Angesichts der Bedeutung der Erhaltung der europäischen Kultur für die Entwicklung der Menschheit, wobei die Tatsache, daß unter den Ursachen kulturellen Niederganges sich sehr häufig territoriale und wirtschaftliche Uneinigkeit innerhalb eines gemeinsamen Kulturkreises nachweisen läßt, sollen den Schülern die Gefahren vor Augen geführt werden, denen jede Kultur ausgesetzt ist; so soll

PANEUROPA-UNION ÖSTERREICH

Ehrenpräsident: Bundeskanzler SCHUSCHNIGG
Präsident: R. N. COUDENHOVE-KALERGI

Die Paneuropa-Union fordert:

1. Den Europäischen **Staatenbund**, unter gegenseitiger Garantie der Gleichberechtigung, Sicherheit und Selbständigkeit aller Staaten Europas.
2. Ein Europäisches **Bundesgericht** zur Schlichtung sämtlicher Konflikte zwischen europäischen Staaten.
3. Ein Europäisches **Militärbündnis** mit gemeinsamer Luftflotte zur Sicherung des Friedens und gleichmäßiger Abrüstung.
4. Schrittweise Schaffung des Europäischen **Zollvereins.**
5. Gemeinsame Erschließung der Europäischen **Kolonien.**
6. Eine gemeinsame Europäische **Währung.**
7. Pflege der **nationalen** Kulturen aller europäischen Völker als Grundlage der europäischen Kultur-Gemeinschaft.
8. Sicherung aller nationalen und religiösen **Minderheiten** Europas gegen Entnationalisierung und Unterdrückung.
9. Zusammenarbeit Europas mit anderen Völkergruppen im Rahmen eines weltumspannenden **Völkerbundes.**

Anmeldungen und Auskünfte:

PANEUROPA-UNION, WIEN — Hofburg

Bundeskanzler Schuschnigg scheint auf der Liste der Forderungen Paneuropas 1936 als Ehrenpräsident von Paneuropa Österreich auf.

die Notwendigkeit eines europäischen Zusammenschlusses durch das Studium der Entwicklung und, gegebenenfalls, auch des Niederganges anderer großer Kulturen zur Darstellung gelangen. (...)
Die Lehrer sollen darauf hinweisen, daß die Achtung vor der menschlichen Persönlichkeit und deren Entfaltung die Grundlage der europäischen Kultur bildet und daß diese Einstellung vor allem aus der antiken Tradition hervorgegangen ist, und aus dem christlichen Gedankengut. (...)

B. Beschlüsse:
Die Konferenz ermächtigt den Präsidenten der Paneuropa-Union, Coudenhove-Kalergi:
1. Die Empfehlungen der Konferenz allen Unterrichtsministern und Unterrichtsverwaltungen Europas zu unterbreiten mit dem Ersuche, dieselben zu prüfen und deren praktische Durchführung in Angriff zu nehmen;
2. Das gesamte Konferenzmaterial dem Institut für geistige Zusammenarbeit zu übermitteln mit dem Ersuche, eine Konferenz der europäischen Unterrichtsminister und Unterrichtsverwaltungen einzuberufen, um im Sinne der Konferenzbeschlüsse eine dauernde Zusammenarbeit in den Fragen des europäischen Schulunterrichtes in die Wege zu leiten.«[106]

Das Zustandekommen dieser Tagung ist von der politischen Realität ziemlich weit entfernt und dokumentiert, dass sich RCK mutmaßlich stark in die Defensive gedrängt fühlt, aber immer noch nicht an Aufgabe denkt. RCK selbst ist so klug, auf keinen Fall mit den Tagungsergebnissen als seinen Aussagen aufzutreten. Er glaubt aber auch, dass die Tagungsergebnisse zum Teil missbraucht werden, zumal die Mobilität zwischen Österreich und Deutschland seit der Aufhebung der »Tausend-Mark-Sperre« im Juli 1936 wieder zunimmt.

Gleichzeitig benützt Hitler die Durchführung der Olympischen Sommerspiele 1936 in Berlin zu einer propagandistischen Präsentation Deutschlands und zur Zusammenfassung der Bevölkerung dieses Landes in ein neues Ordnungssystem, in eine nationalsozialistische Lebensformation.

Ein weiterer wichtiger Punkt in diesem Zusammenhang ist, dass sich zunehmend eine neue Achse Japan–Italien–Deutschland herauskristallisiert. Ebenso muss RCK erkennen, dass Hitler mit seinem Einstieg auf Seiten Francos im Spanischen Bürgerkrieg zwei weitere Vorteile für sich gewinnen kann. Erstens eine »Probephase« für sein Kriegsmaterial und zweitens eine Ausweitung des Militärdienstes in Deutschland. Der schwerste Schlag für RCK ist jedoch, dass er Mussolini verliert, in dem er einen Partner für Paneuropa gesehen hat. Als letzte Hoffnung bleiben nur noch Frankreich und England.

Als er sich im Frühjahr 1938 in England aufhält, erhält er die Nachricht, dass Schuschnigg im Februar 1938 zu einem Besuch bei Hitler in Berchtesgaden vorgeladen ist. Damit muss er erkennen, dass Schuschnigg in die Knie gegangen ist. Die seit 1933/34 von der politischen Mitgestaltung im demokratischen Sinne ausgeschlossene Arbeiterschaft erklärt offen, dass sie geschlossen dieses Plebiszit mit »Ja für Österreich« beantworten will. Dieses Plebiszit kann nicht mehr stattfinden. Die braune Welle rollt über Österreich. Noch am 11. März 1938 frühmorgens findet eine Pro-Österreich-Demonstration statt, die RCK, seit 8. März wieder zurück in Wien, freudig zur Kenntnis nimmt.[107]

Am 9. März gibt Schuschnigg bekannt, dass am 13. April eine Abstimmung für oder gegen den Anschluss an Deutschland stattfinden soll. Hitler, über die Vorgänge in Österreich informiert, gibt Befehl zum Einmarsch am 12. März. Am 13. wird das Gesetz zur »Wiedervereinigung Österreichs mit dem Deutschen Reich« proklamiert. Österreich ist Deutschland angeschlossen.

Nachdem in Deutschland bereits im Mai 1933 als inszenierte Propaganda-Aktion der Nationalsozialisten eine Bücherverbrennung von Werken unerwünschter Autoren veranstaltet wurde, findet am 30. April 1938 auch im »angeschlossenen« Österreich eine Bücherverbrennung auf dem Salzburger Residenzplatz statt. Der NS-Funktionär Karl Springenschmid organisiert nach dem »Anschluss« als Mitglied der Salzburger Landesregierung gemeinsam mit der Hitlerjugend das Zusammenraffen von über 1200 Publikationen aus Leihbüchereien, Buchhandlungen, privaten Haushalten und Schulen und agiert so im Sinne Hitlers. Dabei werden auch katholische, jüdische Schriften, Künstlerpublikationen, politische und ständestaatliche Literatur gesammelt und propagandistisch aufbereitet. Zu den verbrannten Werken gehören auch die Bücher von RCK.

Für RCK bedeutet die Bücherverbrennung, dass er nun offiziell von den deutschen Blättern abgeschnitten ist. Gleichzeitig muss er aber auch zur Kenntnis nehmen, dass die nationalsozialistische Presse Österreich zu überschwemmen beginnt und das politische Gefüge immer stärker unter nationalsozialistischen Einfluss kommt. Auch seine wirtschaftspolitischen Gespräche oder Tagungen, bei denen es offiziell um Wirtschaft oder Bildung geht, können diese Situation nicht verhindern. Gleichzeitig, und dies ist ein neues Problem für ihn, ziehen sich Kleinstaaten aus der Paneuropa-Bewegung zurück, um nicht als Provokateure aufzufallen. In dieser Situation reagiert RCK relativ rasch und es beginnt bei ihm eine Umorientierung Richtung Frankreich, England und Italien.

Das Leben im Exil

Wahlheimat Schweiz – die erste Etappe der Emigration

Noch am Nachmittag des 11. März bekommt das Ehepaar Coudenhove-Kalergi Besuch von Alwine Dollfuß, der Witwe von Engelbert Dollfuß, die ihnen von ihrem Rombesuch bei Mussolini berichtet. Zum Abschied gibt RCK ihr den Rat, Österreich so schnell wie möglich zu verlassen und sich in die Schweiz in Sicherheit zu bringen. Sie schätzen die Situation schon äußerst kritisch ein. Am Abend haben Ida und RCK Gäste. Während sie sich in seiner Wohnung unterhalten, wird RCK telefonisch informiert, dass Schuschnigg zurückgetreten und RCK selbst nicht mehr sicher ist. Der Hinweis auf den Einmarsch der deutschen Truppen muss RCK völlig überraschend getroffen haben, und er ist zu einer sofortigen Entscheidung gezwungen. Er muss Österreich schleunigst verlassen, zumal er seit Beginn der 30er Jahre den Antisemitismus und Rassenwahn des Dritten Reichs bekämpft hat. Dazu kommt, dass Ida Halbjüdin ist und er seit der Zeit der Bücherverbrennung für die Nationalsozialisten eine besonders gefährliche Person darstellt.

In dieser Notsituation zeigt sich, wie gut RCKs oft mühsam aufgebautes und stets gepflegtes Netzwerk funktioniert. Während des Zusammenraffens der wichtigsten Unterlagen für die Flucht setzt er sich mit der Schweizer Gesandtschaft und dem Gesandten Dr. Jäger in Verbindung. Letzterer schickt ihm den Gesandtschaftschauffeur, der es dann übernimmt, die Fahrt mit RCKs Wagen zu machen. Die kleine Odyssee beginnt am 11. März um circa elf Uhr abends. RCKs Haushälterin übernimmt es, das Ehepaar in Bratislava bei Bekannten anzumelden.

An der österreichisch-tschechoslowakischen Grenze ist vom Einmarsch des Militärs aus Deutschland noch nichts zu bemerken. Während der Erledigung der Zollformalitäten erfährt RCK, dass in einem anderen Auto ihr gestriger Gast Alwine Dollfuß sitzt, die noch kurz mit ihm sprechen möchte. Das Ergebnis dieses Kurzdialoges ist, dass Alwine und ihre zwei Kinder mit ihnen in die Tschechoslowakei reisen. Die Stadt ist praktisch die erste Anlaufstelle für die Flüchtlinge. Ohne Schlaf verbringen die beiden die ganze Nacht bei tschechischen Freunden in Gesellschaft von Alwine. Für RCK ist es ein großer Trost und ein wichtiger Sicherheitsfaktor, dass die Hilfskette von Bratislava beginnend greift.

Dort erhält er aus Sicherheitsgründen Begleitung auf der Weiterfahrt nach Budapest, die zweite Anlaufstation. Dieses Stück der Reise geht nur mit einem Auto weiter. Denn Alwine muss ihren Wagen hier zurücklassen. Auch wenn es wieder sehr eng ist, geht die Fahrt nach Budapest entlang der Reichsstraße weiter. Hier nimmt RCK mit der Italienischen Gesandtschaft Kontakt auf. Diese informiert sie, dass RCK und Familie (plus Frau Dollfuß mit zwei Kindern) ab jetzt in einem eigens zur Verfügung gestellten Wagen die Reise nach Italien fortsetzen können.

Von Budapest fahren sie am Südufer des Balaton entlang von Siófok über Nagykanizsa nach Ljubljana in Jugoslawien. Von dort geht der Weg weiter Richtung Triest, Bergamo, Como bis nach Chiasso an der Schweizer Grenze. Hier fällt RCK und Ida der Abschied von ihren Begleitern sehr schwer, die jetzt einen anderen Reiseweg weiterverfolgen.

Im »angeschlossenen« Österreich wird währenddessen das Büro von RCK in der Hofburg von Seyß-Inquart besetzt und alles in Beschlag genommen. Auch wird die Paneuropa-Bewegung von den Nationalsozialisten hier gleichsam ausgelöscht. Das Aktenmaterial und die Korrespondenz geht en bloc nach Deutschland und wird in ein Depot in Berlin gebracht. Die rund 20.000 Publikationen umfassende Bibliothek ist inkludiert und wird für den Verkauf in einem Lager untergebracht, dort sortiert, zerrissen und größtenteils vernichtet. Was RCK aber zu diesem Zeitpunkt nicht weiß ist, dass gleichzeitig das gesamte Archiv- und Büromaterial der Freimaurer in ein Archiv kommt.

Erst nach Kriegsende können RCK und Österreichs Großmeister Richard Schlesinger, die beiden kannten einander sehr gut, in Erfahrung bringen, dass ihre Unterlagen in einem Sammeltransport nach Moskau gebracht wurden und in einem Archiv gelandet sind, wo alles als Beutegut registriert für die Sowjetunion lagert. Beide – sowohl die Coudenhove-Kalergi / Paneuropa-Gesellschaft bzw. Stiftung als auch die Großloge von Österreich – sind derzeit bemüht, einen Weg zu finden, dass diese beiden europäischen/österreichischen Kulturgüter wieder nach Österreich zurückkommen.

Allerdings muss noch angemerkt werden, dass RCK mit seiner Haushälterin ein sehr gutes Verhältnis hat und ihr eine wichtige Aufgabe für besonders gefährdete Unterlagen aufgetragen hat, die noch in seiner Wohnung sind. Diese mutige Frau ist es, die mit Hilfe eines Mannes noch unmittelbar vor seiner Abfahrt aus Wien wichtige Unterlagen privater Art und für Paneuropa über einen internen Lastenlift rettet. Heikles Papier wird herausgeholt, verbrannt und vernichtet, sodass die Nationalsozialisten nicht an die Personenlisten der Paneuropa-Bewegung gelangen können.

Der zweite Schritt der Verfolgung RCKs, obwohl er persönlich nicht mehr im »angeschlossenen« Österreich ist, setzt sich dann noch 1939 durch eine persönliche Diskriminierung fort.

Neuorientierung und Europatag

Wie in Deutschland kommt es auch in Österreich zu Eingriffen in das Hochschulsystem, somit auch jetzt in Wien durch die Nationalsozialisten. Das betrifft nicht nur aktuelle Professoren, Studenten und deren Arbeit, sondern es beginnt die systematische Abarbeitung der Hochschulabsolventen seitens der Nationalsozialisten. Dabei werden anhand von Listen jene herausgefiltert, für die es entsprechende Konsequenzen geben soll.

Unmittelbar nach dem »Anschluss« wird diese Frage sofort aufgegriffen, aber in Bezug auf RCK überlegt Goebbels, gegen diesen über den »Völkischen Beobachter« vorzugehen. Schließlich überlegt er sich doch, dass RCK und die Paneuropa-Bewegung, die gerade die Beziehungen zu Frankreich und Großbritannien, aber auch zu Belgien und den Niederlanden besonders pflegen, gerade dort eine Verstärkung in Form eines Propagandaapparates erhalten würden. Daher beschließt er, stillzuhalten und eine »glücklichere« Form des Totschweigens zu wählen. »Die Deutschen Paneuropäer sollen glauben, die Bewegung hätte aufgehört zu existieren.«[108] In diese politische Linie fällt auch die Entscheidung, auf der Universität Wien eine Bereinigung von »Unliebsamen oder Schädlingen« durchzuführen. RCK, der sein Studium an der Universität Wien mit Auszeichnung abgeschlossen hat, ist mit seiner Paneuropa-Idee von allem Anfang an auf Widerstand und Gehässigkeit seitens der Nationalsozialisten gestoßen und mit der Zeit zunehmend zum Kernpunkt des Angriffs geworden. Jetzt nach dem »Anschluss« und mit Ausbruch des Zweiten Weltkriegs ist auch die Universität stark unter direkten Einfluss geraten und schon unter die Rechtsreichsleitung gestellt. Als Folge treten die entsprechenden Ordnungen in Kraft. Dies betrifft auch RCK: wann genau die Aberkennung seiner akademischen Titel erfolgt ist, wurde bisher nicht eindeutig geklärt, doch es muss sehr rasch durchgeführt worden sein.

Als die Coudenhoves in der Schweiz eintreffen, ist diese ein Flüchtlings-Durchgangslager. Nach wie vor kommen diese aus Deutschland, doch noch vor Ausbruch des Krieges auch aus Österreich und anderen Ländern.

Die Schweiz versteht sich grundsätzlich als Transitland und gewährt kaum einen Daueraufenthalt. Dies muss auch die Familie Coudenhove-Kalergi zur Kenntnis nehmen, zumal diese Frage immer wieder hochaktuell wird. Grundsätzlich gehören hierzu die für RCK ungewohnte Meldepflicht und der Nachweis eines festen Wohnsitzes oder der Unterkunft in einem Sammellager.

Für RCK bedeutet dies auch, obwohl er sich seinen Bewegungsradius anders vorgestellt hat, anfangs zum Stillhalten gezwungen zu sein. So widmet er anfangs seine Zeit in Gstaad dem Schreiben eines Buches: »Kommen die Vereinigten Staaten von Europa?« Damit zieht er endgültig die Schlussfolgerung einer gemeinsamen Trägerschaft eines neuen Europa durch alle. Er hegt aber gleichzeitig auch die Hoffnung, dass alle grundsätzlich so stark sein werden, dass der Druck des nationalsozialistischen Deutschlands früher oder später zu überwinden sein wird.

Daraus abgeleitet sieht er als einzigen Zukunftsweg Paneuropa. »Paneuropa kann auf dem längeren Weg des Friedens zustande kommen oder auf dem kurzen Weg des Krieges. Wir sind entschlossen, den Weg des Friedens zu gehen und den Weg des Krieges nur dann zu beschreiten, wenn er uns von den Feinden Paneuropas aufgezwungen wird.«[109] Seine Vorstellungen zur Neuordnung mit einem erstmaligen Ziel vor Augen zeigen sich nach seinem Treffen mit Winston Churchill rund einen Monat vor seiner Emigration, der sich die Zeit nimmt, sich über das Thema Paneuropa genau informieren zu lassen. Und nach seinem Vortrag im Juni 1938 am »Royal Institute for international Affairs« entwickelt RCK sich zu einer Art Pendler zwischen England, Frankreich und der Schweiz.

Zwischen Februar 1938 und August 1939 reist RCK ständig zwischen der Schweiz, London und Paris hin und her. Dort versucht er nach wie vor, die Kontakte zwischen diesen Ländern durch Gespräche zu vertiefen. Noch wird Hitlers Methode, Stück für Stück auf der Basis von Einzelverträgen mit dem Ziel der »Lebensraumerweiterung« das Territorium zu vergrößern, und dazu der Rüstungsausbau nicht klar durchschaut. Dazu kommt das Nicht-Erkennen der deutschen Flugzeugentwicklung, auch, dass deren Einsatz im Spanischen Bürgerkrieg quasi als Training für weitere Aktivitäten gedacht ist. In dieser Zeit ist das technische Zentrum für Paneuropa in Bern, obwohl Paris für ihn inzwischen zum wichtigen politischen Zentrum geworden ist. Von hier aus entwickelt er Aktivitäten auf zwei Ebenen. Erstens kommt es zu den ersten Kontaktaufnahmen mit und um Winston Churchill. Dabei bringt er sich bewusst sehr stark ein. Gleichzeitig setzt er sich etwas von Chamberlain ab. Seine Hoffnung erstreckt sich aber zunächst auf eine Art Dreibund zwischen Paris, London und Warschau. Er hält diesen Bund für die weitere Entwicklung Europas für sehr wichtig. Eine Ernüchterung erfolgt für ihn mit der Besetzung Prags durch deutsche Truppen, wo tränenüberströmte Bürger hilflos der kalten Gewalt des deutschen Militärs gegenüberstehen.

Damit ist RCK – offiziell tschechoslowakischer Bürger – staatenlos geworden. Dies gilt aber auch für Ida Roland. In dieser verzweifelten Situation zeigt sich wieder die starke Brücke zu Frankreich. RCK und Ida suchen in der Schweiz um französische Pässe und die französische Staatsbürgerschaft an.

Wichtige Regierungs- und Persönlichkeiten wie Édouard Daladier (Außenminister und Ministerpräsident) unterstützen dieses Ansuchen. Trotz der Unterstützung wird das Ansuchen nicht bewilligt. Ida hat noch einen österreichischen Pass, der allerdings bereits ungültig ist. Die zweite Schiene, die RCK verfolgt, um seinem Ansuchen mehr Bedeutung zu geben, ist die Wiederherausgabe der zwischenzeitlich ausgesetzten Zeitschrift »Paneuropa«. Jetzt aber erscheint sie in neuer Gestalt dreisprachig in Deutsch, Englisch und Französisch. Ein weiterer Faktor, der für ihn von Bedeutung ist: Er erhält hier in der Schweiz nicht nur deutsche und englische, Schweizer und französische Zeitschriften, sondern bekommt auch die Möglichkeit, Zeitschriften aus den USA zu lesen und dadurch wichtige Hilfestellungen von internationalen Informationsträgern zu bekommen.

Trotz allem zeigt sich am Europatag 1939 in Paris, wie stark die Verunsicherung und das dadurch gesteigerte Informationsinteresse sind, im vollbesetzten Théâtre Marigny an den Champs-Elysées. Bei dieser Tagung spricht Ernest Mercier über die Frage einer Europäischen Wirtschaftsunion. Dann setzt Alfred Duff Cooper mit seinem Beitrag zur politischen Lage Europas fort. Er durchschaut in seinem Beitrag das Spiel Hitlers und legt die Probleme offen. Und dabei sieht er die Zukunft Europas nur im Zusammenschluss. Gestützt durch eine Art Schicksalsgemeinschaft, die auf England und Frankreich basierend sich aufbaut und entwickelt.

RCK bringt in seinem Beitrag ein neues Element ins Spiel, von dem er sich scheinbar schon getrennt gehabt hatte. Jetzt greift er auf seine lange zurückliegenden philosophischen Grundsätze und Überlegungen aus der Zeit des Ersten Weltkriegs zurück und fügt für die Zukunftsfrage zur ökonomischen und politischen Komponente das philosophisch-sittliche Element hinzu. Zusammengefasst ist es ein Bekenntnis zur »europäischen Seele« (wie es auch sein Vorgänger Fried im Sinne einer sittlichen Erneuerung und einer Bekenntnis zum Idealismus kennzeichnet). Die Dreiheit der erwähnten Punkte ist für ihn zwingend, wenn sie für die Zukunft tragend sein wollen. Es gilt eine ineinander verwundene, untrennbare Einheit herauszuarbeiten. Für ihn besteht die Einheit aus dem klaren Erkennen der Jetztzeit, verknüpft mit Fortschritt und Tradition zum Tor für ein Leben in Frieden und Freiheit. Dies soll dazu dienen, Hitlers Drohungen durch eine fest geschmiedete europäische Einheit zurückzuweisen.[110]

Rettet Europa – Paneuropäisches Manifest 1939

»An alle Europäer! Die unaussprechlichen Opfer dieses grausamen Krieges fordern die Errichtung eines Dauerfriedens, der künftige Kriege zwischen Europäern unmöglich machen soll. Nach dem Zusammenbruch des weltumfassenden Völkerbundes, im Angesicht des hemmungslosen Nationalismus und des bolschewistischen Internationalismus bleibt nur eine einzige Lösung übrig zur Sicherung einer langen Periode des Friedens, des Wohlstands und der Freiheit: die Vereinigten Staaten von Europa! Dieser Bund soll zur Sicherung folgender grundsätzlicher Ziele errichtet werden:

1. Europäische Solidarität in der Außen- und Militärpolitik, der Wirtschaft und Währung.

2. Effektive Garantie der Unabhängigkeit, Integrität, Sicherheit und Gleichberechtigung aller Staaten sowie der Aufrechterhaltung ihres nationalen Charakters.

3. Alle europäischen Staaten verpflichten sich, ohne Rücksicht auf die Unterschiede ihrer Verfassungen die Menschenrechte zu achten sowie die Gleichberechtigung ihrer nationalen und religiösen Minderheiten zu wahren.

4. Friedliche Schlichtung aller Konflikte, die zwischen europäischen Staaten entstehen können, durch einen Gerichtshof, der über die materiellen und moralischen Mittel zur Erzwingung seiner Entscheidungen verfügt.

5. Errichtung einer europäischen Institution, die den Bundesmitgliedern helfen soll, ihre Währungs- und Finanzschwierigkeiten zu überwinden.

6. Abbau der europäischen Binnenzölle, die den europäischen Markt zugrunde richten.

7. Ein konstruktiver Plan für den notwendigen Übergang von der Kriegswirtschaft zur Friedenswirtschaft zur Vermeidung der Gefahren der Arbeitslosigkeit.

8. Systematische Organisation der Zusammenarbeit in Kolonialfragen zwecks Eingliederung der kolonialen Rohstoffe und Märkte in den Wirtschaftsraum Europas.

9. Aufrechterhaltung und Berücksichtigung der politischen, wirtschaftlichen und kulturellen Bande, die verschiedene europäische Staaten mit anderen Teilen der Welt verbinden.
10. Förderung des Weltfriedens durch Zusammenarbeit mit dem britischen Dominion, dem amerikanischen Kontinent, der Sowjetunion sowie den Völkern Asiens und Afrikas im Rahmen einer weltumspannenden Organisation.
In dieser tragischen Schicksalsstunde der Menschheit appellieren wir an Sie alle: Kämpfen Sie für eine europäische Föderation!«

Zurück in der Schweiz setzt er die Arbeit an seinem Buch fort. Am 30. August 1939 erhalten RCK und Ida in Bern die langersehnten französischen Pässe. So ist zunächst zumindest ein Problem gelöst. Zwei Tage später beginnt der Überfall Deutschlands auf Polen. Der Zweite Weltkrieg bricht aus. Die Ereignisse um die Zerstörung Polens und den Winterkrieg zwischen der Sowjetunion und Finnland verschärfen die allgemeine politische Lage in Europa. RCK ist zu diesem Zeitpunkt deutlich und sagt: »Nun werden die ideologischen Fronten klar, auf der einen Seite die braunen und roten Diktatoren und auf der anderen Seite die Demokratien des Westens.«

Die Sowjetunion – eine neue Macht

Schon seit längerer Zeit hat sich RCK mit der Frage der »Entwicklung neuer Staaten im Osten« auseinandergesetzt und ist dabei zum Schluss gekommen, dass die Fremdheit und Neuartigkeit kein Werturteil für eine umfassende, gesamte Lebensform darstellen. Zumal diese geistige, politische und wirtschaftliche Machtkonzentration von einer Gruppe intelligenter und tatkräftiger Menschen ausgeht. Russlands Weg ist geprägt vom Bolschewismus Lenins und dem nachrevolutionären Bolschewismus Stalins. Eben durch diese zwei Schritte ist Russland zu einer Weltmacht gewachsen.

Für RCK ist Stalins Russland nach innen ein Polizeistaat und nach außen eine imperialistische Großmacht. Mit diesem Modell erkämpft sich die Sowjetunion in ihrem Aufbau und ihrer Erweiterung ihre Weltmachtposition, wie es andere Staaten ebenfalls getan haben oder tun. Jetzt sind, wie die Teilung Polens zeigt, die Türen hierfür offen. Es sind entscheidende Punkte: das Eingreifen in die europäische Politik, das Eintreten in die Großmacht-Gruppierungen zunächst vor allem mit Deutschland und dann in einer Abwehrhaltung gegenüber Deutschland. Dies zeigt sich auch nach der Teilung Polens und kurz darauf im sowjetisch-finnischen Winterkrieg, aus dem die Sowjetunion zwar siegreich hervorgeht, sich aber bewusst wird, dass sie militärisch mit anderen Staaten nicht mithalten kann. Die Konsequenz: Einer bereits existierenden Methode folgend werden im sowjetischen Russland Mehrjahrespläne erstellt und eine komplette Umorganisation der Stellung des Militärs erreicht. Diese Aufgabe hat Vorrang, und als erklärendes Gegenstück dazu werden die Rüstungsmöglichkeiten neu organisiert, denn auch Stalin ist klar, dass sich das gesamte Gefüge Europas durch den Kriegsausbruch verändert.

RCK umschreibt dies mit der Methode der »Propaganda der Tat« und hier liegt für RCK die Bedrohung der »roten Gefahr« für Europa.[111] Durch das Wechselspiel und Ineinanderwirken von Propaganda, Wirtschaft und Militär leitet sich eine Bedrohung Europas ein, die nicht durch Prinzipien und Propaganda wirken will, sondern durch Taten wie Bahn- und Städtebau, Besiedlung von leeren Landstrichen und so weiter. Das Ganze hat aber unter einem einheitlichen Führungssystem zu existieren. So können durch ein entsprechendes Preisregelungssystem seitens der Sowjetunion für Westeuropa durch diese »Weltrevolution« eine Verschärfung der europäischen Wirtschaftskrise, Arbeitslosigkeit und folglich Unruhen auftreten.

Dieser Entwicklung der inneren und äußeren Geschlossenheit der Sowjetunion steht Europa mit seiner »Fleckerlteppichpolitik« nahezu hilflos gegenüber, denn es scheint RCK, dass diese Staaten Europas noch nicht die entsprechende Reife haben. Dies verdeutlicht sich in der hohen Arbeitslosigkeit Europas. Dies kommt aber auch dadurch zustande, dass gerade auch das Thema Arbeitslosigkeit und Not zu vielen Inhalten von Schriftstellern und Autoren als vordergründige Notwendigkeit der Auseinandersetzungen mit der sozialen Frage behandelt, verbrämt und publiziert wird. Und damit einen Nährboden für die braune Politik Deutschlands und anderer Länder bildet.

Auch wenn der Lebensstandard der Sowjetunion noch dem Westeuropas nachhängt, entsteht dort trotz innerer Ungleichheiten Ende der 30er Jahre eine Art Gemeinschaftsgefühl, das eine große Rolle zu spielen beginnt. Auch RCK mit seiner beharrlichen Bekämpfung des sowjetischen Kommunismus[112] muss erkennen und respektieren, dass im Laufe des Krieges die Sowjetunion immer mehr an Macht und Bedeutung gewinnt. Seine ursprüngliche Aussage und Einstellung, dass die abendländische Lebensweise als einzige eine positive Wirkung auf menschliche Gleichheit und Freiheit hat, muss er in vielen Punkten ändern oder relativieren, als Russland sich ebenfalls zu einem *world player* entwickelt.

Doch in der »Vorkriegszeit« und während des »Großen Vaterländischen Krieges« wie es die Sowjetunion bezeichnet, geht es, so RCK, nicht um Frieden, sondern um Kampf. Und dann um Wege, eine friedliche Neuordnung Europas zu finden. Praktisch erst mit dem Überfall Deutschlands auf Russland wird auch von ihm zur Kenntnis genommen, dass mit Sowjetrussland eine politische Kraft auftritt, deren Stärke noch bei Weitem unterschätzt ist.

Die USA – Richard Coudenhove-Kalergis zweite Heimat auf Zeit

Nach dem gescheiterten Versuch, zunächst über die japanische Botschaft in Lissabon um eine Einreisegenehmigung anzusuchen, verlassen RCK und Ida nach einer Voraussendung von 1500 US-Dollar als Nachweis, für ihre Lebensgrundlage sorgen zu können, am 3. August 1940 Europa. Sie landen auf dem La Guardia Field in New York. Es ist das dritte Mal, dass RCK und Ida in die Vereinigten Staaten kommen.

Die erste Reise des Ehepaars fand kurz nach dem Ersten Weltkrieg statt. Es war eine Art Privatreise, unterbrochen von gelegentlichen Gesprächen. Insbesondere RCK hatte bereits erkannt, dass die Bekanntschaft mit Nicholas Murray Butler von der Carnegie-Stiftung für ihn von Bedeutung sein würde. Ob seine Bekanntschaft mit Butler noch über Alfred Hermann Fried zustande kam, der ebenso wie Bertha von Suttner noch bis zu Beginn des Ersten Weltkriegs Förderungen von dieser Stiftung für seine Friedensforschung erhalten hat, ist unklar. Die Einladenden bei diesem Aufenthalt in den USA waren vier aufgeschlossene Organisationen, zunächst die *Foreign Policy Association*. Diese 1918 als Nicht-Regierungs-Organisation gegründete Organisation setzt sich zum Ziel, die amerikanische Öffentlichkeit dazu zu bringen, sich verstärkt über die wichtigen Ereignisse der Welt zu informieren und für die eigene Politik daraus zu lernen. Eines der wichtigsten Instrumente nach außen ist das »Foreign Policy Bulletin«. Weiters ist das *Institute of Economics* bedeutsam, das gleichzeitig als außenpolitischer Ideengeber wirkt und 1910 von Andrew Carnegie gegründet worden war. Der Zweck dieses Instituts ist die Förderung außenpolitischer Fragen und der Außenzusammenarbeit. Die dritte Organisation ist der *Council of Foreign Relations*, eine Art Denkfabrik, die Analysen zur europäischen Außenpolitik bereitstellt und sich als Fürsprecherin außenpolitischer Fragestellungen in die Schuldenpolitik einbringt, auch in die Europas. Die vierte ist das *International House*, eine von

Dodge und Rockefeller finanzierte Organisation zur Unterbringung internationaler Akademiker, die 1934 eine große Ausstellung in Wien zur Theatertechnik ausgerichtet hat. Diese Ausstellung, die höchstwahrscheinlich auch Ida Roland besucht hat, wurde in Wien von Friedrich Kiesler organisiert und stellte Theatertechnik im Rahmen des Musik- und Theaterfestes der Stadt Wien vor.

Eine Organisation, die auf dieser Reise besondere Bedeutung hat, ist der *Women's City Club.* 1910 gegründet, hat dieser Frauenclub es sich zur Aufgabe gemacht, karitative Aktivitäten zu setzen und einen Beitrag zum Weltfrieden und zur Völkerverständigung zu leisten. Der Hauptsitz dieses Clubs liegt in Chicago, dort wird ab 1921 der »Women's City Club Bulletin« herausgegeben. Dieses Hauptquartier wurde auf der zweiten Reise 1925 von Ida Roland besucht. Weiters setzt sich der Club auch zu diesem Zeitpunkt mit den Fragen Notstandsbeihilfe, Schulbesuch, Bildungsförderung, Essen, Mitgliederbetreuung auseinander. Mitglieder müssen jährlich 300 US-Dollar einbringen, welche strikt karitativ verwaltet werden. Für RCK und insbesondere auch für Ida Roland ist die 1925 gegründete *Society of Friends* von Bedeutung. Sie besteht durchwegs aus Quäkern mit der Bereitschaft zu intensiver humanitärer Hilfe und Förderungen. Noch im Ersten Weltkrieg lernt Ida mutmaßlich eine Art Vorläuferorganisation kennen. Wesentlich ist sie dann 1946, in der Zeit unmittelbar nach dem Zweiten Weltkrieg.

Jetzt, 1940, sind nach dem Eintreffen von RCK und Ida in den USA vor allem für ihn verschiedene Fragen zu lösen. Noch knapp vor seiner Abreise in die USA hat RCK 1700 US-Dollar an Butler gesendet, sodass er für die erste Zeit das Allernötigste an Bargeld hat. Butler ist auch jene Persönlichkeit, die RCK von Anfang an zu unterstützen versucht, wo immer es möglich ist, ihm aber auch den Weg aus der Prägung des Kleinstaatengefüges Europas zum Umstieg in die neue Welt erleichtert. Auch ist es Butler, der für die beiden ein Einreisevisum besorgt, sodass keine Verzögerung bei der Einreise auftritt. Beide müssen sehr schnell lernen, dass die USA kein Flüchtlingsland, sondern ein Immigrantenland sind. Dies ist ein großer Unterschied zu Europa. Sehr rasch muss RCK erkennen, dass es trotz Hilfe und Unterstützung von Freunden zunächst noch unmöglich erscheint, sich mit Vertretern der amerikanischen Regierung zu treffen, um sie von der Notwendigkeit zu überzeugen, sich mit Paneuropa auseinanderzusetzen. Auch muss er erstaunt feststellen, dass der Krieg in Europa für die Bevölkerung der USA, aber auch für den Großteil der amerikanischen Regierung von geringem Interesse ist.

Butler hilft, wo immer er kann und unterstützt RCK bei der Herausgabe seiner Bücher »Totalitarian State Against Men« und »Europe Must Unite«. Beide erscheinen in nur fünf Wochen Abstand voneinander zwischen August und September 1940. Kaum sechs Monate in den USA, beginnt RCK mit der Reorganisation des Anfang 1926 gegründeten »Cooperative Commitee Paneurope« und verknüpft diese mit der neugegründeten »American Community for a Free and United Europe«.

Im Gegensatz zu seinen Arbeitsstrategien in Europa, bei denen es darum ging, möglichst viele Paneuropa-Organisationen über die Länder zu verteilen, lernt er hier in den USA, behutsam, aber sehr rasch und mit der ihm eigenen Konsequenz ganz konkret an Führungspersönlichkeiten aus Politik, Wirtschaft und wissenschaftlichem Bereich heranzutreten. Selbst als diese Bemühungen zunächst nicht erfolgreich sind, wird er beim amerikanischen Präsidenten Franklin D. Roosevelt oder beim Finanzminister Henry Morgenthau Fuß fassen können. Was ihm bei den Politikern zunächst nicht gelingt, gelingt ihm bei Vertretern der Presse. Hier ist das Gespräch für ihn einfacher und lockerer, weil es bestimmte gemeinsame Bezugspunkte gibt und die Neugierde und die Freude am Informationsaustausch sehr groß sind. Dies zeigt sich ganz deutlich am Interesse zweier großer Tageszeitungen, der »New York Times« und der »New York Herald Tribune«, wo er auf Gesprächspartner mit offenem Ohr trifft. Langsam gerät RCK in große finanzielle Schwierigkeiten, da er keine Einnahmen hat. Er wendet sich an Butler um Hilfe, aber dieser muss ablehnen.

Zunächst scheitern drei Versuche, trotz der Bemühungen von Butler. Dabei geht es um Forschungsarbeiten zu einer zukünftigen Friedensordnung in Europa, das »Atlantic Union Project« und einen Lehrauftrag an der Massachusetts School of Law and Diplomacy. Um dies zu erreichen, muss RCK bereits einen entsprechenden Forschungsauftrag vorweisen, um auf diese Forschungsebene vorstoßen zu können. Und dafür wiederum benötigt er das gültige Visum. In den USA werden derartige Visa, ähnlich wie in der Schweiz, nur sehr schwer gewährt. Die USA unterscheiden hier sehr streng zwischen Immigranten- und Touristenvisum. Nur durch die Unterstützung und das starke Einbringen Butlers ist das Bestreben um ein unbefristetes Immigrantenvisum erfolgreich. Das Problem bei RCK ist, dass seine Mutter Asiatin war und die Tore für Asiaten in den USA praktisch geschlossen sind. Der entscheidende Einstieg ist der Lehrauftrag an der New York University ab Herbst 1941. Dieser Lehrauftrag wird von der Carnegie-Stiftung im Rahmen eines Stipendiums gefördert.

Kurz nach Erhalt dieses Stipendiums beginnt RCK mit der Reorganisation des »Research Center for European Reconstitution« für Zukunftsüberlegungen zum Wiederaufbau Europas. Diese Aktivität entwickelt sich für ihn zu einem wichtigen Standbein. Die Zielrichtung ist es, genaue Untersuchungen der Lage Europas auf politischem, ökonomischem und juristischem Weg für die Nachkriegszeit durchzuführen. Dass sich RCK auch eingehend mit der Frage Englands und Frankreichs unter dem Druck der Überlegenheit der deutschen Luftwaffe auseinandersetzt, dokumentiert sich darin, dass er sich sehr gerne mit seinem Globus beschäftigt und Karten zum Vergleich ausbreitet.

Noch im Herbst 1941 läuft sein Forschungsseminar für ein Nachkriegsforschungsfach voll an. Jetzt hat er zumindest für zwei Jahre einen Fixpunkt, von dem aus er verschiedene Aktivitäten setzen kann. Denn das Forschungsseminar eröffnet ihm den Zugang zu Professoren und anderen wichtigen Persönlichkeiten. Während dieser Tätigkeit erfasst er sehr schnell, dass es im Gegensatz zu Europa, wo vieles über große Organisationen, Parteien oder deren Einfluss läuft und die Regierungen die Kontakte fest in der Hand haben, hier darum geht, sich ein entsprechendes privates Netzwerk aufzubauen. Diese Entwicklung gilt es immer wieder zu betreuen und hier seine Ideen einzubringen und Aktivitäten zu setzen. Dies kommt seinem Arbeitsstil eigentlich entgegen.

Ein weiterer wichtiger Faktor ist seine Bereitschaft zur Mobilität. Um an Entscheidungsprozessen teilzunehmen, nimmt er auch lange Reisen in Kauf. Dies hat auch Einfluss auf seine Beziehung zu seiner Frau Ida, die sich jetzt neben ihrer Tätigkeit, für ihn Vorträge und Reisen zu organisieren, eine eigene Arbeitswelt aufzubauen beginnt. RCK reist zu dieser Zeit gleichsam als Wanderprediger durch die USA, für die der Krieg noch weit weg ist. Trotzdem führt er seine wissenschaftlichen Arbeiten zur Nachkriegsfrage weiter und kann zu Kriegsende tatsächliche Ergebnisse vorlegen.

Zwischenzeitlich ist der Krieg zwischen Deutschland und Russland ausgebrochen und die deutschen Truppen sind bereits weit nach Russland vorgestoßen. RCK stellt sich nach Roosevelts Verkündigung der vier Freiheiten (Freiheit der Rede und Meinung, Freiheit des Glaubens, Freiheit von Not und Freiheit von Furcht, verkündet in der Rede vom 6. Jänner 1941) voll hinter diesen. Dazu kommt noch der Überfall der Japaner auf Pearl Harbor am Dienstag, dem 7. Dezember 1941. Dieser Gewaltakt schafft in den USA eine starke emotionale Dynamik und es tritt blitzartig eine Änderung ein. Jetzt zeigt das Volk die Bereitschaft zum Krieg. Für RCK bedeutet dieses

Interesse die Chance, seine Beiträge zu einem Zukunftsbild des Verhältnisses zwischen den USA und einem neuen Europa der Nachkriegszeit den Politikern zu präsentieren. In dieser Situation stehen genügend Gelder für die Straffung, Lenkung und Herstellung für die Schlüsselindustrien zur Verfügung. Gleichzeitig mit diesen Maßnahmen werden alle Medien in dieses Konzept eingebunden, um das Stimmungsbild für eine Neuorientierung mit zunehmender Kriegsdauer zu schaffen. Die rasche, schrittweise Einbindung in dieses Konzept geschieht auch bei der Forschung, der Landwirtschaft und der Konsumbewirtschaftung. Ebenso wird mit Kriegseintritt der USA das Militär reorganisiert und das Sicherheitsbemühen um jeden einzelnen Soldaten erhöht. So werden neue Ausrüstungsrichtlinien entwickelt, um diese aus dem Volksempfinden heraus entstandene Sicherheitsverbesserungen für die an der Front stehenden Soldaten zu erreichen.

Mitsuko – Eine Frau zwischen zwei Welten

Mitsuko Aoyama wird am 7. Juli 1874 in Tokio als Tochter eines reichen Geschäftsmanns, Ölkaufmanns, Kunsthändlers und -kenners geboren. Sie wächst als junges Mädchen während der Wendezeit Japans vom mittelalterlichen Feudalstaat zur Großmacht Japan auf. Die Eltern sind sehr darum bemüht, ihre Tochter von jeglicher politischen Auseinandersetzung fernzuhalten. So wird sie während ihrer Kindheit und Jugend in einen richtiggehenden Ausbildungsring eingebettet, ausgerichtet darauf, die chinesische Sprache zu erlernen, zu kalligrafieren und mit hölzernen Rechenmaschinen umzugehen. Dazu kommt die Unterweisung im Buddhismus und den Moralvorstellungen des Konfuzianismus. Sie erhält außerdem Unterricht im Gitarren- und im japanischen Mandolinenspiel. Weiters erlernt sie integratives Lernen, die Fähigkeit, die Höflichkeit zu pflegen. So ist es für sie selbstverständlich im Sinne der alten Tradition, dass an erster Stelle der Vater steht. Dann folgt an zweiter Stelle der Hierarchie der Ehemann und schließlich der älteste Sohn. Diesen hat sie in dieser Reihenfolge zu dienen.

Zu dieser Zeit (1891) ist RCKs Vater Heinrich Graf von Coudenhove-Kalergi Geschäftsträger (d. h. Botschafter) für Österreich-Ungarn in Tokio. Er gilt als eine sehr angesehene Persönlichkeit, die als Sendbote der Donaumonarchie enorme Hochachtung genießt. Im Winter 1891 stürzt er während eines Ausritts als 32-Jähriger vom Pferd. Dieser Unfall geschieht unmittelbar vor dem Geschäftslokal von Kichatschi Aoyama. Mitsuko ist Unfallzeugin und läuft aus dem Geschäft. So begegnen sich die beiden zum ersten Mal. Es gelingt Heinrich, mit Mitsukos Vater eine Freundschaft aufzubauen. Dieser ist jedoch über die Entwicklungen zwischen Heinrich und Mitsuko ahnungslos.

Schließlich bemüht sich Heinrich, Mitsukos Vater davon zu überzeugen, diese eine Stelle als Mitarbeiterin der Botschaft annehmen zu lassen. Als er sich später an ihren Vater wendet und um ihre Hand anhält, wird dies erbost abgelehnt. Diese Zurückweisung verhindert nicht, dass die beiden gegen den Willen ihres Vaters heiraten. Heinrich setzt einen Schritt zu einem Gespräch, das schließlich zur Aussöhnung mit dem Vater führt.

Knapp drei Jahre später wird am 16. November 1894 Richard Coudenhove-Kalergi als zweiter Sohn Mitsukos und Heinrichs –nach Johann (genannt Hansi) im Jahr davor – geboren. Sein japanischer Name lautet Eijiro. Getauft wird er im katholischen Ritus auf Richard. Seine Freunde und Familie nennen ihn Dicky.

Nach der Geburt ihres siebten Kindes (Karl, genannt Ery) erkrankt Mitsuko an einer Lungenentzündung und die Familie kehrt, nachdem Heinrich seinen hochdotierten Job aufgegeben hat, um sich seiner wirtschaftlichen Tätigkeit zu widmen, nach Europa zurück. Gleichzeitig verschafft ihm dies die Möglichkeit, mehr Zeit mit seiner Familie zu verbringen und sich dem geistigen Leben zu widmen. So setzt er sich mit dem Buddhismus und vergleichend mit dem Katholizismus auseinander. Mitsukos Interesse steht weitab von theologischen oder politischen Problemen. Sie interessiert sich stark für die japanische Kultur. Sie liest auch englische Romane und Geschichten über mutige Frauen und Mädchen, die die Kraft aufbringen, sich ihren Lebenspartner selbst auszusuchen. Außerdem interessiert sie sich auch für Geschichten über Frauen, die Opfer der Männergesellschaft geworden sind. Sie lebt losgelöst von der Arbeitswelt des Mannes und ist zunehmend betroffen, dass die Kinder die japanische Sprache nicht sehr gut oder sogar gar nicht beherrschen. Damit verbunden ist auch gleichzeitig, dass sie nur Brockenwissen über die Kultur haben, aus der ihre Mutter stammt.

Europa ist und bleibt für sie ein fremder Erdteil und ihr Wunsch ist es immer, noch einmal nach Japan zu kommen. Daraus entwickelt sich bei ihr allmählich eine Art Traumwelt.

Wirklichkeit und Traum

Als ihr Mann Heinrich, der sich um die gesamte Familienfürsorge bemüht, am 14. Mai 1906 völlig überraschend stirbt, steht sie von einem Tag auf den anderen vor großen Entscheidungen. Ihr fällt die testamentarische Aufgabe zu, Heinrichs Erbe zu übernehmen und gerecht auf alle aufzuteilen. Jetzt steht sie plötzlich vor dem Problem, diese Aufgabe aufzugreifen und durchzuführen. Sie steht plötzlich allein in einer Welt, in der ihr Mann bisher hochaktiv war und muss in alle Alltagsbedingungen eingreifen, die für die Führung eines derart großen Haushalts und Besitzstands notwendig ist.[113]

Nach dem Tod ihres Mannes geht es für sie um die Entscheidung, entweder zu resignieren oder sich völlig neu zu orientieren. Aus einer Mutter und Hausfrau emanzipiert sie sich zu einer hochaktiven Kämpferin. Einerseits geht es um die Erfüllung des Testaments, um die Wahrung der materiellen Sicherheit, dass die Kinder eine standesgemäße Ausbildung erhalten.

Die 31-Jährige hat jetzt die direkte Obhut über sieben Kinder und führt diese Aufgabe im Sinne ihres verstorbenen Mannes. Andererseits lernt sie nun, den gesamten wirtschaftlichen Betrieb zu führen und was es heißt, mit österreichischem Geld umzugehen, eine Landwirtschaft zu führen, um für sich und ihre Kinder zu sorgen. Sie muss auch lernen, sich um die österreichischen Rechtsangelegenheiten zu kümmern und ihr Wissen vertiefen, da sie mit diesem Thema immer wieder konfrontiert ist. Auch steht sie als Witwe vor dem Problem, dass die Verwandtschaft ihr zunächst distanziert gegenübersteht, da diese Angst hat, sie könnte alles verkaufen und einfach nach Japan zurückgehen. Gegen diesen Widerstand des Familienclans gelingt es ihr mit Hilfe zweier Anwälte, die Aufteilung von Vermögen sowie Grund und Boden im Sinne ihres Mannes zu erreichen. Weiters gelingt es ihr, die Vormundschaft über die Kinder zu bewahren und die Rolle des Familienoberhaupts zu übernehmen. Unter diesen Bedingungen entwickelt sie ein zeitweise extremes Misstrauen, da sie immer wieder befürchten muss, bei den alltäglichen Geschäften einen Fehler zu machen.

Zu Mitsukos neuen Aufgabenfeldern gehören

- die Sicherung der Herrschaft Ronsperg als Vormund für den ältesten Sohn »Hansi« sowie über die Besitztümer für die anderen;
- die konkrete Führung der Finanzgeschäfte;
- die Führung der Landwirtschaft;
- die standesgemäße Kindererziehung.

Letzteres bedeutet nicht nur, den Kindern Respekt für die japanische Kultur beizubringen, sondern auch, die Kinder zu Österreichern und Katholiken zu erziehen – auch gegen ihren eigenen Willen.

Um all das durchsetzen zu können, ist sie auch gezwungen, teils rücksichtslos zu handeln. Daraus resultiert ein Wandel ihres Charakters durch externe Einflüsse. Rund zwanzig Jahre lebt sie für den Erhalt des Besitzes und die Ausbildung der Kinder, die dann eigene Wege gehen. Für die Burschen spielt es sich noch anders ab, denn sie werden noch teilweise in den Krieg eingezogen. Was in Mitsuko immer tief verwurzelt bleibt, ist ihre tiefe Liebe zu ihrem Heimatland. Darum sucht sie immer wieder nach Literatur aus Japan.

In einer Vielzahl von Hinweisen und Dokumenten spiegelt sich der innere Zweifel, dass die Kinder nicht richtig erzogen worden sind. Denn beim Besuch ihrer Kinder muss sie feststellen, dass Japan für diese zunehmend etwas Fremdartiges ist. Dies vertieft in ihr die innere Unruhe. Noch während die Buben im Theresianum sind, übersiedelt sie nach Mödling bei Wien, da sie unbedingt näher bei den Kindern sein will. Hier verbringt sie jede freie Minute mit den Kindern gemeinsam. Sie betreibt bewusst mit ihnen Wanderungen, Sport, verwickelt sie in Diskussionen und versucht ihnen nahezubringen, die Begriffe Sparsamkeit und Geduld bereits als Jugendliche zu achten.

Was jedoch in ihrem Inneren geschieht, fällt den anderen nicht auf. Noch vor Kriegsbeginn muss sie als Folge des »militärischen Abenteuers Österreich-Ungarns« die Balkankrise als Vorstufe des Ersten Weltkriegs als erste Erschütterung kennenlernen und sich weiter vertiefend in die Arbeitswelt einbringen. Zunächst macht sie die Ausbildung zur Sanitätshelferin. Während des Krieges arbeitet sie überall mit, wo sie gebraucht wird. Aufgrund der Abwesenheit von Männern und deren Arbeitskraft wird immer mehr Arbeit von den Frauen getragen. So muss auch Mitsuko ihren Garten wegen des großen Lebensmittelmangels zu einem Getreidefeld umwidmen – die Ernte wird dann einfach konfisziert und anderweitig verwendet. Dazu leistet Mitsuko Schwerarbeit auf dem Acker und beim Holzeinbringen.

Für die Buben Hansi, Dicky und Rolfi ist in dieser Zeit während der gesamten Woche das Theresianum ihr Zuhause und erst am Wochenende oder während der Ferien sind sie für Mitsuko richtig greifbar. Und sie muss feststellen, dass sich ihre Söhne ihren eigenen Weg suchen. Gerade den Traum, den sie für RCK mit ihrem Mann gehabt hatte, nämlich, ihn zu einem Spitzendiplomaten ausbilden zu lassen, durchbricht er, als er verkündet, Journalist werden zu wollen. Dies hat sich bereits während seiner Schulzeit abgezeichnet, da auch hier weder kriegsvorbereitende Sportarten noch Strategiespiele sein Interesse geweckt haben. Er liest lieber und setzt sich mit verschiedenen philosophischen Fragen auseinander. Damit ist nach seinem Schulabschluss sein festes Ziel, einen neuen Weg zu gehen, den Weg zum Journalismus. Gleichzeitig findet er eine Partnerin in Ida Roland, die nur sieben Jahre jünger ist als seine Mutter. Zwischen diesen beiden Frauen besteht nur ein sehr kühles Verhältnis. Nach Kriegsende bleibt Mitsuko endgültig in Mödling und beschäftigt sich auch wieder mit Kalligrafie, mit Literatur; sie orientiert ihren Garten an japanischer Tradition und entwickelt den Gedanken, einen japanischen Zen-Garten zu gestalten. Der Zen-Garten ist Ausdruck japanischer Philosophie und Religion, in dem auch Wasser eine Rolle spielen kann. Für Mitsuko bedeutet das Anlegen eines Zen-Gartens in Europa eine Dokumentation ihrer Sehnsucht nach Japan.

RCK beschreibt nach einem Besuch in den 1920ern bei ihr, wo sie sich über seine »paneuropäischen Erfolge« sehr gefreut hat, dass sie ihn gleichzeitig ihre Haltung Ida gegenüber hat spüren lassen und dass ihre Gedanken im-

Mitsuko Coudenhove-Kalergi übernimmt nach dem Tod ihres Mannes die gesamten Arbeiten zur Führung der Familiengeschäfte.

mer noch stark um den Gedanken einer Rückkehr nach Japan kreisen. Innerlich lebt sie fern von Europa, beschränkt auf »pflanzliches« Leben und beobachtend, lächelnd, träumend.[114]

Immer wieder fällt ihr bestürzt auf, dass ihre Kinder, mit Ausnahme von Gerolf, die gelernte japanische Sprache vollkommen vergessen haben. Dies ist bei RCK ähnlich, was sie auf das Leben mit seiner Frau Ida zurückführt. Für Mitsuko ist Ida die Person, die ihren noch unmündigen Lieblingssohn einfach entführt hat.

Zunehmend entwickelt sie ein Leben auf zwei Ebenen. Auf der einen Ebene ist sie eine große Japanerin, auf der anderen Seite soll sie eine gute Österreicherin sein. Sie unterscheidet sehr genau zwischen den beiden Ebenen des Sollens und des Müssens. Etwa die Abgehobenheit der Verschiedenheiten in der Ethik, in der Sprache und der nationalen Identitäten, wenn sie gerade zu diesen Themenbereichen gefordert ist. Sie weiß oft nicht, ob sie auf die Stimme der Vernunft oder die Stimme des Herzens hören soll. Für sie kristallisiert sich ein Gesellschaftsumbruch heraus, ein ständiges Suchen und eine ständige Zwiespältigkeit über ihre Sinne und ihr Denken. Sie führt ein Tagebuch, schreibt über das, was sie betroffen macht und schreibt an

Das Wohnhaus von Mitsuko in Mödling, südlich von Wien, mit der Zen-Garten-Anlage als Begegnungsstätte: »Ferne Heimat und große Sehnsucht«. Heute befindet sich dort das Stadtmuseum.

einer selbstverfassten Sprüchesammlung, in der auch ihre Sehnsucht stark zum Ausdruck kommt.

»*Auch wenn mein Körper verwest am Ufer der Donau, mein innigster Wunsch ist: mein Geist bleibt echt japanisch.*«[115]

Sie wird immer unruhiger. Dazu kommt noch, dass sie im Jahr 1925 einen Schlaganfall erleidet und danach halbseitig gelähmt ist. In der Folge ist sie auf direkte Hilfe angewiesen und wird noch unruhiger und zänkisch. Für sie gibt es auch in dieser Situation einige wichtige Ereignisse, mit denen sie sich von einem zum nächsten schleppt. In Japan wird sie bereits zu einer Ikone erhoben, immer wieder bekommt sie Besuch aus Japan oder wird zu Veranstaltungen bis in die höchsten Kreise hinauf eingeladen. So ist etwa das japanische Eishockeyteam in Österreich zu Gast. Spieler und Funktionäre stürmen in ihre Wohnung, entrollen die japanische Fahne und singen gemeinsam die Hymne. Das Gleiche geschieht noch einmal, als die japanische Fußballmannschaft vor ihrer Rückreise von Budapest nach Japan in Wien Station macht. Mit dieser Gruppe entwickelt sich ein interessantes Gespräch beim gemeinsamen Orangenessen. Die Orange gilt in Japan als ein Symbol der Selbstfindung, der Selbstaufopferung, aber auch der Freude und der Lebhaftigkeit. Sie ist für Mitsuko, und dies tritt bei diesen Gelegenheiten hervor, ein Kraftspender in ihrer seelischen und physischen Erschöpfung. Immer wieder tritt bei ihr die Orange als Präsent der Gemeinsamkeit in den Vordergrund. Es entwickelt sich zumindest für kurze Zeit ein positives Bild vitaler Stärke und angedachter Aktivität. Auch ist für sie die Orange das Zeichen der Farbe, des Lustigen, der Geselligkeit, die sie spontan bei Besuchen erlebt. In diesen Momenten sind Pessimismus, Depression und Antriebsarmut verdrängt. Das mag auch ein Grund sein, warum sie auf diese »Orangentreffen« so großen Wert legt.

Eine große Ehre ist es, als sie zu einer Audienz bei den kaiserlichen Hoheiten Prinz Takamatsu und Prinzessin Kikuko in Wien eingeladen wird. Sie beschreibt die innere Spannung und Erwartungshaltung bezüglich dieses Treffens. Auch wenn sie relativ regelmäßig Gäste hat, so zeigt sich, dass sich immer mehr der Wunsch einer Rückkehr nach Japan in ihr manifestiert. Sie selbst schwebt fortan in einer Welt zwischen Traum und Wirklichkeit ihrer Gedanken.

Mit dem Ausbruch des Zweiten Weltkriegs und aufgrund der Gefahr einer Verfolgung durch die Nationalsozialisten flieht ihr Lieblingssohn RCK über die Schweiz in die USA, wo er in so weiter Ferne ist, dass er fast gänzlich aus ihrem Blickfeld verschwindet. In vielen Versen drückt sie eine tiefe Resignation aus und schreibt, die Tempelglocken geben ihr ein Zeichen, dass die Nelke sich neigt. Die weiße japanische Nelke gilt unter anderem als ein Symbol für Liebe und Treue und als Sinnbild für sie als Witwe. Mitsuko stirbt am 27. August 1941, einem kühlen Spätsommertag, in Mödling bei Wien. Die Beisetzung erfolgt im Familiengrab in Wien-Hietzing. Sie hat aber mit ihrem Garten noch zu Lebzeiten eine Tatsache geschaffen, deren Bedeutung zunächst noch wenig Beachtung geschenkt wurde. Die große Dame hat mit viel Freude und Liebe ihren Garten gepflegt und begonnen, einen Zen-Garten anzulegen. Dieser Garten ist ein Kleinod am Rande von Wien. Einige Male sollte er weichen, weil der Bau von Häusern angedacht war. All diese Krisen hat die Idee des Gartens überlebt. Im Jahr 2008 wird mit der Wiedererrichtung des Zen-Gartens ein Teil der Geschichte dieser Stadt und der »Mödlinger Japanerin« nach außen dokumentiert und somit ein Symbol der Anerkennung und der Bedeutung dieser Persönlichkeit verewigt. Ergänzt wird dies durch eine mit viel Liebe und Sorgfalt gepflegte Präsentation zum Gedächtnis von Mitsuko Coudenhove-Kalergi im Stadtmuseum Mödling.

Paneuropäische Großkundgebung in den USA

Noch unter dem Eindruck des Angriffs auf Pearl Harbor beginnt in den USA die Propaganda gegen die dort lebenden Japaner und Personen mit japanischer Abstammung. RCK beginnt in dieser Situation, seine erste große öffentliche Kundgebung über Paneuropa vorzubereiten. Aufhänger für diesen Akt am 7. März 1942 in New York soll der 10. Todestag von Aristide Briand sein. Noch rechtzeitig wird RCK darüber aufgeklärt, dass es in den USA nicht üblich ist, den Todestag als Ehrentag zu begehen, sondern eher den Geburtstag zu feiern. RCK reagiert flexibel und sehr rasch, sodass die Veranstaltung auf den 28. März, nämlich den 80. Geburtstag Briands, verschoben werden kann.

Die Veranstaltung findet an der New York University statt und ist hochrangig besucht. Sie wird von hunderten Sympathieschreiben begleitet. Die Kernaussage RCKs hebt die Bedeutung Briands im Sinne der »Vereinigten Staaten von Europa« für die Zukunft hervor. Er betont, dass dieser Moment, auch wenn er noch nicht erreicht sein mag, der Wendepunkt für die Zukunft ist, denn es sind die USA, die mit ihrer großen Reform den von Briand aufgezeigten Weg als Vorreiter vorantreiben werden.

Im Herbst und im Winter 1942 wird offensichtlich, welche Schwächen im deutschen Militär auftreten und es beginnt der Vormarsch der Alliierten. Die Schlacht um Stalingrad und der Leerlauf mit dem Steckenbleiben im eisigen russischen Winter, der Sieg der Alliierten in El-Alamein sowie die Landung und Festsetzung US-amerikanischer Truppen in Nordafrika signalisieren eine deutliche Wende. All das sind wichtige Faktoren zur Verbesserung des Stimmungsbildes in den USA und es wächst die Bereitschaft, RCK vermehrt zu Vorträgen und Gesprächen einzuladen. Europa wird gleichsam ein Alltagsthema. RCK erkennt diese Situation sofort, reagiert in Übereinstimmung mit Ida und setzt für den 25.–27. März 1943 den Fünften Paneuropa-Kongress an.

Der Fünfte Paneuropa-Kongress in New York

Winston Churchill soll mit seiner Einstellung zur Paneuropa-Frage für diesen Kongress so etwas wie eine Schlüsselrolle übernehmen. Er kann allerdings wegen seiner Regierungsgeschäfte nicht kommen. RCK findet eine Lösung. Es gelingt ihm, Churchill zu einer Radiorede zu überreden. Im richtigen Moment wird diese Rede »Aufbruch zu einem neuen Europa« der Weltöffentlichkeit präsentiert. Diese Rede Churchills am 21. März 1943 ist für die Entwicklung Nachkriegseuropas essenziell. Es ist das erste Mal, dass ein Regierungschef als sein Ziel der Öffentlichkeit deklariert, dass kurz und bündig zusammengefasst erklärt wird, dass ein einiges Europa das Ziel der Nachkriegszeit ist.

»Es lässt sich wohl denken, dass in einer alle souveränen Nationen repräsentierenden Weltorganisation, die eines Tages alle Völker vereinigen soll, ein europäischer und ein asiatischer Rat ins Leben gerufen werden könnten. Vorausgesetzt, dass der japanische Krieg noch länger tobt, muss sich der erste praktische Schritt auf die Schaffung eines europäischen Rats konzentrieren und auf die Organisation Europas […]. Ich halte es für eine edle Aufgabe, an der Geburt des schöpferischen Genius der wahren Größe Europas mitzuwirken. […] Wir müssen unseren Bau auf den lichten Prinzipien der Freiheit, des Rechts und der Moral gründen, die der Völkerbund-Idee zugrunde liegen. Wir müssen versuchen – hier spreche ich natürlich nur in unserem Namen –, den europäischen Rat, oder wie immer er heißen mag, zu einem wirklich wirkungsvollen Bund zu machen und in seine Struktur nationale, internationale und verbündete Kräfte einzubauen, bereit, seinen Entscheidungen Geltung zu verschaffen, um neue Angriffe und Vorbereitungen zu Zukunftskriegen zu verhindern.
Natürlich wird dieser Rat, wenn er zustande kommt, schließlich ganz Europa umfassen und alle Hauptzweige der europäischen Familie müssen eines Tages daran teilnehmen. Darum erscheint es mir einer geduldigen Prüfung wert, neben den Großstaaten eine Reihe von Staatengruppen und Bünden zu schaffen, deren gewählte Vertreter in einem Rat von Großstaaten und Staatenbünden tagen könnten.«[116]

Auch RCK, der die Rede Churchills gut kennt, beginnt, über die Tagespresse die Europafrage einzubringen umso neue Leserkreise zu gewinnen. Zumal er erkennt, dass es gut ist, wenn eine breit gestreute Lesergruppe gewonnen wird, denn dank der Churchill-Rede wird die Überzeugungskraft für eine neue Europa-Regelung steigen. In den USA liegt die Stimmung bereits so, dass im Allgemeinen die Erkenntnis da ist, dass die USA als Sieger aus dem Krieg hervorgehen werden. Und dadurch aber einen Beitrag für ein neues Europa zu leisten haben.[117]

Noch fünfzehn Jahre später wirkt diese Situation nach, wie Arnold Zurcher in seinem Buch *The Struggle to Unite Europe* darstellt.[118] Die zweite Leistung RCKs im Exil wird entscheidend für die Förderung seines Ideals. Er versucht, Amerikaner aller Gesellschaftsschichten und politischer Auffassungen davon zu überzeugen, dass die Einigung Europas zu einem Staatenbund oder Bundesstaat eines der wichtigsten Kriegsziele Amerikas sein sollte.

Rückblickend lässt sich sagen, dass ihm dies über all seine Erwartungen und die glühendsten Wünsche seiner Anhänger hinaus gelungen ist. RCK war an den amerikanischen Ufern des Atlantiks vielleicht ein erfolgreicherer Prophet, als er es in Europa gewesen war. Seine Methoden waren diskret und in vollem Einklang mit seiner Stellung als ausländischer Gast der amerikanischen Regierung.

Diesem stillen und zähen Wirken RCKs während der Kriegsjahre 1940–1945 ist es größtenteils zu danken, dass die leitenden Staatsmänner Amerikas sowie dessen öffentliche Meinung vertraut wurden mit dem Wesen und den Zielen der Paneuropa-Idee; dies trug wesentlich dazu bei, das offizielle Amerika zu bestimmen, den Zusammenschluss Europas als eines der Ziele seiner Politik anzuerkennen.[119] Mit dem Fünften Paneuropa-Kongress gewinnt die Paneuropafrage in den USA ein breit gestreutes Team an Unterstützenden.[120]

Richard Coudenhove-Kalergi begegnet Charles de Gaulle

Sowohl im Vorfeld als auch in der Folge des Kongresses gibt es Probleme, da schon pro-russische Kreise versuchen, den Kongress zu sabotieren und Gegenmaßnahmen anzustreben. Hier treten bereits erste Vorzeichen eines nach dem Krieg auftretenden Konflikts einer zweigeteilten Welt auf, in der eine Aufteilung Europas in eine atlantische Einflusszone unter der Führung der USA und einen östlichen Weltteil unter sowjetischem Einfluss geschieht. RCK kann diesen Vorstellungen und Voraussagen nicht folgen, denn er sieht darin die Gefahr der Entwicklung eines Pendelspiels der Politik, in dem letztendlich Deutschland als Schiedsrichter aussteigen könnte. Die Folge wäre ein Machtzuwachs Deutschlands, was nicht RCKs Interessen entspricht. Wenn es nach ihm geht, sollten weder Großbritannien und die USA

Deklaration über Österreich

Vom 19. bis zum 30. Oktober 1943 tagte in Moskau eine Konferenz der Aussenminister G. HULL – Vereinigte Staaten von Amerika, A. EDEN – Grossbritannien und W. M. MOLOTOW – Sowjetunion. In völliger Einmütigkeit wurden die Massnahmen besprochen, die ergriffen werden sollen, um den Krieg gegen Deutschland und seine Trabanten in Europa abzukürzen. Zu diesem Zweck wurden, unter Mitwirkung der Kriegssachverständigen der Generalstäbe der drei Mächte, Beschlüsse gefasst über bereits in Vorbereitung befindliche Kriegsoperationen. Die Konferenz veröffentlichte u. a. folgendes Dokument:

Die Regierungen Grossbritanniens, der Sowjetunion und der Vereinigten Staaten von Amerika kamen darin überein, dass Österreich, das erste freie Land, das der Hitlerschen Aggression zum Opfer gefallen ist, von der deutschen Herrschaft befreit werden muss.

Sie betrachten den Anschluss, der Österreich am 15. März 1938 von Deutschland aufgezwungen worden ist, als null und nichtig.

Sie betrachten sich in keiner Weise gebunden durch irgendwelche Veränderungen, die nach diesem Zeitpunkt in Österreich vorgenommen wurden. Sie geben ihrem Wunsch Ausdruck, ein freies und unabhängiges Österreich wiederhergestellt zu sehen und dadurch dem österreichischen Volk selbst, ebenso wie anderen benachbarten Staaten, vor denen ähnliche Probleme stehen werden, die Möglichkeit zu geben, diejenige politische und wirtschaftliche Sicherheit zu finden, die die einzige Grundlage eines dauerhaften Friedens ist.

Österreich wird jedoch darauf aufmerksam gemacht, dass es für die Beteiligung am Kriege auf seiten Hitlerdeutschlands die Verantwortung trägt, der es nicht entgehen kann, und dass bei der endgültigen Regelung unvermeidlich sein eigener Beitrag zu seiner Befreiung berücksichtigt werden wird.

Die Moskauer Deklaration der Außenminister Hull, Eden und Molotow 1943.

noch die Sowjetunion Impulsgeber eines neuen vereinten Europas sein. In seinen konzeptuellen Überlegungen sollte im atlantischen Bündnis Frankreich die Führungsrolle haben und Deutschland dahinter folgen. Gleichzeitig sollte für die Atlantikzone Charles de Gaulle (1890–1970), zu dieser Zeit Chef der »Freien Französischen Streitkräfte«, die Führungspersönlichkeit einer künftigen Paneuropa-Union sein. De Gaulle weist dies kurzfristig zurück. Der Kontakt zwischen ihm und RCK bleibt aber aufrecht. In der Folgezeit wächst das Vertrauen zwischen den beiden und daraus entsteht eine Freundschaft. Darauf wird später noch einzugehen sein.

Die Entscheidung RCKs, sich mit de Gaulle zu treffen, wird durch ein Zusammentreffen der Außenminister der USA, der Sowjetunion und Großbritanniens in Moskau im Oktober 1943 mitbeeinflusst. Wesentlich ist, dass Frankreich zu diesem Zeitpunkt noch nicht eingebunden ist. Dies wird erst wesentlich später erfolgen. De Gaulle ist zu diesem Zeitpunkt damit beschäftigt, den französischen Widerstand zu organisieren. Bei der Moskauer Konferenz spielt am Rande die »Deklaration über Österreich« eine Rolle.

Die Heimat hat sie wieder

Die Rückreise der Coudenhoves nach Europa, nach Kriegsende als Erholungsfahrt gedacht, wird am 15. Juni 1946 durch ein Telegramm unterbrochen. Der Inhalt des Schreibens ist: »Was ist spätester Termin Ihres Pariser Aufenthalts, da ich möchte, dass mein Schwiegersohn Duncan Sandys Sie dort aufsucht. Winston Churchill.«[121]

Für RCK ist dieses Telegramm ein gutes Omen zur Frage der Zukunft Europas nach Kriegsende, durch das ein Weg der Gemeinsamkeit bestimmend sein wird. Allerdings kennt er die Lage Europas nur aus Berichten der amerikanischen Seite. Bereits bei der Einfahrt in Le Havre sind Ida und er durch die realen Bilder der Zerstörung sehr betroffen. Trotzdem erleben beide unmittelbar nach der Landung, obwohl sehr schwere Zerstörungen zu sehen sind und im Vergleich zu den USA große Armut herrscht, keine Resignation oder Weltuntergangsstimmung.

Im Gegenteil: Es ist ein neues Gefühl des Aufbruchs, dem sie begegnen. Es ist eine neue Hoffnung, aus der ewigen Angst herauszutreten. Es ist das Gefühl, das »Hitlerische endgültig hinter sich zu lassen und einen ganz neuen Anfang zu schaffen«, wie es Oscar Miller-Aichholz, der spätere Generalsekretär von Paneuropa Österreich, ausgedrückt hat. RCK findet dann auch in Frankreich, Deutschland, Österreich und anderen Ländern diese Aufbruchstimmung vor. Sicher kann dies nicht als ein allgemeines Stimmungsbild angesehen werden, zumal die gesamtpolitische Situation im Sinne der Verteilung der Einflusssphären erst am Anfang einer großen Trennung in Europa steht. Jetzt ist das Bindeglied sehr stark emotional ausgerichtet, sodass sich mit dem »Aus des Nationalismus« (Miller-Aichholz) eine große Lebensbedrohung für jeden Einzelnen endgültig erübrigt hat.

Bereits in dieser Phase beginnt die Zweiteilung in eine Neuordnung. Auf der einen Seite geht es in Richtung des kommunistischen Einflusses in Europa nach der Art, wie es der Sowjet-Politik gegenüber Europa entspricht. Diese sieht eine Patronanz über ihre Einflussländer unter dem sowjetischen Führungsanspruch. Auf der anderen Seite stehen die demokratischen Staaten oder Staaten mit Sympathien für die USA. In Letzteren lassen sich bereits erste starke Tendenzen sozialdemokratischer und bürgerlich-demokratischer Strömungen feststellen.

Hier liegen wichtige Wurzeln, die RCK erst entdecken muss, um fortan entsprechend agieren zu können. Ein weiterer Faktor für ihn ist, dass während seines 6-jährigen Exils in den USA – entgegen den teilweisen kriegsbedingten vorübergehenden Veränderungen der innenpolitischen Lage – das Verhältnis zwischen der regierenden Partei und der Opposition aufgrund der starken Mitgestaltung durch die Oppositionsvertreter als kontrollierend agierende Gruppe sehr eng ist.

In Europa hat sich für RCK manches verändert. Während des Krieges ist eine neue Generation herangewachsen, die zum Teil aus dem Widerstand kommt oder aus der Emigration zurückgekehrt ist. Aus diesen Gruppen entwickelt sich eine Generation von Politikern und Wirtschaftstreibenden, die sich bereits aktiv einbringen.

Für RCK fehlen in dieser Situation viele alte starke Kontakte und er steht Personen gegenüber, die auch ihn als einen »Newcomer« sehen. Er versucht möglichst rasch dort wieder Fuß zu fassen, denn er will einfach dort fortsetzen, wo er mit seiner Arbeit zu Paneuropa 1938 war. Das beste Beispiel dafür, dass er sehr schnell dazulernt, ist der sogenannte »Sandys-Konflikt«.

Duncan Sandys (1908–1987) ist seit der Heirat mit Churchills Tochter Diana 1935 dessen Schwiegersohn. Er ist in Europa gut bekannt und auch schon paneuropäisch organisatorisch in einem Sammelprozess. Gerade in Bezug auf Europa sind dadurch die Ausgangslagen zwischen den beiden Personen RCK und Sandys sehr unterschiedlich. RCK versucht den durch den Krieg verlorenen Faden in Europa in mühsamer unermüdlicher Arbeit wieder aufzubauen und sein altes Netzwerk zu rekonstruieren. Ein Punkt dabei ist, dass er sich der Unterstützung Churchills versichern muss. In diesem Hin und Her ist das Endziel, ein repräsentatives Komitee mit dem Namen »United Europe Committee« unter dem Vorsitz Churchills zu bilden.[122] Mit dieser Ausgangssituation konfrontiert, muss RCK die Ist-Situation zur Kenntnis nehmen, dass nämlich Sandys dank seines Einsatzes den ursprünglichen Plan dort fortsetzt, wo sich RCK – rückblickend gesehen – nach 1933 zurückziehen musste. Das ist die Ursache eines Prozesses der Auseinandersetzung und RCK hat sich zu entscheiden, entweder in dieser für ihn nachteiligen Schieflage den Konflikt zu suchen oder den Wiederaufbau der Paneuropa-Union im Sinne der Europa-Bewegung zu unterstützen. Im Rahmen dieser Überlegungen und der genauen Beobachtung erkennt er, dass durch Sandys' Schritte zum Aufbau einer Europa-Bewegung unter der Patronanz Englands sowohl der Großteil der westeuropäischen Länder als auch die kleinen westlich orientierten Staaten für ihn nur sehr schwer zu gewinnen sind. Unter diesem Blickwinkel verzichtet er für den Moment und überlässt Sandys das Feld.

Es spricht für RCK, dass er einen neuen Weg sucht und auch findet. Dabei hilft ihm bewusst oder unbewusst der Lernprozess, den er in den USA durchlaufen hat, wo er erleben musste, dass das politische System einen hohen Stellenwert hat und die Macht der organisierten Abgeordneten sehr stark ist, und er beschließt, seine ursprüngliche Paneuropa-Idee zunächst ruhen zu lassen.

Von der »Europäischen Parlamentarier-Union« zum Europarat

RCK erkennt, dass es ihm gelingen muss, weniger mit den Regierungen als mit den aktiven parlamentarischen Mitgliedern Europas in Kontakt zu treten und sie zu gewinnen. Denn sie sind für ihn realpolitisch gesehen jene Kraft, die stark genug ist, für ein neues demokratisches Europa die führenden Entscheidungsträger zu stellen. In kleinen Schritten, gekennzeichnet durch viele Kurzgespräche mit einzelnen Personen und kleinen Gruppen von Abgeordneten nach Namenslisten, beginnt seine »Sympathisantensammlung«[123].

Auf diese Zielgruppe sich programmatisch ausrichtend, mit dem Bezug zu Paneuropa, bahnt RCK neue Wege für eine künftige Organisation im Sinne einer »Europäischen Parlamentarier-Union«. Er konzentriert sich auf ein eng umgrenztes, anwendungsorientiertes Programm im Sinne der »politischen Machbarkeit« und damit der Durchschaubarkeit eines zukunftsorientierten Projekts. Damit schafft er die Möglichkeit, dass für die Zukunft Europas ein zunächst theoretisches, doch programmatisches und anwendungsorientiertes Projekt entstehen kann. Dafür benötigt er ein Organisationsnetz und jemanden, der die interne Arbeit daran koordiniert und weiterbetreibt. Diese schwierige Kernarbeit übernimmt Ida unter Einbindung von freien Mitarbeitern. Sie ist der innere Motor und die Trägerin der Gesamtlast. Ihre Unermüdlichkeit, Genauigkeit und Konsequenz sind das Rückgrat seiner Konferenzen. Auch wirkt sie, sicher aus vielen Konflikten in ihrer Theaterzeit erfahren, ausgleichend bei Begleitprogrammen zu RCKs Arbeit und bei gesellschaftlichen Treffen.

Anhand seiner Listen und über Kontakte richtet RCK Einladungen an verschiedene Gruppen von Parlamentariern verschiedener europäischer Staaten zu einer eigenen Gründungssitzung nach Gstaad in der Schweiz. Diese quasi geschlossene Tagung findet am 4. und 5. Juli 1947 statt. Die Teilnehmer sind Parlamentarier mehrerer europäischer Länder. Nach einer konstituierenden Sitzung beschließen sie, für die Zeit vom 8. bis 10. September 1947 zum »I. Europäischen Parlamentarier-Kongress« nach Gstaad einzuladen. Die konstituierenden Teilnehmer wählen den griechischen Sozialdemokraten Leon Maccas zum provisorischen Vorsitzenden und RCK zum Generalsekretär. In ihren Händen liegt die Vorbereitung dieses Kongresses. Bereits im Vorfeld des Kongresses taucht der Nicht-Parlamentarier Sandys in Gstaad auf, sorgt für Unruhe und will den Kongress verhindern. Die Mehrheit der Abgeordneten lehnt Sandys' Interventionen ab.[124]

Sehr rasch zeichnet sich ab, dass auf dem Kongress die Frage nach einer politischen Union im Mittelpunkt stehen wird. Dazu folgen ökonomische Themenbereiche, sodass bei der kurz danach stattfindenden Tagung in Paris die Regierungsvertreter gut ausgerüstet sind und mit ökonomischen Experten und Dolmetschern aus 16 Staaten darüber befinden, unter welchen Umständen auch die Schaffung einer Wirtschaftsunion möglich ist. Genau für diese Pariser Konferenz ist dies wichtig, seit die Vorstellungen von General George C. Marshall in Europa immer stärker Fuß fassen und in diesem neuen Europa zunehmend bekannt wird, was dieser Marshall-Plan werden soll. Es wird praktisch in ganz Europa öffentlich über diesen Plan diskutiert. Es geht um die Frage, ob der Marshall-Plan ein Projekt für alle Staaten Europas einschließlich der Sowjetunion wird oder nur westeuropäischen Staaten zugutekommt. Das Projekt ist ein gut durchdachtes Finanzsystem und dient dem Wiederaufbau, aber auch der Festigung des Einflusses der USA in Europa. RCK sieht das Zusammenwachsen von Belgien, den Niederlanden und Luxemburgs zu den »Benelux«-Staaten außerhalb dieses Projekts als ein Vorläufermodell für die Union Europas. Und RCK erhofft sich von der Pariser Konferenz einen weiteren Schritt in diese Richtung. Diese Pariser Konferenz mit ihren 16 Komitees zur Koordinierung der europäischen Wirtschaft soll als Richtschnur für einen wirtschaftlichen Generalstab für Europa dienen. Doch RCK muss ernüchtert zur Kenntnis nehmen, dass in der Folgezeit der Marshall-Plan nicht so verläuft wie er gedacht war, und Europa in zwei Einflusssphären zerfällt.

Das Gstaader Treffen als Ausgangspunkt eines neuen Europa

Die ersten Vorboten des Kalten Krieges treten bereits auf. Dieses Thema ist am Rande des »I. Europäischen Parlamentarier-Kongresses« präsent. Tatsächlich folgen der Einladung mehr Parlamentarier als erwartet: 114 belgische, britische, dänische, französische, griechische, italienische, niederländische, schwedische und österreichische Delegierte treffen ein, und so muss der größte Saal in Gstaad als Veranstaltungsort ausgewählt werden. Die offizielle Eröffnung findet am 8. September 1947 im großen Festsaal des Gstaader Palace-Hotels statt. Die Palette der teilnehmenden Parlamentarier ist fast vollkommen vertreten. Es fehlen jedoch Parlamentarier aus jenen Ländern, die unter dem Einfluss der Sowjetunion stehen. Die hochkarätige Tagung verläuft lebhaft, beginnend mit der Vorstellung der einzelnen Ländervertretungen. An der Spitze stehen ehemalige Minister und sogenannte Zukünftige, wie zum Beispiel der ehemalige italienische Ministerpräsident Ferruccio Parri, der spätere Generalsekretär des Europarats. Trotz starker Opposition gelingt es ihm, ein positives Bild nach außen zu vermitteln.

Duncan Sandys, mit einem Erfolgswunsch Churchills für den Kongress als dessen Vertreter entsandt, erregt sofort Unruhe, zumal der Leiter der britischen Delegation, Colonel E. M. King, am Abend des 8. September bei Äußerungen von Bedenken seitens des Präsidiums und des Generalsekretärs so reagiert, dass er behauptet, Sandys sei als sein persönlicher Dolmetscher vor Ort und müsse anwesend sein. Unmittelbar nach dieser Aussage, mutmaßlich unter Druck, zieht er sich in eine Art innere Emigration zurück und Sandys übernimmt gleichsam seinen Part und ergreift sofort das Wort. Sein Ziel ist es, das bisherige Stimmungsbild und die Meinungsgemeinsamkeit aufzubrechen. Um dann mit seinem Vorschlag zu kommen, dass nicht RCK zum Generalsekretär gewählt werden soll. Sein Ziel ist es, selbst Generalsekretär zu werden. Anstelle des ursprünglichen Gedankens bringt er die Forderung ein, dass es in Zukunft zwei Generalsekretäre geben soll, dabei schlägt er sich selbst als Generalsekretär für die Parlamentarier und den zweiten für die Nicht-Parlamentarier vor. Das heißt, politisch gesehen, einen für den Kernbereich – die Entscheidungsträger – und einen für den äußeren Bereich – Finanzierung und anderes. RCK stellt sofort klar, dass er zurücktreten würde, sollten die Präsidiumsmitglieder Sandys zum Generalsekretär wählen. Daraufhin erfolgt eine neuerliche Debatte. Schließlich ergreift der französische Delegationsleiter René Coty (1882–1962), der später

Winston Churchill kurz nach Kriegsende in London.

Frankreichs Präsident werden wird, das Wort und bringt seine Interpretation ein mit dem Ergebnis, dass RCK Generalsekretär wird.

Der Konflikt zwischen RCK und Sandys verstärkt sich

In Zukunft wird es Coty sein, der als ruhender Pol, Philosoph und Vertreter des praktischen Idealismus in schwierigen Situationen immer die richtigen Schritte zur Einigung und Gemeinsamkeit setzt. Während des Gstaader Kongresses gelingt es ihm, die anderen Teilnehmer davon zu überzeugen, dass durch die Abgabe eines Teils der Souveränitätsrechte im Sinne einer europäischen Föderation der Gewinn für alle Eingebundenen höher ist als der scheinbare Verlust. Der Erfolg dieser Aussagen Cotys schlägt sich dann in der Einstimmigkeit nieder. Außerdem greift die nationale und internationale Presse das Thema Europaeinigung in Form einer Art »Einigungsresolution des ersten Parlamentarier-Kongresses« auf.

Appell der Teilnehmer des I. Europäischen Parlamentarier-Kongresses an alle Parlamentarier Europas

I. Einsetzung ihrer Macht und ihres Einflusses auf Regierungen und Völker Europas;

II. Erreichung der Ziele:

1. Schnellstens im Geiste des Artikels 52 des Pakts der Vereinten Nationen eine europäische Regional-Gruppe ins Leben zu rufen;
2. Unter dem Namen »Vereinigte Staaten von Europa« eine Völkergemeinschaft zu errichten, die alle Staaten umfasst, die zur Zusammenarbeit bereit sind, mit dem Endziel, ganz Europa zu vereinigen;
3. Baldmöglichst eine europäische Konstituante einzuberufen zur Ausarbeitung einer europäischen Bundesverfassung. Diese Konstituante soll entweder durch die nationalen Parlamente gewählt werden oder direkt durch das Volk.

Auch wenn es immer wieder Kritik an diesem Kongress und seinen erklärten Zielen gibt, kann bei aller Kritik eines nicht geleugnet werden: dass nämlich diese Tagung die Initialzündung zur Gründung der Europäischen Union wurde und dass sich die Ideen dieser Pioniere, auch wenn sie gelegentlich angegriffen wurden, bereits 1949 bei der Gründung des Europarats wiederfinden und von dort an den langsamen, mühsamen Weg gehen als wichtiges Instrumentarium der Einigung. Das Wechselspiel zwischen Parlament und Regierung beginnt langsam, auf Länderebene zu greifen und den Lernprozess des »Wir« und »Ich« in einen Gleichklang zu bringen.

Kurz nach Kongressende unternehmen RCK und Ida ihre nächste USA-Reise. Diese Reise soll zwar eine persönliche Urlaubsreise werden, in der Praxis geht Ida aber von der Überlegung aus, das Interessante mit dem Nützlichen zu verbinden. RCK hingegen bemüht sich, in seinem Selbstverständnis als »Botschafter Europas« vor allem die amerikanische Presse zu gewinnen. Er ist in diesem Abschnitt praktisch völlig uninformiert darüber, was in Europa geschieht. Auch hat er ein Kontaktgespräch mit US-Präsidenten Truman und mit Außenminister Marshall. Mit Letzterem bahnt sich eine Freundschaft an.

Die für ihn strategisch günstige Situation, die Abwesenheit RCKs, erkennt Duncan Sandys sofort und beginnt zu handeln. Mutmaßlich geht es dem Ehrgeizigen darum, da RCK nicht anwesend sein kann, einen Kongress zu organisieren um seine Niederlage bei der Auseinandersetzung um das Generalsekretariat jetzt wettzumachen. Gleichzeitig beruft Churchill, wahrscheinlich ohne die Absichten Sandys' zu durchschauen, vom 7. bis 10. Mai 1948 einen Europa-Kongress in Den Haag ein. Die Kongressorganisation liegt bei einer der vielfältigen, jetzt rasch entstehenden Gruppierungen mit dem Namen »Union Europäischer Föderalisten«. Diese Gruppe steht genau wie Sandys im starken Gegensatz zu RCK. Zu dieser Gruppierung als Veranstalterin kommt noch ein britisch-französisches Europa-Komitee namens »United European Movement« und die Europäische Wirtschaftsliga, die aus mehreren europäisch orientierten Gruppierungen trotz unterschiedlicher Interessen während der Nachkriegszeit hier zusammenfinden.

Von dieser Veranstaltung, obwohl von Churchill getragen, ist RCK weder informiert noch wird er eingeladen. Erst nach einer Intervention RCKs bei Churchill erhält er einen Einladungsbrief.[125]

Für RCK geht es, als er über diese Veranstaltung informiert wird, um die Präsentation: Wer hat welche Befugnisse und wie stellt er sich dar? Es geht dann insbesondere um den »Flaggenstreit«, also darum, was in Zukunft das Symbol der Gemeinsamkeit aller sein soll. So erinnert RCK Churchill daran, dass es seit 1923 (im »Paneuropäischen Manifest«) ein Symbol gibt, das nach außen eine Flagge und ein Symbol der Gemeinsamkeit aller ist: das »Sonnenkreuz«.

Und nun wird mit dieser von Sandys entworfenen Flagge, dem grünen »E«, ein Bruch gesetzt, eine totale Einengung. Denn dieses »E« bedeutet für RCK ein Wegschieben all dessen, was bisher geleistet wurde. Und das ist für ihn ein Symbol der Trennung. Es ist die Einengung Europas unter die Hegemonie »Englands«. RCK legt noch ein Schäuflein nach und bringt sein Argument bei Churchill vor: »Man stelle sich vor, dass dem Britischen Union Jack plötzlich ein »B« eingebrannt wird. Auch die rund 90 Jahre alte Rot-Kreuz-Fahne ist doch eine Fahne für alle.« Er setzt noch weiter fort. »Zur Zeit Aristide Briands, dem Vorträger der Vereinigten Staaten von Europa, wehte diese Fahne in Genf, in allen Städten Europas, weil sie die Hoffnung auf eine neue Zeit symbolisiert. Und niemand in Europa kann verstehen, warum in Europa eine britische Vorherrschaft gelten soll.«

Churchill handelt sehr schnell: Diese Argumentationskette muss ihn zum Nachdenken gebracht haben, denn bereits rund sieben Tage später erhält RCK ein Schreiben von Sandys. Der Brief ist eine Entschuldigung, die alles auf das Missverständnis zurückführt, dass die neue Flagge (Duncan-Flagge) als Europaflagge nur für diesen Kongress gedacht war.

Niemand, so RCK, in der Konfliktsituation stehend, würde verstehen, warum die »gewachsene« Flagge plötzlich nicht mehr existieren soll. Das Ganze spielt sich noch während des Aufenthalts der Coudenhoves in den USA ab. Schließlich wird für RCK die Teilzusage gegeben, dass neben dem grünen »E« auf weißem Grund (Duncan-Flagge) auch die alte Paneuropa-Flagge gehisst wird, zumal diese schon von der Parlamentarier-Union übernommen wurde.

Damit ist Sandys' Flagge in Gefahr, in der Versenkung zu verschwinden. RCK ist Sandys gegenüber misstrauisch und gibt noch in New York den Auftrag, eine Kiste von Paneuropa-Flaggen an das Kongresssekretariat zu schicken, sodass diese Flagge auch tatsächlich gehisst werden kann. Damit scheint der unnötige Flaggenkonflikt beendet.

Wenige Tage nach der raschen Korrespondenz mit Sandys kehren RCK und seine Frau nach Europa zurück. Kurz darauf treffen sie am 6. Mai in Den Haag ein: Sandys hat RCK wieder getäuscht. Überall hängt nur die neue Flagge und Sandys entschuldigt sich bei ihm mit der Aussage, die Paneuropa-Flaggen seien im Trubel der Vorbereitungsarbeiten verlorengegangen. Und tatsächlich werden sie erst kurz nach Ende des Kongresses gefunden. Auf jeden Fall ist dieser Zwischenfall für RCK eine entscheidende Lehre und vieles wird zurückgedrängt. Er selbst erstickt nahezu in einer Kette von Kongressen und Tagungen.

Der Kongress in Interlaken steht im Zeichen der Suche nach Gemeinsamkeiten, der allgemeinen Haltung, dass »alles gut werden wird«, und dass die endgültige Lösung für alle ein Bundesstaat sein wird, auch wenn es länger dauern sollte. Ebenso zeigt sich, dass sich zunehmend Abgeordnete für das neue Europaprojekt interessieren. Dies spiegelt sich knapp zwei Monate später bei der Pariser Konferenz der fünf Außenminister am 28. Oktober 1948 wider. Ein Ergebnis dieser Tagung ist, dass ein 18-köpfiges »Studienkomitee für eine Europäische Union« gegründet wird. Die Mitglieder dieses Gremiums sollen für die Außenministerkonferenz 1949 in London entscheidungsreife Unterlagen für den Vorsitzenden der Kommission und dessen Team vorlegen.

Gleichzeitig mit dieser Entwicklung soll rasch die Entscheidungsnotwendigkeit aufgegriffen werden, wie auf das ökonomische Hilfsangebot des Marshallplans zu reagieren ist. Dazu kommt noch, dass die USA darauf bestehen, die Empfängerstaaten dazu zu verpflichten, die Verwaltung der Hilfsgelder gemeinsam durchzuführen. Und dass anhand eines vorgegebenen Kriterienkatalogs mit Zeiteinteilungs-Blöcken die Verteilung der finanziellen Mittel und damit der Fortschritt des Wiederaufbaus überschaubar sein sollen. Wichtig ist den USA, dass sie sich (wenngleich ohne Prioritä-

Die vier Kongresse der Europäischen Parlamentarier-Union	
Gstaad, Juli 1947	Gründung der EPU – Internationaler Dachverband der Parlamentarier-Gruppen
Interlaken, September 1948	Umgang mit Marshallplan; Deutsche Parlamentarier; Europas Zukunft: Europa als Staatenbund oder Bundesstaat? – Endziel ist Bundesstaat
Venedig, Juni 1949	EPU als Brücke zwischen nationalen Parlamenten und der Europarat-Versammlung; Aufrechterhaltung der EPU
Konstanz, September 1950	Auflösungserscheinungen der EPU; Probleme mit der GB-Frage; RCK: offene Haltung zu de Gaulle

tensetzung) die Kontrolle über alle Schritte vorbehalten, sodass Fehlleistungen unterbleiben.

Kaum hat sich dieses Komitee gegründet, treten wegen des Konflikts zwischen Frankreich und Großbritannien die ersten Probleme auf. Hauptpunkt ist die Deutschlandfrage. Soll Deutschland eingebunden werden oder nicht? Die Franzosen sind dafür, denn ohne Deutschland bleibt nach ihrer Meinung die Europafrage bei einer Lösung in Richtung eines lockeren Staatenbundes stecken. Dies, so die Franzosen, werde ständige Unruheherde zur Folge haben. Sie sind für einen Bundesstaat. Die Briten dagegen müssen auf ihre Dominions Rücksicht nehmen und wollen nicht durch eine »festgeschriebene europäische Verfassung« an den Kontinent gebunden sein. Also wollen sie nur einen losen Staatenbund.

Trotz dieses Konflikts fällt zwischen den zweiten EPU-Kongress in Interlaken im September 1948 und den dritten EPU-Kongress in Venedig im Juni 1949 die Gründung des Europarats am 5. Mai 1949 in London. Damit haben alle Parlamentarier ab sofort einen rechtlich vorgesehenen Rahmen der Gemeinsamkeit für Europa in ihrem Aktivitätenkatalog. Dies bedeutet allerdings, dass die EPU-Kongresse zwar noch als Brücke zwischen Parlamenten und Europarat funktioniert, dass aber Streitigkeiten bis hin zum Boykott der EPU auftreten. Engagement und Begeisterung gehen zurück. Dies bestärkt RCK in der Folge eindeutig in seiner Haltung zu de Gaulle. Die skandinavischen Delegierten bleiben einfach den EPU-Gesprächen fern. Das hat zur Folge, dass französische und britische Kongressteilnehmer, die sich stark mit den Skandinaviern solidarisieren, ebenfalls den Kongress nicht mehr besuchen.

Der Europarat – Debattierclub oder informelle Kontaktebene?

Obwohl die Konflikte um die Europafrage zwischen dem zweiten und dem dritten EPU-Kongress starke Unruhe hervorrufen, werden auf diesen beiden Tagungen wichtige Entscheidungen für die Zukunft gefällt.

Churchill verfolgt seit seiner Zürcher Rede an der Universität Zürich am 19. September 1946, die in der Aussage gipfelt: »Wir müssen eine Art Vereinigte Staaten von Europa errichten«,[126] die Gründung eines Europäischen Staatenbunds. Eines der wichtigsten Ziele der Gründung des Europarats mit der Unterzeichnung des Zehnmächtepakts am 5. Mai 1949 in London ist, dass mit diesem Akt das Bekenntnis zu einer bislang unbekannten Ebene der Organisation geschaffen wird. Zum ersten Mal gibt es einen offiziellen Rahmen für das Zusammentreffen der Parlamentarier im demokratischen, offenen Raum. Ab diesem Zeitpunkt verlieren die EPU-Kongresse und ähnliche Treffen nach und nach an Bedeutung und länderweise ziehen sich die Delegierten zurück.

Gründung des Europarats am 5.Mai 1949

Zehn Staaten beschließen im Zehnmächtepakt am 5. Mai 1949 in London »unter dem Eindruck der Grauen des Zweiten Weltkriegs einen Neubeginn für ein friedliches Europa«. Unterzeichner sind: Belgien, Dänemark, Frankreich, Großbritannien, Irland, Italien, Luxemburg, die Niederlande, Norwegen und Schweden. Als Sitz des Europarats wird Strasbourg, Frankreich festgelegt.

Die Ziele des Europarats sind:

- Festigung des Friedens auf den Grundlagen der Gerechtigkeit und internationalen Zusammenarbeit;
- Erhaltung der Menschenrechte und der menschlichen Zivilisation im Allgemeinen;
- Wahrung der Demokratie und persönlichen Freiheit, politischen Freiheit und Herrschaft des Rechts;

- Förderung des sozialen und wirtschaftlichen Fortschritts zwischen europäischen Ländern;
- Förderung der kulturellen Zusammenarbeit.

Aufbau des Europarats		
Ministerkomitee	Parlamentarische Versammlung	Kongress der Gemeinden und Regionen Europas
47 Außenminister Vorsitz wechselt alle 6 Monate	**318** Abgeordnete aus den nationalen Parlamenten Europas	**318** Abgeordnete aus den nationalen Parlamenten Europas
Verbindungsfeld der 3 Grundbereiche: Oberster Gerichtshof mit 18 Richtern		

Jeder europäische Staat kann ordentliches Mitglied werden, jedoch muss er fähig und willens sein, die Grundsätze der Rechtsstaatlichkeit anzuerkennen und die Grundfreiheiten und Menschenrechte zu gewähren. Auch muss er bereit sein, aktiv im Dienste des Europarats mitzugestalten.

Damit ist von der Zielformulierung Alfred Hermann Frieds mit seinem Europa-Modell von 1906, den »ineinandergreifenden Zahnrädern als Motor für eine gemeinsame Friedenszone«, über die »Vereinigten Staaten Europas«, RCKs Paneuropa und die Umsetzung der Parlamentarier-Union bis hin zur Gründung des Europarats eine kontinuierliche Entwicklung gegeben. Von hier entwickelt und transformiert sich der Staatenbund weiter, denn das Tor, das zur Gründung der Europäischen Union am 1. November 1993 in Maastricht führt, ist geöffnet.

Über drei Generationen haben an diesem Friedensprojekt gearbeitet, haben daran geglaubt und waren trotz Verfolgung und schwerster Leiden stark genug, dieses Ziel zu erreichen, um das Ergebnis einer neuen Generation zur Weiterentwicklung zu übergeben.

Auch wenn der Europarat in späterer Zeit immer wieder als »Debattierclub« hingestellt werden wird, so hat er insofern auch in der Gründungsphase eine wichtige Bedeutung, als hier eine Kontaktebene entsteht, die auch zunehmend überpolitische Bedeutung hat, weil hier auch der wissenschaftliche Informationsaustausch funktioniert, Kooperationen sowie Entwicklungsvergleiche und Auseinandersetzungen zu Theorie und Praxis etwa von Bildungsfragen entstehen. Die Ergebnisse werden immer wieder studiert und es wird versucht, diese in Theorie und Praxis umzusetzen.

Eine weitere wichtige Konsequenz für RCK bringt die Begegnung mit Persönlichkeiten wie Konrad Adenauer und René Coty. Es ist eine Art Rückerinnerung des Erkennens und Setzens weiterer Schritte, das weit über den Europarat Bedeutung gewinnen wird. Dazu kommt, dass bei dieser ersten Sitzung des Europarats, in deren Mittelpunkt Churchill mit seiner britischen Delegation steht, weder RCK noch Sandys ordentliche Teilnehmer sind, aber auch keine deutschen Vertreter teilnehmen.

Auch wenn RCK und Ida am 10. August 1949, bei der offiziellen Eröffnung der ersten Sitzung des Europarats in Strasbourg, nur auf der Zuschauertribüne Platz finden, hat RCK viel Zeit und Möglichkeiten, bekannte Abgeordnete zu treffen und durch die Auffrischung alter Kontakte neue wichtige Freunde für seine weitere Arbeit zu finden. Ein weiterer wichtiger Faktor für RCK und Ida ist, dass nach der ersten Sitzung des Europarats in der Aula eine große Überraschung auf ihn wartet: Das von Anfang an gegenseitig sehr reservierte Auftreten RCKs und Sandys' kann endlich verbessert werden. Nämlich durch Sandys' Worte, die er an alle seine Freunde der Europa-Bewegung richtet, denen gegenüber er große Verpflichtungen hat und denen er für ihre Schöpfungskraft und Begeisterungsfähigkeit dankt. Für Ida und RCK sind die Worte Sandys', dem sie bis dahin sehr skeptisch gegenüberstanden, insofern von großer Bedeutung, als er sich in einem Schreiben vom selben Tag an sie gewandt hat:

»Ich weiß, dass ich hier nicht nur im eigenen Namen spreche, [...] wenn ich Ihnen sage, dass Europa Ihnen heute zu großem Dank verpflichtet ist für all Ihren Glauben und Ihre Begeisterungskraft [...]. Mit freundlichen Empfehlungen an Sie und Ihre Frau, der unsere Idee so viel zu danken hat, bin ich stets Ihr Duncan.«[127]

Sandys selbst wird britischer Abgeordneter und zieht sich aus der Europa-Bewegung zurück. Ein weiterer wichtiger Faktor ist, dass es zur Begegnung zwischen RCK und seinem Vorbild Charles de Gaulle kommt und dass aus der Bekanntschaft in Zukunft eine innige Verbindung des gemeinsamen Denkens und teilweise Handelns erwächst. Auch wenn die Situation gegenwärtig durch einige Gegenläufigkeiten gekennzeichnet ist, versucht RCK vom EPU-Kongress in Venedig an über den Europarat hinweg die Frage der Stellung der EPU zu definieren: Schließlich sieht er sie als eine Art Bindeglied zwischen dem Europarat, auch in einzelnen Fragestellungen, und den entsprechenden Ländern. So bemüht er sich in einem Beitrag um die Einbindung Deutschlands in den Europarat. Insbesondere deswegen, weil er schon merkt, dass in mehreren Bereichen die Frage der

Gewinnung von deutschen Abgeordneten für den Europarat Bedeutung haben könnte.

Ida hat sich in dieser Zeit sehr um das Schweizer Heim und den Garten gekümmert und hat schon lange auf eine Reise in die USA gewartet. Auch hat sie gelegentlich gekränkelt und wird von einem hochqualifizierten Arzt betreut. Trotz allem setzt sie sich immer wieder unermüdlich für die Organisation und die Konferenzen ein. RCK bemüht sich zu diesem Zeitpunkt, einen Mittelweg zwischen der aufkeimenden oder schon wieder verlaufenden Auseinandersetzung um die Zukunft Europas als eine großeuropäische oder kleineuropäische Entwicklung zu finden. Die Entscheidung fällt schließlich, ein einiges Kontinentaleuropa aufzubauen.

Das Ordnungssystem ist für ihn nach wie vor durch das Symbol der Paneuropa-Bewegung gekennzeichnet und dafür hat er ein klares Kennzeichen: das Sonnenkreuz.

Gesichter der Ida Roland II – Schauspielerin, Sozialarbeiterin, Kulturmanagerin

Ungeachtet der beginnenden Auseinandersetzungen begeben sich Richard und Ida 1949 auf die geplante USA-Reise. Ihr geht es darum, Bekanntschaften aufzufrischen und die Reise zu genießen. Die Reise selbst soll möglichst langsam und ohne Druck mit vielen unterschiedlichsten Annehmlichkeiten durchgeführt werden. Ida drängt immer wieder auf Zwischenstopps, um in Ruhe Landschaften besichtigen zu können. Dazwischen kommt es zuweilen auch zu neuen Bekanntschaften und sie versucht, neue Bewegungen kennenzulernen. Diese Reise durch die USA wird, wie sich später herausstellt, ihre letzte sein. Gerade diese Tour ist es, die für beide ohne große Aufregungen und vor allem ohne lange, politisch hitzige Informationsgespräche RCKs verläuft. Sie dient auch dazu, in aller Ruhe viel Zeit miteinander zu verbringen. Jetzt hat Ida die Möglichkeit, versäumte Gespräche nachzuholen, die für die bereits 70-Jährige weit in die Zeit zurückgehen, da sie Richard als Student kennengelernt hatte.

Ihre innere Kraft ermöglichte es ihr schon damals, selbstbewusst aufzutreten, mitzuentscheiden über das Wie, Was und Wann ihrer Theaterrollen und sich auch nach heftigen Auseinandersetzungen durchzusetzen. Für sie ist charakteristisch, dass sie ab 1912 – also ihrer Premiere am Wiener Volkstheater – bis 1933 eine lange Reihe von Rollen und Stücken auf die Bühne bringt, die vom lockeren, leichten Theater bis zu schweren Stoffen eine große Bandbreite haben. Und sie setzt sich damit auch bei der Theaterführung durch, da viele Zuschauer ausschließlich wegen ihr kommen. Insbesondere während des Ersten Weltkriegs legt sie viel Wert darauf, dass ausreichend lockere Stücke gespielt werden und argumentiert damit, dass die verletzten Soldaten, die auf dem sogenannten Genesungsurlaub sind, nichts Kompliziertes sehen wollen, sondern den verfluchten Krieg während dieses Urlaubs einfach zu vergessen versuchen. Sie wollen zumindest im Theater zwei Stunden den trostlosen Alltag vergessen. Sie möchten lachen, Spaß haben und darüber miteinander sprechen.

Ida wird für diese Aussage von einzelnen Kritikern als leichtlebige Person kritisiert. Unbeirrt von dieser Kritik hält sie an ihrer Meinung fest, dass die Schauspieler sich gerade für die Bevölkerung aus den Wiener Außenbezirken voll einzusetzen haben. Und sie beruft sich dabei auf die Aussage der beiden bürgerlichen Sponsoren. Sie wiederholt immer wieder die Manifestation der Sponsoren, dass dieses Theater aufklärend wirken soll, selbstbewusst auftreten soll gegen die kulturelle Hegemonie der aristokratischen Herrschaft. Damit exponiert sie sich stark.

Gerade in der Zeit zwischen 1912 und dem Beginn der 30er Jahre sind für sie die Spuren, die die Sponsoren diesem Theater mitgegeben haben, für alle ein kulturell verbindendes Element. Es ist der wichtige Auftrag an das Theater, gerade an dieser Aufgabe festzuhalten und nicht durch Spekulationen, sondern durch das Erkennen fortschrittlicher Kulturbürgerschichten einer neuen Generation, die durch den Krieg geprägt ist, Teilhabe am Kulturleben zu ermöglichen, in der Nachkriegszeit Frauen aus dem Haushalt herauszuholen, den Männern nach dem Krieg alle politischen und wirtschaftlichen Rechte und Pflichten für das zukunftsorientierte Weiterleben in Richtung einer demokratischen Ordnung mitzugeben. Und sie fasst dies ganz kurz zusammen: »Die neue Zeit bricht an. Die neue Zeit bricht auch für das Theater an.«

Über verschiedene Stationen wie Berlin, Wien, Prag und Budapest während des Ersten Weltkriegs und in der Zwischenkriegszeit strebt sie, jetzt schon zur Pazifistin herangereift, der Verwirklichung ihres großen Wunsches entgegen, an das Burgtheater zu kommen.

Dazu kommt, dass Ida aufgrund ihrer guten Kontakte zu Journalisten und Wissenschaftlern für RCK viele neue Wege eröffnet, was wieder eine sehr gute Rückkoppelung zu RCK zeigt. Und so wird eines noch deutlich, dass sich Ida und RCK oft gemeinsam darum bemühen, für die einzelnen Stücke jeweils entsprechend gutes Grundlagenmaterial zusammenzusuchen, durchzuarbeiten, miteinander zu diskutieren, damit das Rollenbild Idas fundiert nach außen transportiert werden kann. Wesentlich ist in diesem Zusammenhang, dass Ida zum Ersten Paneuropa-Kongress 1926 in Wien durchsetzen kann, dass für die Kongressteilnehmer im Oktober eine eigene Extraveranstaltung im vollbesetzten Haus stattfindet. Und somit wird durch den Kongress ein wichtiger Kulturbeitrag von Wien aus durch die Delegierten in die 20 teilnehmenden Länder transportiert. Das heißt, dass rund 2000 Boten über die Grenzen Europas hinweg die Präsentation Idas nach außen bringen. Dazu kommt noch, dass Ida »seit 1923 ihren Schicksal- und Lebensmittelpunkt langsam in Richtung einer politischen Bewegung gerückt hat.

Diese Tätigkeit wird immer größer. Sie ist ganz in den Bann der Idee Paneuropas gekommen, der sie mit ihrer ganzen Liebe und Leidenschaft diente. Aus dem Mittelpunkt ihres Daseins war das Theater unmerklich an die Peripherie gerückt. Das große Welttheater nahm ihre Fantasie gefangen und die Wunder der weiten Welt. Eine Reise nach Marokko bedeutete für sie unendlich viel mehr als ein Gastspiel in Prag. So schuf sie immer höhere Barrieren für ihre Gastspielverträge, nicht um sie dann anzunehmen, sondern um die Verhandlungen scheitern zu lassen. Erfüllt von anderen Aufgaben und Interessen spielte sie von 1930 bis 1934 überhaupt nicht mehr. Aber dann war es die Politik, die sie zum Burgtheater zurückführte.«[128]

Es geht so weit, dass sie sich von 1930 bis 1934 vollkommen aus dem Theaterleben zurücknimmt, um RCK bei seinen Auseinandersetzungen um die Entwicklung der Paneuropa-Bewegung zu unterstützen und gegen die immer heftiger werdenden Angriffe der Nationalsozialisten zu verteidigen. Dazu kommen aber noch andere Schwierigkeiten, die ebenfalls ihre Anwesenheit verlangen. Sie ist mit vollem Einsatz dabei, den Aufbau von RCKs Werk mit Geldern aus ihren finanziellen Rücklagen aus ihrer Theaterzeit zu decken.

In ihrer Wohnung wird ein Büro für Paneuropa errichtet. Sie führt Korrespondenz, organisiert die Kongresse und pflegt die Kontakte zur Presse. Die ausbleibende Vertragsverlängerung durch das Burgtheater trifft sie zwar hart, doch sie konzentriert sich auf Paneuropa. Wesentlich ist aber, dass ihr Mann ihr die Rückkehr ans Theater ermöglicht. So wendet sich RCK, der zum engsten Vertrauten- und Freundeskreis Dollfuß' gehört, an diesen. Dieser verspricht, dass Ida wieder am Volkstheater wird spielen können. Durch Dollfuß' Ermordung während des gescheiterten Putschversuchs der Nationalsozialisten 1934 wird diese Intervention verhindert. Dann aber ermöglicht es Dollfuß' Nachfolger, Bundeskanzler Schuschnigg, entgegen aller negativen Stimmungsmache im Vorfeld, Diffamierungen von Kritikern und bösen Hinweisen auf ihre Rollen, dass sie erneut auftreten kann. In den beiden Shakespeare-Stücken »Antonius und Cleopatra« und »Macbeth« zeigt sie ihre volle Stärke – das Publikum ist hingerissen, die Presse jubelt, aber Ida nimmt mit diesen beiden Stücken endgültig Abschied vom Theaterleben. Ihr neues Lebenswerk beginnt, und dieses heißt Paneuropa, für das sie sich mit hohem sozialem Engagement einsetzt. Sie unterstützt bewusst verarmte und ältere Menschen sowie Bildungswillige. Was sie in dieser Zeit in Österreich an Sozialarbeit beginnt, setzt sie später während ihres Exils in den USA fort, wo sie auch für künftige Hilfe für Österreich schon Vorbereitungsarbeiten leistet. Was sie über die Veranstaltungsvorbereitungen hinaus, wie etwa für die Kongresse in Berlin und Wien einbringt, ist, dass sie auch bereit ist, sich selbst aktiv mitzugestalten. Und so trägt sie beim Dritten Paneuropa-Kongress die berühmte Friedensrede von Victor Hugo vor (siehe das Kapitel »Hitlers Angst vor Paneuropa«) und wird ebenfalls als »Sendbotin für den Frieden« bezeichnet.

Über die Paneuropa-Idee verknüpft sich der weitere Lebensweg der beiden Personen, der von tiefer Liebe und Verständnis für einander geprägt ist. Sie sind Kollegen und gleichzeitig auch Partner. Schon ab 1924/25 begleitet Ida RCK auf allen Auslandsvorträgen. Sie reist mit ihm nach New York, Washington, Chicago, Boston, Philadelphia, nach Deutschland und in die Niederlande. Ob sie sich schon in der Zeit vor dem Zweiten Weltkrieg für ein europäisches Minderheitenprogramm einsetzt oder erst ab 1945, ist unklar. Zur Zeit des Basler Kongresses 1932, kurz vor der Machtergreifung Hitlers, sind die Wohnung im Wiener Heiligenkreuzerhof und das Gesprächszimmer im Hotel Bristol zu einem Kontaktzentrum geworden. Ida ist zur ständigen Kontaktperson für Wissenschaftler, Politiker, Künstler geworden. Viele Fragen drehen sich um die theoretische und praktische Frage: Was kann gegen den braunen Strom der Nationalsozialisten unternommen werden?

Der Basler Kongress bringt für Ida eine Menge neuer Arbeitsbereiche und Organisationsaufgaben. Denn in dieser Phase des immer stärker werdenden Drucks und vor allem des beginnenden Rückzugs deutscher Sponsoren wird die Arbeit in der Organisation immer schwieriger. Zweitens ist sie zu diesem Zeitpunkt eine voll emanzipierte Frau, die in Bezug auf die Kenntnisse und Entwicklungen sowie Strömungen in Europa und auch das Verhältnis zu den USA informiert ist und durch das Korrekturlesen von RCKs Publikationen ihr Wissen über Europa und die Situation in den einzelnen Staaten vervollkommnet hat. Auch erkennt sie durch die administrative Führung, wie sich das Umfeld der Besucher ändert. Dabei wird deutlich, dass die Anzahl der Frauen sehr gering ist bei der Auseinandersetzung um Europa, und zwar nicht nur in der Paneuropa-Bewegung sondern auch in einigen anderen demokratischen Gruppierungen. Außerdem hat sie während des ersten USA-Aufenthalts enge Kontakte mit amerikanischen Frauenbewegungen wie dem »Women's City Club«. Sie hat das politische Geschehen in den USA sehr genau kennengelernt und dabei erkannt, dass eine große Anzahl wichtiger Aktivitäten von Frauenorganisationen getragen werden, die gleichzeitig eine treibende Kraft für Entwicklungen in den USA darstellen. Nach außen demonstriert sie einerseits ihre Gemeinsamkeit mit RCK, andererseits präsentiert sie sich auch als voll engagierte Friedenspersönlichkeit, indem sie gemeinsam mit RCK für die Besucher des Kongresses in Basel ein zweisprachiges Blatt herausgibt. In Zusammenhang mit dem Basler Kongress taucht auch der Vorschlag auf, eine eigene Partei zu gründen. Nach eingehender Diskussion wird dies abgelehnt. Die sogenannten »Freien Frauen« verhalten sich in dieser Diskussion ablehnend oder desinteressiert. Dazu kommt noch die Sorge von Ida und RCK um Österreich mit Wien als mögliches erstes Opfer der Expansionspolitik des Dritten Reichs.

Ida Roland – Anerkannte Partnerin bei vielen US-Wohlfahrtsorganisationen

Obwohl sie bereits zuvor mehrmals die USA besucht hat, gewinnt der Aufenthalt als »Emigrationsgast« große Bedeutung und hat einen hohen Stellenwert für Ida Roland. Ihre Tätigkeit ist längst nicht mehr das Kennenlernen, sondern das aktive, bewusste Lernen. Sie unternimmt vieles, erlebt, gestaltet mit und arbeitet in Richtung Hilfe vor allem für österreichische Kinder und Jugendliche. Jetzt bemerkt sie, wie Armut in Österreich vor ihrer Emigration tatsächlich ausgesehen hat. Das erste, was sie in den USA sehr rasch erkennt, ist, dass der Großteil der Sozialarbeit und der Wohlfahrt durch private und kirchliche Organisationen geschieht, und dass nicht das Wort, sondern die Tat entscheidet. Das zweite ist, dass die sogenannten »Trägergemeinschaften« auf allen Ebenen wirken, von kleinen Gruppen getragen sind, viele ehrenamtliche Mitarbeiter haben. Das ist ein signifikanter Unterschied zu den ihr bekannten Aktivitäten in Europa.

In dieses Feld der Wohlfahrt der USA für Europa fallen Länder, zu denen auch Österreich zählt. Für Österreich wird diese in den USA oft durch Gruppen von emigrierten Burgenländern organisiert, die bereits in der Endphase der Donaumonarchie und in der Zwischenkriegszeit gekommen sind. Diese US-Bürger burgenländischer Abstammung haben immer einen Weg gefunden, den österreichischen Bundesländern trotz Barrieren und Grenzen zu helfen. Schnell bemüht sich Ida nun um den Aufbau eines Netzwerks, mit dessen Hilfe sie ein Wohlfahrtskomitee für Österreichs Unterstützung in der Nachkriegszeit vorbereitet.

Sie findet zunächst bei den großen amerikanischen Gewerkschaften »American Federation of Labor« (AFL) und »Congress of Industrial Organizations« (CIO), Unterstützung. Die AFL besteht seit 1886 und ist in dieser Zeit (zwischen 1925 und 1952) die größte und einflussreichste gewerkschaftliche

Plattform der USA. Ihre Arbeit ist stark auf Industriearbeiter ausgerichtet. Idas Arbeit geschieht unabhängig von RCK, doch im vollen Einverständnis mit ihm, und sie findet beim Vorsitzenden William Green (1873–1952) ein offenes Ohr. Ihr politisches Aktionsverständnis in diesem Zusammenhang lautet, die Rechte der Eigentümer der Produktionsmittel und deren Kompetenz nicht abzulehnen, sondern die Durchsetzung der direkten Forderungen der entsprechenden Arbeitnehmergruppe mit den Arbeits- und Sicherstellungsmöglichkeiten zu verschränken. Also ein System, dass sich deutlich von den europäischen zu dieser Zeit unterscheidet.

Die zweite Gewerkschaftsgruppe CIO mit ihrem aus Schottland stammenden Präsidenten Philip Murray (1886–1952), zu dem RCK den Kontakt hergestellt hat, rekrutiert ihre Mitglieder durchwegs aus Industriearbeitern, die wenig oder gar nicht ausgebildet sind. Dies betrifft vor allem die Autoproduktion und die entsprechenden nachfolgenden Industriefelder. Beide Gruppen zeigen sich bereit zu helfen. Und tatsächlich bekommt Ida Unterstützung: Zwischen 1947 und 1949 erhält der ÖGB Schuhwerk und Schuhsohlen zugeschickt – diese Zuwendungen sind vor allem auf jugendliche Arbeitnehmer ausgerichtet.

Durch Idas Erklärung, dass Österreich das erste Opfer des Dritten Reiches ist (siehe das Flugblatt »Moskauer Deklaration« von 1943), wird ihr von Washington die Gründung einer Hilfsorganisation namens »American Relief to Austria« genehmigt. Es ist die einzige derartige Zulassung, die in den USA gegeben wurde. In kürzester Zeit gelingt es ihr damit, nicht nur die Gewerkschaften, sondern vor allem die kirchlichen und kirchennahen Organisationen (katholische, evangelische und Quäker) zusammenzuführen und so die den Auflagen entsprechenden Voraussetzungen zu schaffen. Dies hat allerdings sofort zu geschehen. Noch ist das Ganze für Ida Roland nicht abgeschlossen. Aus ihrer Sichtweise ist es ein wichtiges Stück Arbeit. Gemeinsam mit RCK reist sie nach San Francisco zur Gründungskonferenz der Vereinten Nationen und sucht dort eine neue Kontaktstelle für weitere Hilfe. Tatsächlich findet sie gemeinsam mit RCK Kontaktpersonen in zehn US-Staaten, die bereit sind, die in Österreich stationierten US-Truppen aufzufordern, sich für die Sammelaktion einzubringen. Ida ist zunächst bemüht, ihren eigenen Weg zu gehen, schaltet sich aber dort mit ihren Aktivitäten in die große CARE-Paket-Aktion mit ein. So sind ihre Leistungen für den Wiederaufbau von Österreich ein wichtiger Beitrag.

Noch in den USA versucht sie durch ihre Jour fixe-Runden in New York, die auch RCK unterstützt, französische, polnische und Emigranten anderer

Länder zu einer Art kurzfristiger Allianz für die Zeit unmittelbar nach dem Krieg zu gewinnen. Gleichzeitig muss sie den Fünften Paneuropa-Kongress in New York im März 1943 vorbereiten. Sie hat den gesamten technischen Teil abzuwickeln, RCK kümmert sich im Wesentlichen um die inhaltlichen Fragen. Diesem Kongress kommt insofern große Bedeutung zu, als ab diesem Zeitpunkt die amerikanische Öffentlichkeit (wie erwähnt) voll informiert wird und auch die Fragestellung der Nachkriegsentwicklung zu einem Diskussionspunkt herausgestellt wird. Daher muss RCK zur Kenntnis nehmen, dass mit der Sowjetunion – von ihm immer als »Russland« bezeichnet – eine neue Weltmacht herangewachsen ist. RCKs Ziel, auf diesem Kongress eine Zusammenführung der Paneuropäer im Exil zu erreichen, bleibt jedoch unerreicht. Ein anderes Ziel wird hingegen erreicht: nämlich die Sensibilisierung der amerikanischen Öffentlichkeit für die Paneuropa-Frage. Ida erreicht noch als eine Art Belobigung ihrer Bemühungen eine Stelle bei der UNRRA (Nothilfe- und Wiederaufbauverwaltung der Vereinten Nationen), sodass sie ihre Tätigkeit nach dem Mai 1945 in Österreich fortsetzen kann.

Rückkehr nach Europa – Neubeginn und Fortsetzung

Ein Jahr nach Kriegsende kehren Ida und RCK nach Europa zurück. Sie sorgt vom ersten Tag an dafür, dass RCKs Weg für sein Lebenswerk geebnet wird. Für sich selbst hat sie eine wichtige Entscheidung getroffen. Sie bleibt in der Schweiz, nimmt die Schweizer Staatsbürgerschaft an und arbeitet bei der Hilfestellung der Schweiz für Österreich mit. Gleichzeitig begleitet sie von Gstaad aus, wo die Coudenhoves ihr Haus haben, RCK die nächsten fünf Jahre bei all seinen Tätigkeiten. Daneben hat sie auch Zeit und Muße, Gartenpflege zu betreiben und sich auf Reisen vorzubereiten. Reisen, die allerdings nicht in Eile, sondern eher als langsame Touren durch die Schweiz geplant werden. Als sie im Dezember 1950 eine schwere Grippe hat und eine Herzattacke erleidet, missachtet sie, die unermüdliche Arbeiterin, die nie krank gewesen ist, dieses Alarmzeichen. Noch im selben Jahr begleitet sie RCK zur Verleihung des Karlspreises nach Aachen. Beide unternehmen im Februar 1951 eine Erholungsfahrt in den Frühling. Für Ida ist der Frühlingsbeginn unabhängig vom Kalendertermin, sondern wird von ihrer Sehnsucht nach wärmeren Temperaturen bestimmt.

Nach einem dreiwöchigen Aufenthalt in Südfrankreich beschließen sie auf der Rückreise, die Osterfeiertage auf einem Landsitz nahe Nyon am Genfersee zu verbringen. Am Ostersonntag erleidet sie eine weitere Herzattacke. Der herbeigeeilte Arzt kann zwar ihre Schmerzen lindern, aber am Ostermontag, dem 27. März 1951, stirbt Ida Roland 70-jährig.

Im mit einer Paneuropaflagge bedeckten Sarg wird Ida in Gstaad zu RCKs Worten: »Der Schmetterling ist aufgeflogen zu neuen Horizonten, zu neuen Sonnen …« bestattet.[129]

Krise und Neuaufbau

Nach dem Tod Idas beginnt sich RCK von der Paneuropa-Arbeit abzuwenden. Zunächst sind für ihn alle Europa-Zukunftsfragen unwichtig. Der Rückzug geht sogar so weit, dass sich seine Gedanken hauptsächlich darum bewegen, Ida im Gedächtnis zu halten. Gleichzeitig stellt er die Frage an sich selbst, ob es nicht besser wäre, sich in Zukunft eher mit philosophischen Fragen auseinanderzusetzen, als sich wieder der Europafrage zu widmen.[130]

Er ist es nicht gewohnt, sein Leben allein zu bestreiten. Die fehlende Vertrautheit, Entscheidungen, Beschlüsse und Organisation sind jetzt für ihn zum Problem geworden. Der einzige Trost in dieser Zeit ist die Arbeit an »In Memoriam Ida Roland«. Dieser Nachruf ist gleichzeitig Dokument seiner Gefühlstiefe mit bislang unbekannter Art und Weise des Verständnisses zu einem Menschen und wird auch heute noch von Kennern und Freunden aus dem Kulturbereich als Vergleich herangezogen. So hat der Volkstheaterdirektor Paul Blaha gemeinsam mit seiner Frau im Rahmen einer Jubiläumsveranstaltung für das Volkstheater aus diesem Werk einige Abschnitte vorgelesen und eine Diskussion unter den Teilnehmern zum Thema Kultur und Arbeitswelt bzw. Kultur und Freizeitwelt angeregt. Ida Roland hat das Volkstheater nach der damaligen Aussage, dass das Theater die Brücke zum Bürger sei, folgendermaßen umschrieben:

»Das Theater hat die Aufgabe, gleichsam in einem Dreieck zwischen Spaß, Betroffenheit und Schauspiel zu wirken. Dieses gleichseitige Dreieck muss ständig als Vorspiegelung für den Schauspieler dienen und ihm aufgrund der versuchten Ordnung der Dreiheit einen einheitlichen Weg zum Publikum herstellen.«[131]

Symptomatisch für diese Zeit ist jedoch, dass RCKs Rat trotz seines Rückzugs immer wieder angefordert wird und sich gerade in dieser Phase die Frage der Annäherung zwischen Frankreich und Deutschland verstärkt. Dies führt schließlich dazu, dass er zunehmend herausgefordert ist und schrittweise aus der inneren Emigration zurückkehrt.

Neuer Start und neue Lebensbegleiterin

In dieser Zeit ist die Gräfin Alexandra »Alix« Tiele-Bally (1896–1968) für ihn eine wichtige Stütze. »Die Bally«, wie sie oft genannt wurde, war eine Nachbarin von Ida in Gstaad. Sie hatte sich in Idas letzten Jahren zu einer vertrauten Freundin und wichtigen Mitarbeiterin entwickelt. Sie führt jetzt nach dem Tod Idas RCKs Alltagsgeschäfte weiter und sorgt dafür, dass die notwendigsten beruflichen Pflichten eingehalten werden. Auch ist sie durch ihre Mehrsprachigkeit eine große Hilfe für RCK. Aus dieser Zusammenarbeit entwickelt sich eine Freundschaft, Vertrauen und Liebe. RCK erwacht aus seiner Lethargie und es beginnt für ihn ein neuer Lebensabschnitt. Damit ist kein Bruch zur Vergangenheit geschehen, aber die Krise ist überwunden. Im April 1952 heiraten die beiden in der Pariser Kirche St.-Pierre-de-Chaillot. Kurze Zeit später adoptiert er ihren Sohn Alexander.

Dies und die Aufbruchstimmung in der europäischen Politik wecken in ihm wieder den Wunsch, als Mitgestalter für die Einigung Europas unter neuen Rahmenbedingungen aktiv mitzuwirken. Europa steht stark im Zeichen der Staatsmänner Konrad Adenauer, Alcide De Gaspari und Robert Schuman. Letzterer ist es, der enge Verbindungen als Politiker zu Jean Monnet (1888–1979) pflegt.

Dieser kennt die politischen Entwicklungen der Europafrage schon seit dem Ersten Weltkrieg, war danach stellvertretender Generalsekretär des Völkerbundes. Nach einigen Jahren zieht er sich zurück und arbeitet wieder im Familienbetrieb, um während des Zweiten Weltkriegs als Rüstungskoordinator für die westlichen Alliierten zu wirken. Nach dem Zweiten Weltkrieg zieht er sich neuerlich in den Familienbetrieb zurück und wird zum Vordenker und Initiator einer Reihe wichtiger Entscheidungen in der europäischen Zusammenarbeit.

RCK kennt Monnet und dessen Aktivitäten im Sinne Europas trotz ihrer unterschiedlichen Herkunft sehr genau. RCK ist gewillt, sich über die Entwicklung aus Monnets Sicht zu informieren. Vor allem aber möchte er ihn sowohl als Besucher als auch als Vortragenden für seine Kongresse gewinnen. Die umfassende Korrespondenz hierzu ist ein wichtiges Zeugnis der unterschiedlichen Handhabung der Kontaktwege zwischen dem im Hintergrund arbeitenden Monnet und dem öffentlichkeitsbewussten RCK. Dieser muss sich allerdings, bevor er zu seiner Offensive Richtung Kongressarbeit übergeht, um die vernachlässigte und praktisch stagnierende Paneuropa-Bewegung kümmern. Die Sammlung findet nur in kleinen Schritten statt und muss auch mehrschichtig geschehen. So muss er gelegentlich auch seine Frau bitten, bei Besprechungen und Sitzungen Stellvertreterfunktion zu übernehmen.

Das größte Problem ist, dass die bisherige Führung von zwei parlamentarischen, parteigebundenen Regierungsvertretern abhängig ist. RCK beginnt, in rund dreijähriger Konferenzarbeit Schritt für Schritt an seinem neuen Ziel, nämlich der Verbesserung der Zusammenarbeit zu arbeiten.

Die erste Jugendkampagne für Paneuropa

Mit welchen scheinbar unbedeutenden Schwierigkeiten er auch in Österreich zu kämpfen hat, dokumentiert sich 1954, als vor der Präsentation der Paneuropa-Bewegung »mit Entsetzen« festgestellt und auch RCK jetzt erst bewusst wird, dass bis dahin keine Statuten für die Paneuropa-Gesellschaft existierten. Leopold Figl (1902–1965) findet eine Lösung: In einer Nacht-und-Nebel-Aktion gelingt es ihm, dieses Manko zu überwinden. Damit hat die Paneuropa-Bewegung ein gleichsam statutarisches Rahmengebilde. Es wird für Österreich die Standortfrage geklärt. Der Sitz soll zunächst im Bundeskanzleramt liegen. Damit ist die Grundlage eines Strukturwerks von Anfang an auf zwei Ebenen festgelegt: Die erste Ebene der Paneuropa-Bewegung Österreich ist die Landesorganisation Österreich mit einem Vorstand und einem Generalsekretär. Wenn es nach RCK geht, soll der jeweilige Bundeskanzler im Vorstand den Vorsitz übernehmen. Gleichzeitig muss gesagt werden, dass diese Regelung nicht immer reibungslos befolgt wird. Die zweite Ebene soll ihren Sitz möglichst nahe an jenem Ort haben, wo das internationale europäische Geschehen aus einem großen Freiraum heraus beobachtet bzw. mitgestaltet werden kann. Auch soll sie so angesiedelt sein, dass von dort aus gute Kontakte zu Politikern, aber auch zu Organisationen möglich sind. Außerdem hat auch die österreichische Länderorganisation die Aufgabe und wird sogar zum Teil dahingehend ausgerichtet, über die Landesgrenzen hinweg für andere Landesorganisationen Initialarbeit zu machen. Dazu gehört auch der Versuch der Zusammenstellung von Jugendorganisationen. RCK hält es, um den internationalen Anforderungen zu entsprechen, vor allem für notwendig, das Büro für internationale Fragen von Gstaad nach Paris zu verlegen. Diesem Büro fällt die Aufgabe zu, überall dort, wo politische Fäden zusammenlaufen, diese herauszufiltern und daraus Schlüsse für seine eigenen Vorstellungen für weitere Initiativen setzen zu können. Und so glaubt er auch, dass in diesem Zusammenhang eine europaweite Jugendkampagne durchgeführt werden könnte. Auch will er dort eine Verbindungslinie schaffen, die in die Richtung seines grundsätzlichen Standpunkts geht, dass nämlich die Paneuropa-Bewegung die einzige ist, bei der der internationale Charakter im Vordergrund steht und dass ihr somit der Führungsanspruch zusteht.

Am 8. Jänner 1954 hält der österreichische Außenminister Leopold Figl vor der Versammlung der Europa-Kampagne der Jugend in Wien eine zukunftsweisende Rede in diesem Sinne:

»Meine lieben jungen Freunde,
Lassen Sie mich zunächst meiner großen Freude Ausdruck geben, dass ich heute Gelegenheit habe, zu Ihnen, den Vertretern der jungen Generation unserer Zeit, im Besonderen der Europakampagne der Jugend, sprechen zu können. Es ist [...] häufig die Rede davon, dass die heutige Jugend zu wenig Teilnahme für die Angelegenheiten des Gemeinschaftslebens zeigt, dass sie den Fragen der Politik aus dem Wege geht und nur an den der Unterhaltung und dem Vergnügen dienenden Oberflächenerscheinungen des Lebens interessiert ist. Dieses Urteil, das zugleich ein Vorwurf sein soll, trifft sicher für einen Teil der Jugend zu, vielleicht [...] für jenen Teil, der unter den Einwirkungen des Krieges und der schweren Nachkriegszeit eine besonders entbehrungsreiche Kindheit hinter sich hat [...]. Es gibt aber auch eine andere Jugend, die unter den gleichen Entbehrungen jahrelang zu leiden hatte und die daraus doch ganz andere Folgerungen ableitet. Dieser Teil der Jugend macht sich nämlich Gedanken darüber, was denn zu tun wäre, damit es nicht wieder zu einer kriegerischen Katastrophe komme, und ob denn nicht etwa die politischen Formen, unter denen heute die europäischen Völker leben, [...] überholt sind und durch neue ersetzt werden sollten [...]. Zu den jungen Menschen, die solche Überlegungen anstellen [...], selbst mithelfen zu müssen, um im Zusammenleben der Völker einen Wandel zum Besseren herbeizuführen, zu dieser Jugend zähle ich Sie, die Sie heute hiehergekommen sind, um an einer Versammlung teilzunehmen, in der über eine der wichtigsten Fragen europäischer Politik gesprochen wird: die Frage einer wirtschaftlichen und politischen Einigung Europas. [...]
Ihnen[...] wird diese Idee wahrscheinlich als etwas Unerreichbares und nicht Realisierbares erscheinen. Als sie aber schon vor Jahrzehnten von einigen weitsichtigen Männern, darunter von dem Österreicher Coudenhove-Kalergi, propagiert wurde, schien sie der Mehrzahl der Europäer als eine reine Utopie, die man belächelte oder verhöhnte. Aber die Geschichte der Menschheit zeigt, dass

Ein paneuropäischer Jour fixe im Oktober 1966.

Richard Coudenhove-Kalergi im Gespräch mit paneuropäischen Jungfunktionärinnen 1968.

sich Ideen umso lebendiger erweisen, auf je größeren Widerstand sie anfänglich stoßen. [...]
Allerdings würden wir der europäischen Einigungsbewegung keinen guten Dienst erweisen, würden wir die gewaltigen Schwierigkeiten übersehen [...]. Bedenken wir, aus wie vielen Einzelstaaten das heutige Europa besteht. Denken wir an die sprachlichen und konfessionellen Verschiedenheiten sowie an die Unterschiede in den Staatsformen und Verfassungen. [...] Traditionalismus und Konservativismus ist auch die geistige Wurzel des Nationalismus [...], der zur Bildung der Nationalstaaten geführt hat. [...]
Es wird aber bei der Errichtung eines übernationalen, europäischen Staatengebildes unvermeidlich sein, dass die nationale Souveränität hinter der höheren, der Europäischen, zurücktritt.
Eine nicht zu unterschätzende Schwierigkeit ist [...], dass die Vorteile, die eine europäische Einigung [...] bringen wird, gegenwärtig nur einen Hoffnungswert darstellen, der [...] praktisch noch nicht fühlbar ist. [...] Selbst auf wirtschaftlichem Gebiete, wo noch am ehesten die Vorteile eines Zusammenschlusses der nationalen Wirtschaften zu einem gesamteuropäischen Wirtschaftsbereich erkannt werden [...], werden noch viele Hemmnisse überwunden werden müssen [...].
Die europäische Einigungsbewegung wird ungeachtet der Belastung durch die militärische Frage ihre geschichtliche Mission, eine wirtschaftliche und politische Zusammenfassung der europäischen Völker zu erreichen, fortsetzen. Soll dies aber gelingen, soll es in Zukunft wirklich eine neue europäische Lebensform geben, so dürfen sich die Einigungsbestrebungen nicht im rein Materiellen und politisch Organisatorischen erschöpfen. So wie ein Bauwerk nicht nur allein durch die planmäßig gesetzten Bausteine seinen kunstvollen Ausdruck findet, sondern durch die Idee, die dem Bauplan zugrunde liegt, durch den Geist, aus dem der Plan entstanden ist, so kann auch das neue Europa nur durch ein verbindendes geistiges Element zu einem lebensvollen Gebilde werden. Ein gemeinsames Denken, Fühlen und Wollen muss die europäischen Völker bei Aufrechterhaltung ihrer nationalen Eigenart zu einer Einheit verbinden. [...]
Diese Zuversicht wächst angesichts der vielen jungen Menschen, die sich um die Fahne der Europabewegung zusammenfinden. Ich freue mich, feststellen zu können, dass sich unter dieser Jugend auch die österreichische in einer stattlichen Zahl befindet. Österreich ist ja schon auf Grund seiner geschichtlichen Vergangenheit, in der auf seinem Boden die verschiedensten Nationen unter den gleichen staatsrechtlichen Bedingungen beisammen lebten, ein Land, das alle Voraussetzungen für das Verständnis einer völkerverbindenden Idee mitbringt. Dieses Verständnis ist auch in seiner heutigen Jugend vorhanden, zumal es gerade ihr beschieden war,

die Schrecken des Krieges und die Leiden der Nachkriegszeit bis auf die Neige auszukosten. Diese Jugend ist für irgendwelche Kampfparolen, mit denen Menschen gegen Menschen in feindlichem Geiste einander gegenübergestellt werden sollen, widerstandsfähig geworden, ob es sich um nationale oder parteipolitische Parolen handelt. Dagegen ist sie empfänglich für alle Bestrebungen, die die Menschen einander näherbringen und zu einem gemeinsamen Handeln zum Wohle aller vereinigen wollen. Daher findet auch die Idee der europäischen Einigung die Zustimmung und Unterstützung der österreichischen Jugend. Sie will sich mit den übrigen jungen Menschen Europas verbinden, um dieser Idee zu dienen.

Der älteren Generation fällt zufolge ihrer größeren Erfahrungen die Aufgabe zu, die materiellen Bausteine für das neue europäische Haus herbeizuschaffen und planmäßig zusammenzufügen. Aufgabe der Jugend ist es, mit ihrer Begeisterung, mit dem Schwung ihrer Herzen die Alten anzufeuern, bei ihrer Arbeit nicht zu erlahmen, um den weiteren Bau einmal selbst zu übernehmen. Was für ein Ideal könnte für einen jungen Menschen erstrebenswerter sein, als an einem Werke mitzuschaffen, mit dem der europäische Boden endlich freigehalten werden soll von kriegerischem Streit und Hader der Nationen, von den Opfern an Leben und Gut, von dem namenlosen Leid, das die Kriege für die Menschen heraufbeschwören? Man sagt, dass es zum Wesen der jungen Menschen gehöre, kämpfen zu wollen. Dieser Kampfeswille soll auch in Zukunft seine Erfüllung finden. Aber nicht als Kampf mit Vernichtungswaffen, sondern in einem physischen und moralischen Wettstreit auf Sportplätzen, als geistiger Wettkampf in wissenschaftlichen Institutionen und Laboratorien und auf dem Felde der Politik, wenn es sich darum handelt, die Freiheit des Menschen gegen die Argumente der Gewalt zu verteidigen.

Und so kann ich meine Ausführungen nur mit dem Wunsche schließen, dass die Europakampagne der Jugend fest zusammenstehen möge, um über alle Hindernisse hinweg die Stunde herbeizuführen, in der an dem neuen Gebäude Europa das Zeichen der erreichten Dachgleiche angebracht werden kann. Es wäre ein Sieg der Vernunft und des guten Willens, wenn sich bis dahin alle europäischen Völker zusammengefunden hätten, um gemeinsam in diesem Hause Wohnung zu nehmen. Dann könnten wir mit Beruhigung sagen: Nun ist die Arbeit getan, die den Frieden der Welt endgültig sichert. An der Vollendung dieses Werkes mitzuarbeiten, ist der Jugend höchste Aufgabe!«[132]

Die Römischen Verträge von 1957

Fast gleichzeitig mit der Jugendkampagne in Österreich beginnt RCK seine Bemühungen, mit Jean Monnet in Form eines Briefwechsels ins Gespräch zu kommen.[133] RCK erkennt sehr klar, dass Monnet in Frankreich eine Schlüsselfigur für die Europafrage ist. Monnet ist jene Persönlichkeit, die aus den Erfahrungen zweier Weltkriege und seiner Tätigkeit als Stellvertretender Generalsekretär des Völkerbundes an zahlreichen wichtigen Konferenzen teilgenommen hat; er kennt die verschiedenen Allianzen, die entstehen, er kennt eine Unzahl von Persönlichkeiten, die einen starken Friedenswillen, aber auch unterschiedliche Ansichten haben. Es ist jener Zeitpunkt, da der französische Außenminister Schuman auf einen Zusammenschluss für die Kohle- und Stahlproduktion hinarbeitet. Dazu kommt noch, dass auch Großbritannien zu einem Zusammenschluss eingeladen wurde, diesen aber abgelehnt hat. Die Benelux-Staaten sind für RCK ein wichtiges Modell für »Kleineuropa«. Auch signalisiert Italien seine Bereitschaft, an einem Zusammenschluss mitzuwirken. Englands Bedenken, sich der Montanunion anzuschließen, liegen in der potenziellen Beteiligung Deutschlands begründet. RCK sieht darin aber einen Weg für ein neues Europa. Er ist von Anbeginn für eine Erneuerung der Paneuropa-Politik, die aus seinem Blickwinkel einer Art Kontinental-Paneuropa entsprechen soll. Diese Haltung vertritt er auch auf dem vierten EPU-Kongress in Konstanz. Inzwischen hat sich die Drehscheibe Europas durch diese wichtige Entwicklung ein Stück weitergedreht, und mit der Verlagerung des Büros nach Paris geschieht die aktuelle Anpassung an die Europafrage. Sein Ziel ist es, die Brüsseler Vertreter der »Europa-Bewegung« sowie die »Union Europäischer Föderalisten«, und damit auch Monnet, zu einem großen, gemeinsamen Paneuropa-Kongress nach Paris einzuladen. Sein Motto dabei ist nach wie vor die Schaffung der »Vereinigten Staaten von Europa«.

Dazu kommt noch, dass für den Fall, dass es gelingt, einen neuen Zentralverband zu gründen, der aus Europäern unterschiedlicher Nationalitäten zusammengesetzt ist, ein starkes Team aufgebaut werden kann, das sich als Schlüssel in die Entwicklung der Europafrage einbringen kann. Um diese Frage durchzudiskutieren, erwartet er eine Hilfestellung bei beiden Kongressen – beim Sechsten 1954 und beim Siebten 1955. Aufgrund dieser Ergebnisse beginnt er mit der Ausrichtung und mit entsprechenden intensiveren Vorbereitungen für den Achten Paneuropa-Kongress in Bad Ragaz. Dazwischen schaltet er noch 1956 einen deutsch-französischen Parlamentarier-Kongress ein, zumal durch die Bereinigung der Konfliktfelder und die endgültige Klärung der Saar-Frage scheinbar alle unmittelbaren Streitpunkte beseitigt sind. Gleichsam als Anerkennung für seine informelle Vermittlerrolle erhält er noch 1956 von Seiten Frankreichs das Kreuz der Ehrenlegion und von Seiten Deutschlands den »Verdienstorden der Bundesrepublik«.

Insbesondere die Römischen Verträge von 1957 mit den Beschlüssen zur Gründung der EWG, des EURATOM und mehrerer weiterer Ausschüsse beeinflussen die weitere Entwicklung entscheidend. Sie gelten als eine Art Richtschnur für die Zukunftsentwicklung und sorgen für eine Begeisterungswelle der positiven Aufnahme durch den Großteil der Bevölkerung. Für RCK sind durch den Schuman-Plan – eigentlich Monnet-Plan – zur Bildung der Montanunion 1957 durch die Verträge Ecksteine der Europapolitik verwirklicht.

Der europäische Gigant: Charles de Gaulle

RCK sieht im Abschluss der Römischen Verträge den Abschluss der zweiten Etappe der Europaentwicklung und damit auch als eine Weiterführung der Paneuropa-Bewegung.

Als dritten Abschnitt sieht er das Zusammenwachsen Europas zu einem »Bundesstaat«. Damit eröffnet er neuerlich eine Diskussion über die Art des zu gehenden Weges. Mit der Rückkehr von Charles de Gaulle an die Spitze Frankreichs und damit in die Europapolitik verschärfen sich auch die Gegensätze und Diskussionen. Seit Anfang 1959 ist Charles de Gaulle erneut Präsident Frankreichs und bringt seine Vorstellungen von der Zukunft Europas sehr deutlich ein. Sein Ziel ist es, eine Einigung Europas zu erreichen, denn diese bedeutet für die Entwicklung Frankreichs aus ökonomischen Gründen eine Notwendigkeit.

Zu diesem Zeitpunkt hat RCK bereits einen neuen Generalsekretär: Oscar Miller-Aichholz. Kennengelernt haben sich die beiden 1955 anlässlich des Siebten Paneuropa-Kongresses in Baden-Baden. Der Wiener Student ist zu dieser Zeit für sein Studium der Volkswirtschaft in Bonn und arbeitet daneben für eine deutsch-französische Firma, die organisatorische Aufgaben für den Siebten Paneuropa-Kongress übernommen hat. Schon seit seiner Mitarbeit beim Sechsten Kongress hat er etwas Erfahrung als sogenannter Zuarbeiter bei einem Kongress.

Während des Siebten Kongresses lernt Miller-Aichholz durch Zufall Konrad Adenauer kennen, als dieser im Regen stehend vergeblich auf ein Taxi wartet. Adenauer ist nur mit einem Mantel notdürftig geschützt. Aichholz hilft ihm mit einem Schirm aus. Später wird Miller-Aichholz immer wieder zu Gesprächen zwischen RCK und Adenauer beigezogen. Für den laufenden Kongress wird Miller-Aichholz noch verpflichtet. Diese Arbeit wird er in Zukunft fortsetzen. Sie umfasst das Erstellen der Sitzungsprotokolle, das Sammeln der Referate von Vortragenden, von Presseunterlagen, die Zusammenstellung von Arbeitsmaterialien für die Teilnehmer sowie sonstige alltägliche Arbeiten. Noch während des Kongresses ersucht ihn RCK, zwei Karten für ihn und seine Frau für den Besuch einer Veranstaltung der Spanischen Hofreitschule in Wien für unmittelbar nach seiner Ankunft zu be-

Unmittelbar nach der Wahlniederlage am 28. April 1969 gibt Charles de Gaulle in einer Fernsehansprache seinen Rücktritt bekannt.

sorgen. In der Folge ergeben sich mehrere Gespräche zwischen den beiden. Gegen Ende 1955 tritt RCK mit der Frage an Miller-Aichholz heran, ob der Französisch und Englisch sprechende Student für ihn als Generalsekretär arbeiten will. Seine Tätigkeit als Generalsekretär erstreckt sich auch auf alles technisch Notwendige in der Vorbereitung für Kongresse. Nach gegenseitiger Abklärung der Tätigkeitsfelder bleibt Oscar Miller-Aichholz zehn Jahre lang Generalsekretär von Paneuropa.

In dieser Situation des Übergangs und der Neuorientierung der Paneuropa-Bewegung kommt nun Charles de Gaulle ins Spiel. Bereits 1948 wurde er zur Mitarbeit an der Europa-Bewegung eingeladen. Als de Gaulle erkannte, dass es mit dem sogenannten »Nicht-Eingeladenen« RCK Probleme gab, lehnte er die Teilnahme an diesen Europagesprächen ab. Er hat ebenfalls kein Interesse an einem Europa der 15 Regierungen, sondern sein Ziel ist die Schaffung der »Vereinigten Staaten von Europa«, aber eben nicht über den Umweg des Europarats.

Ein erster Schritt zur Aufweichung dieser Haltung fällt dadurch, dass de Gaulle – beraten von RCK – am 28. Jänner 1952 in Aachen zum »Feiertag

Karls des Großen« einen Vortrag hält und dabei seine Ideen präsentieren kann.

Trotz aller Kritik an de Gaulle sieht RCK in diesem einen vorausschauenden Politiker, der ein echter Freund Europas ist. Trotzdem stehen mehrere Strömungen einander entgegen.

Drei Perspektiven auf ein neues Europa Mitte der 1950er Jahre		
RCK	**Charles de Gaulle**	**Schuman, Spaak, Monnet**
Bundesstaat nach Schweizer Vorbild Mitglieder: die einzelnen Nationalstaaten Gemeinsame Außenpolitik, Verteidigung, Wirtschaft und Währung Garantie der europäischen Menschenrechte Innere Selbstständigkeit der europäischen Nationen	Vereintes Europa ist ein Bund souveräner Staaten Beschränkung der Politik auf gemeinsame Interessen Ziel: »Europa der Vaterländer« Konsequente Fortsetzung europäischer Wirtschaftspolitik Stabilisierung des Französischen Franc	Ideen de Gaulles sind ein Rückschritt Ideen sind gefährlich und zu bekämpfen Idee ist die Philosophie der Veteranen und der Vierten Republik

Auch wenn diese unterschiedlichen Positionen auftreten, dreht sich das Rad in Richtung eines geeinten Europas einen Schritt weiter. Ein wichtiger Grund ist die Hartnäckigkeit, mit der de Gaulle zur Ergänzung der EWG von 1957 einen Zusatz erzwingt. Dieses neue Teilstück ist ein gemeinsamer Agrarmarkt als ein weiteres Abkommen zur Stärkung des europäischen Zusammenhalts. Trotzdem bleibt die Kluft zwischen der Paneuropa-Union und Europa-Union bzw. der Europäischen Bewegung nach wie vor unüberbrückbar.

Die Symbole Europas – Fahne und Hymne für eine europäische Identität

Die Europahymne – von der Idee zur Realität

Die Suche nach einem gemeinsamen Weg und nach der Beendigung der Feindseligkeiten zwischen Frankreich und Deutschland seit dem Deutsch-Französischen Krieg 1870/71 wird lange Zeit vorwiegend von Friedensnobelpreisträgern getragen: etwa Alfred Hermann Fried 1911 oder Ludwig Quidde 1927 (gemeinsam mit Ferdinand Buisson). Was fehlt, ist der Wille der Politik, Zeichen für die gemeinsame Identitätsfindung eines neuen demokratischen Europas zu unterstützen oder zu fördern. Ein Grund hierfür ist, dass Zeichen fehlen, die jene symbolische Kraft haben, die das Bekennen von Pflichten und Verantwortung ermöglicht. Durchwegs sind Lösungsorientierungen von vorgefassten Angstparolen getragen. Statt gemeinsamem Kennenlernen und Toleranz tritt oft nationale Verschärfung und der Ausbau von Vorurteilen in den Vordergrund. Der keimende Prozess zur Überwindung dieser Haltung ist nicht stark genug, alle Rückschläge durchzustehen und einen neuen Weg zu finden, die »Vereinigten Staaten von Europa« zu schaffen.[134]

Eine Vielzahl von Menschen, die auf der Suche nach treffenden Namen für ein neues Europa sind, haben Vorschläge gemacht: Friedenszone Europa, Großeuropa, Kontinentaleuropa, Paneuropa, Epochales Europa. Sie sind durchwegs »Hilfsmittel« für eine neue Ordnung, Vorstellungen eines Europa, das im Kern eine demokratische Gemeinschaft ist.

Mit unterschiedlicher Stärke kristallisieren sich unter anderem zwei Eckpunkte heraus. Nämlich eingängige Symbole, die Identifikation schaffen. Die beiden wichtigsten sind das Banner und das melodische Signal. Gemeinsam ist, dass in allen diesen Parolen das Wort Europa enthalten ist. Erst in der Zeit nach dem Zweiten Weltkrieg beginnt eine zunehmende Auseinandersetzung mit der Frage dieser Entwicklung. Ein Grund dafür ist, dass alle Staaten Europas erschöpft und ausgelaugt sind und dadurch in Europa ein von der Tradition nicht mehr tragbares Vakuum herrscht.

Die Suche nach einer gemeinsamen Europasymbolik beginnt bereits kurz nach dem Ersten Weltkrieg und vollendet sich erst mit der Europahymne und der Europaflagge. Die Frage nach einer europäischen Hymne wird 1951 konkret öffentlich, da bereits mehrere Vorschläge beim Europarat eingebracht worden sind.

Immer wieder werden seit Gründung des Europarats von privater Seite Schreiben mit Vorschlägen an Paul M. G. Lévy, den Presse- und Informationsdirektor des Rats, gerichtet. So fragt der Deggendorfer Hans Horben aus Bayern 1951 mit dem Vorschlag einer Europahymne an. Direktor Lévy stellt ihm eine Rückantwort, die gleichzeitig eine Klarstellung bedeutet. Er begründet in dieser Antwort an Hans Horben vom 28. September 1951, dass eine Debatte über die Hymne »hintanstehen muss«, zumal die Priorität das Finden einer Europaflagge sei.[135] Die angelaufene Debatte gerät jedenfalls niemals ins Stocken. 1954 wird sie im Zusammenhang mit der Aufnahme deutscher Abgeordneter in den Europarat wiederum aktuell. Diese müssen in die Debatte nun eingebunden werden, damit eine echte Gleichheit für die notwendige Abstimmung gegeben ist

Inzwischen hat sich aus Österreich Rudolf Klehr, ein holländischer Tischlermeister in Salzburg, mit einer neuen Initiative gemeldet. Ihm geht es sowohl um die Melodie als auch um die Textfrage. Er setzt sich mit diesen Fragen eingehend auseinander und übermittelt ein Text-Farbblatt mit Noten an RCK, den er persönlich kennt. Klehr übermittelt diesen dreiseitigen Text in niederländischer und deutscher Sprache und meint dazu: »Dazu wäre eine zündende Idee eine Melodie zu finden.« Diese Melodie nach Klehr sollte mindestens die Ausdruckskraft der »Internationale« oder der »Brüder zur Sonne« haben. Und sie sollte bei jeder Veranstaltung von Paneuropa gesungen werden.[136] Die Grundidee von Klehr sind Brüderlichkeit, Freiheit und Solidarität als Friedenselemente.

RCK setzt sich, am 3. August 1955 aus der Schweiz zurückgekommen, mit seinem Freund Paul M. G. Lévy in Verbindung und fragt ihn bei dieser Gelegenheit, wie es um die Entscheidung für eine Europafahne steht. Dann setzt er fort: »Vielen Dank für Ihren freundlichen Brief und für die Glückwünsche. Wohl würde ich gerne den Chorhymnus der Neunten Symphonie als Europahymne vorschlagen, allerdings befürchte ich, durch meine persönliche Initiative dem Vorschlag zu schaden, seitdem er am Europatag abgelehnt worden ist. Können Sie mir einen Rat geben [...]? Ich habe unseren Zentralrat für Sonntag, den 16. Oktober in Baden-Baden einberufen. Kim MacKay und Émile Roche haben sich unserem Zentralrat angeschlossen.«[137]

Postwendend antwortet Lévy dem vielreisenden RCK. »Sie stellen die Frage nach der Europahymne. Wie ich Ihnen bereits sagte, glaube ich, dass Ihre Idee, die Neunte Symphonie vorzuschlagen, exzellent ist. Auch glaube ich, dass Ihre persönliche Schirmherrschaft kein Nachteil wäre. Ganz im Gegenteil, trotz der Ablehnung durch den Europarat. Letztlich glaube ich, dass es angesichts des Stands der Dinge derzeit nicht opportune wäre, einen Vorschlag dieser Art einzubringen. Sobald das Symbol des Europarats angenommen sein wird – und ich glaube, dies Anfang 1956 erhoffen zu können –, wird sich die Frage nach einer Hymne stellen und wird einfach zu lösen sein. Ich denke, es wäre auch nötig, dass Sie und Ihre Freunde – zu denen ich mich zähle, was mich ehrt – unter allen Umständen bei allen Europäischen Veranstaltungen die Aufführung der Ode an die Freude aus der Neunten Symphonie fördern. Abgesehen davon ist es wohl besser, momentan das heikle Thema ruhen zu lassen.«[138]

Noch 1957 erhält der Paneuropa-Generalsekretär Miller-Aichholz ein Schreiben von Klehr mit dem Inhalt, dass er ein Schreiben an den Präsidenten RCK betreffend seine Überlegungen zu einer Europahymne gesendet habe. Jetzt legt er dem Generalsekretär ein Schreiben vor, in dem er seine Vorstellungen noch einmal präsentiert. Als Beispiel legt er einen Text für eine derartige Hymne vor.

Europa, Du hast die Welt mit deinem Blut getränkt.
Europa, Du hast die Welt mit deinem Geist bedrängt.
Im Bruderkampf verlorst du dein kostbares Blut.
Europa, vereine die Kräfte, die dich entzweien
Europa, die Zeit ist gekommen, einig zu sein.
Steh auf und bewahre dein heiligstes Gut.[139]

Immer wieder gibt es weitere Vorschläge. Jedoch erst mit dem 10. Juni 1971 fällt der erste entscheidende Schritt. Dieser Donnerstag ist dadurch gekennzeichnet, dass der Beratenden Versammlung des Europarats ein Entschließungsentwurf des Ausschusses für Umwelt und Landwirtschaft für kommunale und regionale Angelegenheiten vorgestellt wird. In diesem Paket ist auch der Punkt der Vorlage der »Ode an die Freude« aus dem IV. Satz der IX. Symphonie Beethovens enthalten. Bereits vier Wochen später schlägt am 8. Juli 1971 die Beratende Versammlung den Europaräten vor, dass die Mitglieder dem Vorschlag einer »Europahymne« – damit ist das Vorspiel zur »Ode an die Freude« gemeint – ihre Zustimmung erteilen.

Mit der Zustimmung ist der entscheidende Schritt getan, den »Neuen Geist« von Europa umzusetzen und ein wirkliches Ziel, das bereits rund 25 Jahre zuvor formuliert wurde, endlich fast erreicht.

»Die Empfehlung der Beratenden Versammlung, aber auch die Eigeninitiative des Ministerkomitees kann dieses Großkomitee zum Anlass nehmen, die unterschiedlichsten Aufgabenfelder aufzugreifen und die Schritte zur Realisierung dieser Vorhaben zu setzen. Das Ergebnis durch den Abschluss einer Vereinbarung oder eines Abkommens sowie die Vorschläge zur Umsetzung im Sinne der Gemeinsamkeit kann weiter getragen werden. Damit gewinnt dies Öffentlichkeitscharakter. Diese Vertreter können auch ersucht werden Mitteilung darüber zu geben, was sie mit dieser Empfehlung in der politischen Realität des Alltags schaffen.«

Unmittelbar nach dieser Sitzung beginnen die Überlegungen, wie die Schritte zur Umsetzung gesetzt werden sollen. Noch 1971 wird mit Herbert von Karajan Kontakt aufgenommen, um ihn für die musikalische Bearbeitung zu gewinnen. Auf ein Schreiben des Generalsekretärs vom 24. Juli reagiert der Agent und rund drei Wochen später, am 12. August, trifft die Mitteilung ein, dass der Dirigent das Interesse an diesem Projekt teilt.

Um die Jahreswende 1971/72 fallen zwei Entscheidungen. Zunächst bestimmt das Ministerkomitee des Europarats am 12. Jänner 1972, dass das Vorspiel zur »Ode an die Freude« aus Beethovens IX. Symphonie als Hymne des Europarats angenommen wird. Wobei hiermit die idealistischen Werte von Freiheit, Frieden und Solidarität für Europa symbolisiert werden sollen.

Zu diesem Zeitpunkt hat RCK seine Broschüre »Über die Brüderlichkeit« geschrieben. Herbert von Karajan erhält den Auftrag, drei Instrumentalfassungen für Solopiano, Blas- und Symphonieorchester zu arrangieren. Der Weg dorthin ist nicht einfach, denn die Verhandlungen mit Karajan laufen sehr zäh. RCK, der mit Herbert von Karajan gut befreundet ist, verfolgt diese Entwicklung der »Ode an die Freude« zur Europahymne sehr genau.

Der Prozess der Meinungseinigung zieht sich noch sehr lange hin. Mit der Entscheidung im Europarat, dass die »neue Hymne« tatsächlich eine der Grundpositionen Europas sein soll, geht der Weg zur Realisierung sehr langsam. Schließlich ist es erst am 5. Mai 1985 soweit, dass die Hymne durch die Berliner Symphoniker im Rahmen einer Eurovisions-Kanalsendung in einer Instrumentalfassung präsentiert wird. Dies ist eine Konsequenz aus dem Entwicklungsprozess der Europäischen Gemeinschaft, »abgeleitet aus einer Instrumentalversion auf Vorschlag des Ausschusses der Staats- und Regierungschefs«. Diese gemeinsame Instrumentalversion soll weder die

Hymnen der Nationalstaaten ersetzen noch versuchen, diese zu beeinflussen, sondern nur als das gemeinsame Bindeglied funktionieren, sodass für alle Mitglieder eine »Einheit in Vielfalt« gegeben ist. Im Vorfeld des Falls der Berliner Mauer und der Wiedervereinigung Deutschlands 1989/90 ist es Leonard Bernstein, der einem »Aufruf an die führenden Musiker« nach Berlin folgt. Dort veranstaltet er mit ihnen zwei Konzerte, zuerst im Osten und dann im Westen der geeinten Stadt.

Natürlich gibt es auch Kritiker zu der Thematik. Entscheidend ist jedoch, dass über die Freiheit der eigenen Ausdrucksweise zu dieser Hymne eine Anregung an die Mitgliedsstaaten ausgegangen ist, die von diesem exemplarischen Beispiel im Sinne der Vielfalt in der Gemeinschaft aus die Möglichkeit haben, diese auf ihre Art und Weise zu übertragen. 28 Länder haben diesem Vorschlag entsprochen und die Schirmherrschaft übernommen und somit die Hymne als verbindendes Symbol zwischen die Heimat der Bürger und das vereinte Europa gestellt.

Symbole der EU
Flagge: Sie stellt einen Kreis von 12 Sternen auf blauem Hintergrund dar.
Hymne: Sie entstand aus der »Ode an die Freude« aus der IX. Symphonie von Ludwig von Beethoven.
Leitspruch: »In Vielfalt geeint.«
Europatag: 9. Mai – gefeiert in der gesamten Union
Euro: die gemeinsame Währung der Union

Die beiden Österreicher Dr. Peter Diem und Dr. Peter Roland setzen sich um die Wende vom 20. zum 21. Jahrhundert intensiv mit der Frage eines Texts für die Europahymne auseinander und legen als Initiativprojekt Vorschläge vor. Ihr Ziel dabei ist es, dass möglichst alle Mitgliedsstaaten die Europahymne in ihre Landessprache übertragen und somit dem Zielgedanken »In Vielfalt geeint« entsprechen können. So legt Peter Diem 2000 eine deutsch- und eine englischsprachige Version vor und Peter Roland 2004 einen lateinischen Text. Weiters legen sie gemeinsam ebenfalls einen weiteren deutschen Text vor.

Diese drei Textvorschläge liegen ganz im Sinne RCKs. Allerdings sind sie dem Zeitgeist entsprechend transformiert, aus dem Wissen der Realexistenz der Union verfasst. Das Lebenswerk RCKs erkennend, dass sich alle Mitglieder der EU ihrer Rechte und Pflichten, ihrer Verantwortung und ihres Freiraums bewusst sein müssen, prägen sie den Ausdruck des Texts in Zusammenhang mit der Melodie. Ein weiteres Ziel der beiden ist, dass die Hymne auch möglichst viel gespielt wird, um auch eine emotionale Ebene zu schaffen. Daher regen sie an, dass diese über verschiedene Veranstaltungen möglichst weit verbreitet wird. Wichtig ist dabei, so die beiden, dass die Hymne ein gemeinsames Ergebnis aller Mitgliedsstaaten präsentieren soll und sowohl ein Signal nach »innen« für die jeweiligen Heimatländer als auch nach »außen« sein soll.

Die Grundüberlegung für die lateinische Fassung der Europahymne liegt darin, dass Roland und Diem glauben, einen Weg gefunden zu haben, dass mit dieser Sprache ein zusätzlicher Kommunikationsweg geschaffen werden kann, der die Brücke für alle Mitglieder der europäischen Union darstellen kann und zwar als Symbol der Zusammengehörigkeit:

Est Europa nunc unita
et unita maneat;
una in diversitate
pacem mundi augeat.

Semper regant in Europa
fides et iustitia
et libertas populorum
in maiore patria.

Cives, floreat Europa,
opus magnum vocat vos.
Stellae signa sunt in caelo
aureae, quae iungant nos.[140]

Europahymne für Kinder

Für RCK ist die Nachwuchsfrage immer wieder neue Herausforderung gewesen. Die Frage, wie dieses Thema umgesetzt werden kann, ist letztlich eine Entscheidung, die jedes Mitgliedsland für sich selbst fällt. So geschieht dies auch in sehr unterschiedlicher Form.

Ein weiteres, von der Öffentlichkeit viel zu wenig beachtetes Projekt ist eine Europahymne für Kinder. Solch ein Projekt wurde in Wien entwickelt und nennt sich »Europahymne für Kinder«.

Sechsunddreißig Jahre nach RCKs Tod liegt das Ergebnis dieses Projekts »Europahymne für Kinder« vor. Es wird im Jahr 2008 öffentlich präsentiert. Es ist ein mutiger Schritt und gleichzeitig die Einladung zur Bekenntnis zu einem geeinten Europa. Und gleichzeitig eine Einladung im Sinne pädagogisch-politischer Arbeit der Demokratiebildung.[141]

Es ist Bildung durch Aktion und damit die gelungene Verknüpfung von rationalem Tun und Wollen und emotionaler Freude an der Sache. Dieses klassische Beispiel eines EU-Projekts entsteht in Wien durch das große Engagement einer Lehrkraft in Zusammenarbeit mit ihrer Volksschulklasse. Die Lehrkraft Ruth Hiltz hat zusammen mit ihrer Klasse einen Text verfasst:

Viele Lieder hell erklingen,
alle sollen fröhlich sein!
Kommt, wir wollen tanzen, singen,
Stimmt in uns're Lieder ein.
Heute rufen wir voll Freude: Kommt und lasst uns Freunde sein!
Schön für alle ist Europa, wenn sich Menschen gut versteh'n.

Große und auch kleine Länder –
Alle sind so wunderschön!
Hohe Berge, grüne Täler,
Meere, Städte kann man seh'n
Wir, Europas Kinder, bauen an der Zukunft gerne mit.
Sind gemeinsam, denn Musik ist schon der Einheit erster Schritt.[142]

Zwei Patrioten im Ringen um den Frieden in Europa

Die Frage der Symbole als Instrumente der Gemeinsamkeit hat für RCK trotz mancher Rückschläge stets große Bedeutung. Ebenso hinterlässt er Spuren, die in seiner Lebenszeit nicht offensichtlich gewesen sind, später aber in anderer Form auftreten. Sie sind Spuren seines Ringens darum, die Realität mit der politischen Entwicklung in Einklang zu bringen. So zum Beispiel die von ihm im Laufe seiner 50-jährigen Arbeit angestrebte gemeinsame Währung, damals eine Utopie, die sich später aber doch erfüllen sollte.

Zurück ins Jahr 1960: Für RCK besteht nach wie vor ein Hindernis der Aussöhnung zwischen Deutschland und Frankreich. Mehrere Persönlichkeiten suchen einen Neuansatz. So auch de Gaulle, der nicht resigniert. Vielmehr gelingt es ihm, aus der Zusammenfassung der Analyse unterschiedlicher (pan-)europäischer Strömungen etwas Praktikables zu entwickeln. Dabei zeigt sich, dass er die ganze französische Schwäche aufdeckt und auf die Neuorientierung und den Neuaufbau der französischen Wirtschaft sowie die Stabilisierung der Währung drängt. Mit diesem Ansatz gelingt es ihm, eine Reihe von Persönlichkeiten wie Louis Terrenoire, Georges Pompidou, General Pierre Billotte und Alain Peyrefitte – alle »gaullistisch« gesinnt – für ein paneuropäisches Frankreich-Komitee zu gewinnen. In dieser Gruppe findet RCK in Terrenoire und Pompidou Gesinnungsfreunde, über die er auch Kontakte zu anderen Persönlichkeiten knüpft.

Problematisch ist die aufkommende »anti-gaullistische« Bewegung in Deutschland. RCK beschließt, die Gefahr eines Rückschritts erkennend, sich nicht aktiv agierend zu exponieren, sondern sich als Mittler in Wort und Schrift zurückzunehmen.

So bemüht er sich deutsch-französischen Ansätzen entsprechend um die Einbindung Italiens, um daraus einen neuen, wenn auch provisorischen Dreibund zu schaffen. Über diesen Dreibund erhofft er sich, einen erweiterten Rahmen für den Europamarkt entwickeln zu können. Auch soll dann diese Dreiergruppe als eine weitere europäische Ebene gegenüber den Benelux-Staaten und Großbritannien stehen. Schon nach kurzer Zeit ist dieser Entwurf hinfällig, da Italien mit der Begründung, Großbritannien würde

Der langjährige deutsche Bundeskanzler Konrad Adenauer.

jegliche Form dieses Dreibunds ablehnen, nicht zustimmt. Damit scheitert dieses Modell. Übrig bleibt nur, aber umso wichtiger, das Projekt eines »deutsch-französischen Freundschaftsvertrags«.

Diese Situation erkennend, wird de Gaulle nach seiner Rückkehr an die Spitze sofort neuerlich aktiv und nimmt Kontakt zu Konrad Adenauer auf. Damit werden die ersten entscheidenden Schritte gesetzt und eine neue Ebene der politischen Führungsarbeit beginnt zu laufen. Die politisch-pragmatisch denkenden Politiker haben ein gemeinsames Ziel – und dieses heißt, sich fortan als Ergänzung zu einem europäischen Wirtschaftsraum auch für die Errichtung eines europäischen Staatenbundes einzusetzen. Die Grundlage für diese Überlegungen bilden auf ökonomischer Seite bereits der Schuman-Monnet-Adenauer Plan und die Montanunion.

Während es Adenauer bei dieser Frage der Weiterentwicklung Europas vor allem darum geht, eine fundierte Stabilisierung zwischen den beiden Ländern Deutschland und Frankreich zu erreichen, geht es de Gaulle um einen weiterführenden politischen Schritt, denn er weiß wohl, dass Regierungen, Parteien und Interessenverbände im gegebenen Falle einfach ihre Aktivitäten wechseln und dass daher kaum ein kalkulierbarer Risiko- oder Störfaktor im Verhältnis zweier oder mehrerer Staaten zueinander auftreten kann.

De Gaulle geht es nicht nur um die Versöhnung, die auf einem Vertrag beruht. Ihm geht es um die Versöhnung der beiden Nationen, die Versöhnung der Völker, eben der Franzosen und der Deutschen. Sie sollen den schon über lange Zeit existierenden gegenseitigen Hader und das Misstrauen endgültig aufgeben und als Freunde zusammenstehen.

Für RCK bedeutet der deutsch-französische Freundschaftsvertrag jenen Schritt, der sowohl die ökonomischen als auch die gesellschaftspolitischen Bereiche der Länder in der Folge bestimmt. Auch er sieht durch die Öffnung des Verhältnisses der beiden Völker einen neuen Weg der Zusammenarbeit und der langfristigen gesellschaftspolitischen Investition gegenseitiger Art in die Zukunft, etwa durch die Förderung von Bildungsmaßnahmen.

Der deutsch-französische Freundschaftsvertrag 1963

Ab 1961 zeigen sich bei RCK deutliche Anzeichen einer beginnenden intensiven Arbeitsphase, zumal er sich gleichzeitig auf verschiedenen Ebenen mit innen- und außenpolitischen Fragen auseinandersetzt. In vielen Fällen geht es sogar um Detailfragen. Gleichzeitig beginnt eine Kette von Publikationen, Artikeln und Neubearbeitungen. Dann die ersten Vorarbeiten für einen hochrangig besetzten Zehnten Paneuropa-Kongress 1966 in Wien. Ein Eckpunkt in dieser Phase der ersten Hälfte der 60er Jahre ist für ihn der erste deutsch-französische Freundschaftsvertrag mit der Unterzeichnung am 22. Jänner 1963 in Paris.

Im Vorfeld gibt es mehrere Gespräche zwischen RCK und Charles de Gaulle, bei denen es um das Thema Deutschland und Frankreich geht. RCK versucht, de Gaulle dafür zu gewinnen, dass dieser einen großen Schritt vorwärts setzt, indem er aktiv wird in der Aussöhnung der beiden Nationen. De Gaulle lehnt ab. Doch gelingt es ihm, den Regierungschef davon zu überzeugen, dass dieser den entscheidenden Schritt selbst setzen muss und nicht RCK. Dies wird im Rahmen eines Interviews durch RCKs dritte Ehefrau Melanie Benatzky insofern bestätigt, als sie auf einen Schriftwechsel zwischen RCK und dem österreichischen Bundespräsidenten Schärf verweisen kann, in dem Folgendes gesagt wird: »Der französische Regierungschef schätzte meinen Mann sehr und ließ sich von ihm oft beraten. Mein Mann arrangierte auch in Reims das Rendezvous zwischen ihm [de Gaulle] und Adenauer. Das war der Auftakt zum deutschen Wirtschaftswunder.«[143] Diese Aussage dürfte den tatsächlichen Hintergrund haben, dass seine Frau Mela-

Die Unterzeichnung des Vertrags durch die Baumeister der deutsch-französischen Freundschaft Charles de Gaulle und Konrad Adenauer am 22. Jänner 1963.

nie nach der Heirat mit RCK aus der Welt der Kunst in die der Diplomatie wechselte. Ein Ergebnis ist eben der Empfang mit ihrem Gatten beim Bundespräsidenten.

RCK wird in der Vorbereitung des deutsch-französischen Freundschaftsvertrags im Juli 1962 als persönlicher Gast von General de Gaulle, Präsident der Republik Frankreich, zu dieser Festveranstaltung nach Reims eingeladen. Bei diesem Festakt demonstrieren der deutsche Bundeskanzler Adenauer und de Gaulle öffentlich ihre Gemeinsamkeit, indem sie gemeinsam eine Militärparade deutscher und französischer Soldaten vor der Krönungsstätte der französischen Könige abnehmen.

Mit dieser Aktivität wird für RCK ein ganz neues Signal für die Zukunft Europas gesetzt. Zwei Länder demonstrieren mit diesem Akt die Aufarbeitung der eigenen geschichtlichen Entwicklungen, auch der gegenseitigen Schrecken, Kriege und historisch gewachsenen Vorurteile aus der eigenen Geschichte. Jetzt gilt es, nicht Krieg und Hass, sondern der neuen Zeit entsprechend auch den Willen zur ökonomischen Entwicklung weiterzutragen und aktiv am Abbau emotionaler Barrieren mitzuwirken. Ehe dieser letzte Punkt erreicht ist, muss eine Reihe von Maßnahmen gesetzt werden.

Die Gemeinsamkeit des Willens wird durch den gemeinsamen Besuch des Hochamts in der Kathedrale von Reims gesetzt. RCK ist zu diesem Festakt

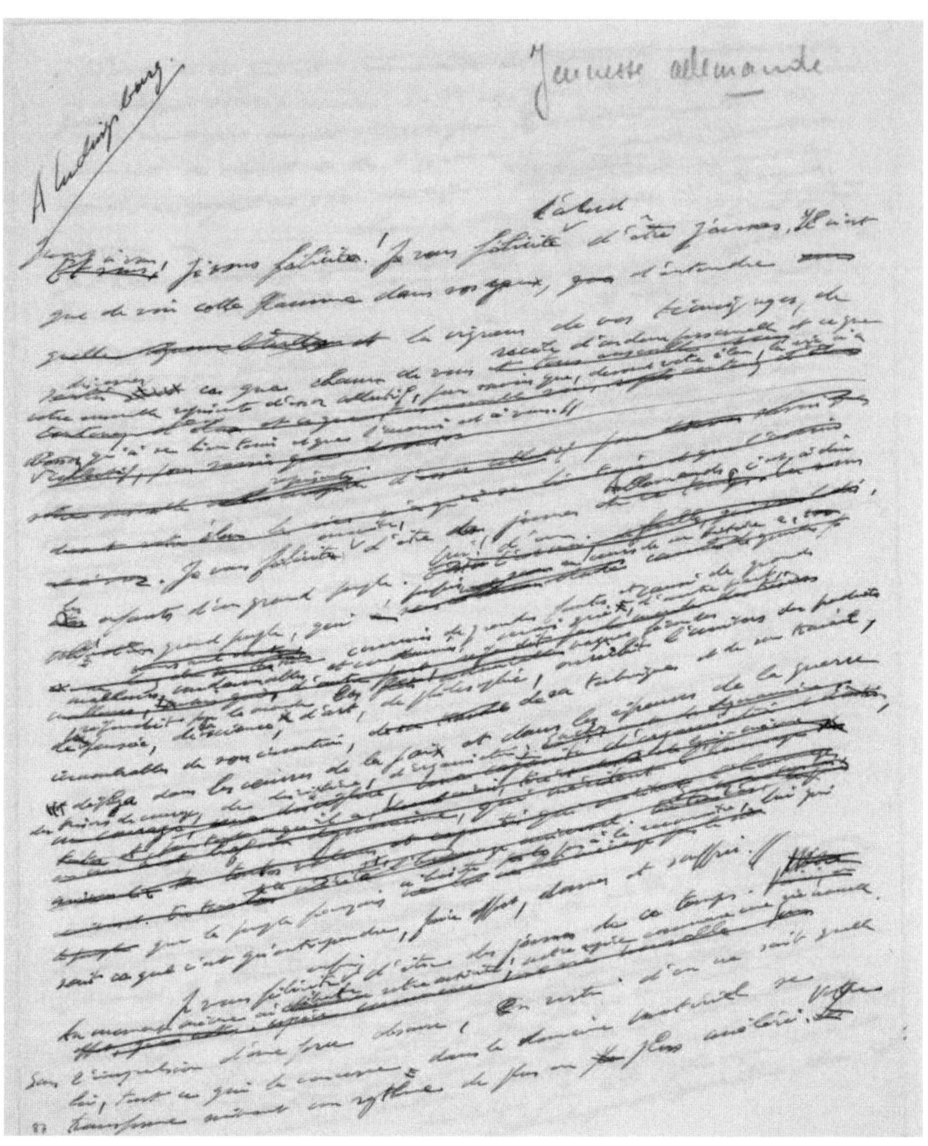

A Ludwigsburg

Jeunesse allemande

Charles de Gaulles Rede an die Jugend Deutschlands im September 1962: links der handschriftliche Text in Französisch, rechts das Typoskript, von de Gaulle selbst auf Deutsch übersetzt.

Sie alle beglückwünsche ich ! Ich beglückwünsche Sie, jung zu sein. Man braucht ja nur die Flamme in Ihren Augen zu beobachten, die Kraft Ihrer Kundgebungen zu hören, bei einem jeden von Ihnen die persönliche Leidenschaft - lichkeit und in Ihrer Gruppe den gemeinsamen Aufschwung mitzuerleben, um überzeugt zu sein, dass diese Begeisterung Sie zu den Meistern des Lebens und der Zukunft auserkoren hat.

Ich beglückwünsche Sie ferner, junge Deutsche zu sein, das heisst Kinder eines grossen Volkes. Jawohl ! eines grossen Volkes ! das manchmal, im Laufe seiner Geschichte grosse Fehler begangen und viel verwerfliches ~~und verworfenes~~ Unglück verursacht hat. Ein Volk, das aber auch der Welt fruchtbare geistige, wissenschaftliche und philosophische Wellen ~~beschert hat, das die Welt~~ um unzählige Erzeugnisse seiner Erfindungskraft, seiner Technik und seiner Arbeit bereichert hat ; ein Volk, das in seinem friedlichen Werk, wie auch in den Leiden des Krieges, wahre Schätze an Mut, Disziplin ~~an~~ Organisation entfaltet hat. Das Französische Volk weiss das voll zu würdigen, da es auch weiss, was es heisst unternehmens - und shaffensfreudig zu sein zu geben und zu leiden.

Schliesslich beglückwünsche ich Sie die Jugend von heute zu sein. Im Augenblick wo Sie in das Berufsleben treten, beginnt für die Menschheit ein neues Leben. Angetrieben von einer dunklen Kraft, auf Grund eines unbekannten Gesetzes, unterliegen die materiellen Dinge dieses Lebens einer immer rascheren Umwand - lung. Ihre Generation erlebt es, und wird es ~~sicher in der Zukunft~~ noch weiter erleben, wie die Gesamtergebnisse der wissenschaftlichen Entdeckungen und der maschinellen Entwicklung ~~immer zahlreicher werden und so~~ die physischen Lebensbedingungen der Menschen tief umwälzen. Dieses ~~neue und~~ wunderbare Gebiet, das Ihnen offensteht, soll durch diejenigen, die heute in Ihrem Alter stehen, nicht ~~nur~~ einigen Auserwählten vorbehalten bleiben, sondern für alle unsere Mitmenschen erschlossen werden. Sie sollen danach streben, dass der Fortschritt ein gemeinsames Gut wird, ~~an dem alle beteiligt sind~~ so dass er zur Förderung des Schönen, des Gerechten und des Guten beiträgt, überall und ins besondere in Ländern wie den unseren, die Zivilisation ~~ausmachen~~ ; somit soll den ~~Scharen~~

.../...

Die Rede sorgt in Deutschland für große Überraschung, da unbekannt war, dass de Gaulle fließend Deutsch spricht.

allen Unkenrufen zum Trotz eingeladen. Er sieht in der Einladung de Gaulles zur Teilnahme die höchste Ehrerbietung, die ihm in seinem Leben von einer der großen Persönlichkeiten Europas gewährt wurde. Auch wenn er als kritisch-konstruktiver Berater oder Freund mit de Gaulle diskutiert, in diesen Gesprächen zeigt sich das ständige Ringen de Gaulles um ein neues gemeinsames Europa, ein Europa für alle, das nicht nur ein fern gestecktes Ziel, sondern das ganz konkret als Weg Stück für Stück zu gehen ist.

Für RCK ist mit diesem symbolischen Freundschaftsvertrag ein ganz wichtiger Grundstein gelegt worden, der in den folgenden Jahren immer wieder als Beispiel demokratischer Haltung und Kultur verwendet werden wird. Der Vertrag ist ein Brückenschlag zwischen dem War und dem Ist, gleichzeitig eine Perspektive für die Zukunft.

Sowohl Adenauer als auch de Gaulle belassen es nicht nur beim Festakt, sondern sie setzen mit Reisen in das jeweilige Friedenspartnerland ein Zeichen. So ist es de Gaulle, der auf Anregung von Paneuropa nicht nur den deutschen Regierungssitz in Bonn besucht, sondern auch Köln, Düsseldorf, Hamburg, München und Frankfurt bereist. Überall wird er von einer großen Welle der Begeisterung empfangen, die vor allem von der Jugend getragen ist. In Frankfurt hält er im September 1962 seine Rede an die deutsche Jugend.[144]

Diese Rede, handschriftlich erstellt und ohne Wissen der Öffentlichkeit dann wörtlich auf Deutsch übersetzt, ist einer der wichtigsten Beiträge für die Freundschaft Deutschlands und Frankreichs. Damit legt de Gaulle nicht nur sein Bekenntnis zum »Reims'schen Symbol« ab, sondern präsentiert auch seine innere Überzeugung für die Zukunft, vor allem gegenüber der Jugend der Nachkriegsgeneration.

Die Hinwendung de Gaulles an die Jugend ist das deutlichste Zeichen der Zeit, dass die Phase der Erbfeindschaft vorbei ist. Für RCK bedeutet die Handschrift de Gaulles in diesem Dokument eine Klarstellung für Europa und mutmaßlich ist es auch aus seiner Sicht die klare Hinwendung ebenso Konrad Adenauers im deutschen Text.

Charles de Gaulles Rede an die Jugend, September 1962

(Transkription)

»Sie alle beglückwünsche ich! Ich beglückwünsche Sie zunächst, jung zu sein. Man braucht ja nur die Flamme in Ihren Augen zu beobachten, die Kraft Ihrer Kundgebungen zu hören, bei einem jeden von Ihnen die Leidenschaftlichkeit und in Ihrer Gruppe den gemeinsamen Aufschwung mitzuerleben, um überzeugt zu

sein, dass diese Begeisterung Sie zu den Meistern des Lebens und der Zukunft auserkoren hat.
Ich beglückwünsche Sie ferner, junge Deutsche zu sein, das heißt, Kinder eines großen Volkes. Jawohl, eines großen Volkes, das manchmal, im Laufe seiner Geschichte, große Fehler begangen und viel verwerfliches Unglück verursacht hat. Ein Volk, das aber auch der Welt fruchtbare geistige, wissenschaftliche, künstlerische und philosophische Wellen gespendet und sie um unzählige Erzeugnisse seiner Erfindungskraft, seiner Technik und seiner Arbeit bereichert hat; ein Volk, das in seinem friedlichen Werk wie auch in den Leiden des Krieges wahre Schätze an Mut, Disziplin und Organisation entfaltet hat. Das französische Volk weiß das voll zu würdigen, da es auch weiß, was es heißt, unternehmens- und schaffensfreudig zu sein, zu geben und zu leiden.
Schließlich beglückwünsche ich Sie, die Jugend von heute zu sein. Im Augenblick, wo Sie in das Berufsleben treten, beginnt für die Menschheit ein neues Leben. Angetrieben von einer dunklen Kraft, auf Grund eines unbekannten Gesetzes, unterliegen die materiellen Dinge dieses Lebens einer immer rascheren Umwandlung. Ihre Generation erlebt es, und wird es noch weiter erleben, wie die Gesamtergebnisse der wissenschaftlichen Entdeckungen und der maschinellen Entwicklung die physischen Lebensbedingungen der Menschen tief umwälzen. Dieses wunderbare Gebiet jedoch, das Ihnen offensteht, soll durch diejenigen, die heute in Ihrem Alter stehen, nicht einigen Auserwählten vorbehalten bleiben, sondern für alle unsere Mitmenschen erschlossen werden. Sie sollen danach streben, dass der Fortschritt ein gemeinsames Gut wird, an dem jeder seinen Anteil hat, so dass er zur Förderung des Schönen, des Gerechten und des Guten beiträgt, überall und insbesondere in Ländern wie den unseren, die die Zivilisation ausmachen.
[...]
Es geht darum zu wissen, ob der Mensch in den Umwälzungen zu einem Sklaven in der Kollektivität werden wird, oder nicht; ob sein Los ist, von dem ungeheuren Ameisenhaufen angetrieben zu werden, oder nicht; oder ob er die materiellen Fortschritte beherrschen kann und will, um damit würdiger, freier und besser zu werden.
Darum geht es, darum geht es in der großen Auseinandersetzung in der Welt, die sie in zwei getrennte Lager aufspaltet, die von den Völkern Deutschlands und Frankreichs erheischt, dass sie ihrem Ideal die Treue halten, es mit ihrer Politik unterstützen, und es gegebenenfalls verteidigen, und kämpfend zum Sieg führen. Diese ganz natürliche Solidarität zwischen unseren beiden Völkern müssen wir selbstverständlich organisieren. Das ist die Aufgabe der Regierung. Vor allem müssen wir ihr aber einen lebendigen Inhalt geben, und das ist insbesondere

die Aufgabe der Jugend. Während unsere beiden Staaten die wirtschaftliche, politische und kulturelle Zusammenarbeit fördern werden, sollte es Ihnen und der französischen Jugend obliegen, alle Kreise, bei Ihnen und bei uns dazu zu bewegen, engere Bande zu knüpfen, einander immer näher zu kommen, und sich besser kennenzulernen.
Die Zukunft, die Zukunft unserer beiden Völker, der Grundstein, auf welchem die Einheit Europas gebaut werden kann und muss, der höchste Trumpf für die freie Welt, bleiben die gegenseitige Achtung, das Vertrauen und die Freundschaft zwischen dem französischen und dem deutschen Volk.«[145]

In der offiziellen Unterzeichnung des Freundschaftsvertrags 1963 sieht RCK ein wichtiges Element seiner Paneuropa-Idee verwirklicht, das er in seine Gespräche und Aktivitäten mit einbezieht. Es soll für ihn auch eine Grundlage für die Vorbereitung des Zehnten Paneuropa-Kongresses bilden, und RCK wird nach langer Zeit wieder nach Wien kommen.

Der »Aktivitätenmarathon« RCKs 1960–1968

Jahr	Monat	Aktivität
1960	7	Appell vor der Parlamentarier-Union
1960	10	IX. Internationaler Paneuropa-Kongress in Nizza
1961	7	Offener Brief RCKs an Willy Brandt: Kritik am SPD-Grundsatzprogramm
1961	7	Pressekonferenz Willy Brandt: »Europa endet nicht an der Elbe – die Vereinigung der beiden deutschen Staaten ist genauso wichtig wie die Einigung Europas«
1962	7	Teilnahme am französisch-deutschen Friedenstag in Reims
1962	9	Teilnahme an der Rede de Gaulles an die Jugend im Rahmen seiner Versöhnungsreise durch Deutschland
1962	9	Gedenkfeier in Wien zum 40. Gründungstag der Paneuropa-Bewegung
1963	1	Offizielle Unterzeichnung des Freundschaftsvertrags in Paris
1963	7	Offener Brief an J. F. Kennedy: Erinnerung an das Schreiben des Papstes Johannes XXIII., sich an das Prinzip der »friedlichen Koexistenz der Völker verschiedenen Glaubens zu halten«
1964	6	RCK schlägt in Paris die Errichtung einer Union Israels und Jordaniens nach dem Vorbild Österreich-Ungarns vor

Jahr	Monat	Aktivität
1964	9	Rede RCKs gegen den Anti-Gaullismus in Frankfurt; Artikel »Paneuropa und Europa«, zur Unterstützung von de Gaulle und Adenauer, damit die Bedrohung Europas abgewendet werden kann
1965	4 8	Verleihung Sonning-Preis Übersiedlung der Paneuropa-Zentrale von Basel nach Brüssel, um näher an Paris zu sein
1966	4	Angelobung der Regierung Klaus (ÖVP); SPÖ geht in Opposition
1966	5–9	Intensive Vorbereitungen für den X. Wiener Paneuropa-Kongress
1966	7	RCK erhält den Europäischen Karlspreis der Sudetendeutschen Landsmannschaft; Verleihung durch deren Sprecher Hans-Christoph Seebohm
1966	10	Otto Habsburg reist nach Verzicht auf jegliche Herrschaftsansprüche zum ersten Mal wieder in Österreich ein. Einladung zu RCK, Themenstellung: Paneuropa-Kongress
1966	10	X. Paneuropa-Kongress. Ziel: Revidierung der traditionellen Vorstellung Europa-Großeuropa
1966	12	Schreiben RCKs an Bundeskanzler Klaus mit Beilage der Konfliktkorrespondenz mit Bruno Pittermann; RCK präsentiert Otto Habsburg als Glücksfall für Österreich
1966		Herausgabe der Publikation »Paneuropa 1922–1966«
1966		Publikation »Ein Leben für Europa« (Autobiografie)
1967	1	Schreiben RCKs an Bruno Pittermann, Klubobmann der sozialistischen Parlamentsfraktion: Aufklärung über Bedeutung und Wirken Otto Habsburgs
1967	4	Schreiben RCKs an Bruno Pittermann
1967	10	Heinrich Drimmel legt seine Tätigkeit bei Paneuropa zurück; Grund: Ereignisse, die insbesondere mit Karl Renner zu tun hatten, obwohl er sich sehr zurückhaltend verhalten hat
1967	12	Neues Memorandum RCKs zur Parlamentarierfrage
1967		RCK erhält »Japanischen Verdienstklasse-Orden des Heiligen Schatzes« und Japanischen Friedenspreis
1968		RCK vorübergehend auch Präsident von Paneuropa Deutschland e. V.
1968	6	Offener Brief RCKs an de Gaulle: Aufforderung, sich mit aller Macht und Kraft für die Einigung Europas einzusetzen

Paneuropa zurück in Österreich

Der Konflikt mit Bruno Pittermann

RCK schlägt zu Beginn der 60er Jahre, ab der Versöhnung Deutschlands mit Frankreich, ob seiner Aktivitäten eine Welle der Sympathie entgegen. Allerdings verkennt er mehrere politische Konflikte. Viel zu lange war er seit Kriegsende aus Österreich weg, jetzt geht er davon aus, dass mit seinem Vortrag am 26. September 1962 anlässlich des vierzigjährigen Jubiläums der Paneuropa-Bewegung in Wien das Stimmungsbild in Deutschland auch auf Österreich übergreift. Verstärkt wird dies durch die Tatsache, dass ihm der österreichische Bundeskanzler Alfons Gorbach tags zuvor das Große Silberne Ehrenzeichen der Republik Österreich überreicht hat. Doch während der Vorbereitungsarbeiten für den Zehnten Paneuropa-Kongress 1966 zeigt sich, dass die politische Lage keinesfalls mit jener der 1. Republik vergleichbar ist.

Mutmaßlich hat RCK die Lage falsch eingeschätzt und die vielen Fehler in der Auseinandersetzung um die 1. Republik, etwa auch den Rückzug Karl Renners, der 1929 anlässlich einer ungeschickten propagandistischen Aktivität, bei der er sich benutzt fühlte, seine aktive Mitgestaltung an Paneuropa beendet hat, nicht aufgearbeitet. Viele der damals jungen und jugendlichen Mitträger der Sozialdemokratie sind nun in den 60er Jahren wichtige Funktionäre, so auch Bruno Pittermann, dessen Aufgabe es bereits Anfang der 30er Jahre in der Kärntner Arbeiterkammer gewesen ist, ein Volksbildungssystem und Volksbüchereiwesen aufzubauen. Gerade letzteres Modell bildet die Grundlage für das Volksbüchereiwesen Österreichs nach 1945.[146]

RCK verkennt auch, dass das Spannungsgefüge zwischen den »harmoniegewöhnten Politikern« und der herangewachsenen jungen Generation in der 2. Republik in eine neue Phase tritt. Diese in den letzten Jahren des Krieges geborene und erstmals politisch aktive Generation ist schon im freien Österreich aufgewachsen und bereits einen anderen Umgang mit Politik gewöhnt. RCKs Erwartung, dass die SPÖ agieren kann, wie sie es in der 1. Republik bis Anfang der 30er Jahre getan hat, ist unrealistisch. Er muss erkennen, dass die SPÖ nicht mit der Sozialdemokratie der 1. Republik gleichzusetzen ist. Seine Vorstellung der Gesamteinbindung der SPÖ in die Paneuropa-Bewegung stößt auf starken Widerstand. Mit der Methode der in der Politik so bekannten Art »Zuckerbrot und Peitsche« versucht er, Bruno Pittermann zu gewinnen, der auch Vorstandsmitglied der Paneuropa-Bewegung Österreich ist, und verlangt gleichzeitig von ihm, dass die ganze SPÖ in Paneuropa-Aktivitäten einzubinden ist.

In Österreich finden 1966 Nationalratswahlen statt. RCK, der sich nicht in den Wahlkampf einbringt und auch mutmaßlich keinen detaillierten Einblick in die politische Situation nimmt, angesichts der Wahlergebnisse und der folgenden Alleinregierung der ÖVP aber dann doch Sorge um die Überparteilichkeit Paneuropas mit dem Ausscheiden der SPÖ aus der Regierungsverantwortung hat, hofft, dass er die SPÖ kraft seiner Autorität trotzdem in die Paneuropa-Bewegung hereinholen kann.

Ermutigt durch die Gedenkfeier zum 26. September erstellt er ein neues Wiedervereinigungs-Programm, in dem auch die neue Gefahr in Europa durch Globalisierung und drohenden Atomkrieg sowie der Kalte Krieg angeprangert werden. Dabei kommt er zum Schluss, dass die meisten, gewöhnt an derartige Zerwürfnisse, diese bereits als etwas Normales betrachten. Für ihn wird erst mit dem Ende des Kalten Krieges das zunehmend heraufbeschworene Trauma zu Ende sein. Dann jedoch beginnt die große Chance Europas. Mit diesem als Memorandum gedachten »Europabrief« vom 26. September gelingt es ihm, eine Debatte zu eröffnen, die bis zum Wiener Kongress 1966 aufrecht bleibt. Nachdem die ÖVP die Entscheidung für eine Alleinregierung getroffen hat, ist es RCK, der seinem Bundesbruder Josef Klaus am 19. April 1966 zu dieser Entscheidung gratuliert. Er erfährt am 1. Juni, dass Otto Habsburg einen österreichischen Reisepass erhält. Dies führt in Österreich zu einer innenpolitischen Auseinandersetzung um die geplante Einreise Otto Habsburgs im Oktober 1966. Für viele Österreicher beginnt eine politisch neuartige Situation, ein neues politisches Profil durch die erste Alleinregierung und die »Habsburgfrage«. Am 2. November beginnt ein Streik. Dazwischen liegen noch der Wiener Paneuropa-Kongress und die Schritte zum Führungswechsel in der SPÖ.

Obwohl der Kongress da schon Monate zurückliegt, läuft die Auseinandersetzung von RCK mit Pittermann 1967 weiter. Am 25. Jänner erfolgt ein Antwortschreiben RCKs an Pittermann. Die Reaktion Pittermanns erfolgt als Klubobmann der Sozialistischen Fraktion im Nationalrat. In diesem Brief drückt Pittermann klar die Position der SPÖ aus, dass die Verzichtserklärung Otto Habsburgs nicht ausreichend sei. Zu diesem Zeitpunkt ist am 1. Februar 1967 in der SPÖ die Führungsentscheidung schon längst gefallen: Bruno

Kreisky wäre also der richtige Ansprechpartner für RCK gewesen. Letzterer wollte aber seine Meinung zur Habsburgfrage noch einmal Pittermann mitteilen, die Leistungen Habsburgs hervorheben und auf eine internationale Ebene übertragen. Gerade in diesem Schreiben tritt wieder ein Schwachpunkt RCKs zur Frage der Alliierten und ihrer Stellung zu Österreich auf.

Entgegen aller Usancen setzt sich RCK in einem weiteren Schreiben an Pittermann im April 1967 neuerlich mit dieser Frage auseinander. In diesem Schreiben steigert er sich gleichsam in eine Apologie für Otto Habsburg hinein, sodass man den Eindruck gewinnen könnte, er wolle diesem unbedingt helfen, in Österreich Fuß zu fassen. So streicht er eine Aussage in Bezug auf Habsburgs Bedeutung gegenüber den Alliierten heraus, dass nämlich bei dieser Frage Otto Habsburg als Friedensschaffender gewirkt habe, der durch seine Aktivitäten den Weg der Alliierten für ein neues Österreich bereitet habe.

Auch wenn zu diesem Zeitpunkt die Diskussion um Habsburg noch läuft, ist die politische Entscheidung schon gefallen. Denn der Wiener Bürgermeister Bruno Marek ist es selbst, der die Begrüßung seitens der Gemeinde Wien durchführt und sich nicht von einem Stadtrat vertreten lässt.

Ein wichtiges Maturatreffen – Einmal Theresianist, immer Theresianist

Ein Ziel der theresianischen Ausbildung ist es, den Zöglingen in sogenannten Kameraden für ihren Lebensweg als eine Lebensaufgabe die Gemeinsamkeit, die Verantwortung auch für den anderen mitzugeben. Unter diesem Gesichtspunkt findet am 24. April 1964 das 50-jährige Maturatreffen im Festsaal der Bibliothek des Theresianums statt. Dieses Treffen ist ein Who is who Österreichs und RCK ist auch hier eingeladen, vor seinen ehemaligen Schulkollegen zu sprechen. In diesem Kreis lautet »Dickys« Festvortrag »Österreich und Europa« und er spricht zu seinen Klassenkameraden historisch abgeleitet, teils Schwerpunkte setzend, über Schritte in die Weltpolitik. Dabei geht es ihm in seinem Beitrag darum, bewusst die Position des Zusammenhalts Europas in den Vordergrund zu stellen. Er betont in diesem Zusammenhang vor allem die Sendung Österreichs, um das Gedächtnis aus dem Vermächtnis der Geschichte bei jedem Einzelnen zu wecken. Er beginnt bei Ignaz Seipel, springt zu Karl Renner im Sinne eines neuen Geistes europäischen Denkens und Handelns dieser beiden Männer, die einen Schritt der gemeinsamen Geschichte darstellen. Für ihn hat diese Sendung

Jubiläumskongress 50 Jahre Paneuropa: von links nach rechts der Kongressorganisator Lacy-Milkovics, Otto Habsburg, der Bundesminister für Wirtschaft Otto Mitterer und Bundeskanzler Bruno Kreisky.

eine ganz besondere Bedeutung, denn er erwartet damit, den Europageist auch den Zuhörern so zu präsentieren, dass diese in der Lage sind, sich zu vergegenwärtigen, wie sich Österreich seit dem Ersten Weltkrieg verändert hat. Wie vom Vielvölkerstaat zur Paneuropa-Bewegung der Wandel eingesetzt hat. So kommt er schließlich zur Gegenwart:

»So hat auch der Zweite Weltkrieg das europäisch-demokratische Europa gewandelt. So stand Österreich früher in der Mitte dieser Entwicklung; heute liegt es an dessen Peripherie. Damals war Österreich durch keine Neutralitätsverpflichtung gebunden. Heute steht Österreichs Neutralität im Mittelpunkt der Außenpolitik. Westlich von Österreich ist man im Begriff, sich zu entwickeln, gestützt auf die amerikanische Weltmacht. Während östlich von Österreich eine neue Welt beginnt, mit neuen Lebensformen und Idealen. Von Passau bis zum Stillen Ozean erstreckt sich das nordatlantische Vertragssystem, von Bratislava bis zum Pazifik das Gebiet der Warschauer Pakt-Gruppe. Zwischen diesen feindlichen Welten liegt das kleine, neutrale Österreich. Direkt am Eisernen Vorhang, der die Österreicher von ihren früheren Mitbürgern in der Tschechoslowakei, Ungarn, Polen, Rumänien und Jugoslawien trennt. Von Brüssel aus erscheint der Eiserne Vorhang als Ostgrenze Europas, von Wien aus als blutende Wunde, die Europa mitten durchschneidet.«[147]

Richard Coudenhove-Kalergi 1967 bei einer Audienz bei Papst Paul VI. Der Wunsch Coudenhove-Kalergis, den Heiligen Benedikt zum Schutzpatron Paneuropas zu ernennen, wird erfüllt.

Und er appelliert weiter an seine Klassenkameraden, das zweigeteilte Europa wieder vereinigen zu helfen – dies ist für ihn die neue Mission Österreichs. Es handelt sich nicht mehr um die Einigung des in Nationalstaaten zersplitterten Europas, sondern um die Versöhnung des durch den Eisernen Vorhang zweigeteilten Europas.

Durch den Ausgang den Zweiten Weltkriegs, so der Philosoph und Europäer RCK, ist Westeuropa durch enge Bande an Nordamerika gebunden, genauso wie Osteuropa an Russland. Diese Bande gilt es nicht etwa zu lösen, sondern vielmehr das größere Europa von morgen durch den Norden Amerikas zu ergänzen und den Norden Asiens als Kernstück einer friedlichen Welt.

»Weshalb sollte die Zweite Republik nicht das Erbe der Ersten übernehmen und im europäischen Geist West und Ost zusammenführen, den Kalten Krieg beenden und den Eisernen Vorhang beseitigen?« Allein die Verwirklichung dieser Ziele könne die Zukunft Österreichs retten, so RCK, nicht aber eine passive Neutralität.

Denn wenn es eines Tages zum Zusammenstoß zwischen Ost und West komme, wenn eine Wasserstoffbombe Budapest treffe und eine zweite München, so würden diese beiden Bomben auch die neutrale Bevölkerung Österreichs ausrotten. Nur das Ende des Kalten Krieges durch die Versöhnung und Zusammenarbeit zwischen Ost und West könne die Menschheit vor dieser Katastrophe retten und zugleich Österreich. Und RCK schließt: »Das Schicksal hat Österreich die Möglichkeit gegeben, Mittler zu werden zwischen seinen beiden Nachbarwelten. Möge Österreich die Hand des Schicksals ergreifen und seine große Vergangenheit krönen mit einer glücklichen Zukunft.«

Diese Rede bildet für diese Gruppe der Theresianischen »Altspatzen« den Anlass, dieses Thema aufzugreifen und zu diskutieren, welche aus der Geschichte gewachsenen Möglichkeiten der Einigung Europas umsetzbar erscheinen. Und vor allem, welche weiterführenden Schritte auf friedlichem Wege zu setzen sind. Dabei stellen sie sich die Frage, wer für ein derart vielschichtiges Problem die Durchsetzungskraft und das Durchhaltevermögen hat.

Für RCK ist dieses Zusammentreffen mit seinen Kameraden und Brüdern ein wichtiger Schritt, denn jetzt beginnt die Vorbereitungszeit für den Wiener Paneuropa-Kongress. Viele Klassenkameraden aus seiner Gruppe sind bereit, finanzielle und ideelle Unterstützung zu geben. Er hofft, nach den Vorbereitungen und der Durchführung der Tagung einen weiteren Schritt setzen zu können. Auch ist er jetzt schon sicher, dass für 1966 sowohl inhaltlich als auch organisatorisch alles durchgedacht und vorher hinterfragt werden muss, um durch die entsprechende Vorarbeit die Themen für die potenziellen Teilnehmer so aufzubereiten, dass sie von jedem sofort aufgegriffen und selbst schon in der Vorbereitungsphase bearbeitet werden können.

Trotz ständiger Unruhe und laufenden Wechseln mit Besprechungen und Diskussionen, unterbrochen von Direktkontakten zur Gewinnung von Vortragenden und der Mitarbeitersuche für den Kongress, findet er immer noch Zeit, seine politische Tätigkeit so zu setzen, dass er eine Neuordnung seiner Bewegung als »Europaströmung« zusammenzufassen überlegt.

Gerade jetzt bricht die Auseinandersetzung über die Richtung des Weges in die Zukunft aus. RCK, der sich seit seiner Rückkehr nach Europa aktiv für die europäische Integration einsetzt, ist gleichzeitig ein wichtiger Kritiker einer Einigung Europas als rein wirtschaftliches Konstrukt.

Damit ist der Bruch RCKs mit Frankreichs Politik gerade erst latent. Ausgelöst durch den Wahlkampf 1965 in Frankreich. In diesem politischen Ringen um das Präsidentenamt in Frankreich steht die Europa-Bewegung auf Seiten des Sozialisten François Mitterand, während die Paneuropa-Union mit RCK Charles De Gaulle unterstützt.

Mitten in dieser Diskussion und Auseinandersetzung erfolgt die überraschende Einladung, sich aufgrund seiner Verdienste auf die Verleihung des

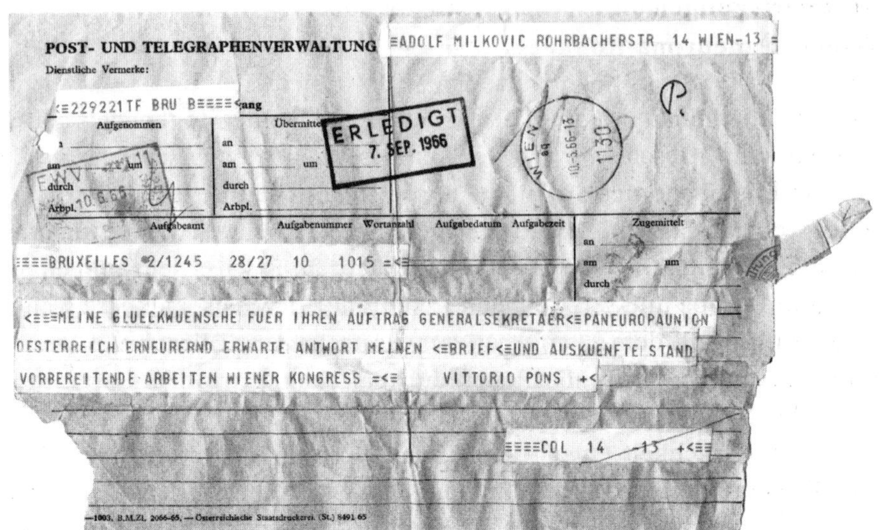

POST- UND TELEGRAPHENVERWALTUNG

=ADOLF MILKOVIC ROHRBACHERSTR 14 WIEN-13 =

Dienstliche Vermerke:

<=229221TF BRU B====<

Aufgenommen

Übermittelt

ERLEDIGT 7. SEP. 1966

Aufgabeamt | Aufgabenummer | Wortanzahl | Aufgabedatum | Aufgabezeit | Zugemittelt

====BRUXELLES 2/1245 28/27 10 1015 =<=

<==MEINE GLUECKWUENSCHE FUER IHREN AUFTRAG GENERALSEKRETAER<=PANEUROPAUNION
OESTERREICH ERNEUERERND ERWARTE ANTWORT MEINEN <=BRIEF<=UND AUSKUENFTE STAND
VORBEREITENDE ARBEITEN WIENER KONGRESS =<= VITTORIO PONS +<

====COL 14 -13 +<==

Glückwunschtelegramm des internationalen Paneuropa-Sekretärs Vittorio Pons an den neuen österreichischen Paneuropa-Landessekretär Adolf Lacy Milkovics am 7. September 1966.

seit 1950 vergebenen »Sonning-Preises« vorzubereiten. Diese wichtige dänische Auszeichnung für kulturelle Verdienste erhält er 1965 und ist eingeladen, diesen Preis persönlich zu übernehmen. Das Preisgeld beträgt eine Million dänische Kronen. Die Preisverleihung bringt ihn der Öffentlichkeit wieder in Erinnerung und eröffnet in Österreich neuerlich eine Diskussion um die Einreichung des Friedensnobelpreises für RCK. Aber auch diesmal bleibt ein derartiges Ansuchen unerfüllt. RCK hat auch jetzt keine echte Hoffnung darauf, zumal er voll in den Vorbereitungsarbeiten für den Kongress steht. Die gesamte organisatorische Arbeit liegt auf dem internationalen Generalsekretär Pons und für Österreich, das Gastgeberland, in der Vorbereitungszeit zunächst auf Oscar Miller-Aichholz.

Praktisch in der Art eines fliegenden Wechsels von Miller-Aichholz zu Adolf Lacy Milkovics übernimmt Letzterer, der noch 1965 Vizepräsident von Paneuropa Österreich wird, dessen Aufgaben. Auch er muss sehr rasch lernen, was Mobilität im Sinne von RCK heißt. Der Grundsatz lautet: zu jeder Zeit an jedem Ort sein zu müssen, an dem er benötigt wird.

RCK geht es genau um diese Fragestellung, wie eine Möglichkeit gefunden werden kann, Geschichte aus der Vergessenheit herauszuholen und damit Verständnis zu entwickeln. Ein weiterer Zugang könnte für ihn daraus abgeleitet werden, dass ein Schritt zur Betroffenheit bei den Menschen erreicht werden kann. RCK ist kein Pädagoge. Er lebt im Bewusstseinsbild eines Vereinigten Europa und setzt dabei durchaus auf Erwachsene über zwei Generationen. Er will dem Demokratiebewusstsein zum Durchbruch verhelfen und dies läuft bei ihm über jenen europäischen Patriotismus, der als Krönung des Nationalpatriotismus jene Kraft schöpft, für die die zukunftsweisende Brüderlichkeit entscheidend ist. Also nicht der Streit über Themen wie Fischereipreise, Wechselkurse, Mehrwertsteuer, krumme oder gerade Gurke, Weichsel oder Sauerkirsche, CO_2-Zertifikate, Bio-Landwirtschaft und andere.

Im Vorfeld des Zehnten Paneuropa-Kongresses wird deutlich, dass er einen neuen Weg für sich sucht, was vielfach von Außenstehenden als Rückzug interpretiert wird. Es stimmt, dass er sich wiederum verstärkt mit philosophisch orientierten Fragen auseinandersetzt und daraus wieder neue Kraft gewinnt und Ideen zu formulieren beginnt. Dies wird in seinem Umfeld auch als die Suche nach einer Entlastung interpretiert. Ein wesentlicher Faktor ist, dass das beruflich selbst gewählte Wanderleben und die damit verbundenen Kosten sehr ressourcenzehrend wirken und immer wieder das Problem der Weiterfinanzierung seiner Tätigkeit auftaucht. Schließlich geht es soweit, dass er das Haus in Gstaad verkaufen muss. In dieser Zeit erfolgt die Verlagerung des Paneuropa-Hauptquartiers von Basel nach Brüssel, in die Stadt des Europarats, die sich gleichzeitig auch zu einem neuen wirtschaftlichen Zentrum entwickelt. Dort lernt er den mehrsprachigen Vittorio Pons kennen und gewinnt in ihm einen genauso guten Kenner der Europaentwicklung. Weiters erkennt er, dass Pons für ihn von großer Hilfe sein kann, denn er kennt alle bislang entstandenen Strömungen und Spannungen in der Frage des Zusammengehens eines neuen Europas. Aber Pons ist für ihn auch eine große organisatorische Hilfe.

Innerhalb kürzester Zeit verstehen sich RCK und sein neuer Freund und Begleiter sehr gut und in wenigen Wochen ist das gegenseitige Vertrauen so groß, dass Vittorio Pons bereit ist, die Leitung des internationalen Generalsekretariats für Paneuropa mit all den organisatorischen Fragen zu übernehmen. Des Weiteren hat Pons die Aufgabe, RCK Freiraum für seine Arbeit zu verschaffen, wenn dies notwendig erscheint. In der Folge gelingt es tatsächlich, dass für RCK etwas Freiraum für seine Arbeit für Paneuropa und auch für anderes Interesse entsteht. Jetzt erst gelingt es ihm, sich neben Kontaktpflege, Kontaktmemoranden und unzähligen Terminen verstärkt mit gesellschaftlichen Fragen auseinanderzusetzen. Noch 1966 laden er und seine Frau Otto Habsburg und dessen Frau, Erzherzogin Regina, zu einem Besuch auf dem Kreuzhof in Salzburg ein. Ob dieses Gespräch rein privaten Charakter hat, ist nicht bekannt. Mutmaßlich geht es auch um die Fragen des Wiener Kongresses und die vertiefende Einbindung Otto Habsburgs in die Paneuropa-Bewegung. Die Einladung auf den Kreuzhof hat aber auch eine symbolische Bedeutung. Denn jetzt sind die Grenzen für Otto Habsburg offen und gerade in der Vorlaufzeit der Festspiele, die auch von RCK und seiner Frau besucht werden, können sie diesem Besuch auch etwas abgewinnen, da zunächst einmal große Aufmerksamkeit entsteht für dieses Treffen. Noch unmittelbar vor dem Kongress erhalten RCK und seine Frau vom internationalen Rotary-Club eine Einladung als Gastredner in Atlantic City zum Vortragsthema »Die drei Weltrevolutionen«. Kernstück dieses Vortrags ist die historische Aufarbeitung von Paneuropa.

RCK bearbeitet dieses Thema mit starkem Gegenwartsbezug. Die Grundlagen bilden die drei Revolutionen, die erste in Amerika. Diese ist für ihn die klassische Revolution der Freiheit, wobei es europäische Impulse sind, die ihre Ideenwelt aus dem Französischen und dem Englischen schöpfen. Damit schafft er auch gleichzeitig eine Brücke dazu, dass die US-Führung unter Präsident Wilson während und nach dem Ersten Weltkrieg ihren Niederschlag gefunden hat, wo die USA die Welt beinahe erobert haben und Europa sich beinahe vereint hat. Die zweite Revolution, die Französische, ist für RCK nichts weiter als die misslungene Kopie der amerikanischen Revolution. Die dritte Revolution, so RCK, ist die russische Revolution der Gleichheit und des Bolschewismus.

Seit diesem Zeitpunkt, so RCK, ist die Welt in zwei Hälften zerrissen. Die Folge ist, dass ein weiterer Weltkrieg droht, wenn nicht eine weitere Weltrevolution im Geiste der Brüderlichkeit stattfindet, die die Ergänzung und Versöhnung bringen soll. So viel zu RCKs Vorüberlegungen.

Die Kongressleitung liegt bei RCK als Vorsitzendem der Paneuropa-Bewegung und dem Generalsekretär Vittorio Pons, obwohl der Großteil der Arbeiten organisatorischer, inhaltlicher und finanzieller Art von Österreich aus durch den Vizevorsitzenden Heinrich Drimmel und Lacy Milkovics geleistet wird. Diese erstellen einen Arbeitsplan, aber die Rücksprache mit Miller-Aichholz ist gelegentlich schwierig. Für Lacy Milkovics ist vieles Neuland, sodass er sich an Drimmel ausrichtet. Es zeigt sich sehr bald, dass das Interesse an diesem Kongress sehr stark ist. RCK gelingt es schließlich, in einer anstrengenden Pendelmission und durch Einsetzung von Parallelkommissionen eine Gruppe von Mitarbeitern zu gewinnen, die in enger Zusammenarbeit mit den Generalsekretären jene Schritte zu setzen haben, die vor allem für die Finanzierung sorgen. Außerdem müssen sie sich darum kümmern, dass rechtzeitig eine entsprechende Anzahl von Publikationen zum Verschicken zur Verfügung bereit ist.

Auch wenn die Vorbereitungszeit schon rund zweieinhalb Jahre läuft und RCK ein kleines Führungsteam hat, kristallisiert sich schließlich heraus, dass es das Ziel sein muss, den Kongress gleichsam als Transformationsriemen des bisherigen Lebenswerks RCKs aus der Vergangenheit abgeleitet zielgerecht mit Gegenwartsfragen und Zukunftserwartungen zu koppeln. RCK setzt sich seit Beginn der 60er Jahre immer stärker mit der Frage der Wechselwirkung der einzelnen, scheinbar unlösbaren Probleme im Zusammenhang mit dem Eisernen Vorhang auseinander. Er kommt zum Schluss, dass der Vorschlag Roosevelts und Stalins auf der Jalta-Konferenz, Europa für immer in zwei Protektorate zu gliedern oder zu spalten und als Symbol den Eisernen Vorhang zu tragen, unhaltbar sei.[148] Laut RCK kann es keine Lösung sein, dass für hunderte Millionen von Europäern auf beiden Seiten ein einiges und freies Europa verhindert wird, vielmehr gehört eine Verbindung mit den Vereinigten Staaten und der Sowjetunion geschaffen. Darin sieht er die Hauptforderung seitens des Kongresses.

Jetzt sieht er auch den historischen Moment gekommen, die Krise des Jalta-Systems anzusprechen und im Rahmen des Zehnten Paneuropa-Kongresses verschiedenen Regierungen Unterlagen zur konstruktiven Arbeit und Vorschläge für die Einigung Europas zu unterbreiten. Der Kongress soll aus sechs unterschiedlichen »Konferenzteilen« zusammengesetzt sein, die in ihrem Schluss als eine Einheit ein Modell entwickeln, welches dann als Entscheidungsvorlage für weitere Arbeiten herangezogen werden kann.

Ein wichtiger Teil seiner Arbeit besteht nun in der Gewinnung von namhaften Persönlichkeiten für den Kongress. Einerseits Persönlichkeiten aus dem aktiven wirtschaftlichen und politischen Leben, andererseits auch solche, die bereits aus ihrer Funktion ausgeschieden sind. Zumal bei diesen auch große Erfahrungswerte zu erwarten sind. So gelingt es ihm, ein Konglomerat aus Persönlichkeiten zu gewinnen, die etwa auch Mitträger der

Paneuropa-Bewegung aus der Vorkriegszeit umfasst, weitere Paneuropäer aus der Zwischenkriegszeit, sowie Akteure der Gegenwart, also der 60er Jahre; alles Persönlichkeiten aus Politik, Wissenschaft, Kultur, Technik und Zukunftsforschung.

Trotz Behinderung und Boykottversuchen schafft er es, einen Kongress des offenen Dialogs mit dem Willen der Teilnehmer für die Zukunft zu denken und pragmatische Vorschläge vorzubereiten. Der Lohn für diese Vorbearbeitungszeit zeigt sich darin, dass 2.700 Anmeldungen – größtenteils Männer, aber auch Frauen – aus den verschiedensten Tätigkeitsfeldern die Entscheidung getroffen haben, nach Wien zu kommen. Wichtig für diesen Kongress ist, dass trotz der vielen Kommissionen und Untergruppen lösungsorientierte Arbeiten im Vordergrund stehen.

Die Teilnehmer sind Journalisten, ehemalige und aktive Regierungsvertreter, Paneuropa-Vertreter und -Gegner, Vertreter von Interessensorganisationen, Paneuropäer der Landesorganisationen, aus den verschiedenen Wissenschaftsbereichen, Botschafter, sowie Interessenten und Freunde, sogar eine Gruppe Alt-Theresianisten nimmt teil.

Der Zehnte Paneuropa-Kongress in Wien 1966

Noch vor Beginn des Kongresses besucht eine kleine Anzahl von Persönlichkeiten, die RCK gewinnen will, eine entsprechende Einführungsveranstaltung. RCK spricht alle Punkte mit ihnen durch und stellt für alle Bereiche ein Anforderungsprofil auf. Sie sollen die Grundlage für die »Generallinie« der Konferenz bilden, die durch die jeweiligen Gruppen getragen wird.

Noch im Vorfeld werden für die Teilnehmer entsprechende Beitragsmanuskripte aufgelegt und zur Verfügung gestellt. Zum Teil werden diese noch vor dem Kongress an die Teilnehmer ausgesandt, damit diese sich entsprechend vorbereiten können. Ebenso bespricht RCK mit dem ehemaligen österreichischen Bundesminister Drimmel dessen Disposition. Als Zusatz gibt es für die einzelnen interessierten Teilnehmer sogenannte »Teilnehmermeinungen«, die zur Verfügung gestellt werden; auch den Pressevertretern kommen diese zu. Weiters wird am 26. September ein »Europäischer Brief« mit dem Titel »Die Zeit drängt« herausgegeben. Der Brief selbst dient der Unterstützung und umfasst zwei Teile, wobei der erste einen historischen Abschnitt beinhaltet, um die Teilnehmer und Teilnehmerinnen über die Entwicklung der Paneuropa-Bewegung zu informieren, der zweite Teil den gegenwärtigen Zustand und die Bedrohung als das Szenario beschreibt. In einem dritten Teil wird eine Art Kurzpunktation der Arbeitsziele umrissen, der Brief endet mit dem Tagungsziel als Grundsatzerklärung. Ziel ist es also, eine junge Generation europäischer Patrioten großzuziehen, die sich ihrer Werte bewusst sind und die gerade darum in diese Tagung eingebunden werden und so dazu bewegt werden sollen, weitergehend aktiv zu sein. Eine dieser Kulturveranstaltungen ist die gemeinsame Kundgebung der Paneuropa-Union Österreich und des Bundes österreichischer Frauenvereine zur Erinnerung an Bertha von Suttner, unter dem Titel »Europa und der Friede«. Dazu reden unter anderen Henriette Heinisch mit dem Thema »Bertha von Suttner«, Heinrich Drimmel mit dem Titel »Europa« und schließlich RCK.

Die Eröffnung des Zehnten Wiener Paneuropa-Kongresses erfolgt in typisch österreichischer Art – im gleichen Saal wie der Erste Kongress 1926 – durch eine Rede des Bundeskanzlers im überfüllten großen Saal des Wiener Konzerthauses.

Richard Coudenhove-Kalergi, Lacy Milkovics und Bundesminister a. D. Heinrich Drimmel im Gespräch. Rücktritt Drimmels aus dem Vorstand Paneuropa Österreich 1967 wegen Otto Habsburg.

Den Abschluss der Begrüßungen und ein Positionspapier bildet der Beitrag von RCK. Die vierzig Jahre Paneuropa sind für ihn ein ständiges Ringen, mühsam und von Rückschlägen geprägt, möglich nur durch die Hilfe vieler Persönlichkeiten. Er stellt die Fragen: »Wird es 1980 drei oder vier Weltmächte geben?«, »Wird Europa unter amerikanischer oder russischer Bevormundung geteilt bleiben?«, und: »Wird Europa sich in eine unabhängige Weltmacht verwandeln?« Und er setzt fort: »Die Männer, welche die Schicksale der europäischen Völker lenken, wechseln, aber mit Hilfe der Entwicklung ist es möglich, dass diejenigen, die sie ablösen, auch eine konkrete europäische Vision haben.«[149]

Zur Arbeit der Kommissionen ist zu sagen, dass während der Konferenz mit größter Intensität gearbeitet wird und auch nach dem Kongress sich praktisch Kommissionsgruppierungen entwickelt haben, die zumindest einige Zeit immer wieder zusammenkommen oder sich in kleineren Gruppen innerhalb ihrer Landesorganisationen aktiv einbringen. Die Vorschläge der einzelnen Kommissionen sind gleichzeitig ergebnis- und forderungsorientiert:

Richard Coudenhove-Kalergi spricht auf dem Zehnten Paneuropa-Kongress im überfüllten Saal des Wiener Konzerthauses, Oktober 1966.

Erste Kommission – »Europäische Währungsunion«:

- Es besteht die unbedingte Notwendigkeit einer gemeinsamen europäischen Währungspolitik;
- Die Europawährung würde dem Dollar-Monopol eine Ende setzen und eine Gleichberechtigung zwischen Europa und Amerika ermöglichen;
- Mitglieder sollen die europäische Währungsunion verpflichtend mit ihren Auslandsguthaben entsprechend in Gold ausgleichen;
- Die Handhabe ist wesentlich zur Schaffung einer strengen Währungsdisziplin und dient als Voraussetzung einer europäischen Währung – Orientierung ist notwendig;
- Auch wenn die EWG Kern einer Währungsharmonisierung ist, soll der Beitritt anderer Länder möglich sein; wenn die Währungslage dies zulässt, ist es nicht nur erstrebenswert, sondern auch für das Wachstum entscheidend.

Zweite Kommission – »Wechselwirkung zwischen Wirtschaft und europäischem Geist«:

- Eine pragmatische Ebene zur Ausweitung der »Sechser-Gemeinschaft« soll die Basis werden, um gemeinsame Aktionen zwischen EWG und EFTA zu schaffen und vor allem den Weg dazu zu ebnen;

- Die Sechser-Gemeinschaft soll sich ihrer Verantwortung für die neue Entwicklung bewusst werden;
- Der Geist der Unabhängigkeit gegenüber ausländischen Mächten soll ausgebaut und verstärkt werden, eine »neue Gemeinschaft« soll geschaffen werden;
- Ein weiterer Ausbau zur Verständigung zwischen ost- und westeuropäischen Staaten;
- Sicherung und Ausbau des kulturellen und wirtschaftlichen Europa;
- Vertiefung der europäischen Verpflichtung gegenüber den Entwicklungsländern im Geiste der menschlichen Solidarität;
- Die europäische Idee wird nur dann die Unterstützung aller Teile der Bevölkerung und der jungen Generation, an die sie sich immer stärker wenden muss, gewinnen können, wenn sie die Unabhängigkeit Europas und die Größe der ihm zukommenden Rolle betont, wenn sie sich um die Einheit und Wiederherstellung seines Gleichgewichts bemüht und wenn sie eine Perspektive des Friedens, der Solidarität und der Zusammenarbeit verfolgt. Und dafür hat sie aktiv zu arbeiten.

Dritte Kommission – »Erweiterung des europäischen Markts«:
- Diese Gruppe soll den Vorschlag Alvin Münch-Mayers, eines deutschen Großindustriellen überprüfen, ob der europäische Markt sich nicht der Freihandelszone als weiteres Mitglied anschließen soll;
- Damit wäre das wirtschaftliche Europa in zwei konzentrische Kreise gegliedert und der europäische Markt als Kern der Freihandelszonen gegeben.

Vierte Kommission:
- Weiter streben nach einer Wiedervereinigung Europas durch einen Freundschaftsvertrag mit der Sowjetunion, Basis: Selbstbestimmungsrecht;
- Setzen von Schritten zur Wiedervereinigung; erstens auf geistiger Ebene und zweitens durch Gründung einer Europa-Akademie in Wien;
- Festhalten, dass die Paneuropa-Bewegung auf der Gleichstellung zwischen Europa und Amerika, ergänzt durch die Atlantische Freundschaft, beruht;
- Grundsätzliche Finanzierung der Schwächeren für den Fortschritt, die nationale und kontinentale Verteidigung.

Bundeskanzler Josef Klaus eröffnet den Zehnten Paneuropa-Kongress, Oktober 1966.

Fünfte Kommission:

- Schaffung einer Zentralorganisation zur Zusammenfassung, Vereinigung und Subvention aller wissenschaftlichen Bestrebungen;
- Schaffung eines Gleichgewichts der Wissenschaft zwischen Europa und Amerika.

Sechste Kommission:

- Erhebung Europas aus dem Jalta-Diktats-Vertrag;
- Einberufung einer Friedenskonferenz und Einleitung einer Zieldiskussion mit dem Thema: »Die Paneuropa-Bewegung ist Großeuropa, von San Francisco bis Wladiwostok«.

Der Präsident der Paneuropa-Bewegung RCK bringt nur einen kurzen Beitrag ein, legt die Arbeitsergebnisse der einzelnen Kommissionen vor, woraufhin er die Teilnehmer auffordert, die Europa-Arbeit mit großem Eifer weiterzuführen und vor allem verstärkt in die eigenen Länder einzubringen. Interessanterweise erscheint zu dieser Tagung keine umfassende Diskussions-Dokumentation. Obwohl immer wieder Teilfragen aus RCKs Protokollen auftauchen und in andere Reden eingebaut werden.

Was bleibend herausgefiltert ist und auch im Kongress immer wieder auftaucht, ist die Jugendfrage. Schon von Miller-Aichholz angedacht – gerade in Bezug auf Österreich schon lange vor dem Kongress –, wird sie jetzt aufgegriffen und sein Nachfolger Lacy Milkovics übernimmt die Aufgabe, ein Statut zu erstellen sowie ein entsprechendes Anmeldungsverfahren zu entwickeln und den Ordnungsrahmen für die Jugendarbeit zu schaffen.

Vom Kongress leitet RCK für sich ab, dass führende politische Entscheidungsträger immer wieder neu angesprochen werden müssen, denn sonst bleibt die Arbeit in einer Art zweigeteilter Welt stecken, die seinerzeit Roosevelt und Stalin geschaffen haben. Für ihn heißt es, Europa muss aus dem alten Denken der Geschichte ausbrechen und sich zu einer vierten Weltmacht entwickeln.

Entscheidender Grund hierfür ist, dass sich Frankreich, Rumänien und vor allem China dem Jalta-System nicht unterworfen haben und dadurch bereits schon als Pakt zu einer »Dritten Weltmacht« heranreifen. Die größte und brisanteste Aufgabe, wie sich beim Kongress für RCK herausstellt, ist eine praktisch-politische. Es ist die Bildungsaufgabe, die zumindest gegenüber den starken Aktivitäten ins Gleichgewicht gebracht werden muss. Diese Aktivität ist für RCK umso wichtiger, als die Jugend kein Vertrauen mehr in die Demagogen, das heißt in die Politiker hat, die viele Worte über das »Vereinte Europa« verlieren, aber in Wirklichkeit nur ihre nationalen Interessen vertreten.

Drei Jahre später wirft auf einer Versammlung von Paneuropa-Persönlichkeiten der Schriftsteller Günter Grass (1926–2015) eine Frage auf, die auch RCK mit seinem Hinweis auf die Bedeutung der jüngeren Generation für die Zukunft, Geschichte und Gegenwart Europas bereits gestellt hat. Grass bringt mit seiner Darstellung die Frage Jugend auf den Punkt, wenn er meint:

»Die junge, in Frieden herangewachsene Generation ist jedoch der Geschichte müde. Und wenn ich diese Generation, bewusst verallgemeinernd, geschichtsmüde nenne, gehe ich von Erfahrungen mit ihnen aus und steigere meine Behauptungen:

Beim Empfang des Bundeskanzlers zum Jubiläum »50 Jahre Paneuropa« 1972. Von links nach rechts: Bruno Kreisky, Vera Kreisky (fast verdeckt), Otto Habsburg, Alix und Richard Coudenhove-Kalergi.

Sie empfindet Ekel vor der Geschichte, was ihr unterrichtsweise in Deutsch – in idealistischer Folgerichtigkeit und auf Hegels Weltgeist galoppierend – als Geschichte geboten wurde und wird, und mehr und mehr werden seine absurden Züge offenbar: Aus der Geschichte – so heißt es – kann man nicht lernen. Diese von mir hier nur angedeutete Flucht aus der Geschichte kann, so steht zu befürchten, die zunehmende Ablehnung der aufklärenden Vernunft zur Folge haben: täglich erleben wir, wie die nachwachsende Friedensgeneration sich mit hohem moralischen Anspruch ein Sprachklima schafft, dessen immer noch nicht aufklärend eingefärbte Diktion, sobald wir nachfragen, verrät, dass ein neuer Irrationalismus Zukunft zu haben droht.
Denn dem ist, wie ich weiß, mit Appellen an die Vernunft nur schwer beizukommen. Die Niederlagen der Vernunft spotten ihren Siegen zu zahlreich, als dass sich bloße Berufung auf die Vernunft als Allheilmittel gegen den neuen Irrationalismus

bewerten ließe. Wenn also hier die Rede war von den Schwierigkeiten des Vaters, der Auschwitz seinen Kindern erklären möchte, dann bitte ich zu bedenken, dass diese Schwierigkeiten Dimensionen gewinnen können, die mit der überlieferten Kategorie ›Erziehungsprobleme‹ nicht mehr zu erfassen sein werden. Es gilt, Auschwitz in seiner geschichtlichen Vergangenheit zu begreifen und in seiner Gegenwart zu erkennen und in Zukunft nicht blindlings auszuschließen. Auschwitz liegt nicht nur hinter uns.«[150]

Auf dieser Ebene liegt der junge Vorsitzende der Paneuropa-Jugend Österreich, Rainhard Kloucek. Sein Grundsatz: »Demokratie gibt dem Einzelnen, auch dem Jugendlichen, die Freiheit. Sie ist aber nicht Moral, sondern setzt Demokratiemoral voraus.«[151] Das neue Europa wurzelt für Kloucek in der Werteordnung der Gleichwertigkeit, die über alle Zeiten hinausreicht und in Transzendentem verankert ist.[152] Für ihn bedeutet die Paneuropa-Jugend nicht nur irgendeine »Seminarraumjugend«, sondern auch, dass man hinausgeht und offen zeigt und demonstriert, was ein Vereintes Europa ist. Dabei ist das Setzen von Aktivitäten vom Sprechen nicht getrennt und auf derselben Ebene wie politische Arbeit und Gesprächsrunden bis zur Aufstellung von Europaplakaten. Die Grundlage für die Zukunft der Paneuropa-Jugend Österreich bedeutet für ihn, dass Europa eben *ganz* Europa umfasst.

Das Motto lautet Paneuropa – und das heißt *ganz* Europa

RCK setzt sich schon längere Zeit mit dem Thema Brüderlichkeit auseinander, widmet ihm eine Publikation und leitet für sich die Maxime ab, dass durch den Ausgleich der beiden Kernbegriffe Freiheit auf amerikanischer Seite und Gleichheit auf sowjetischer Seite mit der Einbindung von Brüderlichkeit jener Punkt gekommen ist, in dem die Konflikte von außen und von innen gelöst werden können. In seinen weiteren Beobachtungen und der Entwicklung einer Stellungnahme dazu stellt RCK zwei Memoranden zur Palästinafrage auf. RCK sieht bei dem Konflikt den folgenden Ausgangspunkt: Für ihn sind die europäischen Länder allein verantwortlich durch die Teilung Palästinas in zwei verfeindete Staaten nach dem Zweiten Weltkrieg. Als Beispiel zur Versöhnung könnte Österreich-Ungarn nach dem Ausgleich 1867 dienen.

26. 6. 1964	12. 6. 1967
Vorschlag einer Union Israel/Jordanien Begründung: Israel ist in Lebensgefahr Ausweg: Israels Eingliederung in die arabische Staatenwelt durch die Schaffung einer Union mit Jordanien Vorbild: Doppelstaat Österreich/Ungarn Konsequenz: Entwicklung eines Königreichs Palästina Hauptstadt: Jerusalem, Arabischer König – Israel in Groß-Palästina ein autonomer Freistaat mit eigener Regierung, Verwaltung, Justiz und Gesetzgebung – Drei gemeinsame Ministerien: Äußeres, Krieg und Finanzen – Drei Armeen: 1 israelische, 1 jordanische und 1 gemeinsame	1. Wiederholung des Vorschlags von 1964 2. Unter dem Blickwinkel der Gefahr eines Kriegsausbruchs 3. Weiterführend Gefahr des Ausbruchs eines Dritten Weltkriegs 4. Abbau der Rassenvorurteile, Jerusalem als gemeinsame Hauptstadt einer gemeinsamen Monarchie 5. Gemeinsamer Monarch: König Hussein[153]

Neuordnung und die Frage der geplanten Europa-Akademie

Solange die Geschichte Europas stark durch das Zusammenwirken Adenauers und de Gaulles geprägt war, konnten die Rivalitäten der beiden Staaten als überwunden betrachtet werden. Doch die Politik Deutschlands nach Adenauer wird ein Anstoß für de Gaulle, sich von den Anhängern eines »Europa der Nationalstaaten« zu einem weiteren Integrationsgefüge aus dieser Entwicklung zu verabschieden. Entscheidende Gründe hierfür sind die atlantische Orientierung seiner EG-Partner und die forcierte anti-gaullistische Stimmung. So entwickelt er sich zu einem »Neinsager«.[154] Ein weiterer Grund liegt in der Tatsache, dass der Gegenkandidat um die Präsidentschaft in Frankreich, »der Kommunist Mitterand«, diesen Konflikt als Chance zu nutzen beginnt, sich auf Kosten de Gaulles zu profilieren.[155] Durch diese Entwicklung sieht RCK den Weg Europas in eine falsche Richtung laufen, tritt vom Ehrenpräsidium der Europa-Union zurück und beginnt gleichzeitig mit der Neuordnung der Europa-Union unter der Leitung des internationalen Generalsekretärs. Damit ist die kurze Ruhepause für ihn zu Ende. Nach wenigen Wochen schreibt er bereits am 6. Jänner 1968 an den in Bedrängnis befindlichen de Gaulle einen Brief mit dem Kernsatz: »Herr General, Sie sind der Einzige, der Europa einigen kann.« Er selbst bringt sich entgegen all seiner Aussagen in die Innenpolitik ein und eröffnet eine Diskussion um die soziale Sicherstellung für künstlerische, schöpferische Leistungen, wie etwa die naturwissenschaftlichen und betriebswirtschaftlichen Bereiche oder Erfindungen mit Kooperationen in anderen Ländern. Unmittelbar danach tagt am 29. Jänner der Zentralrat der Paneuropa-Bewegung.

De Gaulle hatte die Absicht, seinen Plan erst bekanntzugeben, nachdem er sich darüber mit England verständigt hätte. Nun hat die britische Regierung diesen Plan vorzeitig veröffentlicht. Diese vorzeitige Veröffentlichung hat zu einer unerfreulichen Polemik geführt, der es gelungen ist, vorübergehend die historische Bedeutung der Paneuropa-Initiative de Gaulles zu überschatten.

Diese Polemik wird bald vergessen sein, aber die Initiative de Gaulles wird bleiben. Mit ihr beginnt ein neues Kapitel der europäischen Geschichte.

Neu an der Initiative de Gaulles ist der Gedanke, dass die vier europäischen Großmächte berufen sind, in erster Linie zu Vorkämpfern des europäischen Gedankens zu werden, dass auf ihnen die schwerste Verantwortung lastet und von ihrer Entscheidung der Erfolg oder Misserfolg der Initiative abhängig ist. Der zweite tragende Gedanke von de Gaulles Plan ist, dass sich die Europäische Wirtschaftsgemeinschaft und die Europäische Freihandelszone zu einem europäischen Zollverein vereinigen müssen. Aber nicht nur die EWG bedarf nach de Gaulles Ansicht einer Reform, sondern auch die NATO. Im Atlantischen Bündnissystem, an dem de Gaulle festhält, soll die amerikanische Hegemonie abgelöst werden durch ein Gleichgewicht zwischen einem einigen Europa und einem befreundeten und verbündeten Amerika.

Vor allem werden im de Gaulle-Plan die Grenzen Europas deutlich umrissen. England ist einer der Grundpfeiler eines geeinten Europas, dazu Frankreich, Deutschland und Italien, während Russland (die Sowjetunion) nicht mehr als europäische Großmacht betrachtet wird, sondern als asiatische Weltmacht – mit Europa befreundet, aber nicht vereinigt.[156]

Für de Gaulle geht die Hetzjagd weiter, und die Zeit wird immer knapper für ihn. Denn er muss sich bereits auf die Budapester Konferenz des Warschauer Pakts im April 1969 vorbereiten. Denn er sieht diese Konferenz als entsprechende Konsequenz seines Vorschlags einer paneuropäischen Sicherheitskonferenz, der praktisch niemand mehr fernbleiben kann. Für ihn bedeutet das aber, dass noch 1970 eine Europa-Konferenz stattfinden soll, auf der alle vier Großmächte berufen sind, sich zu versöhnen, um damit die ohnmächtigen Vereinten Nationen abzulösen.[157] Dies wird dort im Gedenken an einen bereits verstorbenen großen Mann Paneuropas gewürdigt.

Noch ein viertes Mal, am 9. September 1969, richtet RCK ein Memorandum unter dem Titel »Der Weg zur Einigung Europas« an die Regierungen Deutschlands, Frankreichs und Großbritanniens.

Der Abschied von de Gaulle

Am 27. April 1969 findet in Frankreich ein Referendum über die Reform des Senats und die Regionalisierung statt. Nach de Gaulle sollten diese Referenden die Einführung der Partizipation in die administrativen Organisationen der Regionen bringen und zusammengefasst mit einem Wirtschafts- und Sozialrat erlauben, in dem fortan Vertreter der Berufsgruppen sitzen sollen. Letztere sollen ihr Mitwirken aus zwei Blickwinkeln einbringen. In diesem demokratiepolitischen Schritt sieht de Gaulle durch die Einbindung in die Mitgestaltung und in die Rechte und Pflichten eine Verbesserung der künftigen wirtschaftlichen und sozialen Regionalentwicklung.

Entgegen allen Erwartungen lehnen 52,4 % der Wähler und Wählerinnen den Vorschlag des Generals ab. Damit sind für ihn die perspektivische Erneuerung Frankreichs und ein positiver Wirtschaftsschub blockiert. Das Ergebnis hat für Frankreich eine große Bedeutung, denn de Gaulle nimmt die Entscheidung ohne Kommentar zur Kenntnis.[158]

Ohne vorherige Ab- und Rücksprachen zieht er unbeirrt noch in der gleichen Nacht die Konsequenz aus diesem Ergebnis. Kurz nach Mitternacht, bereits am 28. April 1969 um 00:10 Uhr, teilt er im Fernsehen der Öffentlichkeit seine Entscheidung mit den Worten mit: »Ich höre auf, meine Pflichten als Präsident der Republik auszuüben. Diese Entscheidung ist ab heute Mittag gültig.«

Und von diesem Moment an bringt er sich nicht mehr in die Politik ein. RCK muss erkennen, dass mit dem Ausscheiden de Gaulles eine neue Generation von Politikern um Georges Pompidou die Führung übernimmt. Dies bedeutet für ihn, dass er mit General de Gaulle einen Freund, Förderer und Unterstützer verloren hat. Für ihn ist der General auch eine Persönlichkeit gewesen, die ohne versteckte Hintertüren Politik betrieben hat. Trotzdem erkennt RCK bald, dass der General ein Freund geblieben ist: Ohne RCKs Wissen hat de Gaulle dem Europäer und Freund für dessen Verdienste als Mahner, Initiator und Dränger für ein geeintes Europa eine französische Ehren-Staatspension zugewiesen. Sie liegt in der Höhe einer Pension eines ehemaligen Botschafters.[159]

Dies ist wohl ein deutlicher Beweis für die Wertschätzung RCKs durch de Gaulle, nämlich wie hoch RCKs Europaarbeit einzuschätzen ist. Viele haben in späterer Zeit, vielfach unbegründet, die Leistungen RCKs als die eines einfachen Mitträgers für ein geeintes Europa locker formuliert oder ihn als nur propagandistisch tätig diffamiert und als einen bloßen Mahner systematisch degradiert.

Doch RCK verteidigt alle europapolitischen Beschlüsse de Gaulles. Auch ist er für de Gaulle ein wichtiger Gesprächspartner gewesen, der den Mut gehabt hat, diesem zu widersprechen und ihn zu kritisieren. Als besonderes Beispiel ist sein Vorgehen in Bezug auf die bereits erwähnte deutsch-französische Aussöhnung in Reims anzusehen. Denn mit diesem Schritt ist der politische Teil der alten habsburgischen Geschichte quasi abgeschlossen und ein neues Kapitel des Zusammengehens in Richtung »Vereinigte Staaten von Europa« als eine selbstständige Institution ohne Außenbeeinflussung beginnt.

In dieser Zeit der letzten Wirkungsfelder de Gaulles ist es RCK, der dessen letzte Initiative aufgreift und gleichsam als politisches Testament de Gaulles am 14. April 1971 einen Artikel mit dem Titel »Der große Plan von General de Gaulle« in *Le Monde* veröffentlicht. De Gaulle übermittelt in diesem Report seinen großen Plan des Projekts »Paneuropa« dem britischen Botschafter in Paris. Damit wird dieses Projekt eingeleitet und nach RCKs Tod durch den Präsidenten weiterentwickelt.[160]

Dieser Entwurf de Gaulles vom 4. Februar 1969 umfasst nach RCK fünf Prinzipien:

1. Wir müssen die ökonomische Union Europas durch eine politische komplettieren;
2. Diese politische Union kann nicht von der EWG abhängen, sondern muss von einer neuen Initiative, unabhängig vom Europa der 6, geschaffen werden;
3. Selbst wenn es nicht möglich ist, die EWG auszuweiten, müssen neue Methoden gesucht werden, um die ökonomische Union von ganz Europa sicherzustellen;
4. Die Initiative für ein politisches Europa muss von den vier Großmächten Europas ausgehen: Frankreich, Großbritannien, der BRD und Italien. Diese Staatengruppe muss den soliden Kern des politischen Europas darstellen;
5. Die Union der Vier muss von einem freundschaftlichen Dialog zwischen den Regierungen von Paris und London eingeleitet werden.

Innerhalb dieses Projekts ist weder die Rede von den USA noch von der Sowjetunion, jene wird nicht mehr als »fünfte Großmacht Europas« betrachtet, sondern als »unser euro-asiatischer Nachbarstaat«.[161] Dieser Vorschlag

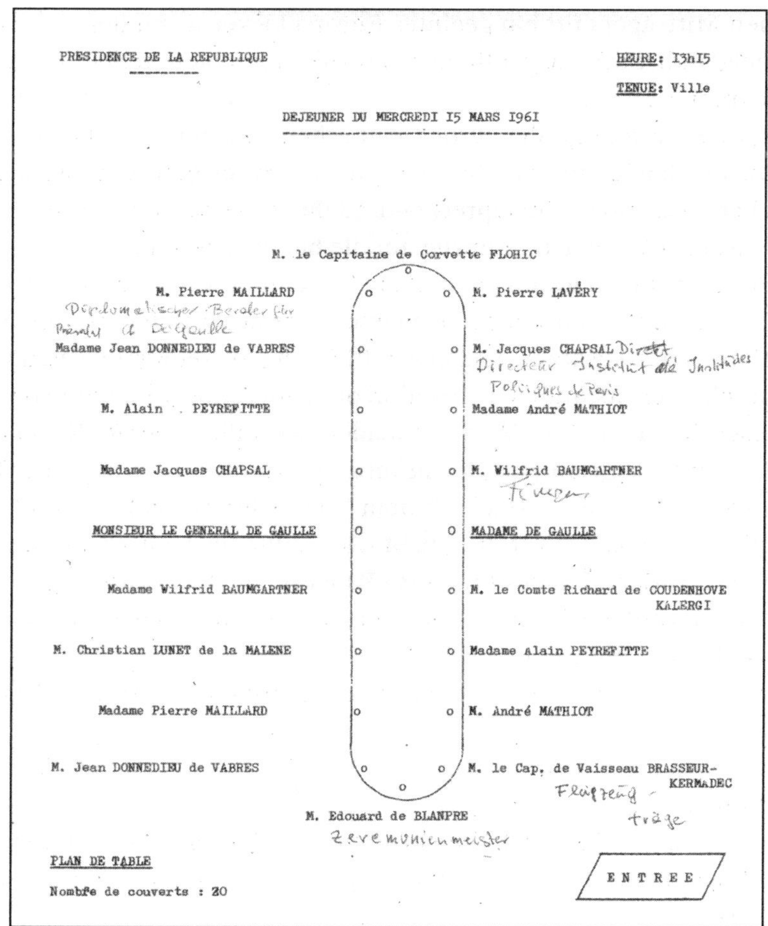

PRESIDENCE DE LA REPUBLIQUE

HEURE: I3hI5

TENUE: Ville

DEJEUNER DU MERCREDI I5 MARS I96I

M. le Capitaine de Corvette FLOHIC

M. Pierre MAILLARD (Diplomatischer Berater für Präsident de Gaulle)	M. Pierre LAVERY
Madame Jean DONNEDIEU de VABRES	M. Jacques CHAPSAL (Direktor Directeur Institut des Instituts Politiques de Paris)
M. Alain PEYREFITTE	Madame André MATHIOT
Madame Jacques CHAPSAL	M. Wilfrid BAUMGARTNER (Finanzmin.)
MONSIEUR LE GENERAL DE GAULLE	MADAME DE GAULLE
Madame Wilfrid BAUMGARTNER	M. le Comte Richard de COUDENHOVE KALERGI
M. Christian LUNET de la MALENE	Madame Alain PEYREFITTE
Madame Pierre MAILLARD	M. André MATHIOT
M. Jean DONNEDIEU de VABRES	M. le Cap. de Vaisseau BRASSEUR-KERMADEC (Flugzeugträger)

M. Edouard de BLANPRE (Zeremonienmeister)

PLAN DE TABLE

Nombre de couverts : 20

ENTREE

Sitzplan für das Diner zu Ehren des französischen Finanzministers Wilfrid Baumgartner im März 1961. Richard Coudenhove-Kalergi saß zur Linken von Mme. de Gaulle.

de Gaulles wird von der ersten Minute an bekämpft und von britischer Seite durch den Premier Harold Wilson schon zu Beginn eines erneuerten franko-britischen Dialogs ausgeschlossen.

Wie stark das Vertrauen und die persönliche Verbindung zwischen de Gaulle und RCK waren, zeigt sich daran, dass RCK bereits ab 1961 immer wieder von de Gaulle zu entsprechenden Empfängen eingeladen wurde. Obiges Beispiel zeigt, welche bedeutenden Persönlichkeiten dabei waren und es geht insbesondere um eine Ehrung des Finanzministers Wilfrid Baumgartner, der ebenfalls die Paneuropa-Bewegung unterstützt hat.

Der Abschied

Unmittelbar nach dem Ausscheiden aus der Politik zieht sich der General konsequent in die Isolation zurück und ist zu keinerlei Gesprächen, Interviews oder Artikeln bereit. Schon kurz nach dem politischen Abschied und dem Sprung ins Privatleben unternimmt er mit seiner Frau Yvonne eine schon seit Jahren geplante Privatreise auf die »Grüne Insel« Irland und ist für niemanden zu erreichen.

RCK pflegt freundschaftlichen Umgang mit der Familie de Gaulle. »Tante Yvonne«, wie sie von Freunden und im Volk ob ihres sozialen Engagements genannt wird, hat in der Zeit, da sich Charles nach der Rückkehr eingehend mit dem Schreiben seiner Memoiren beschäftigt, eine Art Brückenfunktion zwischen den beiden übernommen.

Seit 1952 sammelt de Gaulle seine handschriftlichen Notizen und ab 1958 sammelt er systematisch alle Materialien. Trotz des starken Zeitaufwands für seine hochpolitische Arbeit hat er, im Volksmund als der »schreibende Soldat« bezeichnet, noch die Kraft, diese Sammlung als Basis für die Publikationskette zu legen. So kann er sich unmittelbar nach dem Austritt aus der Politik intensiv in die Aufarbeitung der Memoiren versenken. Im Abstand von nur wenigen Monaten erscheinen ab 1969 seine wichtigsten Veröffentlichungen.

Wenig später, am Montag, dem 9. November 1970, stirbt General de Gaulle in seinem Haus in Colombey-les-deux-Églises. Der Arzt kann trotz raschen Herbeieilens nur noch feststellen, dass de Gaulle einem Herzinfarkt erlegen ist. Seine um Ruhe bemühte und in schweren Zeiten stets den Überblick behaltende Frau Yvonne will von ihrem Mann einen stillen Abschied nehmen, ganz im Sinne eines familiären Gedenkens. Und es gelingt ihr. Erst am nächsten Tag informiert die Nachrichtenagentur AFP die Öffentlichkeit vom Tod des Generals. Tiefe Trauer und Mitgefühl in Frankreich und der ganzen Welt breiten sich aus. In der Folge kommt es zu zahlreichen spontanen Traueraktivitäten in ganz Frankreich und auch in Deutschland.

In einer Spontanreaktion übermittelt RCK an die Witwe ein Telegramm mit dem Inhalt: »Mir fehlen die Worte, Ihnen meine tiefste Traurigkeit und Sympathie auszusprechen.« Postwendend erhält er die Rückantwort: »Ich bedanke mich für Ihre Sympathiebezeugung. Diese hat mich sehr berührt.«

Kurz darauf sendet die Witwe de Gaulle RCK eine Postkarte. Dieses kleine Dokument ist wohl in seiner Bedeutung von allerhöchstem Wert. Zumal die Witwe darin die Bedeutung RCKs für de Gaulle und die Verbundenheit in

Mme. Yvonne de Gaulle, genannt »Tante Yvonne«, beim Begräbnis ihres Gatten in Reims im November 1970. Teilnehmen durfte nur die einfache Bevölkerung.

brüderlichen Banden dokumentiert. »Ich bedanke mich«, so Yvonne, »dass Sie daran gedacht haben, mir ein Exemplar von *Europa, eine Weltmacht* schicken zu lassen. Ich habe mit Bewegtheit das Kapitel gelesen, das Sie General de Gaulle gewidmet haben. Er hat Sie höchst geschätzt. Es heißt, dass die in einer rezenten Umfrage befragten Franzosen wünschen, sich mit ihren Nachbarn gut zu vertragen, und das insbesondere mit ihrer eigenen Nationalität und unter ihrer eigenen Fahne, ihrem eigenen Banner.«

Kurz darauf erhält Madame de Gaulle ein weiteres Schreiben von RCK: »Sehr geehrte Madame, zurück aus Japan finde ich die Memoiren von General de Gaulle mit seiner sehr freundschaftlichen Widmung vor. Ich bin zutiefst berührt. Erlauben Sie mir, Ihnen meinen Dank auszusprechen – Ihnen, die Sie mir immer ein Schutzengel gewesen sind. Letzten Samstag waren meine Frau und ich in Colombey-les-deux-Églises, um hier Blumen niederzulegen. Ich möchten Ihnen, sehr geehrte Frau de Gaulle, versichern, dass wir ganz in Gedanken an Ihren verstorbenen Gatten vertieft sind.«

Danach verfasst er ein Schreiben an Präsident Georges Pompidou, in dem er zunächst nur kurz darauf hinweist: »Ganz Europa beweint den Tod des großen Mannes, der zweimal Frankreich und damit ganz Europa gerettet hat.«

Dieses Schreiben ist gleichzeitig die Aufforderung an Pompidou, das Wissen um Charles de Gaulle aufrechtzuerhalten und die Aufgaben für Frankreich ganz im Sinne de Gaulles weiterzuführen. »Die Zielrichtung ist auf die Schaffung der Vereinigten Staaten von Europa anzusetzen.«[162]

Für RCK ist der Tod de Gaulles überraschend und ein Schock, denn jetzt fehlt ihm einer seiner wichtigsten Ansprechpartner. Zunächst zieht er die Konsequenz daraus, indem er sich vor allem sehr zurücknimmt und sich nur gelegentlich in Österreich aufhält. Dabei wirkt er auf seine Generalsekretäre verunsichert. Er ist nur sehr selten in Wien und arbeitet an einer weiteren Publikation und setzt sich ausführlich mit dem Leben des Generals auseinander.

Das Goldene Jahrzehnt

Die 70er Jahre – Ein Goldenes Jahrzehnt für Paneuropa Österreich

Nach dem Tod RCKs und der offiziellen Übernahme von Paneuropa International durch Otto Habsburg, der sich zunächst weitgehend in internationalen Fragen einbringt, entwickelt sich sehr rasch und ohne direkten Parteieinfluss (in Österreich) ein eigenes System, das in seiner Fragestellung mit RCK noch angedacht worden ist. Der Grund liegt darin, dass zwischen RCK und seinem Generalsekretär Lacy Milkovics ein sehr gutes Einvernehmen und Verständnis gegeben war. Dieses Einvernehmen funktioniert auch nach RCKs Tod bestens. Dazu kommt noch, dass es bei der Übernahme Ottos keinerlei Streitigkeiten um die Präsidentschaft gibt und dass eine Reihe von Politikern, Wirtschaftsleuten, Kulturvertretern und anderen Mitträgern als Sympathisanten und Förderer Paneuropas auftreten. Diese von Kritikern gelegentlich als »neutraler Raum« bezeichnete Situation und die Toleranz gegenüber gesellschaftlich Andersdenkenden ermöglicht das Nebeneinander, ja sogar Miteinander, durch welches sich Paneuropa als gut anerkannte Organisation ohne großen Personalaufwand zu einem freien, demokratischen Zentrum im Sinne Paneuropas entwickeln kann.

Generalsekretär Lacy Milkovics, unterstützt von einem kleinen Stab von Mitarbeitern, gelingt es, ein Aktivitätenfeld aufzubauen und in der ersten Zeit nach RCKs Tod Paneuropa Schritt für Schritt zu einer Begegnungsstätte zu entwickeln. Persönlichkeiten höchst unterschiedlicher Deutungs- und Handlungsweise können dort zu Wort kommen und somit den »Europa-Dialog« ständig im Fluss halten. Das Instrumentarium der Aktivitäten setzt mit dem Paneuropa-Kongress 1972 ein und wird schrittweise ausgebaut und mit zum Teil vollkommen anderen Inhalten besetzt.

Ein entscheidender Faktor für diese Entwicklung ist dadurch gegeben, dass Otto Habsburgs Interesse sich weitgehend an der »großen« Politik – der internationalen Ebene – orientiert und er den scheinbar »unteren Stufen« auf Landesebene mit ihren diversen gesellschaftlichen Gruppierungen entgegen seinen verbalen Bekenntnissen wenig Bedeutung zumisst. Aus dieser Haltung entspringt auch das Bild, dass RCKs Interesse sich auf Eliten konzentriert und er damit die Allgemeinheit vernachlässigt habe, was sicherlich teilweise zutrifft, jedoch zeigte er sich offen zum Beispiel bei der Jungarbeiterfrage, in Berufsausbildungsfragen und gegenüber der jungen Generation.

Von Otto Habsburg heißt es, dass sein Ziel die Massenbewegung ist. Otto Habsburg hat auch selbst einmal angedeutet, dass er kein überzeugter Paneuropäer sei, sondern dass ihm Paneuropa völlig egal sei, dass er die Ehrenpräsidentschaft nur RCK zuliebe übernommen habe.[163] Er bemerkt in diesem Zusammenhang, dass er einfach nur wegen RCK beigetreten sei, weil dieser ein bedeutender Geist war. Im gleichen Interview sagt er, dass er RCKs Buch »Die Vereinigten Staaten von Europa« nicht gelesen, sondern erst in späterer Zeit angeschaut hat.

Trotz aller aufgetauchten Fragen entwickelt sich im Raum Österreich sicher auch in Verbindung mit dem neuen politischen Gefüge des »Tauwetters« ein Freiraum, der gleichsam als offenes demokratisches Feld zur Aktivierung einlädt. Das gilt auch für Paneuropa Österreich. Es gilt, sich den neuen Formen anzupassen und selbstständig in dem jeweiligen Arbeitsfeld aktiv zu sein. Für Paneuropa Österreich entwickelt sich für die Zeit 1972–1979 ein Arbeitskatalog, der selbst für eine kleine Organisation wie diese wichtige Beiträge im Sinne eines geeinten Europa einbringt.

Die Umsetzung umfasst:

- Die Wiedereinführung der Zeitschrift »Paneuropa« 1976/79;
- Paneuropäische Kongresse (1976 und 1979);
- Die Einführung eines Jour fixe;
- Die Arbeit mit der neuen europäischen Generation;
- Die Strobler Tagungen und die Reichenauer Tagungen;
- Die Gründung der Arbeitsgemeinschaft »Die Neue Europäische Organisation«.

50 Jahre Paneuropa – Die Vorarbeiten

In der Zwischenzeit hat sich das politische Klima in Österreich verändert. Nach dem Wahlsieg der Sozialdemokraten 1970 erfolgt ein einjähriges Intermezzo als Minderheitsregierung unter Duldung der FPÖ. Und Kreisky wendet sich überraschend, um den Blockaden entgegenzuwirken, mit einem Appell an die Öffentlichkeit, mit der Bitte zu entscheiden, ob sie Vertrauen für eine Alleinregierung der SPÖ hat. Die Wahlentscheidung bedeutet die Alleinregierung der SPÖ von 1970–1978.

Und das »Goldene Zeitalter der Zweiten Republik« beginnt. Auch lädt

Kreisky 1800 Fachleute aus allen Gesellschaftsgruppen ein, gleich ob Mitglieder der SPÖ oder nicht, ihn »ein Stück des Weges zu Reformen in Österreich zu begleiten«. Die Außenpolitik verstärkt sich durch Kreiskys Engagement, der in späterer Zeit als ein »Wegbereiter der ersten Etappe« zur politischen Einigung Europas betitelt wird.[164]

RCKs Vorstellungen richten sich an diesen Ideen aus, und er hofft, den Paneuropäer Bruno Kreisky als Partner für Paneuropa – sowohl für das Ehrenpräsidium als auch für den Ehrenvortrag als Vortragender im Rahmen der Eröffnung des Jubiläumskongresses 1972 in Wien – zu gewinnen. Kreisky sagt zu. Eine ebensolche Zusage erhält RCK von Pompidou, dem französischen Präsidenten. Die Aufgabe, die Kreisky übernimmt, ist es, die Frage nach Europas Zukunft zu stellen und Vorschläge zur Einigung aus seiner Sicht zu bringen, da RCK die politische Neuordnung Europas für dringend hält. Unmittelbar vor Kongressbeginn muss Pompidou aus Staatsraison absagen und schickt als Vertreter Louis Terrenoire.[165]

Ebenso erscheint es ihm wichtig, dass auch im Ringen um Europas Zukunft klar ist, wer zu den Hauptträgern und wer zu den Oppositionellen zu zählen ist.[166] Den Teilnehmern und Interessenten wird noch vor Kongressbeginn ein »Informationspäckchen« zugesandt.

Kernstück für die Zusammenfassung und Richtlinie sowohl für Freunde als auch für Gegner bildet das »Memorandum '71« – verfasst in Zürich am 1. November 1971. Dieses Memorandum umfasst sieben Artikel, wobei der letzte RCKs Vorschlag zur Gründung eines europäischen Staatenbundes beinhaltet.

Memorandum '71 – 50 Jahre Paneuropa

»I.

Die jüngste Währungskrise hat einen neuen Beweis erbracht, dass die EWG allein nicht in der Lage ist, das freie Europa zu einigen.
Dass eine politische Union der heutigen und künftigen Mitglieder des Europamarktes deren wirtschaftliche Union ergänzen muss.
Am Ende des Weltkrieges waren die Vereinigten Staaten und die Sowjetunion die beiden einzigen Weltmächte. Seither hat sich das neue China, aus eigener Kraft, zur dritten Weltmacht emporgehoben. Es ist Aufgabe der führenden Staatsmänner des freien Westeuropa, diese Völkerfamilie in eine vierte Weltmacht zu verwandeln; gleichberechtigt und befreundet mit den Vereinigten Staaten, der Sowjetunion und der Chinesischen Volksrepublik. Um tatkräftig mitwirken zu können am Schicksal

der Menschheit und an der Sicherung des Weltfriedens. Der Europäische Staatenbund hätte eine Bevölkerung von 250 Millionen. Gegenüber den 209 Millionen der Vereinigten Staaten und den 244 Millionen der Sowjetunion.

II.

Nur eine neue Initiative dieser zehn verantwortlichen Regierungen kann diese politische Union des freien Europa rechtzeitig verwirklichen.
Diese Initiative ist dringend geworden, seit die Sowjetunion den Zusammentritt einer »Europäischen Sicherheitskonferenz« fordert, mit dem Ziel, ein Commonwealth von Lissabon bis Wladiwostok zu errichten. Auf Grundlage der Koexistenz zwischen freien und totalitären Staaten; sowie einer Art paneuropäischer Monroe-Doktrin zur Ausschaltung des amerikanischen Einflusses auf Europa und zu Liquidierung der NATO.

III.

Diese Sicherheitskonferenz kann nützlich sein, sobald ein geeintes Westeuropa in der Lage ist, mit dem durch den Warschauer Pakt geeinten Osteuropa über Fragen wirtschaftlicher und kultureller Zusammenarbeit gleichberechtigt zu verhandeln; zur Beendigung des Kalten Krieges und zur Ermöglichung einer beiderseitigen Abrüstung. Dagegen wäre eine Konferenz zwischen einem uneinigen Westeuropa und einem geeinten Osteuropa eine Katastrophe. Darum muss der politische Zusammenschluss Westeuropas noch vor dem Zusammentritt der geplanten Sicherheitskonferenz erfolgen. Auch vor dem teilweisen Abzug der Amerikaner aus Europa. Also noch vor 1973.

IV.

Westeuropa steht heute vor der Wahl, sich entweder zu einer großen Schweiz zu vereinigen – oder zu einer großen Tschechoslowakei.
Zu einem »Europäischen Europa« zwischen dem Atlantik und dem Eisernen Vorhang, getragen vom gemeinsamen Freiheitsideal, oder zu einem »Eurasischen Europa« zwischen dem Atlantischen und dem Pazifischen Ozean; zu einem Weltreich von 700 Millionen, dessen größere Hälfte in Asien liegen würde. Ein Blick auf den Atlas zeigt, dass eine Hegemonie der Sowjetunion die unvermeidliche Folge der Errichtung dieses Weltreiches wäre. Und dass nur die baldige Gründung des Zehn-Staaten-Europa diese Entwicklung verhindern kann.

V.

Die baldige Verwirklichung des »Europäischen Europa« ist dadurch möglich geworden, dass schon vor zehn Jahren die Regierungen des Europamarktes ein politisches Einigungs-Programm ausgearbeitet haben. Es handelt sich um das Projekt der von sechs Regierungen eingesetzten Europa-Kommission, deren Vorsitzender zuerst der französische Botschafter Fouchet war, dann der italienische Botschafter Cattani. Das von dieser Europa-Kommission ausgearbeitete Statut wurde grundsätzlich von den Regierungen Deutschlands, Frankreichs, Italiens und Luxemburgs angenommen; von den Regierungen Belgiens und der Niederlande nur unter der Voraussetzung des Einschlusses Englands.

VI.

Diese Verhandlungen sind an zwei offenen Fragen gescheitert: ob der neue Europabund Großbritannien anschließen oder ausschließen sollte. Und ob Europa sich zu einem Staatenbund zusammenschließen sollte oder zu einem Bundesstaat. Beide Fragen haben inzwischen eine klare Antwort gefunden: Seit Großbritannien dem Europamarkt beigetreten ist, mit der Absicht, diese wirtschaftliche Union durch eine politischen Union zu ergänzen. Und seit die Regierungen Frankreichs und Großbritanniens sich darüber geeinigt haben, dass Europa sich zunächst als Staatenbund organisieren soll.

VII.

Zur Gründung des Europäischen Staatenbundes im Jahr 1972 schlägt die Paneuropa-Union den zehn Regierungen folgendes Programm vor:
1) Sofortiger Zusammentritt einer Gipfelkonferenz der zehn Staaten zur Vorbereitung der politischen Union Westeuropas. Ohne das Ende der Verhandlungen zur Erweiterung des Europamarktes abzuwarten.
2) Diese Gipfelkonferenz beschließt die sofortige Einberufung der seit 1962 vertagten Europa-Kommission, unter Teilnahme von Delegierten Großbritanniens, Dänemarks, Irlands und Norwegens. Mit der Aufgabe, auf Grundlage des Fouchet-Cattani-Plans ein Europa-Statut auszuarbeiten, mit dem alle zehn Regierungen einverstanden sind.
3) Auf einer zweiten Gipfelkonferenz müsste der neue Europa-Pakt unterzeichnet werden, gefolgt von der Ratifizierung durch die zehn Parlamente.

Zürich, 1. November 1971
Richard Coudenhove-Kalergi«

Die von ihm vorgeschlagenen drei Wege sollen einerseits als Aufforderung der Strömungen der Europafrage, gleichzeitig aber als eine pointierte Entscheidungshilfe dienen. Beides ist primär für die Interessenten bei der Wiener Tagung gedacht und wird erst danach der Öffentlichkeit zugänglich gemacht. Diesem Dokumentenbündel kommt insofern große Bedeutung zu, als es das letzte zusammengefasste Bild von RCKs Denken und Wollen für die Zukunft Europas bildet. Niemand wusste von seiner Krankheit.

Gleichsam als politisches Vermächtnis hinterlassen, wird es von Nachfolgern einfach aufgegriffen, ausgewertet, transformiert und in die praktische Auseinandersetzung eingebracht. Trotz Kritik gibt es eine Reihe von Persönlichkeiten, die Elemente aus diesem Memorandum herausgreifen und in ihre politische Arbeit einbauen.[167]

50 Jahre Paneuropa – Der Kongress

Schritt für Schritt wird immer deutlicher, was RCK mit dem Kongress bezweckt. Es geht ihm um einen kurzen Rückblick, die Darstellung des Ist-Zustandes, die Einführung eines Fragenkatalogs sowie um das Aufzeigen perspektivischer Schlaglichter. So gesehen ist dieser Kongress praktisch eine Zusammenschau des 50-jährigen Bemühens RCKs um ein demokratisches, geeintes Europa.

In allerletzter Minute sagt Pompidou ab und schickt als Vertretung Louis Terrenoire. Kreisky ist ausgezeichnet auf die Veranstaltung am 4. Mai 1972 vorbereitet. Er verknüpft in seinem Vortrag persönliche Fragen mit politischem Handeln und spannt den Bogen vom politischen Gewissen Europas bis zur Humanität, dabei reißt er politische Gestaltungsfragen für die weitere Entwicklung Europas an. Sein Beitrag als Bundeskanzler ist ein Höhepunkt in RCKs Arbeit für Paneuropa.

Eröffnungsrede 50 Jahre Paneuropa durch Bundeskanzler Dr. Bruno Kreisky

»Ich betrachte es als eine hohe Ehre, die heutige Festversammlung aus Anlass des 50-jähringen Bestands der Paneuropa-Union zu eröffnen. Ich bin der Einladung Professor Dr. Richard Coudenhove-Kalergis umso lieber nachgekommen, als die Paneuropa-Bewegung – wie ihr Gründer selber schreibt – ihre Wiege in Wien hatte.

Und so habe ich auch einen persönlichen Grund, den ich nur deshalb anführe, weil ich glaube, dass er von allgemeinem Interesse ist. Im Jahre 1926 fand der erste große Paneuropa-Kongress in Wien statt. Ich habe mir die seinerzeit im Bundeskanzleramt vorhandenen Aktenstücke angesehen: Ein Kuriosum, ein umfassender Bericht über den Kongress findet sich lediglich in Form einer Darstellung der Polizeidirektion Wien vor, die von Polizeipräsident Dr. Johann Schober unterschrieben ist. Ich selber bin im Jahre 1926 unter dem Eindruck dieses Kongresses zu Jugendbewegung der Paneuropäischen Union gestoßen, stark beeindruckt durch ein Ereignis. Der Vertreter der deutschen Studenten Enkesser erklärte auf dem Kongress: ›Das Blut der deutschen Jugend, das die Erde Frankreichs getränkt hat, wird eine Frucht bringen, die wir uns heute vielleicht nur in unseren schönsten Hoffnungen träumen lassen, und für welche wir kämpfen werden bis zum letzten Atemzug.‹
Er meinte damit die Verwirklichung Europas durch die Versöhnung der Jugend Frankreichs und Deutschlands. Und in einer Geste, die von echtem Pathos erfüllt war, reichte der Vertreter der deutschen Jugend dem jungen Franzosen Luchaire die Bruderhand. Der ganze Kongress erhob sich und bereitete den beiden jungen Studenten stürmische Ovationen, die unter dem Eindruck dieser Kundgebung einander umarmten. Der junge Franzose meinte, dass der Tag, wo sich die französische und die deutsche Jugend finden, nun gekommen wäre. Wir alle wissen, dass ein anderer Tag kam, ein Tag, an dem sich nicht nur die Jugend Frankreichs und Deutschlands, sondern die aller Länder Europas und vieler Länder anderer Kontinente abermals auf den Schlachtfeldern begegnete.
Erst nach dem Zweiten Weltkrieg hat die Idee der Vereinigung Europas, von der Coudenhove-Kalergi damals, 1926, sagte, dass es sie zu erreichen ›keines Blutbades und keiner Jahrhunderte bedarf, nur des entschlossenen Willens der betroffenen Bürger, Bauern und Arbeiter, des entschlossenen Willens der Führer‹ echte politische Relevanz erlangt. Nach dem Unglück des Zweiten Weltkrieges haben sie sich gefunden, die Männer, von denen Coudenhove-Kalergi Weitblick und Handeln forderte. Gerade in diesem Jahr, dem 50. der Paneuropa-Idee, wird es die Erweiterung der Europäischen Wirtschaftsgemeinschaft geben, und wenn – wie ich hoffe – die letzten Verhandlungen positiv verlaufen, wird auch das neutrale Österreich in ein Naheverhältnis besonderer Art zu dieser großen Wirtschaftsgemeinschaft treten. Gewiss, manche sprechen verächtlich von einem »Europe des Affaires«, von einem Europa des schnöden Kommerzes, und dennoch, es liegt etwas Großes in der Tatsache, dass in naher Zukunft die Produkte der Arbeit der Völker innerhalb eines großen Marktes von nahezu 300 Millionen Menschen ungehindert ausgetauscht werden können. Auf dieser Grundlage und in diesem Rahmen werden sich dann in immer stärkerem Maße neue europäische Harmonisierungsmöglichkeiten auf

Bruno Kreisky und Richard Coudenhove-Kalergi beim Jubiläum 50 Jahre Paneuropa, Mai 1972.

allen Gebieten des gesellschaftlichen Lebens ergeben. Österreich selber wird sein Naheverhältnis in dem Maße verdichten können, als die europäische Entspannung weitere Fortschritte macht und unsere Politik in dieser Frage kann demgemäß nur mit der der europäischen Entspannung synchronisiert werden.
Ich will bei dieser Gelegenheit auch ein Wort zum Europarat sagen, in dem sich – wenn ihm auch noch wichtige Verwirklichungsmöglichkeiten fehlen – das politische Gewissen Europas immer wieder manifestiert. Es scheint mir die Pflicht Österreichs zu sein, der Tätigkeit des Europarats die Aufmerksamkeit zu schenken, die sie verdient und dem Europarat die Förderung der Bundesregierung zuteilwerden zu lassen, die notwendig ist, damit er seine wegbereitende Aufgabe erfüllen kann.
Ich kann heute in meiner kurzen Rede nicht auf alle Bereiche eingehen, in denen sich der Europa-Gedanke durchzusetzen beginnt. Aber es scheint mir wichtig, bei diesem Anlass zu betonen, dass man sich bei der Verwirklichung der Integration Europas immer wieder von dem Gedanken leiten lassen muss, gleichzeitig ein hohes Maß an Zusammenarbeit zwischen dem europäischen Westen und dem europäischen Osten anzustreben. Im Augenblick gilt es, diese Zusammenarbeit zu initiieren. Eine unabdingbare Voraussetzung dafür aber scheint mir zu sein – und darauf ist aus gegebenem Anlass mit aller Deutlichkeit hinzuweisen –, dass wenigstens die primitivsten Grundsätze der Humanität und die allgemein

Richard Coudenhove-Kalergi mit seiner zweiten Frau Alix 1967 im Gespräch mit Lacy Milkovics auf einem Empfang im Wiener Hotel Bristol.

anerkannten Regeln des Völkerrechts beachtet werden. Allen denen aber, die da meinen, dass sich diese Bestrebungen nur schwer mit der zutiefst demokratischen Idee der Integration Europas vereinen lassen, möchte ich sagen, dass ein Europa, erfüllt von Spannungen und Gegensätzen, politische Verhärtung und Stagnation bringt. Ein Europa der Entspannung hingegen bringt Aufgeschlossenheit und schöpferische Entwicklungen.

Und so beglückwünsche ich in diesem Geist die Paneuropa-Bewegung zu ihrem Jubiläum und vor allem ihren Begründer, Professor Dr. Richard Coudenhove-Kalergi. Ihm gilt ein Wort Bertrand Russels: ›Die moralischen Ideen gehen manchmal Hand in Hand mit politischen Entwicklungen, manchmal eilen sie ihnen aber auch voraus.‹«[168]

Mit seinem an die Jugend gerichteten Beitrag gelingt es Kreisky, die Tür bei der jungen Generation für sein großes Reformwerk der siebziger Jahre aufzustoßen. Seine Aussage dazu lautet kurz gefasst: »Ich lade alle, die dazu bereit sind, dazu ein, mit uns ein Stück des Weges zu gehen.« Diese greift weit über parteipolitische Grenzen hinaus und findet später auch ihren Weg in die Neuauflage der Zeitschrift »Paneuropa«.

Kreiskys Kommen und sein aktives Einbringen hat für RCK große symbolische Bedeutung, so Generalsekretär Milkovics. Denn Kreisky dokumentiert für den Generalsekretär die internationale Überparteilichkeit der Paneuropa-Union und ist darüber hinaus eine Persönlichkeit, die den immer wieder notwendigen Aufruf an die Jugend wiederholt, aktiv für die demokratische Weiterentwicklung Europas einzutreten. Von diesem Augenblick an ist Kreisky bis weit in die 80er Jahre nicht nur als Autor für die Paneuropa-Zeitschrift, sondern auch als Vortragender bei den sogenannten Jour fixe-Veranstaltungen tätig, bringt sich aber auch als Zuhörer und Diskussionsteilnehmer ein. Um den Kongressteilnehmern einen Einblick zu geben, welche Persönlichkeiten mit Stand 1972 Mitträger des Kongresses sind, legt Lacy Milkovics gemeinsam mit Wolfgang Pav eine Informationsbroschüre »50 Jahre Paneuropa« auf. Die Grundüberlegung dabei ist, öffentlich zu dokumentieren, welche Wirkungsbereiche die Paneuropa-Bewegung von Sympathisanten und Förderern über Unterstützer bis hin zu Persönlichkeiten aus allen demokratischen Gruppierungen hat.[169]

Als der Bundeskanzler auf der Konferenz eintrifft und den ihn erwartenden RCK begrüßt, tauschen sich die beiden kurz aus. Anschließend begrüßt Kreisky Otto Habsburg, und dabei erfolgt der von den Presseleuten unerwartete Handschlag, der trotz der Überraschung der Journalisten unaufgefordert durchgeführt wird. Diese Aufnahmen sind wenige Stunden später in den Zeitungen zu sehen. Eine Spekulation über den Inhalt des kurzen Zwiegesprächs beendet der Kanzler mit den Worten: »Damit ist für mich die Angelegenheit erledigt.«

Richard Coudenhove-Kalergi verabschiedet sich

RCK zieht sich nach dem Kongress aus dem unmittelbaren Geschehen Paneuropas zurück. Sein Nachfolger soll Georges Pompidou werden. Dieser jedoch schlägt Terrenoire vor. Letzterer führt diese Aufgabe nur kurz und die Führung ist danach praktisch ruhend. Terrenoire wiederum schlägt, laut Milkovics RCKs Vorstellungen entsprechend, Otto Habsburg vor. Dieser tauscht in der Zwischenzeit die Führungsebene aus und sucht sich dann Personen seines Vertrauens, durchwegs aus dem katholisch-konservativen Bereich kommende Persönlichkeiten aus, die ihn anschließend zum Präsidenten wählen. Er übernimmt dann diese Aufgabe und führt sie von 1973 bis in die Anfänge des 2. Jahrtausends.

Nach dem Kongress erstellt RCK keine entsprechende Zusammenschau, was er bisher immer getan hatte. Auch legt er keine Protokollpunktation vor:

Es fehlt ihm offenbar schon die Kraft, sich mit all den neu aufgetauchten Fragen auseinanderzusetzen.

Trotz Schwäche unternimmt RCK noch zwei Reisen. Die erste führt ihn nach Deutschland, wo er am 6. Mai 1972 den Konrad-Adenauer-Preis der Deutschland-Stiftung für Politik erhält. Zurückgekehrt nach Österreich vereinbart er mit Generalsekretär Milkovics für den 29. Juli ein Treffen in Salzburg.

Nach einem kurzen Paris-Aufenthalt kommt RCK am 27. Juli in Österreich an und übernachtet im Haus einer guten Familienfreundin in einem Palais in Schruns in Vorarlberg. Noch in der gleichen Nacht wird der ihn behandelnde Arzt angerufen, um Nothilfe zu leisten. Dieser kann jedoch nur den Tod durch Gehirnschlag feststellen. RCKs Tod wird durch viele Freunde, aber auch Träger politischer Gruppierungen respektvoll kondoliert.

Seinen Wunsch, dass er nach seinem Tod nach Saanen in der Schweiz überstellt werde, um ihn dort neben seiner ersten Frau Ida Roland zu bestatten, erfüllen ihm Freunde und mutmaßlich einige Alt-Theresianisten. Auch für ihn gilt der Spruch: »Ein Bruder kehrt heim auf dem ewigen Weg nach dem Osten.« In Gedenken an seine Leistungen melden sich Vertreter der österreichischen Parteien mit Trauerbekundungen öffentlich zu Wort, es gibt Hinweise in der Presse und im ORF. Mit dem Tod RCKs verändert sich auch das Profil der Paneuropa-Bewegung.

Die Wiedereinführung der Zeitschrift »Paneuropa« 1976/79

Noch zu Lebzeiten RCKs wurde das Thema Zeitschrift zwischen ihm und seinem Generalsekretär besprochen. Im Winter 1972/73 beginnt der Generalsekretär in Erinnerung und im Gedenken an RCK mit Vorarbeiten zur Wiederbelebung der Paneuropäischen Zeitschrift. Er findet dafür auch im Paneuropäischen Umfeld Freunde, sodass diese einen Dialog über die Aufgaben und Ziele der geplanten Zeitschrift beginnen. Das Ziel von »Paneuropa« (= Zeitschrift für Paneuropa) lautet, »von einem Diskussionsforum ausgehend einen Hort für kontroversielle Meinungen zu schaffen, wo auch unausgereifte, vielleicht absolut abseits stehende, aber interessante Ideen publiziert werden können«. Also soll es ein Blatt werden, in dem nicht nur Probleme der europäischen Vereinigung und der zur Erreichung dieses Ziels ins Leben gerufenen Institutionen zur Sprache kommen sollen, sondern alles, was europäisch und international von Interesse ist.

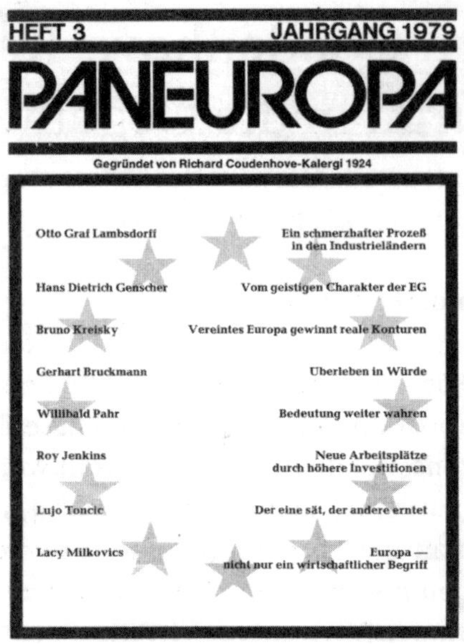
HEFT 3 JAHRGANG 1979

PANEUROPA

Gegründet von Richard Coudenhove-Kalergi 1924

Otto Graf Lambsdorff — Ein schmerzhafter Prozeß in den Industrieländern

Hans Dietrich Genscher — Vom geistigen Charakter der EG

Bruno Kreisky — Vereintes Europa gewinnt reale Konturen

Gerhart Bruckmann — Überleben in Würde

Willibald Pahr — Bedeutung weiter wahren

Roy Jenkins — Neue Arbeitsplätze durch höhere Investitionen

Lujo Toncic — Der eine sät, der andere erntet

Lacy Milkovics — Europa — nicht nur ein wirtschaftlicher Begriff

Die seit 1976 wiederaufgelegte Zeitschrift »Paneuropa« zeigt sich mit internationalen Autoren.

Das Blatt kämpft von allem Anfang an mit der Finanzierung, sodass es eine Standardfrage ist, wie die Geldmittel aufgetrieben werden können. Nach einer Entfremdung zwischen Otto Habsburg und dem Generalsekretär kommt dieses Projekt ins Stocken und wird verspätet begonnen. Auch setzt dann eine Versöhnung zwischen Paneuropa International unter Otto Habsburg und Paneuropa ein.

Richard Coudenhove-Kalergis Spuren in die Gegenwart

Neuordnung und Umorientierung

Nach dem Tod RCKs übernimmt der französische Präsident Pompidou die Aufgaben der Paneuropa-Union. Noch in der Phase der Resignation und Angst ist es Vittorio Pons, der die Initiative ergreift weiterzuarbeiten. Er gehörte zu RCKs Vertrauten, ist uneigennützig bereit, das geistige Erbe zu verwalten und trotzdem die großeuropäische Idee weiterzutragen. Unter diesen Voraussetzungen kommt es dank Vittorio Pons zu einem Gespräch in Strasbourg mit wenigen Vertrauten. Vittorio Pons ist es, der seine große Karriere in der EU zugunsten der paneuropäischen Entwicklung im Sinne RCKs aufgibt. Otto Habsburg übernimmt noch im Jahr 1973 die Führung der Paneuropa-Union und Vittorio Pons wird sein Generalsekretär. An dieser Stelle werden von Österreich immer wieder Zuarbeiten geleistet oder organisatorische Aufgaben übernommen.

Mit Otto Habsburg verändert sich die bisherige Führungsform. Einerseits bemüht er sich um die Ganzheit der Europa-Union und sieht damit die Notwendigkeit, gleichzeitig das allzu Österreichische und »Donaupolitische« zurückzudrängen. Weiters will er an Stelle nationaler Auseinandersetzungen einen Ausgleich schaffen, um damit für ein stärkeres Europa der Macht im Sinne eines gemeinsamen Willens der europäischen Völker zu arbeiten. Unter dieser Prämisse verabschiedet Paneuropa International am 12. März 1973 eine Grundsatzerklärung, in der es darum geht, die Bewegung möglichst rasch zur Verwirklichung einer Europäischen Konföderation zu bringen und zur praktischen Einigung hinzuführen. Gleichzeitig verlangt Habsburg die Einhaltung der »moralischen Grundsätze eines Europa, welches den wesentlichen Elementen seiner geschichtlichen Größe und seiner weltweiten Berufung treu bleiben muss«.[170]

In einem Vier-Punkte-Programm werden die Grundsätze für diese Überlegungen festgehalten:

1. Bekenntnis zu »Großeuropa«;
2. Weigerung, den Eisernen Vorhang als endgültige Trennungslinie anzuerkennen. Das Motto hierzu lautet »Freiheit für Europa«;
3. Bekenntnis zu einem sozialen Europa mit gleichberechtigter Distanzierung vom Sozialismus;
4. Bekenntnis zum Christentum als Seele Europas.

Rund drei Jahre später erfolgt durch die Erstellung eines Vier-Punkte-Programms eine Stellungnahme und auch eine Richtungsänderung. Da ist das Bekenntnis zu Großeuropa und die Absage an ein zweigeteiltes Europa ein wichtiger Punkt. Dabei geht es – wie auf einem Flugblatt zu lesen ist – sowohl um ein gemeinsames Deutschland als auch um die baltischen Länder sowie um Polen, Rumänien, Jugoslawien, die Tschechoslowakei und Ungarn. Und darum sind »die Mitteldeutschen, die unter dem Joch der kommunistischen Diktatur sind«, zu gewinnen. Ein Vorbild ist Willy Brandt, der diese Aussage schon einige Jahre zuvor, in etwas abgewandelter Form an RCK bereits insofern gerichtet hat, als für ihn der Weg zu einem geeinten Europa nur über ein geeintes Deutschland führt.

Eng verknüpft mit der »Großraumfrage« ist ein zweites Problem, in dem es darum geht, Europa als Kontinent der Freiheit aus christlicher Sicht zu sehen. Dies ist ganz unter dem Blickwinkel der Person und der Familie zu sehen und dort ist die größere Einheit, die Aufgaben übernehmen kann, die die kleine Einheit erfüllen mag. Das heißt, der Ausgangspunkt ist das Individuum, die nächste Ebene die Familie, die dritte Ebene ist die Politik.

Dies wurde ja schon mehrmals von Alfred Hermann Fried und RCK so formuliert und hat bereits in die europäische Politik Eingang gefunden.

Im dritten Punkt bekennt sich die Paneuropa-Union, wie es aus dem Bericht Maiers hervorgeht, als »Soziales Großeuropa« und positioniert sich in Distanz zum Sozialismus. Mit der engen Umschreibung des Sozialismus als »gleichgestellt mit Versklavung« und als Gegenteil zu einer Sozialpolitik wird der Sozialismus-Begriff verkürzt und äußerst schwammig-propagandistisch präsentiert. [171]

Im vierten Punkt – dem Bekenntnis zum Christentum als Seele Europas – wird ausgedrückt, dass das Europa ohne Christentum sterben muss, darin liegt ein weiteres Detail. Auch dieser Punkt bezieht sich mutmaßlich auf die Gesinnungsgemeinschaft, der Otto Habsburg angehört, und die schon

Bruno Kreisky besucht 1974 erstmals einen Paneuropa-Jour fixe. Neben Kreisky: Johannes Kunz, Leiter von Kreiskys Pressestelle, ÖVP-Nationalratsabgeordneter, ÖAAB-Obmann und Paneuropa-Jungendvertreter Josef Höchtl sowie Lacy Milkovics.

Christlich-Proletarische oder Orthodoxe ausklammert. Die Frage dabei ist, wie das gerade im Gefolge der Donaumonarchie, also anderen Glaubensgemeinschaften gegenüber zum Tragen kommt.[172]

Die Erklärung führt zu unterschiedlichen Ergebnissen. Einerseits gewinnt die Paneuropa-Bewegung neue Abgeordnete. Andererseits erfolgen verschärfte Auseinandersetzungen. Dieser Konflikt verschärft sich noch, als Otto Habsburg auf Anraten des oberpfälzischen CSU-Politikers Heinrich Aigner – unterstützt von Franz Josef Strauß – dessen Empfehlung folgt, sich für die CSU einzusetzen. Weiters kommt dazu, dass er zusätzlich zur österreichischen auch die deutsche Staatsbürgerschaft annehmen soll und dann als weitere Konsequenz als parteiloser Kandidat bei der ersten Direktwahl zum Europäischen Parlament kandidiert. Dazu steht dem Parteilosen ein Platz auf ihrer Liste zur Verfügung. Was in Deutschland mit Erstaunen und im milden Konflikt geschieht, löst in Österreich eine heftige politische Debatte aus, die stark auf emotionaler Ebene geführt wird.

Nichtsdestotrotz kandidiert Otto Habsburg mit doppelter Staatsbürgerschaft. Er erhält ein CSU-Mandat und wird am 17. Juli 1979 in Strasbourg als Mandatar begrüßt. Innerhalb kurzer Zeit gelingt es ihm, bei den Paneuropa-Mitgliedern zu punkten. So ist mit dem Gewinn von 70 Strasbourger Ab-

Jour Fixe im Presseclub Concordia, Herbst 1965. Am Podium von links nach rechts: der deutsche Journalist Paul Wilhelm Wenger, Richard Coudenhove-Kalergi, Oscar Miller-Aichholz und Lacy Milkovics.

geordneten für die Paneuropa-Union ein wichtiger neuer Grundstock zum Ausbau ihrer Möglichkeiten entstanden. Eine weitere Folge ist, dass dadurch in verschiedenen Staaten eigene Landesorganisationen gegründet werden und auch die Jugendorganisation ausgebaut wird.

Diese Parlamentarier-Gruppe greift Vorschläge auf, die schon vorher weitgehend von RCK gemacht worden waren. Teilweise werden Themen, die jetzt von der parlamentarischen Gruppe in die »Unionsdiskussion« eingebracht werden, von sogenannten Outstands in deren eigenem Interesse übernommen. So stehen zum Beispiel plötzlich Fragen wie die Einführung eines einheitlichen Europa-Passes, der Abbau von Grenzkontrollen, Gesundheitsfragen und staatenübergreifende Projekte wie Straßenbau, Brückenbau und der Ausbau des Bahnnetzes zur Diskussion. Dazu kommt noch die Diskussion um die notwendige Klärung des Volksgruppenrechts. Wesentlich ist, dass sich eine Art Funktionärstreffen auf internationaler Ebene etablieren soll. Zu diesen Begegnungen sollen aber nicht nur Parlamentarier eingeladen werden, um so einen breiteren Effekt in andere demokratische politische Gruppierungen einbringen zu können.

Auf Landesebene entwickeln sich ebenfalls neue Formen von Aktivitäten. In Österreich sind es innerhalb von zehn Jahren die Durchführung von sogenannten Jours fixes. Diese Veranstaltungen, die offen sind, werden vom Generalsekretär Lacy Milkovics im Schnitt halbjährlich durchgeführt. Die Zielgruppen sind österreichische Politiker, Botschafts-Politiker oder Botschaftsangehörige, Journalisten sowie Akteure aus Wirtschaft, Bildung und Wissenschaft. Sie bilden nach dem Wiener Jubiläums-Kongress 1972 einen fixen Bestandteil der Arbeit des Generalsekretärs und sind eine wichtige Institution zur Vernetzung von aktiv im Arbeitsleben Stehenden und sogenannten »unruhigen Pensionisten«.[173]

Einer, der diese Veranstaltungen sowohl als Zuhörer als auch als Vortragender prägt, ist der schon in seiner Jugendzeit als Paneuropäer tätig gewesene Bundeskanzler Bruno Kreisky. Mit dem zunehmenden technischen Fortschritt entstehen auch hier neue Formen des Verhaltens und des Kontakts zwischen den Besuchern der Jours fixes.

Während Ende der 60er Jahre immer wieder die Frage nach der Zukunft Europas im Vordergrund stand, entwickeln sich Ende der 70er und Anfang der 80er Jahre Themenfelder über das Verhältnis zwischen West und Ost, sodass die Diskussion schließlich auch von einem der Besucher der Jours fixes und Gesprächspartner von Bruno Kreisky in diese Richtung aufgegriffen wird: von Herbert Kraus zum Thema Großeuropa.

Neuzeit und Jetztzeit

Nach der Verabschiedung einer Grundsatzerklärung im Mai 1973 wird drei Jahre später ein Vier-Punkte-Programm beschlossen. Die Grundsetzung widerspiegelt die Richtung Willy Brandts und die Richtung des österreichischen Bundeskanzlers, der auch die Grenzfrage in den Jour fixe-Veranstaltungen thematisiert. Dort zeigt sich schon, dass sich um Herbert Kraus (1911–2008) eine neue Schiene herauszubilden beginnt, die von den gegenwärtigen Denkmodellen abweichend ein Europa vom Atlantik bis zum Pazifik zum Ziel hat. Weiters soll in die Diskussion um die Zukunft der Begriff eines »Europa der Freiheit« einfließen und der Liberalismus als Gegenpol und zur Bekämpfung totalitärer Ordnungen und Staaten treten.

Der Vorsitzende von Paneuropa steht diesen Fragen skeptisch bis ablehnend gegenüber und will weiterhin an der christlichen Sichtweise festhalten.

In diesem Zusammenhang ist festzuhalten, dass es Otto Habsburgs Tochter Walburga Habsburg Douglas ist, die sich gerade im Vorfeld des Falls des Eisernen Vorhangs und des Aufbaus eines späteren Europas gemeinsam mit dem EU-Abgeordneten Bernd Posselt um die neue Generation bemüht. Als Sonderberaterin des Paneuropa-Präsidiums gelingt es ihr, in Belgien, Italien, Österreich und Spanien Jugendorganisationen aufzubauen.

Das Paneuropäische Picknick 1989

In dieser Zeit hatte der Eiserne Vorhang schon viele Lücken und Risse bekommen. Gleichzeitig beginnt die Opposition in Ungarn verstärkt ab 1979 einen Systemwechsel und einen Rückzug der Russen zu fordern. Ebenso erweitert sich das »Verwandtenbesuchsrecht« zwischen Österreich und Ungarn. Auch haben Bürger auf der westlichen Seite des Eisernen Vorhangs, vor allem Jugendliche und junge Familien, den Plattensee entdeckt. In der weiteren Folge werden immer stärker Verwandtschaftstreffen in dieser Region den Bürgern aus der Bundesrepublik mit Verwandten aus der DDR in Ungarn organisiert. Noch während dieses Prozesses geschieht es 1988, dass der langjährige Parteiführer János Kádár zurücktritt und Ungarn beginnt, ohne mit anderen Oststaaten Rücksprache zu halten, den an vielen Stellen praktisch nicht mehr existierenden Grenzzaun abzubauen. Im Juni 1989 setzt sich der österreichische Außenminister Alois Mock mit seinem ungarischen Amtskollegen Gyula Horn in Verbindung. Und dies in einer Situation, in der vorher noch das Thema Stacheldrahtzaun todernst war. Gyula Horn greift die Idee eines Picknicks von Mock auf und als Mock feststellt, dass sein Plan, einen Schnitt durch den Zaun zu machen, bei Horn auf offene Ohren stößt, folgt als Ergebnis der inszenierte Grenzzaundurchschnitt vor einem Fernsehteam, am Dienstag, dem 27. Juni 1989. Vorweg wurde das Szenario so angelegt, dass der Zaundurchschnitt medial geschickt aufbereitet stattfindet. Tatsächlich wird die Aktion in der Nähe von Sopron gestartet.

In Anwesenheit des österreichischen Außenministers Alois Mock und des ungarischen Außenministers Gyula Horn durchschneiden die beiden, wenn auch mit technischen Problemen, den Zaun. Diese Aktion und das Bild davon werden über das Fernsehen auf der ganzen Welt gesendet. In der Folge wird dieses Bild vertauscht und in das tatsächliche, rund zwei Monate später (am Samstag, dem 19. August) stattfindende Paneuropäische Picknick hineininterpretiert.

Horn wird später dafür zum Botschafter des Friedens ernannt und bekommt den Coudenhove-Kalergi-Preis sowie den Karlspreis für seine Verdienste um Europa und die europäische Einigung.

Entscheidend ist, dass das realpolitische Ereignis des Paneuropa-Picknicks diplomatisch vorbereitet wurde. Der Termin wurde bewusst gewählt, denn an einem Samstag ist starker Urlauberwechsel für Urlauber aus der

BRD und Österreich. Damit verbunden ist die Automobilität hoch. Hierzu kommt noch der kleine Grenzverkehr.

Das Paneuropäische Picknick in Sopron am 19. August 1989

Das vorhergehende »Frühstück« war als eine Art öffentlicher Gag empfunden worden, denn zu diesem Zeitpunkt war auch an sehr vielen Stellen schon der Eiserne Vorhang offen, und da ein Großteil des Zauns verfallen oder abgerissen war, wurde tatsächlich an dieser Stelle ein Zaunabschnitt aufgestellt und so die Fotomontage durchgeführt. Das Europäische Picknick vom 19. August 1989 steht unter ganz anderen Rahmenbedingungen und hat eine ganz andere Bedeutung. Im Vorfeld des Picknicks gibt es eine Tagung in Debrecen, an der auch Otto Habsburg teilnimmt und spricht. Gleichzeitig werden von oppositionellen Mitgliedern, repräsentiert durch das »Demokratische Forum« und die Paneuropäische Union, nicht nur im Grenzraum sondern auch um den Plattensee, ja sogar bis Budapest Flugzettel verteilt oder weitergegeben.

Als Schutzherren für diese Aktion firmieren der ungarische Staatsminister und Reformer Imre Pozsgay und der CSU-Abgeordnete Otto Habsburg.

Die Vorbereitungen laufen grenzüberschreitend. Sowohl für die Burgenländer als auch für die ortsunkundigen deutschsprachigen Personen auf beiden Seiten des Zauns werden Informationsblätter gedruckt. Schon Tage zuvor versuchen Fernsehanstalten, die besten Standpunkte an diesem Übergang auf einer schnell zusammengenagelten Tribüne für diesen historischen Moment zu reservieren. Ebenso sind bereits beste Fotoprofis unterwegs. Es wird mit einigen hundert Teilnehmern gerechnet, niemand erwartet besonders viele. Der Übergang liegt nicht direkt an der Hauptverbindung zwischen Sopron und Klingenbach sondern bei St. Margarethen im Burgenland.

Inzwischen kommt es im Hotel Loewer zu einer Pressekonferenz, die vor über hundert Berichterstattern und Gästen abläuft. György Konrád sowie der Sekretär László Vass vertreten bei dieser Konferenz den ungarischen Staatsminister. Weiters sind hier auch Otto Habsburg und seine Tochter Walburga als Teilnehmer vertreten. Aufgrund der vielen Anfragen und Aufnahmen verzögert sich die Konferenz, sodass die politische Prominenz nicht rechtzeitig wegkommt und sich mit zwei Autobussen mühsam auf die Grenzstelle zubewegen muss, zumal der Weg zum Grenztor eine kaum befahrene Strecke ist.

Einladung zum paneuropäischen Picknick in Sopron, am 19. August 1989.

Die Folge ist, dass die Politiker und weniger erfahrenen Journalisten den angegebenen Zeitpunkt – 15:00 Uhr Öffnung des Tors von Ungarn nach Österreich – verpassen. Diese Grenze ist vom Standort her ein Nebenschauplatz. Nicht weit vom Grenztor hat sich am Rande eines Feldes eine rund hundert Personen umfassende Gruppe Ostdeutscher versammelt. Den Außenring bilden junge kräftige Männer. Im Innenring befinden sich Frauen und Kinder und im Kernbereich die Älteren. Plötzlich stürmen sie über ein Getreidefeld vor. Sie erreichen den Übergang. Die bewaffnete Grenzpolizei macht von ihren Schusswaffen keinen Gebrauch. Die Gruppe erreicht das Tor, drückt es auf und läuft hinüber ins Burgenland. Während des Laufens fällt einer Mutter ihr Kind zu Boden. Ein ungarischer Bew affneter stürmt hin, hebt das Kind auf und gibt dieses der Mutter zurück. Im Anschluss wird das Tor wieder geschlossen.

Statt der geplanten Personenparade, statt Männern mit weißem Hemd und schwarzer Hose, ist es in dem kurzen Moment von 15:00 Uhr bis 15:30 Uhr, als ebendiese Honoratioren nicht vor Ort sind, dass diese Gruppe im Burgenland einlangen kann und dort von den Klingenbachern und deren Freunden bewirtet wird.

Als um 15:30 Uhr die »Honneurs« die Grenze erreichen, sind bereits einige Hundert über die Grenze und setzen hiermit ein Symbol für die Zukunft. Auch wenn die Grenze wieder geschlossen wird und der Grenzabschnitt der Region Sopron gesperrt wird, steht die ungarische Regierung vor der Entscheidung, entweder das gemeinsame, österreichisch-ungarische Picknick zu vergessen oder das Zeichen der Zeit zu erkennen. Währenddessen dringen immer mehr Personen zum Tor vor. Unter ihnen befindet sich auch die junge Mária Filep. In Anwesenheit von Walburga Habsburg wird einen Monat danach, am 11. September 1989, das Tor erneut geöffnet und rund 700 wechseln über die Grenze und werden über Eisenstadt in organisierter Form weiter nach Wien gebracht. Ungarn steht vor der Entscheidung: entweder für Europa und die Männer und Frauen aus der Region Sopron, die nicht zu Waffe und Gewalt gegriffen haben, oder für einen Rückfall. Aufgrund der Entscheidung für die Freiheit bekommt Sopron den Titel »Die treueste Stadt« oder »Stadt der Treue zu Europa« verliehen. Mit der Öffnung des Vorhangs zum Paneuropäischen Picknick ist der Weg zum Fall der Mauer in Berlin geebnet.

Helmut Kohl: Ein neuer Paneuropäer wird aktiv

Später umschreibt Helmut Kohl am Tag der Deutschen Einheit, am Tag der Wiedervereinigung der beiden deutschen Staaten, diese Aktion vom 19. August 1989 wie folgt: »Die Erde unter dem Brandenburger Tor ist ungarische Erde.«

Ein Jahr später macht László Nagy, einer der Organisatoren des Paneuropäischen Picknicks und heute Europapolitiker, folgende Aussage zum Picknick: »Fantasie und Mut waren gefragt. Wenn ein Mensch ein kleines Stück Geschichte schreibt, begreift er nicht sogleich die Bedeutung seiner Tat. Erst viel später kommt er darauf, dass er Teilnehmer an historischen Ereignissen gewesen ist. Ich danke dem Schicksal, dass ich an diesem Tage dabei sein durfte. Ich bin glücklich, dass es etwas gibt, was ich meinen Enkelkindern weitererzählen kann.«

Was die Organisatoren wohl nicht wussten ist, dass der Paneuropa-Fan Helmut Kohl im Juni 1984 das erste Mal in Budapest war, Ungarn damals als die »lustigste Baracke im Ostblock« bezeichnete und dort vom 72-jährigen Parteichef János Kádár begrüßt wurde. Später sollte er erleben, dass Kádár nicht lange vor dem Picknick abgesetzt wurde. Schon vor dem Picknick fand ein Informationsaustausch statt, trotz Kohls schwerer innerer Auseinandersetzungen in Deutschland, die er durchzustehen hatte. Er sieht sich gezwungen, in den Prozess einzugreifen, zumal die Botschaft in Budapest total überfüllt ist mit ausreisewilligen DDR-Bürgern. Dies geht sogar soweit, dass die Botschaft am 13. August geschlossen werden muss. So erfolgt auch, nachdem die innere Angelegenheit am 21. August endgültig geklärt ist, drei Tage später ein Geheimtreffen Kohls und Genschers mit dem ungarischen Ministerpräsidenten Miklós Németh und dem Außenminister Gyula Horn, bei dem die Ungarn einerseits von ihren Zahlungsproblemen berichten, andererseits ihre Gesprächspartner wissen lassen, dass sie die in Ungarn befindlichen DDR-Bürger hinauslassen werden. In dem von Genscher diktierten Protokoll wird der Deal selbstverständlich nicht beim Namen genannt. Tatsächlich belaufen sich aber die Kreditgarantien der Bundesrepublik auf rund eine Milliarde DM.

Bereits auf der CDU-Präsidiumssitzung vom 28. August kann Kohl dem

Präsidium mitteilen, dass die ungarische Regierung sich der Bundesrepublik gegenüber in einer Weise freundschaftlich verhalten habe, wie man es besser nicht erwarten könne. Dies bedeute auch eine Fortsetzung der Hilfe an Ungarn. Das »Problem DDR« sei jedoch nicht über den Umweg Ungarn zu lösen. Dregger bemerkt daraufhin, »vielleicht kommt die deutsche Frage viel früher auf den Tisch als erwartet«, worauf Kohl erwidert, »die nationale Frage hat in der Tat an Bedeutung gewonnen und wird ein großes Thema bei der deutschen Bundestagswahl sein.«

Pünktlich zum Presseempfang am 10. September um 20.00 Uhr, am Vorabend des Bremer CDU-Parteitags, kann Kohl bekanntgeben, dass alle Deutschen aus der DDR, die in die Bundesrepublik wollten, ab Mitternacht aus Ungarn nach Österreich ausreisen können. Nicht ganz zu Unrecht bestaunt die Öffentlichkeit Kohls Timing.[174]

Die offene Grenze zwischen Österreich und Ungarn hat zur Folge, dass die vorherige pannonische Untergrundarbeit, besonders durch Bernd Posselt und Walburga Habsburg, einen neuen Schwung in die Paneuropa-Aktivitäten bringt. So kommt es in der Folge zu Demonstrationen in der DDR, Streiks, der Bildung von Paneuropa-Clubs und so weiter. Auch in anderen Ländern wie in der Tschechoslowakei, der Litauischen SSR und Jugoslawien sind deutliche Spuren der Auflösung des Ostblocks sichtbar.

Helmut Kohl als Jünger Richard Coudenhove-Kalergis[175]

Es klingt wie ein zeitverschobener Gleichschritt der Geschichte, dass der spätere österreichische Bundeskanzler Bruno Kreisky als Jugendlicher sowie in Zeitverschiebung von 20 Jahren der spätere deutsche Bundeskanzler Helmut Kohl beide durch eine Tagung als Jugendliche zur Paneuropa-Bewegung gestoßen sind. Beide sind Kriegskinder und lernen in späteren Jahren, wenn auch unter unterschiedlichen Bedingungen aufgewachsen, was Hass und was Patriotismus bedeuten. Der eine, Bruno Kreisky, lebt während des Zweiten Weltkriegs in der Emigration in Schweden, der andere erlebt den Krieg vor der Haustür in Deutschland.

Für beide gilt, dass sie zu Generationen gehören, die sich jeweils als junge Nachkriegsgeneration sahen, die durch eine rechtsstaatlich-demokratische Ordnung geprägt und politisiert wurde. Für beide gilt, dass sie sich schon als junge Menschen im Hören und Erleben von Zukunftsbildern, wie Bruno Kreisky beim Ersten Paneuropa-Kongress in Wien, für die Einigung

Deutsch-französische Freundschaftsverträge
und Bekundungen zur
Zusammenarbeit im Dienste Europas
2015
François Hollande
Nicolas Sarkozy
Angela Merkel
Jacques Chirac
François Mitterand
Gerhard Schröder
Helmut Kohl
Valéry Giscard d'Estaing
Helmut Schmidt
Georges Pompidou
Willy Brandt
Frankreich
Deutschla
Charles De Gaulle
René Coty
Ludwig Erhard
Kurt Georg Kiesinger
Vincent Auriol
Konrad Adenauer
Staatspräsidenten
1945
Bundeskanzler
22.1.1963 Élysée-Vertrag: Deutsch-französischer Freundschaftsvertrag unterzeichnet von Staatspräsident Charles De Gaulle und Bundeskanzler Konrad Adenauer
21.1.2003 50 Jahre Élysée-Vertrag: Schröder | Chirac – Ausbau der d.-f. Beziehungen
22.1.2013 60 Jahre Élysée-Vertrag: Merkel | Hollande – Ausbau der d.-f. Beziehungen und gemeinsames Vorgehen gegen die Europäische Finanzkrise

Europas begeistern. Helmut Kohl wird schon 1946, kurz nach dem Zweiten Weltkrieg, von der Paneuropa-Bewegung erfasst. Beide sind innerhalb kurzer Zeit politisch-demokratische Funktionäre der »Demokratie-Bewegung« geworden. Beide haben sich diese Haltung stets bewahrt: Kreisky bereits bei den sozialistischen Studenten der Ersten Republik Österreichs und Kohl bei der Jungen Union in Deutschland. Für beide sind es Adenauer und de Gaulle, die wichtige Schlüsselpersönlichkeiten darstellen, ihr Interesse an einem neuen, geeinten, demokratischen Europa wecken und durch die Überwindung der Hasspolitik der vorhergehenden 40 Jahre mit der Aussöhnung Deutschlands und Frankreichs als Leitfiguren gelten.

Sowohl Kreisky als auch Kohl sind nicht nur an einer Modernisierung der jeweiligen Landes- und Parteipolitik interessiert, sondern ihre Überlegungen gehen schon sehr rasch zur Demokratiefrage über die Landesgrenzen hinweg. Dies kann nicht geleugnet werden, auch wenn später in nachfolgenden kritischen Diskussionen Kritik über die aus der Politik ausgeschiedenen Persönlichkeiten ausgeschüttet wird.

Kreisky und Kohl sind durch ihre Arbeit im politischen Feld und ihr Engagement für die politische Neuorientierung und für die nächsten Generationen auf einer politischen Orientierungsebene zu sehen.

Die Begeisterung für de Gaulle und Adenauer, die nach dem Freundschaftsvertrag durch die Bundesrepublik läuft, überzeugt auch den jungen Helmut Kohl davon, dass dieser Schritt richtig und notwendig ist.

Als der Abiturient Helmut Kohl 1947 die Idee von Paneuropa aufgreift und sich in diesem Umfeld sehr rasch politisch bewegt, dauert es nicht lange, bis der aus den USA zurückgekehrte RCK für ihn eine wichtige Persönlichkeit der Neuordnung ist. Für Kohl ist »der Staatenbund im Sinne der Vereinigten Staaten von Europa« für die Zukunft das Entscheidende, das prinzipiell alle Völker des europäischen Kulturkreises umfassen soll und als ein europäisch-integratives Friedenskonzept umzusetzen ist, wobei für Kohl Letzteres aber auch eine Frage von Krieg und Frieden auf der einen Seite und des Wirtschaftsraums des Wohlstands und ein globales Weltbewusstsein auf der anderen ist.[176]

Kohls Biograf Hans-Peter Schwarz schreibt dazu: »Europa, so hat Kohl immer wieder proklamiert, müsse sich der Aufgabe stellen, eine gemeinschaftliche Außen- und Sicherheitspolitik zu entwickeln, um sich auch unter den Weltmächten des 21. Jahrhunderts behaupten zu können. Charakteristisch an diesem Konzept war jeweils die Verbindung kultureller, wirtschaftlicher, geostrategischer Überlegungen, und darin liegt die Beziehungsebene zwischen Helmut Kohl und Coudenhove-Kalergi. Er hat sich schon sehr früh von einer paneuropäischen Vision leiten lassen und somit die Europäische Gemeinschaft als offenes System konzipiert. Die neue Ordnung schien ihm vordringlich, ebenso des ursprünglich neutralen Österreich. Auf mittlere Sicht wollte er unbedingt Polen, die Tschechoslowakei und Ungarn dabei haben und auf lange Sicht aus dem Ostblock entkommene Völker. Natürlich war ihm klar, dass manche Länder wenig Freude daran haben, Drittländer in einen Club aufzunehmen, der viel zu verteilen hat. Wenn die relevanten Quellen einmal voll zugänglich sind, wird sich die persönliche Rolle des deutschen Bundeskanzlers noch präziser bestimmen lassen, als dies gegenwärtig möglich ist.«[177]

Unter diesen Auspizien ist die Europäische Union heute ein Staatenbund von 28 souveränen Staaten, in dem erstens die vielfach befürchtete Überforderung nicht eingetreten ist, zweitens bislang nur Staaten aufgenommen worden sind, die bereits einen Beitrag zur Konsolidierung geleistet haben. Außerdem sind nur solche Staaten aufgenommen worden, die dem Römischen Recht und dem Christentum entsprechen und bereit sind, sich in den Aufklärungsbogen einzubinden. Schließlich wartet, aus der Gegenwart gesehen, seit den 90er Jahren des 20. Jahrhunderts mit China ein neuer Player, der in die Weltpolitik hineingewachsen ist, und Deutschland muss sich auf diese Entwicklung einstellen, um sich entsprechend einbringen zu können. Letztendlich gilt es, der neuen Entwicklung der Weltlage des zunehmenden Handlungsdrucks folgend den einzelnen Staaten klarzumachen, dass verschiedene Teile ihrer Souveränität an übergeordnete Aktivitätsbereiche übertragen werden bzw. abgegeben werden müssen. Und daraus sollen sie lernen, was in Zukunft auch für sie in Entscheidungsfelder einfließen kann oder wie sie diese nutzen können.

Damit folgt Helmut Kohl den Grundsätzen RCKs und seinem Konzept der Verknüpfung kultureller, wirtschaftlicher und geostrategischer Überlegungen. Dieser Weg ist, so Kohl, nur durch pragmatische Schritte und den Blick in die Zukunft zu leisten, Sicherheit zu geben und zum Wohlergehen einen Beitrag zu erreichen.

Unter diesem Blickwinkel ist Kohl einer der bedeutendsten Jünger RCKs, der sich von der europäischen Vision und der Europäischen Gemeinschaft als offener Konzeption hat leiten lassen. Dies gilt auch für Kohls positive Einstellung zur Währungsunion, wie sie seinerzeit schon Alfred Hermann Fried ausgesprochen hat und wie sie von RCK übernommen und transformiert wurde und wodurch auch er letztlich zum Mitträger wurde.[178]

Am 29. April 1991 wird Helmut Kohl in Bonn von der Europa-Gesellschaft Coudenhove-Kalergi der Europa-Preis Coudenhove-Kalergi verliehen. In seinem Festvortrag weist Kohl darauf hin, dass man aus der Geschichte lernen könne: Coudenhove-Kalergi habe von einem Europa geträumt, er habe für eine europäische Verfassung plädiert, er habe von einer gemeinsamen Verteidigung gesprochen, von einer europäischen Währung für den notwendigen künftigen Lebenserhalt.

»Eines haben wir gelernt«, sagt Kohl, »bei aller Anerkennung der eigenen Herkunft und des Glaubens kann das eigene und die Überzeugung für das eigene Vaterland nicht darüber hinwegtäuschen, dass es ohne Europa keine Zukunft gibt, dass das Zeitalter der alten Nationalstaaten in seiner Enge endgültig vorbei ist. Für Resignation gibt es keinen Platz.«[179]

Und rückblickend auf unsere Geschichte zeige sich, dass die politische Entwicklung der freiheitlichen Demokratie klar mache, dass mit dem Zusammenbruch der Berliner Mauer und des kommunistischen Imperiums ein weiterer Schritt für Europa begonnen habe. Und an die Jugend gerichtet meint er: »Lasst euch nicht von diesen trübseligen Predigern, ob von so manchen Kanzeln, manchen Kirchen, ob im Fernsehen und von manchen Universitätspodesten das Leben vermiesen. Noch nie hat eine junge Generation in Europa so viele Chancen gehabt wie die Jugend heute. Das heißt also: Krempelt die Ärmel hoch und packt es an. Es ist dann euer Jahrhundert, das jetzige Jahrhundert. Und es lohnt sich dafür zu arbeiten und dafür zu kämpfen.«[180]

Herbert Kraus – Das Projekt »Großeuropa«

Die Paneuropa-Union beziehungsweise die paneuropäische Bewegung erlebte nach dem Zweiten Weltkrieg immer wieder Veränderungen und Neuansätze. Dies gilt sowohl für die zentrale Führung als auch im Verhältnis zu den Landesorganisationen und umgekehrt. Der gemeinsame Nenner in der Zielvorstellung RCKs ist die Überparteilichkeit, der demokratisch-föderalistische Aufbau und der Versuch eines flächendeckenden Wachstums. Die Realität sieht gelegentlich etwas anders aus. Es gibt Abspaltungen, erneute Zusammenschlüsse, es gibt schwere Auseinandersetzungen mit anderen Organisationen und Einzelpersonen. Aber es gibt auch herausragende Projekte und einen eigenen Weg suchende Bemühungen perspektivischer Art. Dazu zählt auch das Projekt »Kommission: Das Große Europa« oder auch in der Folge die »Kommission Großeuropa«.

Nestor dieses Projekts ist Dr. Herbert Alois Kraus, der sich schon in den 70er und 80er Jahren mit dieser Frage auseinandersetzt, darüber publiziert und daraus den echt-demokratischen Schub eines »Großeuropa« öffentlich entwirft und in späterer Zeit ein praxisorientiertes Projekt mit Freunden und Mitgliedern der Paneuropa-Bewegung versucht umzusetzen.

Ausgangslage

Die Vorstellung eines mit Russland vereinten Europa gibt es seit dem Ersten Weltkrieg und taucht während der Zwischenkriegszeit wieder auf. RCKs Vorstellungen über den Aufbau einer Neuordnung Europas waren noch nicht auf diese Ausdehnung ausgerichtet. In den Jalta-Vereinbarungen gegen Ende des Zweiten Weltkriegs geht es darum, die Deutschlandfrage zu klären und den Wiederaufbau des schwer verwüsteten Europas in Angriff zu nehmen. Vereinzelt tauchen Ideen auf, die starre Aufteilung Europas aufzuweichen. Die Realität ist, dass bei Folgekonferenzen keine Entscheidungen getroffen werden können und Europa in zwei Interessenssphären zerfällt.

RCK sieht nach seiner Rückkehr nach Europa aus dem Exil an erster Stelle eine Schaffung als »Wiedererweckung« der durch den Krieg bedingten und im Ausland gepflegten Diskussion um Paneuropa. Für ihn spricht, dass seine Organisation vor allem bei den Nachkriegsgründungen einen Vorteil hat. Seine Paneuropa-Bewegung hat noch einen guten Ruf bei Vorkriegsmitgliedern. Ein wichtiger Punkt dabei ist die Überparteilichkeit, dazu kommen noch überlebende ehrenamtlich arbeitende Mitglieder. Sie werden für ihn zu einer wichtigen Stütze. Ein weiterer Punkt, der für ihn spricht, ist seine Vorkriegsinternationalität. Diese ermöglicht es ihm, relativ rasch ein internationales Arbeitsnetz über große Teile Europas zu spannen. Er wird zu dieser Zeit schon manchmal spöttisch als »Telefonnetzwerker« bezeichnet.

Auch wenn RCK seine Visionen und Vorstellungen nicht von heute auf morgen durchsetzen konnte, bleibt es unwidersprochen, dass die Frage des »Vereinigten Europa« in bestimmten Situationen immer wieder zu einem Diskussionspunkt wird. Dies ist der wichtigste Bestandteil aller seiner Bemühungen um ein gemeinsames Paneuropa der Nachkriegszeit. Dabei sind auch RCKs Überlegungen zu Vorbereitungsgesprächen über die Grenzen Österreichs hinaus von Bedeutung. Das Umfeld von Aktivitäten innerhalb oder am Rande von Paneuropa bzw. die Arbeit daran verändert sich nach seinem Tod und es kommt zum Teil zu Klein- und Splittereffekten im Sinne der möglichst weitgehenden Ausnützung der Autonomie der Arbeit, etwa in den einzelnen Landesorganisationen in Österreich.

Ein Beispiel für solche Vermittlungsarbeit sind die Aktivitäten der Europahäuser, die in Österreich gut ausgebaut sind: die Europäische Akademie Wien und das kleine Europahaus Eisenstadt, wo das Themenfeld Ost-West-Beziehungen mit Symposien mit maximal 28 Teilnehmern unter der Patronanz von Kulturlandesrat Dr. Gerald Mader abgedeckt wird. Sinn dieser Symposien ist es, bis zu zwölf Wissenschaftler, Medienvertreter, Historiker, usw. jeweils aus dem Westen und dem Osten einzuladen. Die Themenfelder umfassen Kulturfragen, technische Fragen und auch Zeitgeschichte an der Schule wie »Der Zweite Weltkrieg als Schulfilm«, präsentiert durch den jeweiligen Landesvertreter mit gemeinsamer Diskussion.

Andererseits ist es Herbert Kraus, der mit Berichten und Informationen in seiner Zeitschrift eine größere Informationsebene eröffnet. Einen weiteren Ansatz bilden die schon erwähnten 99 Jours fixes von Paneuropa Österreich zwischen 1967 und 1995 mit Teilnehmerzahlen zwischen 100 und 140. Ein Großteil der dort eingebrachten Vorträge bildet dann kurz gefasst den Rahmen für die seit 1976 wieder herausgegebene Zeitschrift »Paneuropa«. Zu den Teilnehmern dieser Jours fixes gehört auch »ein Aktivist« (so der Generalsekretär Lacy Milkovics): Dr. Herbert Kraus. Zwischen diesen beiden

Einladung zur Ausstellung »Der Prophet Europas« anlässlich des 100. Geburtstags Richard Coudenhove-Kalergis 1994 in Wien.

entwickelt sich ein gepflegtes Einvernehmen, sodass sie im privaten Kreis in Kraus' Büro einander treffen und Gedankenaustausch betreiben. Auf einer weiteren Ebene sind es Persönlichkeiten, die sich um Stephan Ramming sammeln, einen führenden Journalisten seiner Zeit.

Die Idee »Großeuropa«

Ein immens wichtiger Denkanstoß ist die 1990 erschienene Publikation »Großeuropa – Eine Konföderation vom Atlantik bis Wladiwostok«. Damit wird von Herbert Kraus ein Punkt gesetzt, der für den ersten konkreten Vorschlag eines anwendungsorientierten Modells für ein neues politisches Europa-Manifest dient. Dieses kleine Buch eröffnet eine Diskussion, die bis nach Russland hinein ihren Niederschlag findet – in der »Prawda« erscheint eine erste russische Stellungsnahme zu diesem Thema – und als aktuelle Aufgabe des neuen Österreich im Interesse der Entspannung Vertrauen und Pläne für die Zusammenarbeit auslöst.

In Österreich selbst leisten vorausdenkende Persönlichkeiten um Kraus Vorarbeiten, systematische Unterlagen und Aussagen, die in spätere Bemühungen um einen Kooperationsaufbau mit Russland eingebaut werden.

Gleichzeitig beginnen im inneren Kreis erste Gespräche. Daraus entsteht ein hochpolitischer Dialog zur Frage der Umsetzung im Alltag. Jetzt zeigt sich, dass nicht nur Herbert Kraus, sondern auch andere Persönlichkeiten sich mit RCK auseinandergesetzt haben. Überdies sei angemerkt, dass Herbert Kraus gemeinsam mit Gergana Schulak 2003 mit seinem Buch »Europa mit Russland vereint – Eine Vision für das 21. Jahrhundert« seine Denkbewegung fortsetzt.

Für Kraus ist es wichtig, dass er in seiner Tätigkeit Persönlichkeiten kennengelernt hat, die durch ihr europaoffenes Denken auch über die Grenzen Österreichs hinaus die Frage eines neuen Europas vertreten.

Vorbereitende Kommission zur Gründung der »Großkommission« (1992)

- Univ. Prof. Andreas Khol, Generalsekretär der EDU, Fraktionsführer der ÖVP
- Dr. Urs Schoettli, Stellvertretender Generalsekretär der Liberalen Internationale
- Dr. Herbert Kraus, Präsident des »Liberalen Klubs« Wien

Ziele und Aufgabenstellung:

- Nutzung der nach dem Fall des Eisernen Vorhangs sich bietenden Möglichkeiten einer euro-russischen Zusammenarbeit, vor allem wirtschaftlich und verteidigungspolitisch;
- Gemeinsame Planung der konstituierenden Sitzung der Kommission;
- Einleitende Gespräche für die Gewinnung von Mitgliedschaften;
- organisatorische Vorbereitungen;
- Aufbau von verbindenden Kontakten Richtung Moskau.

In diese Phase der Vorbereitungen fällt unter anderem ein Vortrag des damaligen Bundeskanzlers Franz Vranitzky am 4. Mai 1992 im Oktogon der Creditanstalt in Wien. Veranstalter ist die Europäische Akademie.

»Großeuropa« bedeutet für Kraus eine Art Konföderation vom Atlantik bis Wladiwostok. Das ist eine West-Ost-Ausdehnung von über 30.000 Kilometern. Diese Konföderation umfasst eine große Anzahl weitgehend souveräner Teilstaaten, die nicht mehr gegeneinander Krieg führen können und die bereit sind, einen zeitgemäßen Rüstungsabbau zu beginnen und schließlich, dass etwa russische, deutsche und spanische Soldaten denselben Oberbefehlshaber und die gleich Uniform haben.[181] Dabei lehnt er sich zum

Teil an RCK an, der genau wie Kraus gegen das »Gleichgewicht des Schreckens« ist. Zudem schließt er weiter an die Ideen-Linie Fried-Coudenhove-Kalergi an, dass ein zusammengeschlossenes »Großeuropa«, das eng mit den USA verknüpft wird, die einzig konsequente Friedensidee ist. Ein Thema, das von Politikern nicht gerne angesprochen wird, weil es immer wieder sofort als Schwäche ausgelegt wird. Das heißt aber auch, dass unter diesen Aspekten die (damalige) EG als Binnenmarkt nicht Endziel, sondern ein Übergangszustand für die größere Lösung »Großeuropa« ist. Weiters stellt sich die Frage, wie und in welcher Form der Ost-West-Frieden eines geeinten, großeuropäischen Markts umzusetzen ist. Ein Ansatzpunkt ist die Öffnung Russlands durch die »Perestroika«. Gorbatschows Umbau in die Richtung, dem Volk die Wahrheit über die eigene Situation zu sagen und damit eine öffentliche Diskussion auszulösen, eröffnet eine neue Ordnung Russlands und auch die Diskussion über die westliche Leistungswirtschaft. Mit dieser Frage hat sich auch das vorbereitende Organisationsteam auseinanderzusetzen, um tatsächlich jene Persönlichkeiten zu gewinnen, die bereit sind, für ein Gleichgewicht der Interessen zu sorgen. Die beiden Persönlichkeiten Schoettli und Khol sehen hier eine Möglichkeit, vorsichtig den Beginn der großeuropäischen Einigung mit Diskussionen einzuleiten. Dazu müssen sie auch die Entwicklung der Perestroika in Bezug auf die westeuropäische Politik beobachten. Wichtig ist, zu überlegen, wie es zur Belebung eines gemeinsamen Paktes kommen kann. Die Wiedervereinigung Deutschlands ist ein Fingerzeig in diese Richtung. Dazu treten noch die Fragen des Verhältnisses Englands und Frankreichs, der blockfreien Staaten und der neutralen Staaten. Nichtsdestotrotz erreicht es die vorbereitende Kommission tatsächlich, die Schritte zu setzen, ihrer Aufgabe entsprechend Kontaktebenen aufzubauen. Mehrere Korrespondenzen aus den Jahren 1991 und 1992 zwischen Herbert Kraus, Alois Mock – dem damaligen österreichischen Außenminister –, Giscard d'Estaing und dem ex-sowjetischen Außenminister Eduard Schewardnadse sowie die Übergabe eines Großeuropa-Memorandums am 11. Juni 1991 in der russischen Botschaft in Wien und der Besuch in Moskau am 10. Oktober von Kraus und Schoettli zeigen den russischen Journalisten, wie »Großeuropa« aussehen könnte. Schewardnadse spricht von der »einzigen Chance für eine friedliche Erneuerung Osteuropas« bei einer Großkundgebung mit Genscher in St. Petersburg und zeigt, dass weiterhin die Zustimmung für den weiteren Ausbau dieses Projekts gegeben ist.[182]

Der neue Vorschlag

In diesem Zusammenhang legt Kraus einen entsprechenden Katalog vor:

»Argumente für die Errichtung einer Konföderation Großeuropa vom Atlantik bis Wladiwostok

- Nicht auf Schlachtfeldern, sondern in Parlamenten und vor Gerichten sollen Konflikte ausgetragen werden.
- Für jeden gilt auch die gemischtsprachige freie Gleichberechtigung. Die Gleichberechtigung des Zugangs zu allen Verwaltungseinheiten, die nebeneinander existieren und keinen Vorherrschaftsansprüchen verpflichtet sind.
- Keine Grenzkontrollen und damit keine Grenzverschiebungen.
- Erfüllung von vorgeschriebenen Mindestmaßnahmen für Minderheits- und Menschenrechte sowie der Akzeptanz für alle Mitgliedsrechte und -pflichten.
- Wesentlich ist, ob und wie der Wandel des nationalen Denkens zum übernationalen Denken gelingen wird. Wieder geht es um die Frage der politisch-militärisch-geografischen Voraussetzungen, zumal diese die Voraussetzung für die Einigung sind. Diese Frage stellt sich nicht nur für Europa, sondern für die Regierung der Region des Gebiets, das einmal SU geheißen hat. Diese Epoche hat bereits begonnen. Und zwar muss erkannt werden, wo man zunächst steht, wo die optimalen Voraussetzungen für die politischen und militär-politischen Belange nach Einigung gegeben sind. […]
- Der auf traditionelle Politik ausgelegten Jugend soll mit neuen Möglichkeiten ein Schritt in die neue Realität ermöglicht werden, z. B. Reisen, Arbeitsplatzsuche und andere Perspektiven.
- Es geht auch um die Entwicklung eines neuen Heimatgefühls, in dem jeder sein Gefüge findet und die Wahrung der nationalen Identität gegeben ist.
- Nationale Gefühls- und Vorurteile sollen abgebaut werden und ein Stolz des gemeinsamem Kulturreichtums und der Vielfalt an der Spitze stehen.«[183]

Von »Großeuropa« zu »Europa mit Russland vereint«

Kraus hat sich eingehend mit den Publikationen RCKs auseinandergesetzt und diesen als eine »liberal-konservative Persönlichkeit« eingeschätzt, sieht aber gleichzeitig, dass mit vielen seiner Ansichten eine Übereinstimmung möglich sein kann. Für Kraus hat sich die von RCK prophezeite Entwicklung bereits kurz nach Ende des Zweiten Weltkriegs abgezeichnet und setzt sich zunehmend weiter fort: Westeuropa findet schließlich zu einer Staatenverknüpfung, die in die EU-Gründung mündet. Währenddessen ist im Osten Europas eine Art Aufweichprozess im Gange. Das Ergebnis ist die Herauslösung der osteuropäischen Länder, um in ein gesamteuropäisches Gefüge aufgenommen zu werden.

Besonders starke Impulse erwartet Kraus von einem deutsch-russischen Einverständnis. Wenn diese beiden kooperieren, ergibt sich eine so große, attraktive Wirtschaftsmacht, dass dann alle in Europa dieser Gemeinschaft angehören wollen. Eine Vorbedingung für eine Aufnahme ist aber, dass bestimmte Faktoren abgeklärt sein müssen. Dazu zählen unter anderem die Sicherheit der Beteiligung von Minoritäten und Beachtung der Menschenrechtsstatuten. Kraus legt in diesem Zusammenhang eine Kurzfassung seiner Überlegungen vor:

- Ein gemeinsames Parlament als echtes Machinstrument;
- Eine gemeinsame Armee;
- Ein intensiv gepflegtes Bündnis mit den USA;
- Ein gemeinsamer Markt vom Atlantik bis Wladiwostok.

Wesentlich, so Kraus, ist es, ob und wie der Wandel des nationalen Denkens durch eine Art Übergang zum multinationalen, kontinentalen Denken abgelöst wird. Wieder greift er in diesem Zusammenhang die heikle Frage der politisch-militärisch-geografischen Voraussetzungen auf, zumal diese die Voraussetzung für eine Einigung ist und ständig in den Gesprächen als ein Punkt auftaucht, der nicht übersehen werden darf. Für dieses neue Gebilde zwischen Lissabon und Wladiwostok sieht er, das versucht er immer wieder darzulegen, die bestmöglichen Grundlagen durch die Tatsache gegeben, dass der gesamte Block relativ abgrenzbar ist. Mehr als 60 % leicht zu verteidigende Meeresküsten, 20% unübersteigbare, höchste Gebirgszüge und 10% undurchquerbare Wüsten oder breiteste Flüsse, sodass nur ein ganz kleiner Teil gewissermaßen für das massenweise Eindringen offensteht und dieser als zentraler Verteidigungspunkt geschützt werden muss. Grund ist auch der, dass der breite Höhenzug des Ural schon lange keinerlei Bedeutung mehr als Verteidigungslinie hat.

Obwohl die Frage der »Großeuropa-Idee« noch nicht in einen rechtlichen Rahmen gekommen ist, so ist es doch Kraus, der eine Vorstellung konsequent verfolgt und auch weiterentwickelt hat. Trotz harscher Kritik an seinen Gedanken beginnt er, diese Ideen schriftlich festzuhalten und versucht sie auch in die Praxis einzubringen. Es geht um den Weg zu einer weiterführenden Entwicklung.

Eine Aussöhnung zwischen Deutschland und Russland hat zwar ein Modell vorgefunden, das auch umgesetzt wurde, das aber nicht eins zu eins übertragbar sein kann. Lediglich Elemente des Aufbaus, der Entstehung, der Zusammenhänge können herangezogen werden als Wurzel für die Zukunft eines »Großeuropa«.

Die Situation nach 1997

Kraus erkennt die neue Situation und bereitet sich darauf vor. Die Gruppe setzt sich zum Ziel, das Terrain, das mit dem Ausscheiden Chiracs 1995 offen geblieben ist, doch noch in irgendeiner Form auszufüllen. Am deutlichsten geschieht dies am Rande des Straßburger Europarats im Oktober 1997. Jelzin tut einen wichtigen Schritt. Bei dieser Gelegenheit vereinbaren Jacques Chirac, Helmut Kohl und der russische Präsident, sich im Rahmen einer informellen Troika ein jährliches Stelldichein zu geben. »Die Idee dazu ging auf eine Initiative von Jelzin zurück. Er verband damit die Vorstellung einer neuen Achse Bonn-Paris-Moskau, die als eine Art Think tank für konkrete Projekte auf dem Weg zur Bildung von Großeuropa dienen sollte. Dass Jelzin aber auch ein gewisses Gegengewicht zum Einfluss der USA in Europa einstellen wollte, wurde in einer unzweideutigen Anspielung klar. Wie Jelzin am Vorabend des Gipfels sagte: ›Wir – Europäer – brauchen nicht irgendeinen Onkel aus Übersee.‹ Jelzins Lieblingsidee von einem Dreiertreffen ›ohne Schlips und Kragen‹ trug nicht weit. Nur ein einziges Mal kam die Troika Ende März 1998 in der Nähe von Moskau zusammen. Jelzin blieb nur die Genugtuung, dass man in der angelsächsischen Welt ›einige Aufregung‹ geschaffen hatte.«[184]

Mit seinem 2003 gemeinsam mit Gergana Schulak veröffentlichten Buch »Europa mit Russland vereint« erreicht Kraus die Grenzen der Möglichkeiten. Dieser Versuch, nach dem Untergang der Sowjetunion und der Schaffung der GUS, ist ein Ansatzpunkt, der auch in Russland zu Überlegungen und Diskussionen führt.

Der entscheidende Schritt ist es, so Kraus darin, dass es durch eine gesamteuropäische Verfassung sowie die Einschränkung oder gar den Rückzug aus dem politischen Schachspiel durch die NATO und ihre Widersacher möglich ist, neue Kräfte zu sammeln und so die vorhandenen Ressourcen besetzen zu können, die die hohen Investitionen für eine Umgestaltung von starrer Hegemonie zu mitgestaltender Weltordnung ermöglichen. Das programmatische Weltziel zu verfolgen, wird sich durch die Schaffung einer gemeinsamen öffentlichen Ordnung durch die Gründung einer großeuropäischen Konföderation mit gemeinsamer Außenpolitik und schließlich einer gemeinsamen Kontinentalarmee ergeben.[185]

Die Chancen sind gegeben, denn Russland verfügt über mannigfaltige, differenzierte, natürliche Bodenschätze. Das birgt ein entsprechendes Potenzial für qualifizierte Arbeitskräfte, um im inneren Bereich der Föderation einen Entwicklungsprozess einleiten zu können, der in kürzester Zeit die Möglichkeit eröffnet, den Wohlstand aller Teile der Bevölkerung anzuheben.

»Der Machtwechsel, der sich zur Jahrtausendwende in Moskau vollzogen hat, mag dort in wenigen Jahren zu einer ganz neuen politischen Aufnahmebereitschaft führen, denn das ist das Tor, durch das man in die ersten Schritte eines west-östlichen Einigungsprozesses setzen kann. Nachdem Putin schon in den ersten zwei Jahren seiner Amtszeit alle politischen Kräfte zuhause ebenso wie in der näheren und weitesten Umgebung daraufhin abgetastet hat, wie und wo er sich mit neuen Ideen durchsetzen könne, scheint eine solche Aufnahmebereitschaft gegeben zu sein.«[186]

Nun besteht die Aufgabe, in dieser Bereitschaft etwas anzubieten. Jetzt ist die Möglichkeit da, durch neues wirtschaftlich-fortschrittliches Denken eine transatlantische Gemeinschaft zu fördern und etwas aufzubauen, das fähig ist, offensiv zu werden. Der erste Schritt müsste für Kraus von Seiten des Westens gesetzt werden. Gemeinschaftliche Projekte hierzu und Grenzdurchlässigkeit sind für ihn leicht möglich und eine praktische Chance, »Großeuropa« weiterzuentwickeln. Der Lernprozess Europas ist aber auch eine Notwendigkeit, aus der Krise zu lernen und die Gegensätzlichkeit zwischen Geber- und Nehmerstaaten so zu verkoppeln, dass neue Formen von Nationalismen entstehen, mit deren Hilfe gemeinsame Aktivitäten es ermöglichen, sich aus der Krise herauszuwinden. Ein entsprechender Katalog hierzu kann eine Grundlage für einen Ansatz praktischer Arbeit bedeuten.

Die »Großeuropäische Deklaration«

Es soll laut Kraus eine Aufteilung aller öffentlichen Funktionen von Staaten, ihrer Regierungen, ihrer Gemeinden sowie die Einbindung bei der Entwicklung einer großeuropäischen Föderation stattfinden.

Die »großeuropäische Konföderation« als staatsrechtliche Gemeinschaft benötigt

- Eine europaweite Abstimmung für dieses Modell;
- Die Schaffung eines »großeuropäischen Parlaments«; von kontinentalem Willen geprägt und nicht einem nationalstaatlich geprägten Recht verhaftet;
- Die Konföderation soll sowohl vertikal als auch horizontal organisiert sein;
- Dem Präsidium der Organisation soll als Entscheidungshilfe beigestellt werden:
  - Sicherheitsbeirat für die UNO-Frage;
  - Umweltschutzbeirat;
  - Katastrophenschutz- und Katastrophenbekämpfungsbeirat;
  - Interkontinentaler Beirat für Verkehr;
  - Beirat für Studentenaustausch usw.[187]

Für Kraus sind diese angeführten Punkte der Ansatz für die Perspektive für die Zukunft, die auch die entsprechende Hoffnung für Politiker beinhaltet, wirtschaftliche Persönlichkeiten in jener Ausprägung treffen können, die das ganze Prinzip der Perspektive als anwendbare Vision erkennen.

Trotz der Tatsache, dass die Aktivitäten eingestellt werden mussten, erscheint für viele überraschend im Mai 2002 ein Bericht in der russischen Zeitschrift »Parlamentskaja Gazeta« unter dem Titel »Eine auf die Zukunft ausgerichtete Idee«. Der russische Korrespondent schreibt: »Es ist kein Zufall, dass es gerade die führende Elite eines kleinen europäischen Landes war – nämlich Österreichs –, die mit der Gründungsinitiative für ein ›Großeuropa‹ hervorgetreten ist.«[188]

Kraus selbst setzt sich mit der Frage weiter auseinander und tritt später noch einmal in Erscheinung, indem er sich auf zwei neue Grundprinzipien beruft, nämlich, dass der Osten und der Westen, die lange Zeit auseinandergehalten wurden, zusammenkommen müssen und dass der Eigentumsschutz der westlichen Leistungsgesellschaft mit der entgegengesetzten Idee vom Gemeinnutz, welche die östliche Gedankenwelt dominiert hat, vereint werden muss.

Gemeinsamkeiten und Trennendes zwischen RCK und Herbert Kraus

Gemeinsamkeiten:

- Multikulturalität und Grenzdurchlässigkeit;
- Keine Territorialgewinne;
- Konfliktregelung auf diplomatischer Basis;
- Neue gesetzliche Regelungen zum Abbau von Behinderungen bei Industriegründungen;
- Expertenaustausch inklusive im Bildungs- und Wissenschaftsbereich;
- Ausbau einer zwischenstaatlichen Wirtschaftsbehörde;
- Rohstoffmangel vs. Rohstoffüberschuss;
- Festigung multinationaler Ordnungen;
- Vertiefung multinationaler Zusammenarbeit;
- Arbeitswelt;
- Schutzpolitik.

Trennendes:

- RCK steht der Sowjetunion fast durchwegs ablehnend gegenüber. Nur in einzelnen Punkten nimmt er Russland als politische Kraft zur Kenntnis, die man nicht gänzlich ausblenden kann.
- Kraus hingegen sieht in Russland »den stärksten und größten Partner in der Nähe Österreichs und Europas insgesamt, daher ist es ein Partner, mit dem man sich auseinandersetzen und Lösungen anstreben muss.« Für ihn ist Russland der wichtigste Machtfaktor, dessen Umgehung ein »großer Fehler Westeuropas« ist.

Allein diese Beispiele und Schlagworte kennzeichnen, dass sowohl RCK aus seiner Perspektive sich über die Entwicklung der Sowjetunion informiert hat und daraus sein Bild der Sowjetunion gewonnen hat, das eben durch die veränderte Situation lange nach seinem Tod bei der praktisch-philosophisch orientierten Arbeit von Herbert Kraus eine ganz andere Rolle gespielt hat.

Von der Coudenhove-Kalergi-Stiftung zur »Europagesellschaft Coudenhove-Kalergi«

Ein Blitzlicht aus der Vergangenheit in die Gegenwart

Im Gegensatz zu früheren Bemühungen um ein geeintes Europa ist die Paneuropa-Bewegung nach RCKs Tod nicht in Vergessenheit geraten. Sie findet ihre Fortsetzung durch Einzelpersonen und verschiedene Gruppierungen. Die Gedanken und Tätigkeitsfelder werden den Zeitbedingungen entsprechend transformiert und weitergetragen. Aus den von RCK geschaffenen Wurzeln entwickeln sich Äste neuer Gestaltungen sowie die Abwandlung von Zielvorstellungen. Unter diesen Auspizien und aus mehreren Überlegungen erfolgt am 15. September 1978 die Gründung der Coudenhove-Kalergi-Stiftung mit Sitz in Genf. Die Erinnerungs- und Gedächtniskultur ist tragendes Element. Die Führungsaufgaben als Präsident übernimmt der Industrielle und langjährige Schweizer Botschafter bei der OECD, Gérard Bauer.

24 Jahre später wird unter neuen gesellschaftlichen Rahmenbedingungen sowie unter anderem durch die Aufarbeitung im Sinne des Mottos »Geschichte Aktuell« als erweiternde und vertiefende Aufgabenstellung die Gründung der »Europa-Gesellschaft Coudenhove-Kalergi« beschlossen. Standort dieser Bewegung zur Stärkung der europäischen Einigungsidee und im Gedenken an RCK ist seit 2008 Wien; der mehrsprachige ehemalige Vizekanzler und Außenminister Dr. Alois Mock übernimmt die Führung. Ihm zur Seite steht wie bei seinem Vorgänger als Generalsekretär Dr. Heinz Wimpissinger.

Grundsätzlich bleiben die Stiftungsziele nach der Umwandlung der Stiftung in die Europagesellschaft Coudenhove-Kalergi unter der Führung von Prinz Nikolaus von Liechtenstein gleich. Dazu kommen jedoch einige dem Zeitgeist entsprechende Änderungen. Wichtige Zielfelder dazu sind: Impulssetzung für Aktivitäten im Geiste der Paneuropa-Idee, Studien und Förderungen zur Aufarbeitung der Geschichte sowie Neuansätze in Sinne der Weiterentwicklung eines geeinten Europa, Hilfestellung für Forschungsstätten, sowie Einzelaktivitäten. Dazu kommt noch alle 2 Jahre die Verleihung des »Coudenhove-Kalergi-Europapreises« an eine Persönlichkeit, die durch hervorragende Handlungen, Verhaltensweisen oder Publikationen zur demokratisch-politischen Entwicklung beigetragen hat, in deren Zentrum eine Verbesserung von Freiheit und Einigkeit auf dem Kontinent steht. Bis heute haben 18 Persönlichkeiten diese Auszeichnung erhalten. Die Stiftung ist daran interessiert, mit allen Einrichtungen, Organisationen und Personen öffentlicher oder privater Art zusammenzuarbeiten, soweit sie in gemeinnütziger Weise der Europaidee gemäß dem Stiftungsziel dienen. Dazu tragen die Partnerschaften und Kooperationen bei. Diese und die »Europäischen Briefe« sind das Fenster der Außenarbeit im Bemühen darum, zur Verwirklichung des europäischen Friedenprojekts einen Beitrag zu leisten.

Nachwort

Aus den in diesem Buch gemachten Ausführungen geht hervor, dass RCK immer im festen Glauben daran gehandelt hat, dass die Zukunft Europas in Paneuropa, »Großeuropa« oder den »Vereinigten Staaten von Europa« nur über einen friedlichen Weg des Zusammengehens möglich ist. Auch wenn Rückschläge auftreten, ist dieses Endziel, ohne sich auf Jahreszahlen festzulegen, erreichbar. In diesem Wissen und den drei »Welten« – 1. Erster Weltkrieg und unmittelbare Nachkriegszeit, 2. europäische Zwischenkriegszeit und Nationalsozialismus, 3. europäische Einigung im Europa der Nachkriegszeit und der Folgejahre – ist das Projekt von RCK nicht als ein schneller Prozess gedacht, der von ihm gar nicht abgeschlossen werden konnte, sondern weitergeführt werden musste. Dieser Prozess verläuft innerhalb der Paneuropa-Bewegung, aber auch in anderen Strömungen, die oft sehr stark an politische Aktivitäten gebunden sind.

Die geläufige Kritik an RCK wird oft von Persönlichkeiten mit geringem historischem Wissen wiederholt und ihm als schwerwiegender Ballast immer wieder vorgeworfen. Bei der Betrachtung der Europaentwicklung zeigt sich deutlich der Prozess freidemokratischer Werdung seit dem 19. Jahrhundert – so umfassende Projekte, dies lässt sich lückenlos verfolgen, sind niemals während einer Generation umzusetzen möglich gewesen. Der Prozess der Demokratisierung ist immer wieder durch Gewalt unterbrochen, aber auch neu aufgegriffen und weiterentwickelt worden.

Wenn auch feststellbar ist, dass RCK seinen Führungsstil sehr autoritär hielt, so trifft dies wohl für die Zwischenkriegszeit und die Phase bis Anfang der 60er Jahre zu. Danach stehen sich autoritäre und autonome Führung, sowohl nach innen als auch nach außen, gegenüber. Im letzten Jahr vor seinem Tod verändert RCK seinen Führungsstil – mit dem Rückzug aus der aktiven Gestaltung und der Hinwendung zur Philosophie werden Wege für die nachfolgende Generation frei. Ebenso verändert sich das Verhältnis zu Delegierten, aber auch zu Einzelpersönlichkeiten.

Auch zeigt sich offensichtlich, dass aus heutiger Sicht betrachtet, ohne den entsprechenden Hintergrund zu kennen, immer wieder falsche Schlüsse gezogen werden, denn vor 45 Jahren und noch früher waren ganz andere Kommunikationswege nötig und möglich als heute, um eine derartige Aufgabe meistern zu können.

Sicher ist es ein zulässiger Kritikpunkt, dass RCK manche Publikationen in abgewandelter Form neu veröffentlicht hat. Dem steht aber gegenüber, dass es in Anerkennung seiner Arbeit für Europa die Tatsache bedeutet, dass große Teile seiner Werke in mehrere Sprachen übersetzt worden sind. Ebenso ist die Recherchearbeit auch dadurch sehr differenziert, dass RCK als Autor oder über ihn in vielen kleinen Regionalzeitungen in Gebieten der ehemaligen Monarchie bis in die Zwischenkriegszeit viel veröffentlicht wurde. Ein weiterer Kritikpunkt, der zwar nur bedingt, aber angemessen ist: er bringt keinerlei Literaturhinweise oder Zusatzbemerkungen in seinen Publikationen. Diese Arbeitsweise mag Angriffe nach sich ziehen, aber er ist kein Wissenschaftler, zumindest nicht im klassischen Sinne. Er ist ein Pragmatiker. Ergebnisse und Tatsachen, die ihm wichtig erscheinen, greift er auf und verwendet sie für seine Arbeit. Ein Beispiel ist, dass er Begriffe wie Paneuropa, Vereinigte Staaten von Europa, Europa-Union, die bis in das 19. Jahrhundert zurückzuverfolgen sind, immer wieder gleichsam nebeneinander stellt.

Das »Lehrbuch« für ihn, mit dem er sich genauestens auseinandergesetzt hat, ist Alfred Hermann Frieds »Panamerika«. Sein Realbezug zur Lage Europas, insbesondere nach dem Ersten Weltkrieg, zeigt sich deutlich darin, dass er doch schriftliche Akzente setzt, klare, dokumentarisch einmalige schriftliche Ergebnisse bringt, die heute bei nicht wenigen Lebensbegleitern seiner Zeit und Nachfolgern noch aufzuspüren sind. Die Verfallserscheinungen Europas nach dem Ersten Weltkrieg erkennt er sehr schnell. Die noch unreifen Demokratien sind auch dadurch gekennzeichnet, dass sie rasch autoritäre Tendenzen zeigen, aber auch dadurch, dass Nationalsozialisten zunehmend danach trachten, die Ideen und zum Teil erfolgreichen Beratungen von Politikern durch RCK zu diffamieren bzw. zu bekämpfen. Weiters betreffen die Kritik an RCK seinen Weg und sein Exil in die USA.

Dieses aus der heutigen Sicht oft pauschalierte Vorurteil zeigt aber deutlich, dass eine vertiefende Betrachtung von RCKs Bemühungen um Europa gerade in den USA bei Weitem noch nicht abgeschlossen ist. Ebenso wird die Forschung zu RCK in der Phase nach dem Zweiten Weltkrieg noch auf viele Spuren stoßen, die durch die unterschiedlichen Quellen in verschiedenen Sprachen noch nicht vollständig erschlossen sind. Gerade die Recherchearbeiten haben dieses Problem aufgezeigt, da die Spurensuche in sieben verschiedenen Ländern stattgefunden hat. Ein weiterer Kritikpunkt ist, dass das wohl vorhandene audiovisuelle Material nur teilweise systematisch erfasst ist. Seien es Bilder, Tonmaterial oder Filmaufzeichnungen: So manche

Elemente der historisch-politischen Forschung zu RCK und seinem Umfeld liegen nahezu brach. Wie bedeutend diese Fragestellung ist, zeigt sich ganz deutlich darin, dass sich die Spuren RCKs bis in die aktuellste Gegenwart verfolgen lassen.

Die Paneuropa-Idee, denn um diese geht es primär, die RCK auch von Vorgängern wie Alfred Hermann Fried aufgenommen hat, um daran weiterzuarbeiten, wurde von anderen wiederum ebenfalls aufgenommen und aus ihrer politischen Sichtweise weiterentwickelt; wie auch an Persönlichkeiten der jüngeren Vergangenheit wie Bruno Kreisky oder Helmut Kohl als bezeichnende Beispiele zu sehen ist.

RCK war in vielen Fällen ein wichtiger Impulsgeber. Ein Mann der »Zweiten Linie«, der sein Wissen im Sinne der Weiterentwicklung einer sich globalisierenden Welt an Entscheidungsträger weitergegeben und so Spuren hinterlassen hat. Hierin liegt die wahre Bedeutung von Richard Coudenhove-Kalergi. Und das ist gut so.

Es gilt, nicht in die Falle des »Gedächtnisvereins der Gruppenbeweihräucherung« zu tappen oder sich an der historischen Magie der großen Zahl aus der heutigen Sicht zu orientieren, sondern nüchtern die Fragen aufzugreifen, die bei RCK eng mit Beruf und Berufung, Pflichten und Rechten zusammenfallen. Der Aufbauprozess für Europa ist mühsam und langsam. Er ist gekennzeichnet durch neue Staaten und neue überparteiliche große Organisationen. Dies birgt auch die Chance für jene Länder, die in der großen Aufbauphase des westlichen Teils Europas nicht mitentscheidend waren: die Schere des Wohlstands zu schließen und Gemeinsamkeiten weiterzuentwickeln. Auf der einen Seite ist es der Westen und auf der anderen Seite der Osten Europas, der auch, trotz starker Kritik durch RCK, in seinen Ausdrücken mit fortschreitender Zeit nur einen Zwischenstand darstellt, wodurch sich in der neuen Zeit eines Europas der Gemeinsamkeit von Osten und Westen die Tür für »Großeuropa« öffnen kann.

Sicherlich bildet die Situation der Geber- und Nehmerländer einen wichtigen Ausgangspunkt in einer Zeit, in der sich eine neue Freiheit entwickelt, die auch ihre Berechtigung hat. Wenn RCK sagt: »Es ist ein langer Prozess, dessen Vollendung ich mutmaßlich nicht erleben werde«, spricht er quasi als Visionär. Das macht ihn angreifbar, aber er hat mit seinem Bemühen einen unauslöschlichen Beitrag für die nachfolgenden Generationen geleistet.

Danksagung

Der Autor möchte im Zusammenhang mit der Herstellung der Publikation all jenen danken, die ihn unterstützten, die bei der Materialsuche behilflich waren oder sich als Gesprächspartner und -partnerinnen zur Verfügung stellten, längst vergessenes oder bisher nicht berücksichtigtes Material erschlossen. Die Anregung für diese Publikation geht auf eine Einladung zu einer Friedensdiskussion zurück.

Entscheidender Anstoß erfolgte durch Gespräche mit den beiden Zeitzeugen Generalsekretär Oscar Miller-Aichholz und dessen Nachfolger, Generalsekretär Adolf Lacy Milkovics. Beide waren langjährige Wegbegleiter und Vertraute Richard Coudenhove-Kalergis.

Oscar Miller-Aichholz war von Leopold Figl und dessen Reaktivierungs-Komitee als Generalsekretär der Paneuropa-Union Österreich (seit 1956) bestimmt und eingesetzt, und als österreichisches Mitglied des internationalen Zentralrats der »Union Paneuropéenne« mit Sitz in Paris und Brüssel direkter Kontaktträger zu internationalen paneuropäischen Freunden; er war Gesprächspartner und Ratgeber sowie mehrsprachiger Organisator von Kongressen und auch Vorträgen von Richard Coudenhove-Kalergi. Seine Leistungen in der schwierigen Wiederaufbauphase der Paneuropa-Union Österreich nach dem Zweiten Weltkrieg und seit dem Eisernen Vorhang bis in die Mitte der 1960er Jahre sind hervorzuheben.

1965 erfolgte die Übernahme der Position des Generalsekretärs durch *Adolf Lacy Milkovics*. Er ist für die weitere Arbeit als Generalsekretär verantwortlich. Sein Arbeitsfeld umfasst auch den Informationsaustausch, somit ist er also auch als Geheimnisträger, das heißt – ebenso wie sein Vorgänger – Vertrauter von Richard Coudenhove-Kalergi. Durch die Ausweitung der Organisationsarbeit und die Herausgabe der Zeitschrift »Paneuropa« wird der Weg vor allem im deutschsprachigen Bereich erweitert. Lacy Milkovics gehört auch Dank dafür ausgesprochen, dass in den Gesprächen mit ihm und als Zeichen der Zeit hervorgehoben wurde, dass Veränderungen in der Führung, Kontaktgewinnung, und anderen Bereichen durchgeführt werden mussten. Wie ja Massenorganisationen im klassischen Sinne generell überholt sind und als Konsequenz daraus insbesondere nach dem Tod von Richard Coudenhove-Kalergi das Modell von Miller-Aichholz weiterentwickelt werden musste. Zusätzlich zu den Tagungen und Kongressen folgte das Modell Jour fixe oder das Kolloquium in Ungarn als Projekt zur Vorbereitung von Ungarns EU-Beitritt.

Dr. *Rainhard Kloucek*, dem gegenwärtigen Generalsekretär von Paneuropa Österreich, sei für seine wichtigen Jubiläumsberichte und sich stark in die Jugendfrage einbringenden Aktivitäten gedankt. Gerade diese Unterlagen widerspiegeln, dass im Gefüge Europas eine kleine Organisation in der Lage ist, bedeutende Persönlichkeiten wie zum Beispiel Helmut Kohl für das Europa-Projekt erweitert auf den Grundlagen der Paneuropa-Bewegung nach 1946 zu gewinnen.

Gerade in die Reihe der Organisationen, die sich aus der traditionellen Linie der Europa-Bewegung gelöst haben, fällt die Europagesellschaft Coudenhove-Kalergi International. Durch die freimütig offene Haltung des gegenwärtigen Sekretärs Dr. *Heinz Wimpissinger* ist es bisher gelungen, dass die internationale Haltung innerhalb des demokratischen Bogens Träger dieses Gedankenguts auch in Führungsebenen einbezogen hat. Wesentlich ist dabei, dass gerade dieser Bereich für den Fortbestand auf internationaler Ebene wichtig ist und die Pflege Europas als Friedenszone einen grenzüberschreitenden Faktor bildet, dass zum Beispiel eine Coudenhove-Kalergi-Medaille an Persönlichkeiten des gemeinsamen Europas verliehen wird. Die Auswertung dieser Unterlagen ermöglichte dem Autor, von der traditionellen Gedächtnispflege bis an die Wurzeln des Gedankens an Richard Coudenhove-Kalergi zu erinnern, gleichzeitig aber Schritte in die Zukunft zu setzen.

Durch den Geschäftsführer Priv. Doz. Dr. *Helmut Wohnout* vom Karl-Vogelsang-Institut zur Erforschung der christlichen Demokratie in Österreich hat der Autor wichtige Hilfestellung zu Richard Coudenhove-Kalergi erhalten. Denn wesentliche Faktoren zur Aufarbeitung der Ideen der Überparteilichkeit sowohl aus der Nachkriegszeit des Ersten Weltkriegs als auch zu Konflikten der Krisenzeit der 30er Jahre bis nach dem Zweiten Weltkrieg, wie sie die beiden Generalsekretäre Miller-Aichholz und Lacy Milkovics aufgegriffen haben, sind von ihm zur Verfügung gestellt worden. Dafür ist dank Dr. Wohnouts Hilfestellung eine wichtige Abrundung von Detailfragen ermöglicht worden.

Um die Recherchearbeiten entsprechend weiterzuführen, ist es zunehmend notwendig geworden, auch Recherchearbeiten im Ausland durchzuführen, und in diesem Zusammenhang hat Prim. Dr. *Manfred Prager* in vielen Stunden oft sehr kompliziert zu lesende französische Texte aus Dokumentenpaketen, Schriftstücken und handschriftlichen Unterlagen zu und von de

Gaulle aus den Archives Nationales de Gaulle übersetzt sowie für die Korrespondenzführung in französischer Sprache mit Einzelpersonen und verschiedenen Trägern zur Verfügung gestanden. Für diese Hilfestellung und gleichzeitig aber auch für seine kritische Mitleserschaft gebührt ihm Dank, zumal er dadurch dem Autor auf internationaler Ebene neue Kontakte ermöglichte.

Univ. Prof. Dr. *Anita Ziegerhofer-Prettenthaler* von der Grazer Karl-Franzens-Universität ist Coudenhove-Kalergi-Spezialistin und hat mit ihrer Grundlagenarbeit zu Richard Coudenhove-Kalergi eine Basis geschaffen, die auch den Autor mit dazu bewogen hat, sein begonnenes Projekt, das von mehreren Stellen nicht gerade mit offenen Armen begrüßt wurde, fortzusetzen. Dazu kommt noch, dass Prof. Ziegerhofer-Prettenthaler mit ihrer Sammlung von Sonderdrucken und didaktischen Arbeiten einen Punkt aufgegriffen hat, der bislang noch zuwenig Beachtung in der Bildung gefunden hat.

Eine wichtige Ergänzung in der Forschung ermöglichte Frau Dr. Dir. *Elisabeth Dietrich-Schulz* aus der Parlamentsbibliothek. Mit Geduld haben sie und ihr Team ermöglicht, die vorhandenen Paneuropa-Nummern der Zeitschrift sowie entsprechendes Bildmaterial anzusehen und auszuwerten. Hilfreich dazu ist, dass gerade diese beiden Faktoren hier zusammengefallen sind und ein fachkundiges Team gerne bereit zur Hilfestellung war.

Mit unglaublicher Akribie haben sich Dr. *Peter Diem* und Dr. *Peter Roland* eingehend mit der von Richard Coudenhove-Kalergi seit seinen frühen Jahren begonnenen Idee einer Europahymne auseinandergesetzt. Beide sind es, die sie aus der Musik herausgehoben und mit entsprechenden Texten versehen haben. Infolgedessen ist ein Vervollkommnungsprozess eingeleitet worden, der auch durch den Einsatz von *Ruth Hiltz* zu einem Kinderhymnen-Text geführt hat und daraus weiter in der Übersetzung in die Landessprachen aller EU-Staaten seinen Niederschlag gefunden hat. Für die Hinweise zur Recherche und die Bereitstellung von Ton- und Wortmaterialien vielen Dank.

In dem Zusammenhang gilt es darauf hinzuweisen, dass sich zur Freude des Autors im Rahmen seiner Recherchearbeiten zwei Studenten und eine Studentin dem Themenbereich um Coudenhove-Kalergi zugewandt haben und bereits mit ihren Forschungsarbeiten hier ansetzten.

Ebenso stand Dr. *Hans Kummerer*, Leiter der Forschungsloge, der Großloge von Österreich, dem Autor bei der Recherche nach Materialien über diesen Lebensabschnitt Richard Coudenhove-Kalergis zur Verfügung. Auch erwies sich die »Kodek-Sammlung« des wandelnden Freimaurerlexikons Dr. *Günter Kodek* als ein fast unerschöpflicher Fundus, der sicher noch in Zukunft für die Forschung wichtig sein wird. In diesem Zusammenhang stand auch die Unterstützung des Archivs der Großloge von Österreich seitens Dr. *Robert Minder*; dafür soll auch diesem mein Dank gelten.

Ebenso soll auch darauf hingewiesen werden, dass die Hilfestellung seitens des Stadtrates a. D. *Franz Mrkvicka* bei der Entzifferung von vielen Bildern entscheidende Ergänzungen und Korrekturen einbrachte.

Auch *Helmut Seboth*, der sich bei der Bildsortierung und Vorauswahl mit hunderten Bildern auseinandersetzte und daraus gemeinsam mit dem Autor die Bildselektion durchführte, sei gedankt.

Der besondere Dank des Autors gilt jedoch seiner Mitarbeiterin *Marlies Parchment*, die mit endloser Geduld Sekretariatsarbeiten und Koordination durchführte und neben Familie und Studium Zeit und Kraft für dieses Projekt fand.

Dank gebührt auch Herrn Botschafter a. D. *Wolfgang Wolte*, der auf Grund seiner langjährigen Tätigkeit im Dienst für Österreich wirkend, mit vielen Wegbegleitern und Wegbegleiterinnen von Richard Coudenhove-Kalergi dem Autor beratend zur Seite stand.

Zu guter Letzt möchte der Autor dem Wiener Berufsfotografen *Simon Klein* seine Hochachtung und seinen Dank ausdrücken, zumal er in mühsamer Kleinarbeit aus vergilbten und zerschlissenen und zum Teil zerrissenen Fotos Kleinkunstwerke geschaffen hat, die in die Publikation Eingang fanden.

Darüber hinaus möchte er sich bei allen Archiven, Bibliotheken und Einzelpersonen bedanken, die in die Recherche eingebunden waren, sowie Ton-, Wort- und Bildmaterial zur Verfügung stellten.

Unabhängig davon lädt der Autor all jene ein, die Anmerkungen, Ergänzungen zum Thema einbringen können, mit ihm in konstruktiven Dialog zu treten.

Auch und gerade das Projekt »Großeuropa« ist ein Musterbeispiel für punktuell wichtige Entwicklungstendenzen, die auch RCK klar erkannte und als Teilglied seines Projekts bereits 1935/36 sah. Dieses Andenken von RCK seiner Zeit entsprechend ist, wie es der Zeitzeuge Dr. *Michael Kraus* darlegte, die Öffnung und der neue Ansatz für die Geschichte aktuell wie das von Herbert Kraus (†) und seinem Team entwickelte »Großeuropa«-Projekt zu würdigen. Derartige internationale Schritte sind eine Notwendigkeit für die schrittweise Ausweitung und Stabilisierung der Europäischen Union.

Wien, im April 2016

Anhang

Archive und Bilbliotheken

Archiv Bayerisches Haus der Geschichte, Augsburg
Archiv der Freunde der Theresianischen Akademie (Dr. Nagler), Wien
Archiv der Gemeinde Wien
Archiv der Großloge von Österreich, Wien
Archiv der Jüdischen Kultusgemeinde Wien
Archiv der Kammer für Arbeiter und Angestellte für Wien
Archiv der katholischen Kirche Wien (Dr. Schuster)
Archiv der Theresianischen Akademie, Wien
Archiv des Bundeslandes Wien
Archiv des Obersten Gerichtshofes, Den Haag
Archiv des ÖGB, Wien
Archiv des Vereins zur Geschichtete der österreichischen Arbeiterbewegung, Wien
Archiv Paneuropa Österreich (Rainhard Kloucek), Wien
Archives Nationales, Paris
Bundeszentrale für politische Bildung, Bonn
Deutsches Bundesarchiv, Berlin
Dollfuß-Archiv Österreich, Wien
Fondation Charles de Gaulle, Paris
Internationales Institut für Sozialgeschichte, Amsterdam
Jean Monnet-Archiv, Lausanne
Landesarchiv Wien
Moskauer Akte, Moskau
ORF-Archiv, Wien
Österreichische Mediathek, Wien
Österreichisches Staatsarchiv, Wien
Österreichische Parlamentsbibliothek, Wien
Privatarchiv Lacy Milkovics
Privatarchiv Nimmerrichter
Privatarchiv Miller-Aichholz
Privatarchiv Pav
Privatarchiv Studio 18
Privatarchiv Studio 9
Richard Coudenhove-Kalergi-Archiv, Lausanne
Sammlung Kues, Wien
Schloss Ronsperg, Tschechische Republik
Slowakische Landes- und Stadtbibliothek, Bratislava
Slowakisches Staatsarchiv, Bratislava
Stadtarchiv München
Stadtbibliothek Brno, Tschechische Republik
Stadtmuseum Mödling
US State Archives, Washington D.C.
Tschechisches Staatsarchiv, Prag
Ungarisches Staatsarchiv, Budapest

Literatur

Zahlreiche Veröffentlichungen Richard Coudenhove-Kalergis in den Zeitschriften »Paneuropa« und »Europäische Wirtschaftshefte«. Werkverzeichnis Richard Nikolaus Coudenhove-Kalergi – Fliegende Blätter; zur Verfügung gestellt von A. Ziegerhofer-Prettenthaler.

Bibliografischer Abriss der bedeutendsten Werke Richard Coudenhove-Kalergis

Adel, 1922.
Krise der Weltanschauung, 1923.
Paneuropa, 1923, 16. Tausend, Wien-Leipzig 1926. Neuauflage: Wien–München 1987, ISBN 3-85002-239-0.
Europa erwacht!, Wien 1923.
Praktischer Idealismus, 1925.
Kampf um Paneuropa, 3 Bände, 1925–1928.
Held oder Heiliger, 1927.
Los vom Materialismus, 1931.
Stalin & Co., 1931.
Brüning – Hitler: Revision der Bündnispolitik, 1931.
Das Wesen des Antisemitismus, 1932.
Totaler Mensch – Totaler Staat. Glarus: Paneuropa Verlag 1937.
Judenhass!, 1937.
Ida Roland in Memoriam, London 1951
Die Europäische Nation, 1953.
Ein Leben für Europa, Lebenserinnerungen, Köln 1966.
Weltmacht Europa, 1971.

Allgemeine Literatur

Allemann, R. F., Bonn ist nicht Weimar, Köln 1956.
Altmann, R., Der wilde Frieden, Stuttgart 1987.
Augstein, R., »Der Erste Weltkrieg – 1914–1918: Als Europa im Inferno versank«, in: Der Spiegel – Geschichte 5/2013, 2013.
Bauer, K., Hitlers zweiter Putsch, St. Pölten 2014.
Becker, P.; Braun, R.; Deiseroth, D. (Hg.), Frieden durch Recht?, Berlin 2010.
Binder, D. A., Die diskrete Gesellschaft: Geschichte und Symbolik der Freimaurer, Innsbruck 2004.
Blaha, P., Das neue Volkstheater: Festschrift hg. aus Anlass d. Renovierung 1980/81, Wien–München 1981.
Bode, C.; Broich, U. (Hg.), Die zwanziger Jahre in Großbritannien, Tübingen 1998.
Büchele, H.; Pelinka, A. (Hg.), Friedensmacht Europa: Dynamische Kraft für Global Govermance?, Innsbruck 2011.
Burgard, O., Das gemeinsame Europa – Von der politischen Utopie zum außenpolitischen Programm, Frankfurt/Main 2000.
Conze, V., Richard Coudenhove-Kalergi: Umstrittener Visionär Europas, Göttingen 2004.

Conze, V., Das Europa der Deutschen. Ideen von Europa in Deutschland und Westorientierung (1920–1970), München 2005.
Coudenhove-Kalergi, B., Zuhause ist überall – Erinnerungen, Wien 2013.
Czempiel, E.-O., Weltpolitik im Umbruch, München 1991.
Čiháková-Noshiro, V., Mitsuko Coudenhove-Kalergi, o. O. 2015.
Dorner-Brader, E., Ministerratsprotokolle der ersten Republik Österreich 1918–1838 – Kabinett Schober, Wien 1987.
Dürigl, G. (Hg.), So ist der Mensch … 80 Jahre erster Weltkrieg; Begleitbuch zur Ausstellung, Wien 1994.
Eisenberg, L., Emil Reich. Journalist und Volksbildner- Mitbegründer des Volkstheaters, Wien 1889 Band 1.
Enderle-Burcel, G., Mandatare im Ständestaat 1934–1938, Wien 1991.
Europa-Gesellschaft Coudenhove-Kalergi (Hg.), Richard Nikolaus Coudenhove-Kalergi: Leben und Wirken, Wien 2010.
Fischer, H. (Hg.), Kreisky: Reden; Band I, II, Wien 1980/81.
Fischer, H.; Gratz, L. (Hg.), Bruno Pittermann: ein Leben für die Sozialdemokratie, Wien 1985.
Fischer, L., Jenseits vom lärmenden Käfig. Die Lyrikerin, Journalistin und Aktivistin Herta Staub, Wien 1997.
Fischler, F., Erinnerungen, Wien 2006.
Flich, R., »Frauen und Frieden. Analytische und empirische Studie über die Zusammenhänge der österreichischen Frauenbewegung und der Friedensbewegung mit besonderer Berücksichtigung des Zeitraumes seit 1960«, in: Rauchensteiner 1987, 410–461, Wien 1987.
Frank, B., Arbeit. Sammlung Freimaurerischer Aufsätze, Wien 1928.
Freiburghaus, D., Wohin des Weges, Europa?, Bern–Stuttgart–Wien 2000.
Fried, A. H., Handbuch der Friedensbewegung I und II, Berlin–Leipzig 1911.
Fried, A. H., Mein Kriegstagebuch Bd. 3, 4, Berlin 1917, 1918.
Fried, A. H., Pan-Amerika. Entwicklung, Umfang und Bedeutung der zwischenstaatlichen Organisation in Amerika, Zürich 1918.
Frommelt, R., Paneuropa oder Mitteleuropa. Einigungsbestrebungen im Kalkül deutscher Wirtschaft und Politik 1925–1933, Stuttgart 1977.
Fuchs, A., Geistige Strömungen in Österreich 1869–1918, Wien 1996.
Gehler, M., Der lange Weg nach Europa (Band 1) – Österreich vom Ende der Monarchie bis zur EU, Innsbruck 2002.
Gehler, M., Der lange Weg nach Europa (Band 2) –Österreich von Paneuropa bis zum EU-Beitritt, Innsbruck 2002.
Gehler, M.; Steininger, R. (Hg.), Österreich und die europäische Integration: Aspekte einer wechselvollen Entwicklung, Wien 1993.
Göhring, W., Materialien zur Zeitgeschichte: Österreich 1. und 2 Republik, 1978 Wien, (Ringbuch/Rb).
Göhring, W., 1000 Daten SPÖ, Eisenstadt 1985.
Göhring, W., Österreich 1918: Gründungsphase der 1. Republik, Wien 1988, Rb.
Göhring, W., Volksbildung im Ständestaat, Wien 1988.
Göhring, W., Österreich 1918 bis 1987, Wien 1988 Rb.
Göhring, W., Arbeit für Europa – Ergänzung zu »20 Millionen suchen Arbeit«, Wien 1989.
Göhring, W., Anna Boschek: Die erste Gewerkschafterin im Parlament, Wien 1989.
Göhring, W., Österreich 1945: Gründungsphase der 2. Republik, Wien 1995, Rb.
Göhring, W., Frieden Aktiv –100 Jahre Friedensnobelpreis an Alfred Hermann Fried (Ausstellungskatalog), Wien 2001.
Göhring, W., Käthe Leichter: Gewerkschaftliche Frauenpolitik, Wien 2003.

Göhring, W., Verdrängt und Vergessen: Friedensnobelpreisträger Alfred Hermann Fried, Wien 2006.
Göhring, W., Frieden ohne Grenzen – zu Alfred Hermann Fried als Friedensnobelpreisträger 1911, Wien 2011.
Göhring, W., »Freimaurer und Sozialdemokratie«, in: Quatuor-Coronati-Berichte, Nr. 34, Wien 2014.
Göhring, W., Österreich und die Europäische Gemeinschaft, Wien, o. J.
Hall, M. G., Der Paul Zsolnay Verlag: Von der Gründung bis zur Rückkehr aus dem Exil, Tübingen 1994.
Hall, M. G.; Renner, G. (Hg.), Handbuch der Nachlässe und Sammlungen österreichischer Autoren, Wien 1992.
Hewitson, M; D'Auria, M., Europe in Crisis – Intellectuals and the European Idea 1917–1957, Oxford 2012.
Hilgemann, W.; Kindler, H.; Hergt, M., dtv-Atlas Weltgeschichte : Von den Anfängen bis zur Gegenwart, München 2006.
Hillgruber, A., Die Zerstörung Europas – Beitrage zur Weltkriegsepoche 1914–1945, Frankfurt/Main 1988.
Hudemann, B.; Kaelble, H.; Schwabe, K. (Hg.), Europa im Blick der Historiker, München 1995.
Italiaander, R., Richard Nikolaus Coudenhove-Kalergi: Begründer der Paneuropa-Bewegung, Freudenstadt 1969.
Jagschitz, G., Der Putsch. Die Nationalsozialisten 1934 in Österreich, Graz–Wien 1976.
Judt, T., Geschichte Europas von 1945 bis zur Gegenwart, München–Wien 2006.
Kleindel, W., Das große Buch der Österreicher, Wien 1987.
Kodek, G., Unsere Bausteine sind die Menschen, Wien 2009.
Kohl, H., Erinnerungen 1982–1990, München 2005.
Koll, U., Ida Roland, Diss. Wien 1970.
Koppe, K., Der vergessene Frieden –Friedensvorstellungen seit der Antike bis in die Gegenwart, Opladen 2001.
Kraus, H., »Untragbare Objektivität«. Politische Erinnerungen 1917–1987, München 1988.
Kraus, H., Großeuropa –Eine Konföderation vom Atlantik bis Wladiwostok, Wien 1990.
Kraus, H.; Schulak, G., Europa mit Russland vereint – Eine Vision für das 21. Jahrhundert, Wien 2003.
Kraus, K., Die Fackel: Band 7, 9, 10 und 11, Wien.
Kreisky, B., Im Strom der Politik. Memoiren 2. Teil, Wien 1988.
Lammasch, H., Der Friedensverband der Staaten, Wien 1919.
Leidinger, H.; Moritz, V.; Schippler, B. (Hg.), Schwarzbuch der Habsburger. Die unrühmliche Geschichte eines Herrscherhauses, Innsbruck–Wien 2003.
Lessing. H., Marianne Hainisch und die österreichische Frauenbewegung, Diss. Wien 1949.
Luyten, J., Ungarnhilfe des Internationalen Arbeiterhilfswerks, Bern o. J.
Marx, E.; Kraus, H., Die Politiker, Karrieren und Wirken bedeutender Repräsentanten der Zweiten Republik, Wien 1995.
Lacy Milkovics, A., 50 Jahre Paneuropa, Wien 1966.
Mokre, M.; Weiss, G.; Bauböck, R. (Hg.), Europas Identitäten: Mythen, Konflikte, Konstruktionen, Frankfurt 2003.
Naegele, V.; Ehrismann, S., Die Beidlers –Im Schatten der Wagners-Clan, Zürich 2013.
Nagler, S., Österreich und die Paneuroparede: Richard Coudenhove-Kalergi, Wien 1964.
Nasko S.; Reichl, J., Karl Renner: Zwischen Anschluss und Europa, Wien 2000.
Neck R., Peball, K., Protokolle des Ministerrats der Ersten Republik, Wien 1988.

Opfer-Klinger, B., »1913 als Kriegsjahr: Südosteuropa und die Balkankriege« in: »Aus Politik und Zeitgeschichte« Jahrgang 63/Nr 12/2013 (Beilage zur Wochenzeitung »Parlament«), Wien 2013.
Patka, M. G., Österreichische Freimaurer im Nationalsozialismus, Wien 2010.
Pelinka, A.; Plasser, F., Europäisch denken und leben. Festschrift für Heinrich Neisser, Innsbruck 2007.
Pelinka, A., EUROPA. Ein Plädoyer, Wien 2011.
Plöchl, G., Willibald Plöchl und Otto Habsburg in den USA: Ringen um Österreichs Exilregierung 1941/1942, Wien 2007.
Portisch, H., Österreich I: Die unterschätzte Republik, Wien 1989.
Portisch, H., Österreich II, 1.Teil: Wiedergeburt unseres Staates, Wien 1995.
Portisch, H., Österreich II, 2.Teil: Der lange Weg in die Freiheit, Wien 1996.
Portisch, H., Österreich II, 3. Teil: Jahre des Aufbruchs, Jahre des Umbruchs, Wien 1996
Portisch, H., Was jetzt?, Wien 2011.
Posselt, B., »80 Jahre Paneuropa«, in: Paneuropa, Heft 4, Wien 2004.
Posselt, M., »Ich bin seit dem Zusammenbruch meines österreich-ungarischen Vaterlandes ein überzeugter europäischer Patriot.« Richard Coudenhove-Kalergi, Paneuropa und Österreich 1940–1950, in: Gehler, Steininger (Hg.), Österreich und die europäische Integration 1945–1993. Aspekte einer wechselvollen Entwicklung, (Institut für Zeitgeschichte der Universität Innsbruck, Arbeitskreis Europäische Integration, Historische Forschungen, Veröffentlichungen 1), S. 367–404, Wien 1993.
Posselt, M., Richard Coudenhove-Kalergi und die europäische Parlamentarier-Union (Diss. Uni Graz 1987, 2 Bde.), Graz 1987.
Rauchensteiner, M. (Hg.), Überlegungen zum Frieden, Wien 1987.
Rauchensteiner, M., Der Erste Weltkrieg und das Ende der Habsburgermonarchie, Wien 2013.
Reiter, F. R., Wer war Viktor Matejka?, Wien 1993.
Reuber, P.; Wolkersdorfer, G., Politische Geographie –Handlungsorientierte Ansätze und Critical Geopolitics, Heidelberg 2002.
Rings, W., Die Schweiz im Krieg 1933–1945, Zürich 1981.
Roček, R., Glanz und Elend des P. E. N.: Biographie eines literarischen Clubs, Wien 2000.
Scheithauer, E.; Woratschek, G; Schmeiszer, H.; Göhring, W. (Hg.), Geschichte Österreichs in Stichworten, Bd. VI: Von 1815 bis 1918, Wien 1976.
Schenk, H., Frauen kommen ohne Waffen. Feminismus und Pazifismus, München 1983.
Schiman, W.; Worm, A., 50 Jahre Staatsvertrag. 60 Jahre Republik Österreich. 10 Jahre EU: News, Wien 2005.
Schneider, H., »Kerneuropa: Ein Schlagwort und seine aktuelle Bedeutung«, in: Journal für Rechtspolitik 12 (2), Wien 2004.
Schöberl, V., »Es gibt ein großes und herrliches Land, das sich selbst nicht kennt … Es heißt Europa«: Die Diskussion um die Paneuropaidee in Deutschland, Frankreich und Großbritannien 1922–1933, Berlin 2008.
Schöberl, V.; Kaufold, C., Interview mit Otto Habsburg, Ehrenpräsident der Paneuropa-Union, Pöcking 2003.
Schreiner, E., 100 Jahre Volkstheater: Theater. Zeit. Geschichte, Wien 1989.
Schwarz, H.-P., Helmut Kohl. Eine politische Biographie, München 2012.
Schweitzer, A., Kultur und Ethik (Neuauflage), München 1913.
Shiva, V., Ein globaler Marshallplan, damit unser Planet überlebt, Hamburg 2005.
Stadlmann, F., Applaus! 25 Jahre AK-Begegnungen des Volkstheaters in den Außenbezirken Wiens, Wien 1979.

Starmühler, J., Louis Haefliger und die Befreiung des Konzentrationslagers Mauthausen – Eine Betrachtung vermittelter Geschichte in Österreich nach dem Zweiten Weltkrieg (Diplomarbeit), Wien 2008.
Stenersen, Ø.; Libæk, I.; Sveen, A., The Nobel Peace Prize Laureates 1901-2000: One hundred years for peace, Oslo 2001.
Stifter, C. H., »Interesse am kritischen Disput. Viktor Matejka und sein Beitrag zur Volkshochschularbeit in den Jahren 1925-1936«, in: Spurensuche Jg. 16, S. 19–36, Wien 2005.
Ullmann, L., Die Roland, Wien 1922.
Verzetnitsch, F., »10 Jahre EU-Mitgliedschaft«, in: Wirtschaftspolitische Blätter Nr. 2, S. 213–221, Wien 2005.
Wagner, G. (Hg.), Österreich von der Staatsidee zum Nationalbewusstsein, Wien 1982.
Weinberg, E., Hitlers zweites Buch – Ein Dokument aus dem Jahr 1928: Quellen und Darstellungen zur Zeitgeschichte; Bd. 7, Stuttgart 1961.
Weinberg, R., Birobidshan: Stalins vergessenes Zion, Frankfurt/Main 2003.
Wohnout, H., Leopold Figl und das Jahr 1945, St. Pölten 2015.
Ziegerhofer-Prettenthaler, A., Botschafter Europas: Richard Nikolaus Coudenhove-Kalergi und die Paneuropa-Bewegung in den zwanziger und dreißiger Jahren, Wien 2004.
Ziegerhofer-Prettenthaler, A., »Europa-Utopien. Paneuropa, Kulturbund und die Idee einer paneuropäischen Akademie«, in: Historische Mitteilungen Band 24; S. 206 ff., 2011.
Ziegerhofer-Prettenthaler, A., Verfassungsgeschichte Europas, Darmstadt 2013.

Namenregister

Anmerkungen

1 Alfred Hermann Fried: *Pan-Amerika – Entwicklung, Umfang & Bedeutung der zwischenstaatlichen Organisation in Amerika (1810–1916)*, Zürich 1918, vermehrte Auflage. (Zu weiterführenden Literaturangaben siehe das Literaturverzeichnis im Anhang.)

2 Richard Coudenhove-Kalergi, *Leben und Wirken*, herausgegeben von der Europagesellschaft Coudenhove-Kalergi, Wien–Graz 2010, S. 22 ff.

3 Anita Ziegerhofer-Prettenthaler: *Botschafter Europas. Richard Nikolaus Coudenhove-Kalergi und die Paneuropa-Bewegung in den zwanziger und dreißiger Jahren*, Wien 2004, S. 36 ff.

4 Richard Coudenhove-Kalergi: *Ein Leben für Europa: Meine Lebenserinnerungen*, Köln 1966, S. 166.

5 Richard Coudenhove-Kalergi: *Ida Roland in memoriam*, London 1951, S. 45 ff.

6 Richard Coudenhove-Kalergi: *Ein Leben für Europa*, S. 64-70.

7 Weitere Ausführungen zu Ida Roland: siehe die Kapitel XX und XX.

8 Lothar E.: »Gruß an Richard Coudenhove«, in: *NFP*, 2. 10. 1926, 2.

9 Ebenda.

10 Walter Göhring: *Verdrängt und Vergessen*, S. 176 ff.

11 Richard Coudenhove-Kalergi: *Leben und Wirken*, S. 51.

12 Walter Göhring: *Verdrängt und Vergessen*, S. 202, 252, 267.

13 Richard Coudenhove-Kalergi: *Leben und Wirken*, S. 68.

14 Ebenda, S. 63.

15 Anita Ziegerhofer-Prettenthaler: *Botschafter Europas. Richard Nikolaus Coudenhove-Kalergi und die Paneuropa-Bewegung in den zwanziger und dreißiger Jahren*, Wien: Böhlau 2004.

16 Ebenda, S. 69.

17 »Kurt Hiller kontra Coudenhove-Kalergi« in: *Paneuropa*, 7/1929, 19.

18 Walter Göhring: *Sozialarbeit der österreichischen Freimaurer 1868–1975*; Teil 1: Freimaurerei und Sozialarbeit vor 1918, (unveröffentlichtes Manuskript).

19 CChIEK, Moskau, 1412–2092.

20 Siehe auch Günter K. Kodek: *Unsere Bausteine sind die Menschen*, Wien 2009, S. 172.

21 Günter K. Kodek: *Zwischen verboten und erlaubt. Chronik der Freimaurerei in der österreichisch-ungarischen Monarchie 1867–1918 und der 1. Republik 1918–1938*, Wien 2009.

22 CChIGK, Moskau 1412 – 20/8, zit. nach Ziegerhofer-Prettenthaler.

23 CChIDK, Moskau 1412-1-2092, 5.9.1921.

24 Moskau I; 8 ebenda.

25 *WFZ*: 4. Jg. Nr.1/3, S. 24.

26 Peter Reinhold: »Apologie der Technik«, Rezension in: *WFZ*, Jg. 4, 1922, S. 11/12.

27 *WFZ*, 1922, Nr.5, S. 4.

28 Dr. Otto Böhm, Direktor der Dianabad AG und Schriftsteller freimaurerischer Literatur, Mitglied der Loge »Sokrates«.

29 WFZ 1923, Nr.5/6, S. 1.

30 Richard Coudenhove-Kalergi: *Für die Revolution der Brüderlichkeit*. Essenz + Evidenz, Zürich 1968.

31 Bruno Peters: *Die Geschichte der Freimaurerei im Deutschen Reich 1870–1933*, Berlin 1985, S. 176.

32 WFZ: Nr.2, 5. Jg, 1923, S. 7.

33 WFZ, 7. Jg., 1926, S. 1–3.

34 WFZ 1925, Nr. 7, S. 2–3.

35 Ebenda.

36 Ebenda.

37 Vgl. WFZ: 1925, 7/8, S. 2–3.

38 Ebenda.

39 Béla Frank. Arbeit einer Sammlung freimaurerischer Aufsätze und Vorträge, Wien 1926, S. 11 ff.

40 *WFZ* 1925, 7. Jg. Nr. 9, S. 1–4.

41 *WFZ* 1925/5, 6, S. 20–21.

42 Dieter A. Binder: *Die diskrete Gesellschaft*, S. 71.

43 Richard Coudenhove-Kalergi: *Ein Leben für Europa*, S. 121..

44 *WFZ* 1925, 1011/48.

45 Vortrag Göhring, 9 Brüder retten Europa 1912 Nürnberg, Wien, Budapest u. a.

46 Moskau, CChl 554-4-312 zit. nach Ziegerhofer-Prettenthaler, S. 94.

47 Ebenda.

48 Ebenda.

49 Die Fackel: 28. JG. Dezember 1926. Nr. 743–750, S. 26.

50 Lisa Fischer: *Jenseits vom lärmenden Käfig*, Wien 1997, S. 44–60.

51 Ebenda, S. 56.

52 Ziegerhofer-Prettenthaler, *Botschafter Europas*, S. 171.

53 Ebenda.

54 M. Posselt: *Richard Coudenhove-Kalergi und die europäischen Parlamentarier-Union*. Die parlamentarische Bewegung für eine kleineuropäische Konstituante (1946–1952), Seite 21 ff, siehe auch Nasko S., Reichl J.: *Karl Renner zwischen Anschluss und Europa*, Wien 2000, Seite 166 ff.

55 Nasko Seite 166

56 Broschüre zum 1. Pan-Europa-Kongress, 3.–6. 10. 1926 in Wien, S. 18.

57 Brief Renners an Coudenhove-Kalergi, 30. 11. 1929 (Österr. Staatsarchiv).

58 *Der Kampf*, Nr. 23 (1932), S. 300 f.

59 Richard Coudenhove-Kalergi: *Krise der Weltanschauung* 1923, S. 79–85.

60 Ebenda.

61 Und zwar mit einer »autoritären« Verfassung, siehe: Bundesgesetzblatt für die Republik Österreich, 30. April 1934, 71. Stück – Jahrgang 1934. Siehe auch Gerhard Jagschitz: *Der Putsch. Die Nationalsozialisten 1934 in Österreich*, Graz–Wien 1976.

62 Göhring W., Pellar B.: *Anpassung und Widerstand – Arbeiterkammern und Gewerkschaften im österreichischen Ständestaat*, Wien: 2001.

63 Göhring W.: *Roter Feber 34*, Eisenstadt 1974.

64 dtv-Atlas Weltgeschichte, S. 417.

65 Ebenda.

66 Richard Coudenhove-Kalergi: *Die Wiedererrichtung Europas*, Wien 1964, S. 36.

67 Richard Coudenhove-Kalergi: »Revision«, in: *Paneuropa* 9/1930.

68 Richard Coudenhove-Kalergi: *Kampf um Europa*, Wien 1925, S. 3, 7.

69 Rolf Italiaander: *Richard N. Coudenhove-Kalergi: Begründer der Paneuropa-Bewegung*, 1969, S. 62–63.

70 vgl. Jagschitz: *Der Putsch*.

71 Im Rahmen von Interviews mit Einzelpersonen wurde der Autor ersucht, keine Namen zu nennen.

72 vgl. Anita Ziegerhofer-Prettenthaler: *Botschafter Europas*.

73 Paul Blaha: *Das neue Volkstheater*, Wien/München 1981.

74 Ebenda.

75 Europa-Gesellschaft Coudenhove-Kalergi (Hg.): *Richard Coudenhove-Kalergi*, Wien/Graz 2010, S. 57 ff.

76 Ziegerhofer-Prettenthaler, *Botschafter Europas*, S. 41.

77 ÖSTA AdR, BKA/AAA, MPA, Akt 347 Pr/27. RCK an den Bundeskanzler Rudolf Ramek. Wien, 16. Jänner 1927, zit. nach Ziegerhofer-Prettenthaler, S. 47.

78 Ebenda.

79 siehe: *Tiroler Tageszeitung*: »Aufstand der Autoren. Erinnerungsblatt an Paul Zsolnay«, 17. 6. 1961.

80 zit. nach Roman Roček: *Glanz und Elend des P. E. N. Biographie eines literarischen Clubs*, Wien 2000, S. 86.

81 Ebenda.

82 Murray G. Hall: *Der Paul Zsolnay Verlag: Von der Gründung bis zur Rückkehr aus dem Exil*, Tübingen 1994.

83 Verena Schöberl: *»Es gibt ein großes und herrliches Land ...«*, Berlin 2008, S. 247.

84 ÖSTA, AdR, BKA/AA-Präs. 1539-37. Zit. nach Ziegerhofer-Prettenthaler, S. 66.

85 University of Columbia, NY; Nicholas Murray Butler papers and manuscripts library: Richard Coudenhove-Kalergi to Nicholas Murray Butler, New York, 15. 10. 1945.

86 P. Lang in: *Die Internationale*: 1. 11. 1926; zit. nach Schöberl: *»Es gibt ...«*, S. 105.

87 Ebenda.

88 Ebenda, S. 106.

89 W. Stoecker: *Die Außenpolitik der Kommunistischen Partei Deutschlands in Europäischen Gesprächen*, 5/1926, S. 365 f., zit. nach Schöberl, S. 106.

90 Ebenda.

91 A Staininger: »Paneuropa und der Friede«, in: *Friedenswarte* 5/1927, zit. nach Schöberl, S. 108.

92 Federsen: »Die Vereinigten Staaten von Europa in den Landesgrenzen«, in: *Deutschlands Erneuerung* 7/1930 S. 435 f.

93 Gekürztes Transkript eines Tondokuments der Österreichischen Mediathek, Signatur 11-01522_b03, siehe: http://www.mediathek.at/atom/136BC02C-29B-02D20-00000904-136AFAF1/?em=1.

94 Reuber, Wolkersdorfer: »Die neue Geographie des Politischen«, in: *Politische Geographie* S. 6.

95 Albrecht Haushofer: »Politischer Zusammenschluß«, in: Politische Monatshefte für das junge Deutschland, 9/1926, S. 361; zit. nach Schöberl, S. 113.

96 vgl. *Völkischer Beobachter*, 17. 7. 1928.

97 vgl. z.B. *Weltbühne*, 8/1926.

98 Zusammenfassung nach Schöberl, S. 128.

99 *Abendland*, 10/1925 S. 10, zit. nach Schöberl, S. 88; siehe auch Ziegerhofer-Prettenthaler, S. 172.

100 Henry Picker: *Hitlers Tischgespräche im Führerhauptquartier*, Stuttgart 1963.

101 Adolf Hitler; Gerhard L. Weinberg: *Hitlers zweites Buch. Ein Dokument aus dem Jahr 1928*, Stuttgart 1961.

102 Weinberg, S. 128.

103 Richard Coudenhove-Kalergi: *Totaler Mensch – Totaler Staat*, Glarus 1937.

104 Richard Coudenhove-Kalergi: »IV. Paneuropa-Kongress«, in: *Paneuropa*, 1935, S. 5–36.

105 Richard Coudenhove-Kalergi: »Geographie und Geschichte-Enquete und Bericht der ersten Paneuropäischen Schulkonferenz in Wien, 25.–27. 11. 1937«, in: *Paneuropa*, 1937, S. 3–5.

106 Ziegerhofer-Prettenthaler: *Botschafter Europas*, S. 264.

107 Europa-Gesellschaft Coudenhove-Kalergi (Hg.): *RCK. Leben und Wirken*, S. 152.

108 Ebenda, S. 154 f.

109 Ebenda S. 158.

110 Richard Coudenhove-Kalergi: *Stalin & Co.*, Wien 1931.

111 Ebenda, S. 40.

112 Ebenda.

113 Für das gesamte Kapitel siehe: Barbara Coudenhove-Kalergi: *Zuhause ist überall*, Wien 2013.

114 Europa-Gesellschaft Coudenhove-Kalergi (Hg.): *RCK – Leben und Wirken*, S. 49.

115 Ebenda, S. 129.

116 Rolf Italiaander: *RCK – Begründer der Paneuropa-Bewegung*, S. 74 f.

117 Ebenda, S. 76 f., siehe auch Richard Coudenhove-Kalergi: *Crusade for Pan-Europe*, S. 227.

118 Arnold J. Zurcher: *The Struggle to Unite Europe, 1940–1958*, New York 1958.

119 vgl. Rolf Italiaander: *RCK – Begründer der Paneuropa-Bewegung*.

120 Europa-Gesellschaft Coudenhove-Kalergi (Hg.): *Leben und Wirken*, S. 175.

121 Richard Coudenhove-Kalergi: *Ein Leben für Europa*, S. 280.

122 Europa-Gesellschaft Coudenhove-Kalergi (Hg.): *Leben und Wirken*, S. 98 ff.

123 Archives Cantonales Vaudoises, Côte 1001 Pons (vituens), section P: Archives privés, sous-section numérique: Archives privés entrées dès 1979; Lausanne 17. 11. 2014.

124 vgl. hier und im Folgenden die Dokumentation des »Centre Virtuel de la Connaissance sur l'Europe«: http://www.cvce.eu/de/education/unit-content/-/unit/02bb76df-d066-4c08-a58a-d4686a3e68ff/574160ad-ceaf-4d05-80d6-ecdceb1be188.

125 Europa-Gesellschaft Coudenhove-Kalergi (Hg.): *Leben und Wirken*, S. 203.

126 Für die gesamte Rede siehe z. B.: http://www.zeit.de/reden/die_historische_rede/200115_hr_churchill1_englisch.

127 Richard Coudenhove-Kalergi: *Ein Leben für Europa*, S. 316f.

128 Richard Coudenhove-Kalergi: *Ida Roland in Memoriam*, London 1951, S. 21.

129 Richard Coudenhove-Kalergi: *Ida Roland in Memoriam*, S. 25.

130 vgl. Richard Coudenhove-Kalergi: *Ein Leben für Europa*.

131 N. Fahnl: *Applaus: 25 Jahre Volkstheater in den Außenbezirken*, Wien, 1979.

132 Das Originalmanuskript der Rede befindet sich im Vogelsang-Archiv, Wien.

133 vgl. die Korrespondenz zwischen RCK und Jean Monnet, in: Lausanne: Monnet-Archiv.

134 siehe Walter Göhring: *Verdrängt und Vergessen*, Wien 2006, S. 80ff.

135 Brief Lévys an Hans Horben, 1951, Privatbesitz Göhring.

136 Gespräch III des Autors mit Oscar Miller-Aichholz, Wien 4. 12. 2014: Zusammenfassung und Material durch O. M.-A.

137 Schreiben RCKs an Paul Lévy, 3. 8. 1955, RCK-Archiv Lausanne. Original in französischer Sprache, Übersetzung: Dr. Manfred Prager.

138 Ebenda.

139 Brief Klehrs an Miller-Aichholz, 19. 11. 1957, in Privatbesitz.

140 Text: Peter Roland, Peter Diem, siehe http://www.hymnus-europae.at/.

141 So die verstorbene Barbara Prammer im Jahr 2008 im Gespräch mit dem Autor.

142 Text: Ruth Hiltz, Bildungszentrum Kenyongasse Wien (»Mater Salvatoris«).

143 vgl. *Wiener Samstag*, 6. 5. 1978, Nr. 18, siehe dazu auch die Aussage des persönlichen Referenten RCKs, Dr. Peter Jacken in: *Die Presse*, 16. 11. 1994.

144 Diese Dokumente zur Rede an die Jugend wurden dem Autor von der Fondation Charles de Gaulle für eine einmalige Veröffentlichung freigegeben.

145 siehe: AFP, Deutsch-Französisches Institut, SWR.

146 vgl. W. Göhring, B. Pellar: *Anpassung und Widerstand. Arbeiterkammern und Gewerkschaften im österreichischen Ständestaat*, Wien 2001.

147 Hier und im Folgenden: RCKs Rede vor seinen Klassenkameraden, gehalten am 24. April 1964 in der Theresianischen Akademie. Das Manuskript wurde dem Autor vom Kurator Dr. Nagler übergeben.

148 Richard Coudenhove-Kalergi: »Einladung zum 10. Paneuropakongress«, S. 2; Original im Besitz des Autors.

149 Lacy Milkovics: *50 Jahre Paneuropa: 1922–1972*, Paneuropa-Union Österreich 1972, S. 48 ff.; siehe auch: Richard Coudenhove-Kalergi: *Paneuropa-Brief*, 1966.

150 Günter Grass: *Die Schwierigkeiten eines Vaters, seinen Kindern Auschwitz zu erklären*; in: »Europareport« 1970, Nummer 22, S. 19.

151 Rainhard Kloucek, der Paneuropa-Jugendfunktionär, später Generalsekretär und mit Geschäftsführung bis in die Gegenwart aktiv; im Interview mit dem Autor.

152 Rainhard Kloucek: *Paneuropa-Jugend – Gemeinschaft und Freundeskreis.*

153 Martin Posselt: »Pionier im Kampf um Paneuropa. Die ersten fünf Jahrzehnte der Bewegung: Paneuropa Österreich 1922–1972«, in: *70 Jahre Paneuropa*, Nr. 10, S. 16.

154 St. Bauer: »80 Jahre Paneuropa. Als Richard Coudenhove-Kalergi Paneuropa gründete«, in: *Paneuropa*, Nr. 4/2005, S. 10 ff.

155 Die de Gaulle'sche Paneuropa-Initiative: S. 1–5, zusammengefasst; Original im Privatbesitz des Autors.

156 vgl. R. Italiaander, S. 116.

157 »C'est moi! C'est moi!« In: *Der Spiegel* 25/1969, siehe: http://www.spiegel.de/spiegel/print/d-45589375.html.

158 Adolf Lacy Milkovics im Interview mit dem Autor.

159 Lacy Milkovics: *50 Jahre Paneuropa 1922–1972*, S. 48.

160 RCK: »Le grand plan du Général de Gaulle«, in *Le Monde*, siehe auch Edmond Jouve: *Le Général de Gaulle et la construction de l'Europe*, Paris 1970.

161 Ebenda.

162 Die Briefpassagen entstammen dem Archiv der Fondation de Gaulle: de Gaulle doc. Nr. 121/1928; Übersetzung aus d. Frz.: Dr. Prager.

163 Dieses Interview mit Otto Habsburg, dem Ehrenpräsidenten der Paneuropäischen Union stammt vom 6. März 2003. Siehe: Verena Schöberl: *»Es gibt ein großes und herrliches Land …«*, S. 389–404.

164 Michael Gehler: *Der lange Weg nach Europa*, Band 1, S. 189.

165 vgl. Lacy Milkovics: *50 Jahre Paneuropa 1922–1972*, S. 48ff.

166 Ebenda.

167 Etwa Helmut Kohl, siehe das entsprechende Kapitel in diesem Band.

168 Heinz Fischer (Hg): *Kreisky-Reden*, Band 1, Wien 1981, S. 220 f.

169 Lacy Milkovics im Interview mit dem Autor, 15. 2. 2016. Vgl. auch Milkovics, Pav: *50 Jahre Paneuropa*, S. 2–3.

170 St. Bauer: *80 Jahre Panuropa*, S. 11.

171 Aus diesen Positionen sind Grundsätzlichkeiten ausgeklammert oder darin verkittet worden, denn die soziale Marktwirtschaft als Ergebnis, als Basis für einen selbstständigen Mittelstand zeigt wohl als ersten Schritt die Ausklammerung eines Großteils der Menschen. Zumal soziale Marktwirtschaft – und hierzu gibt es eine Unzahl von Literatur – auf die Überparteilichkeit durch Ausgleichsbemühungen zwischen links- und rechtsgerichteten Strömungen abzielt, was heute als eine Selbstverständlichkeit betrachtet wird.

172 Da diese Aussagen teilweise heftige Auseinandersetzungen und Diskussionen zur Folge haben, findet viel später, im Jahr 1995, eine Erklärung und Überarbeitung dieser Positionen statt. Diese Erklärung wird durch das Präsidium der Paneuropa-Union Österreich überarbeitet und veröffentlicht. Vgl. Bernd Posselt: *80 Jahre Paneuropa.*

173 Lacy Milkovics im Gespräch mit dem Autor.

174 H.-P. Schwarz: *Helmuth Kohl. Eine politische Biografie*, München 2014, S. 526 f.

175 vgl Schwarz, S. 932 f .

176 Schwarz, S. 932.

177 Ebenda.

178 Schwarz, S. 857, 939; siehe auch Hugo Portisch: *Was jetzt?*, S. 40–54.

179 Posselt: *80 Jahre*, S. 101.

180 Ebenda.

181 Herbert Kraus: *Großeuropa*, S. 14.

182 Schreiben von Herbert Kraus an den Vorsitzenden der außenpolitischen Assoziation, Minister a.D. Eduard Schewardnadse; Wien, 23. Juli 1991 (Privatbesitz). Kraus schreibt u. a.: »Ich stehe Ihnen für weitere Auskünfte gerne zur Verfügung und würde mich freuen, auch nach Moskau zu kommen.«

183 Rundbrief H. Kraus an potenzielle Mitglieder des entstehenden Vereins – Dokumente im Privatbesitz.

184 H. Mommsen: *Wer herrscht in Russland? – Der Kreml und die Schatten der Macht*, München 2003, S. 178.

185 Kraus: *Europa mit Russland vereint*, S. 27.

186 Ebenda, S. 57.

187 Ebenda.

188 Ebenda, S. 135.